전문가와 함께 짓는
우리아기 좋은이름
b·a·b·y·n·a·m·i·n·g

전문가와 함께 짓는
우리아기 좋은이름

baby
naming

이름이 사람을 만든다
b·a·b·y·n·a·m·i·n·g

필자는 국내 최초로 〈이름이 진로와 적성에 미치는 상관관계〉를 연구하여 석사학위를 받았다. 이 논문에 이제까지 성격성명학을 공부하고 작명가로 활동하면서 발견한 새로운 내용들을 정리하여 이 책을 펴내게 되었다.

성격성명학은 분명 이름짓는 방법을 다루지만, 실제로는 그 한계를 벗어나 사람의 성격과 적성을 분석할 수 있는 상담심리학의 영역으로 확장된다. 이름은 단순한 호칭 그 이상이다. 아기가 처음 태어나면 부모가 이름을 지어주는데, 개명하지 않는 한 이 이름이 평생을 따라다닌다. 그리고 이 이름을 다른 사람이 부르면서 때론 친구가 되고, 때론 연인이 되고, 때론 직장동료가 되며 모든 인간관계가 만들어지기 시작한다.

이름은 곧 소리다. 이 소리가 사람의 성격을 형성하는 데 중요한 역할을 한다. 기존의 심리학은 성장기 때 부모의 영향이나 외부환경이 사람의 성격을 좌우한다고 설명하지만, 성격성명학은 반복적으로 들리는 이름(소리)에 의해 사람의 성격과 적성과 모든 심리적 특징이 형성된다고 본다. 따라서 단순히 듣기 좋은 이름보다는 그 이름의 주인공에게 힘이 될 수 있는 이름을 지어주어야 한다.

원고를 다 쓰고 펜을 놓으니 홀가분한 마음 한편에 아쉬움과 허전함이 밀려온다. 또한 오랫동안 연구해온 분신과도 같은 성격성명학 이론을 세상에 내놓는다고 생각하니 한편으로는 설레고 한편으로는 걱정이 된다. 하지만 아득한 과거로부터 현대로 이어지며 더 이상 활용할 수 없는 성명학 이론들을 버리고, 이름을 짓고 싶은 사람은 반드시 알아야 할 이론들을 쉽게 설명하기 위해 노력하였다.

필자는 이름이 곧 사람의 성격을 만들고, 성격이 곧 미래를 만든다는 믿음을 가지고 있다. 이 책을 통해 사람들이 이름의 소중함을 깨닫고 아기의 평생 벗이 될 좋은 이름을 지을 수 있기를 바란다. 나아가 기존의 성명학이 운명을 알아맞히고 개명을 권장하는 수준에서 멈추었다면, 이제는 성명학을 포함한 모든 운명학이 사람에게 희망을 주고 행복을 주는 상담학으로 거듭나기를 바란다.

이 책이 나오기까지 격려와 희망의 메시지를 보내준 동국대, 건국대, 서원대, 세명대, 신세계백화점문화센터, 현대백화점문화센터 제자님들 그리고 카페 〈사주를 사랑하는 사람들〉 회원님들께 진심 어린 감사의 인사를 드린다. 이 분들이 계셔서 든든한 힘이 되었다.

그 밖에 어려운 여건 속에서 필자의 학설을 널리 알리고 있는 각 대학과 문화센터의 선생님들께 고마운 인사를 전한다.

1 작명가에게 맡기지 않고 소중한 자녀의 이름을 직접 지어주고 싶어하는 부모가 늘어나고 있다. 아무리 시대에 따라 인기 있는 이름이 있다지만, 이름짓기의 원칙이 있는 만큼 성명학 이론을 알아야 한다. 그러나 초보자도 이해하기 쉽고 중요한 요점을 짚어주는 성명학 책은 찾아보기 어렵다. 이 책은 이름을 구성하는 소리, 글자, 뜻부터 설명하면서 성명학의 기초 지식을 탄탄하게 해준다. 책장을 넘기면서 성명학 지식이 하나 하나 쌓여갈 것이다.

2 성명학이 오랜 역사를 가지고 있는 만큼 이름짓기에는 다양한 원칙들이 존재한다. 초보자가 이 이론들을 모두 공부하려면 많은 시간과 노력이 필요하다. 더군다나 이러한 이론 중에는 어렵기만 하고 현대에는 더 이상 활용하지 않는 이론이 많아 혼란을 불러일으킨다. 이 책은 복잡한 성명학 이론들을 선별하여 실제로 활용하는 이론들을 중점적으로 설명하고 있다.

3 이 책은 기존의 성명학 책에서는 다루지 않았던 성격성명학을 체계적으로 정리하고 분석하였다. 이름이 어떻게 사람의 성격을 형성해가는지 설명하고 20가지 성격 유형을 분석하였다. 성격성명학으로 자녀의 성격과 적성을 미리 파악하여 부모가 어떻게 양육할 것인가를 판단할 수 있는 좋은 자료가 될 것이다.

4 이 책은 누구나 쉽게 따라 지을 수 있도록 성명학 이론을 쉽고 간결하게 설명하고 있다. 성명학 이론마다 다양한 예시를 들어 설명하고 있기 때문에 이해하기 쉽다. 또한 이름짓기에 활용하는 여러 가지 이론 중에서 어느 것을 우선적으로 적용해야 할지 순서대로 알려준다.

5 이 책에는 성명학자로 활발하게 활동하고 있는 필자의 작명 사례가 실려 있다. 마치 작명가와 한 자리에 앉아 있는 듯 자세하고 친절한 설명을 읽어가다 보면 절로 실력이 쌓일 것이다. 많은 책을 읽고 성명학 이론을 공부하고서도 이름짓기가 막연하게만 느껴졌던 사람이라도 자신 있게 이름을 지을 수 있게 될 것이다.

전문가와 함께 짓는
우리 아기 좋은 이름
b·a·b·y n·a·m·i·n·g

4	머리말
5	일러두기

1부 이름짓기에 필요한 기초 지식

11	1. 음양
15	2. 오행
20	역사로 읽는 이름이야기 _ 우리나라 성씨의 역사
22	재미로 읽는 이름이야기 _ 어느 효녀의 이름에서 유래한 중랑천

2부 프로에게 배우는 베이비 네이밍

26	1. 들어가기 전에
27	2. 음양이 조화를 이룬 이름짓기
32	3. 수리가 길한 이름짓기
59	4. 사주팔자와 조화를 이루는 이름짓기
73	5. 오행이 조화를 이루는 이름짓기
84	6. 불용문자
104	역사로 읽는 이름이야기 _ 세대를 알려주는 항렬
106	재미로 읽는 이름이야기 _ 이름과 관련된 여러 가지 표현들

3부 맞춤형 이름짓기 성격성명학

- 111 1. 성격성명학의 의의
- 114 2. 음양 분석
- 116 3. 오행 분석
- 131 4. 육친 분석
- 160 5. 성격 형성과 이름의 관계
- 162 6. 성격성명학의 원칙
- 168 7. 성격 유형별 기본 성격
- 172 8. 성격 유형별 추구성향
- 176 9. 중심성격과 부중심성격
- 179 10. 성격 유형에 따른 시기별 특징
- 209 11. 성격 유형별 장점과 단점
- 217 12. 성격성명학으로 본 유명인들의 중심성격
- 221 13. 작명 실전

- 228 역사로 읽는 이름이야기
  _ 알에서 태어난 왕들
- 230 재미로 읽는 이름이야기
  _ 시대별 인기 있는 이름

부록

- 234 1. 만세력 2008~2013년
- 246 2. 이름자로 쓰는 한자보기
- 324 3. 성씨별 길한 수리 조견표

이름짓기에 필요한
기초 지식

음양

오행

역사로 읽는 이름이야기_ **우리나라 성씨의 역사**
재미로 읽는 이름이야기_ **어느 효녀의 이름에서 유래한 중랑천**

 이름짓기에 필요한 기초 지식

아기가 태어나면 가장 먼저 하는 일이 이름을 짓는 것이다. 부모가 머리를 맞대고 직접 아기 이름을 짓는 경우가 대부분이지만, 집안어른들이 지어주는 경우 그리고 이름 있는 스님이나 역술가에게 부탁하는 경우도 많다. 그렇게 지은 이름이 아기가 자라 성인이 되고 한평생을 사는 동안 그림자처럼 따라다닌다. 물론 요즘에는 개명을 하는 사람도 많지만, 이름을 고칠 때 역시 어떤 이름을 지을지 고민하게 되므로 처음 이름을 지을 때 좋은 이름을 짓는 것이 매우 중요하다.

그렇다면 좋은 이름이란 어떤 이름일까. 좋은 이름에 대한 기준은 사람마다 다르다. 어떤 사람은 뜻이 좋은 이름을 선호할 수도 있고 어떤 사람은 듣기 좋은 이름을 선호할 수도 있다. 일반적으로 많이 사용하는 한자 이름보다는 우리말의 아름다움이 살아 있는 한글 이름을 선호할 수도 있다. 또 남자는 남자다운 이름이 좋고 여자는 여자다운 이름이 좋다는 사람이 있는가 하면 남녀가 모두 사용할 수 있는 중성적인 이름을 선호하는 사람도 있다. 그런가 하면 작명가가 성명학 원칙에 맞게 지은 이름을 선호하는 사람도 있다.

그러나 이름이란 모름지기 그 이름을 쓰는 당사자와 잘 어울려야 한다. 사람들 사이에 인기 있는 이름이라고 해서 무턱대고 자기 아이의 이름으로 선택해서는 곤란하다. 이름짓기에는 나름대로의 원칙이 있기 때문에 적어도 직접 아기의 이름을 짓고자 하는 부모는 이러한 원칙을 알고 있어야 한다.

이름을 매우 중요하게 여겼기 때문에 예로부터 동양에서는 이름짓는 학문인 성명학이 발달하였다. 그렇다면 성명학의 원칙은 무엇일까. 이름은 소리(발음)·글자(문자)·뜻으로 이루어져 있으며, 이것들은 음양과 오행으로 구분된다. 사주명리학 역시 성명학과 관련되어 있는데 마찬가지로 음양과 오행이 바탕이 된다.

성명학을 어렵게 생각하는 사람이 많지만 음양과 오행만 알면 쉽게 이해할 수 있다. 우리 생활 속에서 음양과 오행을 적용한 사례들을 쉽게 찾아볼 수 있다. 우선 음양은 말 그대로 어둠과 밝음 그리고 밤과 낮이다. 일주일은 일요일, 월요일, 화요일, 수요일, 목요일, 금요일, 토요일인데 여기서 일요일과 월요일을 뺀 나머지 요일들의 명칭은 오행인 화火, 수水, 목木, 금金, 토土에서 따 왔다. 쉽게 말해 음양오행은 우리가 살고 있는 세상을 설명하는 동양 고유의 이론인 셈이다.

성명학이 어렵다는 선입견을 버리고 차분히 공부하면 이름에 대한 유용한 정보를 많이 얻을 수 있다. 이제부터 이름짓기에 필요한 기본적인 지식들을 하나하나 알아보자.

1. 음양

음양은 우주 만물의 서로 반대되는 두 기운인 음陰과 양陽을 뜻한다. 음양의 기원과 역사가 정확하게 밝혀져 있지는 않지만, 일반적으로 음양은 동양의 역사와 함께 시작되었다고 본다. 태초에 아무 것도 없는 무無의 상태에서 처음으로 음양이 나타났고, 음양이 다시 음과 양으로 분리되면서 만물이 창조되고 비로소 동양의 역사가 시작되었다고 한다. 모든 동양학의 기본이 바로 음양이다.

음은 어둠을 뜻하고 양은 밝음을 뜻한다. 이렇게 음과 양은 서로 상반된 성질을 가지고 있다. 음이 여성을 상징한다면 양은 남성을 상징한다. 또한 음이 땅이라면

음양의 의미

음이 어둠이고 양이 밝음인 것처럼 음양은 우주 만물의 대립적인 두 기운을 의미한다. 성명학에서는 이름의 소리(발음)와 이름자의 획수로 음양을 구분한다.

양은 하늘을 상징하고, 음이 달이라면 양은 태양을 상징하고, 음이 밤이라면 양은 낮을 상징한다. 이 밖에 모든 대립적인 만물과 형상을 음과 양으로 나타낼 수 있다.

그러나 음과 양이 떨어져서 따로 존재하면 음양의 의미가 사라진다. 음과 양은 반드시 함께 존재해야 그 가치가 있다. 음과 양 가운데 어느 하나만 존재한다고 생각해보자. 예를 들어 낮만 있고 밤은 없다면 사람들은 휴식을 취하지 못하고 계속 일만 해야 할지 모른다. 또 남성과 여성 중 한쪽만 있다면 더 이상 생명이 태어나지 못하고 인류는 멸망하고 말 것이다. 음과 양의 상대적인 두 힘은 이 세상 어디에나 함께 공존한다. 우주 만물 속에서, 세상 속에서, 철학과 사상 속에서 음양은 다양하게 존재하며, 좋은 것과 나쁜 것으로 구분할 수 없다.

동양에서는 음양의 조화를 매우 중요하게 여긴다. 성명학에서도 음양의 조화를 고려하여 이름을 짓는다. 이름을 구성하는 소리(발음)·글자(문자)·뜻 중에서 뜻은 음양으로 나눌 수 없지만, 소리와 문자는 음양으로 나눌 수 있다. 이름자의 획수로 획수 음양을 따지고 발음 중 모음의 음양으로 발음 음양을 따진다.

● **음양의 대비**

	음	양
계절	겨울	여름
	가을	봄
하루	밤	낮
	저녁	아침
사람	여자	남자
	할머니	할아버지
	어머니	아버지
	노인	어린이

	음	양
인체	손바닥	손등
	배	등
	새끼손가락	엄지손가락
	하체	상체
	팔	다리
건물	몸체	지붕
	뒷면	앞면
	뒷뜰	앞마당
	건넌방	안방
추상	끝	시작
	공간	시간
	슬픔	기쁨
	눈물	웃음
	안정	모험
	보수	진보
	폐쇄	개방
	수비	공격
	침묵	소란
	정적	동적
	생각	행동

1) 획수 음양

수리 음양이라고도 하며, 이름자의 획수가 짝수면 음이고 홀수면 양이다. 한자 이름뿐만 아니라 한글 이름도 획수를 세어 음양을 판단한다.

예1)의 김동훈金東訓은 김金은 8획, 동東은 8획, 훈訓은 10획으로 획수 음양이 모두 음이다. 반대로 예2)의 이정민李貞玟은 이李는 7획, 정貞은 9획, 민玟은 9획으로 획수 음양이 모두 양이다. 두 이름 모두 음양이 편중되어 있어 좋지 않은 이름이다. 음양이 조화를 이루어야 좋은 이름이다.

2) 발음 음양

우리말의 모음 중에서 ㅓ·ㅕ·ㅜ·ㅠ·ㅡ·ㅣ는 음이고, ㅏ·ㅑ·ㅗ·ㅛ는 양이다. 음은 어둡고 무거우며 큰 느낌을 주고, 양은 밝고 가볍고 작은 느낌을 준다. 우리가 흔히 알고 있는 음성 모음과 양성 모음을 생각하면 된다.

● 발음 음양의 구분

음	양
ㅓ·ㅕ·ㅜ·ㅠ·ㅡ·ㅣ	ㅏ·ㅑ·ㅗ·ㅛ

이름에 쓰는 글자는 획수 음양과 발음 음양이 조화를 이루어야 한다. 이름자의 획수가 모두 짝수거나 모두 홀수이면 좋지 않고, 이름자의 모음이 모두 양성 모음이거나 모두 음성 모음이면 좋지 않다. 음과 양이 조화를 이루어야 한다.

더불어 아이의 사주팔자를 따져서 사주팔자에 부족한 음양을 이름자로 보충해주기도 한다. 사주팔자란 태어난 연월일시를 육십갑자로 나타낸 것으로서 모두 여덟 글자로 이루어져 있어 사주팔자란 이름이 붙었다. 이 사주팔자가 모두 음이면 이름자를 양으로 지어 조화를 이루고, 반대로 모두 양이면 이름자를 음으로 지어 부족한 음을 보충한다. 예를 들어, 사주팔자에 양이 부족하면 이름자를 음 1개 양 2개로 짓고, 음이 부족하면 이름자를 음 2개 양 1개로 지어 사주팔자에 부족한 음양을 보완해준다.

2. 오행

오행은 목木, 화火, 토土, 금金, 수水 다섯 가지를 말한다. 글자 그대로 나무, 불, 흙, 쇠, 물을 뜻하는데 이 오행으로 우주만물을 모두 표현할 수 있다. 각각의 오행은 계절, 시간, 방향, 색상, 적성, 성격, 건강, 맛, 숫자 등을 상징하기 때문이다.

이름의 세 구성요소인 소리(발음)·글자(문자)·뜻은 모두 이 오행으로 분석된다. 즉 발음(소리) 오행, 획수 오행, 자원 오행이다. 음양과 함께 이러한 요소들이 조화를 이루어야 좋은 이름이라고 할 수 있다. 음양과 오행을 활용한 이름짓기는 2부에서 자세하게 다룬다.

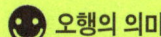

오행의 의미

우주 만물을 구성하는 5가지 요소로 목(木 : 나무), 화(火 : 불), 토(土 : 흙), 금(金 : 쇠), 수(水 : 물)가 있다. 성명학에서는 이름의 소리(발음), 이름자의 획수, 글자의 뜻을 오행으로 구분한다.

- **목木** 굵고 곧은 것으로, 뻗어 가려는 의지, 성장, 의욕, 명예 등을 상징한다.
- **화火** 타오르고 솟아오르려는 열정, 정열, 자신감 등을 상징한다.
- **토土** 만물을 중재하고 포용하며 중용, 안식, 고집, 끈기 등을 상징한다.
- **금金** 안으로 강하게 다지는 의지, 절제, 단단함 등을 상징한다.
- **수水** 땅 속에 스며들어 계속 흘러가는 것처럼 생각, 지혜, 욕망, 본능 등을 상징한다.

● 오행의 상징과 특성

	목	화	토	금	수
계절	봄	여름	환절기	가을	겨울
시간	아침	낮	사이	저녁	밤
방향	동	남	중앙	서	북
색상	청색 계통	적색 계통	황색 계통	백색 계통	흑색 계통
맛	신맛	쓴맛	단맛	매운맛	짠맛
숫자	3·8	2·7	5·10	4·9	1·6
오음	ㄱ·ㅋ	ㄴ·ㄷ·ㄹ·ㅌ	ㅇ·ㅎ	ㅅ·ㅈ·ㅊ	ㅁ·ㅂ·ㅍ
온도	따뜻함	뜨거움	변화함	서늘함	차가움
형태	긴 것	뾰족한 것	모난 것	둥근 것	굽은 것
얼굴	눈	혀	입술	코	귀
음양	착하고 어질다 인仁	예의 바르다 예禮	믿음직스럽다 신信	의리 있다 의義	지혜롭다 지智
오장	간	심장	비장	폐	신장
육부	담(쓸개)	소장	위장	대장	방광

1) 발음 오행

이름을 부를 때 발음하는 소리를 오행으로 구분한 것이다. 초성의 자음을 기준으로 하며 소리 오행이라고도 한다. 예를 들어 '김'에서 ㄱ은 목이고, ㅁ은 수인데, 초성 ㄱ만 인정한다.

● 발음 오행

오행	목	화	토	금	수
발음(소리)	ㄱ·ㅋ	ㄴ·ㄷ·ㄹ·ㅌ	ㅇ·ㅎ	ㅅ·ㅈ·ㅊ	ㅁ·ㅂ·ㅍ

2) 획수 오행

이름자의 획수에 따라 오행을 구분하는 것이 바로 획수 오행이다. 일반적으로 한자 이름만 획수를 따지지만 한글 이름 역시 획수를 따져 오행을 구분한다.

단, 한자는 원래의 획수를 살려서 계산한다. 예를 들어 삼수변(氵)은 水가 변한 것이므로 3획으로 계산하지 않고 4획으로 계산한다. 이를 원획법이라고 한다.

● 획수 오행

오행	목	화	토	금	수
획수	1·2	3·4	5·6	7·8	9·10

● 한글 획수

자음	획수	자음	획수	모음	획수
ㄱ	1	ㅋ	2	ㅏ	2
ㄴ	1	ㅌ	3	ㅑ	3
ㄷ	2	ㅍ	4	ㅓ	2
ㄹ	3	ㅎ	3	ㅕ	3
ㅁ	3	ㄲ	2	ㅗ	2
ㅂ	4	ㄸ	4	ㅛ	3
ㅅ	2	ㅃ	8	ㅜ	2
ㅇ	1	ㅆ	4	ㅠ	3
ㅈ	2	ㅉ	4	ㅡ	1
ㅊ	3			ㅣ	1

예1) 한자 이름			예2) 한글 이름		
황 黃	진 眞	이 伊	이	루	다
12획	10획	6획	2획	5획	4획
목	수	토	목	토	화

성명학에서는 글자의 획수를 매우 중요하게 여긴다. 그래서 성과 이름자의 획수를 조합하여 길흉을 분석하는 4격과 81수리 이론이 발달하게 되었다.

4격은 원격·형격·이격·정격의 4가지 격으로 이루어지며, 앞 글자를 따서 원형리정元亨利貞으로 부른다. 『주역』 제1장 첫 구절에 "건乾 원형리정元亨利貞" 즉 "하늘[乾]은 크고[元] 통하며[亨] 이롭고[利] 곧다[貞]"고 한 것에서 유래하였다. 원격은 성을 제외한 이름 두 글자의 획수를 합한 것, 형격은 성과 이름 첫 글자의 획수를 합한 것, 이격은 성과 이름 끝 글자의 획수를 합한 것, 정격은 성과 이름 두 글자의 획수를 모두 합한 것이다.

사람마다 성이 서로 다르고 이름자로 쓰는 글자도 다양하기 때문에 4격으로 나올 수 있는 수는 매우 많다. 81수리 이론은 바로 이 숫자들이 가진 의미와 길흉을 분석한 것이다. 우리나라와 중국, 일본의 성명학자들이 활용하는 일종의 통계 숫자로서 이름자의 획수 조합이 길한 수리여야 좋은 운세가 따른다고 한다. 81수리 이론은 2부에서 자세하게 설명한다.

● 원형리정

원격	성을 제외한 이름 두 글자의 획수를 합한 것
형격	성과 이름 첫 글자의 획수를 합한 것
이격	성과 이름 끝 글자의 획수를 합한 것
정격	성과 이름 두 글자의 획수를 모두 합한 것

3) 자원 오행

자원 오행은 글자의 뜻에 따라 오행을 구분한 것이다. 그렇다면 뜻으로는 어떻게 오행을 정할까? 가장 쉬운 방법은 글자의 부수로 오행을 정하는 것이다. 예를 들어 부수가 水이면 자원 오행도 수이고, 부수가 火이면 자원 오행 역시 화이다. 나머지 오행들도 이렇게 판단하면 된다.

그 다음으로는 의미상 목, 화, 토, 금, 수가 뚜렷하게 구분되면 그 오행으로 자원 오행을 정한다. 예를 들어 暐(햇빛 위) 또는 曄(빛날 엽)은 느낌이 오행 중에서 화를 떠올리게 하므로 자원 오행도 화로 본다. 하지만 이 방법은 한자를 잘 아는 사람이 아니고서는 활용하기 어렵다. 이 책에서는 대법원에서 지정한 인명용 한자를 부록으로 싣고 있는데 글자마다 자원 오행을 밝혀두었다. 부록을 참고하면 쉽게 자원 오행을 확인할 수 있다.

● **부수에 따른 자원 오행**

부수	木	火	土	金	水
자원 오행	목	화	토	금	수
	고枯 과果 박朴 등	경炅 정炡 희熙 등	규圭 재在 형型 등	심鈊 현鉉 호鎬 등	법法 애涯 하河 등

역사로 읽는 이름 이야기
: 우리나라 성씨의 역사

누군가 이름을 물으면 우리는 성(또는 성씨)과 이름을 함께 말하지만 성씨와 이름은 근본적인 차이가 있다. 이름은 짓고 싶은 대로 지을 수 있고 또 한번 지은 이름도 개명을 할 수 있지만, 성씨는 변하지 않고 대대로 이어지고 바꾸고 싶어도 바꾸지 못한다.

그렇다면 우리 민족은 언제부터 성씨를 쓰기 시작했을까. 중국의 한자가 들어온 후 삼국시대부터 사용한 것으로 추측하는데 왕이나 귀족처럼 일부 상류층만이 성씨를 사용했다고 본다.

삼국시대

『삼국사기』에 의하면 고구려를 세운 주몽朱蒙이 국호를 고구려라고 했기에 고高씨가 되었으며, 자신을 도와 나라를 세운 세 신하 즉 재사再思에게는 극克, 무골武骨에게는 중실仲室, 묵거墨居에게는 소실小室이라는 성씨를 내려주었다고 한다. 그 밖에 고구려시대의 성씨로는 간看, 동董, 마馬, 명림明臨, 목穆, 손孫, 송松, 연淵, 예芮, 을乙, 을지乙支, 주州, 채蔡 등이 있다.

백제는 『삼국사기』나 『삼국유사』 등에 의하면 건국시조인 온조溫祚가 부여 계통에서 나왔다 하여 부여夫餘씨라 했다고 한다. 중국의 『수서隨書』에 의하면 백제에는 사沙, 해解, 진眞, 목木, 국國, 연燕, 묘苗, 협協 등의 8대 성씨가 있었다고 한다. 그런데 이 8대 성씨 중 국國씨와 진眞씨를 제외한 6대 성씨가 한반도에는 없고, 그나마 남아 있는 두 성씨 또한 사용하는 사람이 적다.

신라는 박朴, 석昔, 김金 3개의 성씨가 전해오며 유리왕 9년(32)에 왕이 직접 육부六部의 촌장에게 각각 이李, 정鄭, 손孫, 최崔, 배裵, 설薛 등의 성씨를 내려주었다고 한다.

고려

태조 왕건이 삼국을 통일하여 고려를 연 후 개국공신들과 지방 토호 세력들을 다스리기 위해 전국의 군·현 개편작업과 함께 성씨를 내려주면서 비로소 우리나라의 성씨 체계가 확립되었다.

개국공신인 홍유洪儒, 배현겸裵玄謙, 신숭겸申崇謙, 복지겸卜智謙 등도 처음에는 성씨가 없었는데 왕건이 이들에게 각각 성씨를 내려주고 이후 개명한 것이다. 이후 홍유는 부계 홍씨缶溪洪氏, 배현겸은 경주 배씨慶州裵氏, 신숭겸은 평산 신씨平山申氏, 복지겸은 면천 복씨沔川卜氏의 시조가 되었다.

그러나 고려 문종(1019~1083년) 9년에 성씨가 없는 사람은 과거 급제할 수 없다는 법령을 내린 것을 보면 이 때까지도 성씨를 쓰지 않는 사람이 많았으며, 귀족이나 관료들을 제외한 일반 민중들은 성을 쓰지 못했음을 알 수 있다. 그러다가 문종 이후에는 서서히 성씨가 늘어났다.

조선 이후 현대

조선시대에는 초기부터 일반 백성에게도 성씨를 쓰는 것이 보편화되었다. 그러나 노비와 천민 계급은 조선시대 후기까지도 성씨를 사용할 수 없었다.

현대에는 1909년 새로운 민적법民籍法이 시행되면서 어느 누구라도 성씨와 본관을 가지도록 법제화되어 국민 모두가 성씨를 갖게 되었다. 이 무렵부터 성씨가 없던 사람에게 본인이 원하는 대로 호적을 담당한 동洞 서기나 경찰이 마음대로 성씨를 지어주기도 하였다. 머슴의 경우에는 주인의 성씨와 본관을 따르거나 명문가의 성씨를 자신의 성씨로 삼는 경우가 많았다.

통계청에서 발표한 〈2000년 인구 주택 총조사〉를 보면 우리나라 성씨는 모두 286개이다. 이 가운데 전체인구 992만 6천 명으로 집계된 김씨가 전체 인구 중 21.6%로 가장 많았고, 이씨는 679만 5천 명으로 전체 인구의 14.8%, 박씨는 389만 5천 명으로 전체 인구의 8.5%를 차지하였다.

재미로 읽는 이름 이야기

: 어느 효녀의 이름에서 유래한 중랑천

중랑천은 서울 시내를 흐르는 한강의 가장 큰 지류로 도봉구, 노원구, 성북구, 중랑구, 동대문구, 성동구의 6개구를 거쳐 한강으로 흘러든다. 서울의 대표적인 도시하천으로서 한때 오염된 하천으로 악명 높았지만 최근 생태하천으로 되살리기 위한 노력 덕분에 물고기가 다시 찾아오고 자전거도로와 유채꽃밭 등이 잘 가꾸어져 있어 근처에 사는 시민들도 휴식을 위해 자주 찾는다.

중랑천은 지금의 중랑천中浪川이라는 명칭 외에 시대와 지역적 특성에 따라 송계천松溪川, 중랑포中梁浦·中良浦, 충량포忠良浦 등의 다양한 이름으로 불려왔다. 먼저 송계천이라는 명칭은 냇물 동쪽에 송계원松溪院이 있는 데서 유래했으며, 『태종실록』을 보면 그 역사적 유래가 조선시대 초기로 거슬러 올라간다. 한편 중랑천이나 충량포라는 이름은 하천의 모양이 넓은 물가를 이루고 있는 것에서 붙여졌다고 보인다.

이 중랑천에는 효심 지극한 어느 효녀의 이야기가 전해 내려온다. 조선시대 초기에 태종이 건원릉에 모신 태조의 능을 참배하기 위해 이 지역에 자주 행차하였고 후대의 왕들도 이 곳을 거쳐 능행을 하였다. 그래서 지금의 월릉교 밑에 묻혀 있다고 추정되는 송계교의 중요성이 더욱 높아져 자주 보수를 하게 되었다.

송계교를 목교에서 석교로 개축할 때 인근 마을의 장정은 모두 부역으로 동원되었다. 그런데 부역자 중에 중이仲伊라는 눈먼 홀아비가 열여섯살 먹은 딸 하나를 데리고 살았다. 눈 먼 장님에게 고된 노동을 하라니 하늘도 무심한 일이었지만, 나라의 명령이라 부역을 거역할 수도 없고 또

양주 관아에서 이미 수 차례나 인원 점검을 해왔기 때문에 도망칠 수도 없는 딱한 처지였다. 이를 알게 된 중이의 딸이 아버지 대신 부역을 하겠다며 양주 관아를 찾아갔다.

"아버지가 눈이 멀어 고된 일을 하기 어렵습니다. 어떻게 소녀가 대신 부역을 할 수 있을지요?"

"네 뜻은 갸륵하다만 어찌 연약한 처녀의 몸으로 무거운 돌을 나를 수 있겠느냐? 어쩔 수 없이 네 아비가 부역을 해야겠다."

이렇게 관아로부터 거절당했지만 중이의 딸은 관아 앞에서 여러 날을 지새며 아버지 대신 부역시켜 줄 것을 간청하였다. 효심에 감동한 관아로부터 드디어 부역 허가가 떨어졌다.

그런데 여기에는 반드시 남장을 해야 한다는 조건이 있었다. 남장을 하고 일하는 것은 별 문제가 아니었지만 생리현상을 어떻게 처리할 것인지가 큰 걱정이었다. 화장실이 따로 없어 일하는 도중에 동료들 사이에서 볼 일을 봐야 하는데, 큰 일은 앉아서 보므로 눈에 띄지 않지만 작은 일은 남자들과 달리 앉아서 봐야 하므로 여자란 사실이 금세 탄로날 지경이었다.

전전긍긍하던 처녀는 고민 끝에 한 가지 방법을 생각해냈다. 대나무를 잘라서 옷 속에 넣어 그 관을 통해 서서 일을 보는 것이었다. 또한 일하다 아무리 갈증이 나도 참고 물을 덜 마시는 방법으로 볼 일 보는 횟수를 줄이도록 노력하였다. 다행스럽게도 이런 눈물겨운 사연이 밝혀져 양주 관아에서는 마침내 중이의 부역을 면해주었다. 그래서 아버지를 대신해 부역을 하던 딸은 눈먼 아버지 곁으로 돌아가게 되었다.

같이 부역을 하던 동료들은 처음에 남자인 줄만 알고 이 효녀를 중낭자仲郞子라고 불렀다. 그러나 중낭자가 사실은 남장을 한 여인이라는 것을 알고 나서는 중랑仲娘이라고 바꿔 불렀고 중랑中浪의 어원이 되었다고 한다. 이와 같은 사연 때문인지 중랑천에는 효녀 중랑의 아름다운 마음씨가 함께 흐르는 듯하다.

프로에게 배우는
베이비 네이밍

들어가기 전에
음양이 조화를 이룬 이름짓기
수리가 길한 이름짓기
사주팔자와 조화를 이루는 이름짓기
오행이 조화를 이루는 이름짓기
불용문자

역사로 읽는 이름이야기_ **세대를 알려주는 항렬**
재미로 읽는 이름이야기_ **이름과 관련된 여러 가지 표현들**

프로에게 배우는 베이비 네이밍

1. 들어가기 전에

앞서 설명한 것처럼 이름짓기에는 몇 가지 원칙이 있다. 이러한 원칙을 연구하는 분야가 바로 성명학이다. 그러나 초보자가 성명학 이론에 맞게 이름을 짓기란 매우 어렵게 느껴질 수 있다. 많은 부모들이 소중한 아기에게 직접 이름을 지어주고 싶은 마음에 여러 가지 성명학 책들을 펼쳐놓고 공부를 시작하지만 생전 처음 들어보는 이론들이 여기저기 불쑥 튀어나올 때면 그냥 포기하고 전문가(작명가)에게 맡기는 게 좋겠단 생각이 들기 쉽다.

이름 있는 전문가나 훌륭한 성명학자에게 아기 이름을 맡길 수 있다면 더할 나위 없이 좋겠지만 아기에게 직접 이름을 지어주고 싶은 소망을 버리기가 어렵고, 또한 어떤 성명학자가 제대로 된 성명학자인지 일반인은 판단하기 어렵다. 안타깝게도 작명가로 활동하는 많은 사람들이 제대로 된 성명학 지식 없이 성명학 책 한두 권만 읽고 이름을 짓고 있다. 어렵게 느껴질 수 있지만 부모가 성명학을 공부하여 직접 아기 이름을 짓는 것이 가장 좋을 것이다.

지금 통용되는 성명학 이론 중에는 과학적이지도 않고 통계적으로도 맞지 않아 현대에는 적용할 수 없는 학설 그리고 근거 없이 생겨난 새로운 학설이 많다. 따라서 과거부터 전해 내려온 성명학 이론들을 현대에도 활용할 수 있는지 검증이 필요하다. 이 책에서는 성명학적으로 타당성이 있고 과학적 통계를 갖춘 학설 그리고 이제까지 많은 성명학자들이 전통적으로 사용해온 학설을 모두 활용하여 쉽게 이름짓는 방법을 설명하고자 한다. 대신 기존의 학설 중 소수의 성명학자들이 사용하고 통계적으로나 과학적으로 타당성이 부족한 학설은 과감하게 버렸다.

소중한 내 아기에게 정말 좋은 이름을 지어주고 싶다면 이어지는 성명학의 원칙들을 먼저 적용한 후, 부모의 취향에 맞는 글자를 넣어 이름을 지으면 된다. 이렇게 이름을 지으면 자신의 아기뿐만 아니라 가까운 친척이나 친구 등의 예비 부모에게 아주 특별한 선물을 할 수 있을 것이다.

2. 음양이 조화를 이룬 이름짓기

예로부터 동양문화권에서는 음양을 매우 중요하게 여겼다. 태초에 아무 것도 존재하지 않던 시절 처음으로 음과 양이 분화하여 우주 만물이 생겨났고 지금까지 이어져왔다. 음양사상은 노장사상과 유교사상 그리고 주역으로 대표되는 동양 학문의 바탕을 이루고 있다. 또한 음양은 풍수학과 사주명리학 그리고 성명학 등 사람의 운명을 예측하는 학문 분야에도 폭넓게 활용된다.

음양성명학

획수 음양과 발음 음양이 서로 조화를 이루도록 이름 짓는 것이 음양성명학이다. 획수 음양은 글자의 획수가 짝수이면 음이고 홀수이면 양이다. 발음 음양은 모음에 따라 음양이 결정된다.

동양의 관점에서 세상의 모든 물질은 음과 양으로 대비된다. 하지만 음양의 구분은 상대적인 것일 뿐 절대적인 것은 아니다. 하늘과 땅, 남자와 여자, 밤과 낮, 겨울과 여름, 태양과 달, 강함과 부드러움, 밝음과 어둠, 급함과 느림, 적극적인 것과 소극적인 것, 외향적인 것과 내성적인 것, 활동적인 것과 수동적인 것, 복잡한 것과 단순한 것, 대범한 것과 세심한 것 등 세상 모든 만물이 음과 양으로 대비된다. 하지만 이들은 서로를 미워하고 배척하기보다는 조화를 이루며 사이좋게 공존하고 있다. 음이 양보다 좋은 것도 아니고 양이 음보다 좋은 것도 아니다. 음과 양은 밤이 지나면 아침이 밝아오듯 자연스럽게 서로 공존하고 있다. 이러한 모습을 보면 성명학에서 왜 음양의 조화를 중시하는지 쉽게 이해할 수 있을 것이다.

실제로 많은 성명학자들이 음양의 조화를 이루도록 이름을 짓는다. 그렇다면 어떻게 이름을 지어야 음양의 조화를 이룰 수 있을까. 앞서 1부에서 간략하게 설명한 것처럼 획수 음양(수리 음양)과 발음 음양이 조화를 이루어야 한다. 즉 성과 이름자의 획수가 짝수(음)나 홀수(양) 어느 한쪽으로 치우치지 않아야 하고, 성과 이름자의 모음이 양성 모음이나 음성 모음 어느 한쪽으로 치우치지 않아야 한다. 획수 음양과 발음 오행이 음이나 양으로만 이루어진 이름은 좋지 않다.

1) 획수 음양의 조화

성과 이름자의 획수가 음양의 조화를 이루어야 좋은 이름이다. 성의 획수가 음인데 이름자 역시 음이거나, 성의 획수가 양인데 이름자 역시 양이면 좋지 않다. 음양이 적절하게 배합되어 균형을 맞추어야 한다. 이 때 글자의 획수가 홀수면 양이고 짝수면 음이다. 이러한 원칙은 한자릿수뿐만 아니라 두자릿수에도 똑같이 적용된다. 예를 들어 1이 홀수로 양인 것처럼 11도 홀수로 양이고, 21도 홀수로 양이다. 많은 사람들이 한자 이름만 획수를 세지만 한글 이름 역시 획수를 세어서 음과 양을 구분한다.

홀수 : 1, 3, 5, 7, 9 → 양
짝수 : 2, 4, 6, 8, 0 → 음

여기서 한 가지 주의할 점이 있다. 우리가 일반적으로 한자의 획수를 셀 때는 한 획씩 직접 써 가며 센다. 이것을 필획법이라고 하는데 옥편에 나와 있는 획수와 같다. 하지만 이름을 지을 때는 한자의 원래 뜻을 살려 계산하는 원획법을 사용한다. 즉 원래의 부수를 살려서 획수 계산을 하는 것이다. 예를 들어 삼수변(氵)은 원래 획수가 水이므로 3획이 아닌 4획으로 계산한다.

원획법은 일반적으로 사용하지 않는 방법이기 때문에 처음에는 혼동되기 쉽다. 이를 대비해 부록의 인명용 한자는 이름을 지을 때 쉽게 참고할 수 있도록 원획법을 기준으로 획수를 계산해놓았다.

● 필획과 원획 대조

필획	원획	부수 이름	획수	필획	원획	부수 이름	획수
氵	水	삼수변	4	犭	犬	개사슴록변	4
忄	心	심방변	4	王	玉	구슬옥변	5
扌	手	손수변	4	礻	示	보일시변	5
月	肉	육달월	6	衤	衣	옷의변	6
艹	艸	초두밑	6	阝(우)	邑	우부방	7
辶	辵	책받침	7	阝(좌)	阜	좌부방	8
罒	网	그물망	6	耂	老	늙을로밑	6

예) 길한 이름

김 金 / 정 正 / 민 珉
8획 / 5획 / 10획
음 / 양 / 음

예) 흉한 이름

김 金 / 혜 惠 / 원 元
8획 / 12획 / 4획
음 / 음 / 음

이 李 / 서 書 / 현 賢
7획 / 10획 / 15획
양 / 음 / 양

이 李 / 상 相 / 민 玟
7획 / 9획 / 9획
양 / 양 / 양

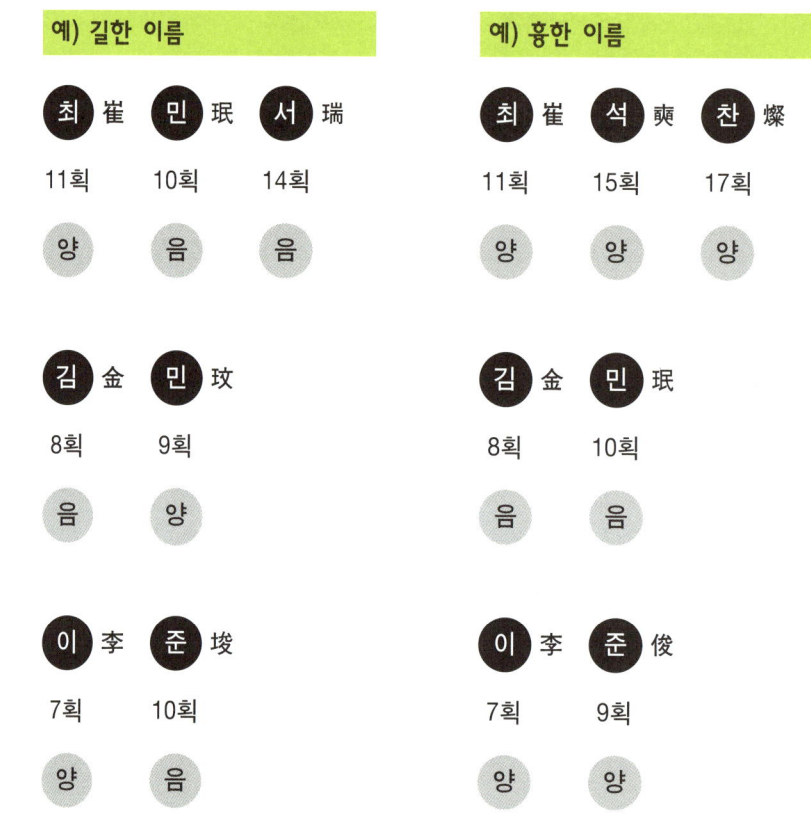

위의 예들을 보며 의아하게 생각될지도 모른다. 이름이 똑같은데 어떤 것은 길하고 어떤 것은 흉하다. 그것은 한자의 음은 같지만 획수는 서로 다르기 때문이다. 따라서 이름을 먼저 정하고 그 음에 맞춰서 한자를 고를 때에는 발음이 같은 여러 개의 한자 중에서 나머지 이름자(성을 포함)와 획수 음양을 맞출 수 있는 글자를 골라야 한다.

2) 발음 음양의 조화

발음 음양은 모음의 음양을 따지는 것으로 한자문화가 서서히 쇠퇴해 가면서 등장하기 시작하였다. 이름을 말하고 들을 때의 느낌을 중시하게 되면서 발음 음양을 고려하게 된 것이다.

　우리말은 모음이 양이냐 음이냐에 따라 상반된 느낌을 준다. 흔히 모음이 음이면 음성 모음이고 양이면 양성 모음이라고 한다. 양성 모음은 밝고 작고 가볍고 경쾌한 느낌을 주고, 반대로 음성 모음은 양성 모음에 비해 어둡고 크고 무거운 느낌을 준다. 예를 들어 '퐁당'과 '풍덩'을 보면 퐁당은 'ㅗ, ㅏ' 모음이 쓰여 밝고 가벼운 느낌을 주고, 풍덩은 'ㅜ, ㅓ' 모음이 쓰여 크고 무거운 느낌을 준다.

　좋은 이름은 이러한 모음의 음양이 한쪽으로 치우지지 않고 적절하게 균형을 이룬 이름이다. 양성 모음으로만 이루어진 이름이나 음성 모음으로만 이루어진 이름은 음양이 조화를 이루지 않았기 때문에 흉한 이름으로 본다.

양성 모음 : ㅏ, ㅑ, ㅗ, ㅛ → 양
음성 모음 : ㅓ, ㅕ, ㅜ, ㅠ, ㅡ, ㅣ → 음

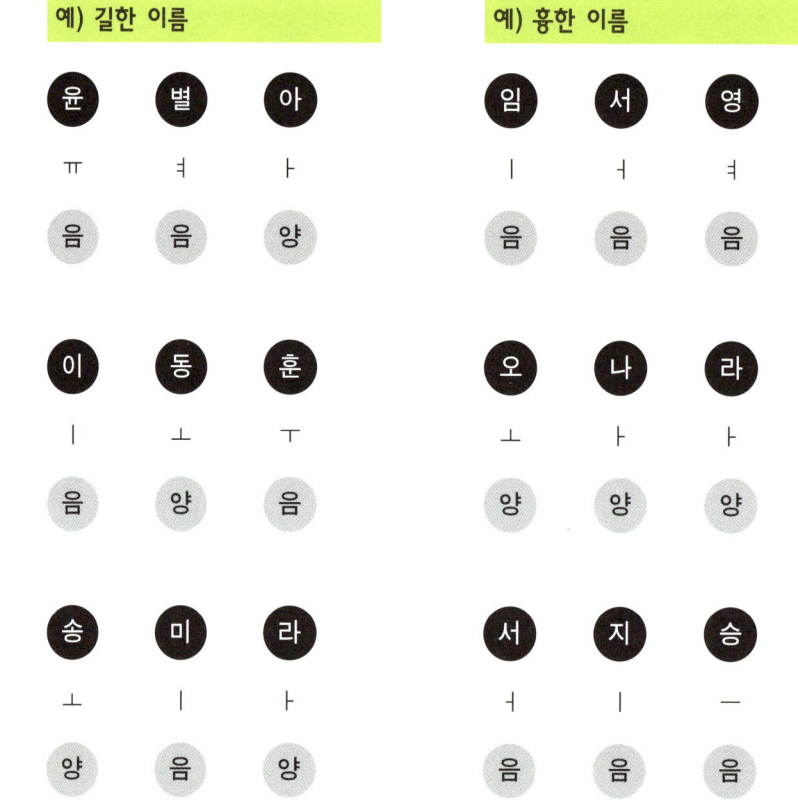

3. 수리가 길한 이름짓기

😊 수리성명학

성과 이름자의 획수를 조합하여 길한 수리가 되도록 이름 짓는 것이 수리성명학이다. 성과 이름자의 획수를 조합한 원형리정 4격 수리를 중시한다.

　예로부터 이름을 지을 때 성과 이름자의 획수를 조합한 수리가 좋아야 길한 이름이라고 보았다. 성과 이름자의 획수를 조합한 것이 바로 원격, 형격, 이격, 정격의 네 격이다. 이를 통틀어 원형리정 4격이라고 부른다. 이렇게 원형리정 4격 수리로 길흉을 판단하는 학문이 수리성명학이다.

수리성명학의 시작은 한자와 깊은 관련이 있다. 동양문화권은 한자문화권이기 때문에 한자로 이름을 짓고, 한자의 획수를 조합하여 길흉을 판단하는 수리성명학이 나타나게 된 것이다. 그런데 요즘은 한글 이름의 획수를 세어서 수리를 길하게 맞추어야 한다는 의견이 있다. 하지만 수리성명학을 한글 이름까지 적용하는 것은 이론적으로도 타당성이 부족하다고 본다.

앞서 설명했듯이 한자 이름을 많이 짓는 우리나라에서 수리성명학은 가장 많은 성명학자들이 적용하는 이론이고, 대부분의 이름짓기 책에서도 중요하게 다루고 있다. 하지만 대다수 성명학자들이 사용하고 있다고 해서 이 이론이 무조건적으로 옳다고 할 수 있을까? 어떤 이론이 믿을 만하다고 평가받기 위해서는 임상이나 통계 등의 결과가 뒷받침되어야 한다. 음양성명학이나 수리성명학이 성명학의 주요 이론이기는 하지만, 이제까지 체계적인 연구가 부족했던 것이 사실이다.

특히 수리성명학대로 이름의 4격 수리를 모두 길하게 맞추려면 이름자로 쓸 수 있는 글자가 한정될 수밖에 없다. 정해진 획수 안에서 글자를 골라야 하기 때문에 아이 이름에 넣어주고 싶은 글자를 포기해야 할 수도 있다. 또한 81수리 이론으로는 흉하지만, 남들이 부러워할 정도로 자기 분야에서 명성을 쌓고 경제적으로 부유한 사람도 많다. 따라서 되도록 81수리 중에서 길한 획수 조합이 되도록 이름을 짓되, 81수리 이론에 지나치게 얽매이지 않았으면 한다.

1) 원형리정의 의미

원형리정 4격은 원격, 형격, 이격, 정격을 말한다. 원격元格은 성을 제외한 이름자의 획수를 합한 것이다. 일반적으로 우리나라 사람은 이름이 두 글자이므로 원격은 이 두 글자의 획수를 합하면 된다. 드물기는 해도 이름이 한 글자(외자)이거나 세 글자인 사람도 있다. 이 경우 이름이 한 글자라면 그 한 글자의 획수가 원격이 되고, 이름이 세 글자라면 그 세 글자의 획

원형리정
원격은 성을 제외한 이름자의 획수를 합한 것, 형격은 성과 이름 첫 글자의 획수를 합한 것, 이격은 성과 이름 끝 글자의 획수를 합한 것, 정격은 성과 이름자의 획수를 모두 합한 것이다.

수를 모두 합한 것이 원격이 된다.

형격亨格은 성과 이름 첫 글자의 획수를 합한 것이다. 만약 이름이 한 글자라면 성과 이 한 글자의 획수를 합하고, 성이 두 글자이면 성의 모든 획수와 이름 첫 글자의 획수를 합한다.

이격利格은 성과 이름 끝 글자의 획수를 합한 것이다. 이름이 한 글자라면 이격은 형격과 같다. 그리고 성이 두 글자이면 성의 모든 획수와 이름 끝 글자의 획수를 합한 것이 이격이다.

마지막으로 정격貞格은 성과 이름자의 획수를 모두 합한 것이다.

원형리정 4격은 각각 사계절을 상징한다. 원은 봄, 형은 여름, 이는 가을, 정은 겨울을 상징한다고 해서 이것을 사람의 일생과 관련지어 설명하기도 한다. 즉 원은 초년, 형은 청년, 이는 중년, 정은 말년을 상징한다는 것이다.

그러나 이것을 심각하게 받아들일 필요는 없다. 성명학과 주역을 심도 있게 관련지어 설명한 것이 아니라 우리가 흔히 1, 2, 3, 4 또는 가, 나, 다, 라처럼 순서를 매기는 것과 비슷하다고 보면 된다.

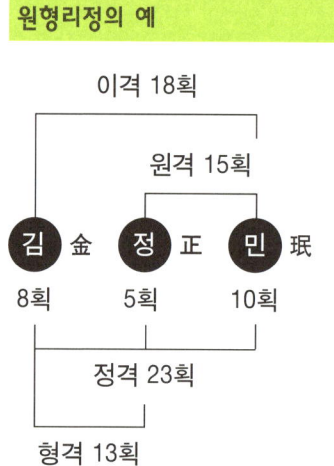

원형리정의 예

이격 18획
원격 15획
김 金 8획 정 正 5획 민 珉 10획
정격 23획
형격 13획

81수리 이론

1획부터 81획까지 원형리정 4격의 길흉을 분석한 이론이다. 81수리 중에서 길한 수리가 되도록 성과 이름자를 조합해야 한다.

2) 81수리 이론

원격, 형격, 이격, 정격 이 네 격의 수리가 1부터 81 중에 길한 수가 되도록 이름의 글자를 고르면 된다. 다만, 네 격 중에 어느 한 가지만 좋아서는 안 된다. 네 격 모두 길한 수리를 이루어야 한다.

그러나 막상 직접 이름을 지으려면 도대체 어떤 글자를 써야 할지 막막하게 느껴질 것이다. 그래서 이 책은 실제 이름을 지을 때 도움이 될 수 있도록 부록으로 〈성씨별 길한 수리 조건표〉를 정리해놓았다. 먼저 자신의 성씨를 찾고, 성씨의 획수와 어울리는 획수의 글자를 이름자로 선택하면 된다. 이 부록만으로도 쉽게 원형리정이 완벽하게 조화를 이룬 이름을 지을 수 있을 것이다.

최근에는 이 81수리의 길흉을 이름짓기뿐만 아니라 생활 속에서 다양하게 활용하고 있다. 집 전화 번호나 휴대전화 번호, 자동차 번호, 집 주소 등에 들어가는 숫자를 모두 더해서 81수리 이론대로 길흉을 분석하는 것이다. 그래서 길한 숫자는 좋고 흉한 숫자는 나쁘다고 한다. 하지만 이것은 재미로 볼 것이지 믿을 수 있는 것은 아니다.

1부터 81까지의 수는 성과 이름자의 획수를 조합해서 나온 수이다. 숫자 하나가 원형리정 4격의 길흉을 모두 나타낸다. 이 81가지 수는 제각각 길흉이 정해져 있다. 어떤 수는 매우 길한가 하면 어떤 수는 매우 흉하다. 그럼 이제부터 81수리가 어떤 의미를 지니고 있는지 자세하게 살펴보자.

1 기본격 基本格 · 태초격 太初格
두령운 頭領運

숫자 1은 모든 수의 시작이며 기본이다. 두령운에서 두령은 우두머리를 뜻한다. 따라서 1은 우두머리, 명예, 발전, 번영, 장수 등을 의미한다. 어떤 일을 하든 언제나 번영하고 발달하며 모든 사람들에게 신뢰를 받는다. 또한 성공하여 큰 업적을 세우고 세상에 이름을 떨쳐 많은 사람들이 우러러본다. 가정에 부귀가 따르고 자신은 명예와 장수를 누리는 매우 길한 수이다. 그러나 한 획 글자를 이름으로 쓰는 경우가 매우 드물기 때문에 원형리정 4격 수리가 1이 되기는 어렵다.

2 분산격 分散格 · 이별격 離別格
재액운 災厄運

2는 둘로 나누어지는 수로서 분리와 이별을 의미한다. 부부는 사이가 좋지 않고 부모자식은 서로 인연이 박하여 몹시 고독하고 쓸쓸하다. 모든 일에 근심과 어려움이 따르고, 한 번 영화로우면 한 번은 시들어버리는 수로서 성공하기 힘들다. 이를 극복하기 위해서는 끊임없는 노력이 필요하다.

3 명예격 名譽格 · 수복격 壽福格
복덕운 福德運

3은 어느 쪽으로도 치우치지 않는 안정된 수이다. 지혜롭고 원만한 품성과 뛰어난 처세술이 있어 출세한다. 순풍에 돛 단 듯 모든 일이 순조롭고 자신이 성공하여 자손까지도 영화를 누린다. 오래 살며 명성을 사방에 떨치는 길한 상이다.

4 괴운격 怪運格 · 부정격 不定格
파괴운 破壞運

4는 2가 두 번 겹친 수로서 2의 나쁜 운이 그대로 이어진다. 부모와 자녀 사이가 화목하지 못하고 가정이 불안하다. 달이 구름에 가리듯 어려움이 따르고 횡액이 생길 수 있다. 모든 일에 어려움이 많이 따르는 상으로 무슨 일을 하든 고달프고 성공하기 힘들다. 우유부단하고 결단력이 부족하여 실패가 많다. 희망을 버리지 않고 고달픔과 어려움을 이겨내기 위해 노력해야 한다.

5 금여격 金輿格 · 성공격 成功格
명재운 名財運

5는 중용의 수로서 어느 한쪽에 치우치지 않고 중립적인 입장을 유지한다. 성격이 원만하고 신중하며 예의바르기 때문에 사람들에게 신뢰를 얻는다. 복이 있고 장수하며 일마다 크게 성공하여 명예와 재물이 따르는 상이다. 만일 여자의 이름에 이 수리를 쓴다면 남편덕이 있고 행복한 결혼생활을 한다.

6 계성격 繼成格 · 풍후격 豊厚格
후덕운 厚德運

6은 1을 계승한다고 보아 계성繼成이라 하는데 선대의 가업을 이어받아 발전시킨다는 의미가 있다. 뜻을 세워 일을 추진할 때 조상의 음덕이 따르고 귀인이 도와 크게 성공한다. 가정이 화목하고 자손은 효도하는 길한 상이다.

7 독립격 獨立格 · 영달격 榮達格
발달운 發達運

7은 독립과 끊임없는 노력 그리고 의지를 상징하는 수이다. 두뇌가 뛰어나고 활동적이다. 독립적인 성격과 강인한 추진력을 바탕으로 스스로 일어나 크게 성공한다. 그러나 고집이 세고 완고하기 때문에 다른 사람과 갈등이 생기기 쉽다. 따라서 동업을 하기보다는 독립하여 혼자 사업을 해야 하며, 특히 구설수에 오를 수 있기 때문에 항상 말과 행동을 조심해야 한다.

8 개물격 開物格 · 발전격 發展格
전진운 前進運

8을 개물격이라고 하는데 여기에는 인내심과 강한 추진력을 발휘하여 사물과 이치를 깨우쳐 나간다는 의미가 있다. 굳은 의지와 정신력으로 목표를 이루기 위해 노력하며, 나날이 발전하여 큰일을 이룬다. 그러나 자기 주장이 강하고 남의 의견을 포용하지 못하므로 일이 뜻대로 되지 않을 수도 있다. 다른 사람을 배려하고 마음을 차분하게 다스려야 한다.

9 궁핍격 窮乏格 · 종국격 終局格
시휴운 時休運

9는 어려움이 따르고 고독한 수이다. 일을 처음 시작할 때는 모든 것이 잘될 듯하지만 중도에 장애물을 만나거나 끝에는 흐지부지 용두사미가 된다. 부모와 형제 사이에 인연이 이어지기 힘들고, 타향에서 홀로 외롭게 세월을 보낸다. 그러나 운에 따라 크게 성공하거나 열사, 독립군처럼 큰 뜻을 품고 이루어 나가는 사람도 있다. 여자의 경우 이 수리에 해당하면 정조관념이 부족하여 남녀관계에 문제가 있거나 화류계에 종사하는 경우가 많다. 의외로 교통사고 피해자, 실종자, 익사자 등에 이 수리가 많다. 단, 직업적으로 이동이 많은 운전기사나 스튜어디스는 예외이다.

10 공허격 空虛格 · 단명격 短命格
공허운 空虛運

10은 기본수 중에서도 마지막 수로 완성을 뜻하는 동시에 다시 처음으로 돌아간다는 의미가 있다. 그래서 10은 공허를 암시한다. 처음은 잘되는 듯 좋지만 도중에 어려움이 닥치며, 매사에 좋은 기회를 얻지 못한다. 형제덕과 부모덕이 없으며, 흉함만 있고 길함이 부족하다. 모든 일을 신중하고 안정적으로 생각한다면 흉함을 조금이라도 길하게 바꿀 수 있다.

11 갱신격 更新格 · 신성격 新成格
흥가운 興家運

11은 기본수 1로 시작하는 수이므로 갱신격, 신성격이라고 하며 번영의 의미가 있다. 집안을 일으키고 자신 역시 뛰어난 머리로 성공하고 발전한다. 의지가 강하고 모든 일이 순조로우며, 온순하고 인품이 높아 주위에서 좋은 평가를 받는다. 이름에 이 수리가 있으면 아들이 귀하기 때문에 양자나 양녀를 두기 쉽다.

12 박약격 薄弱格 · 좌절격 挫折格
고수운 孤守運

12는 2가 가진 상징성을 그대로 가지고 있다. 따라서 분리와 이별을 상징한다. 의지가 약하고 배짱이 없으며 우물쭈물하다 세월을 보낸다. 일시적으로 성공하더라도 심신이 허약해 다시 쇠퇴하게 된다. 부모형제, 배우자, 자식과 인연이 약하고 항상 고독하게 살아간다.

13 지모격 智謨格 · 총명격 聰明格
지달운 智達運

두뇌가 뛰어나고 명석하여 학문과 예술에 뛰어난 재능이 있다. 운세가 아주 좋아 입신양명하고 자수성가하여 부귀와 명예를 얻는다. 여러 사람을 앞에서 이끌어 나가는 능력이 있어서 뜻한 바를 반드시 이루어낸다.

14 고독격 孤獨格 · 이산격 離散格
파괴운 破壞運

지혜롭고 신중하지만 노력에 비해 모든 일이 잘되지 않는다. 심성이 착하고 여려서 남을 잘 보살펴주지만, 재물운과는 거리가 멀어서 부모로부터 유산을 물려받더라도 지켜내지 못한다. 부모형제와 배우자 그리고 자식과 인연이 박하여 외롭게 살아간다. 건강에 특히 신경 써야 한다.

15 덕망격 德望格 · 통솔격 統率格
복수운 福壽運

지혜와 덕망을 두루 갖추어 부귀가 따르는 수리다. 성품이 온화하여 사람들이 많이 따른다. 특히 여성은 남편덕이 있어서 좋은 수리로 본다. 초년에는 힘들어도 자신의 노력으로 일어서며, 재물운과 가정운이 좋아 가족과 함께 부귀영화를 누린다.

16 덕망격 德望格 · 부귀격 富貴格
현달운 顯達運

두뇌가 총명하여 큰일을 도모하여 성공시키고, 성격이 다정다감하고 온화하여 여러 사람으로부터 존경받고 선망의 대상이 된다. 특히 여성은 현모양처형으로 부귀를 누리며 가정의 행복을 이루어 나간다.

17 강건격 剛健格 · 건창격 健暢格
창달운 暢達運

굳은 의지와 강인한 성품으로 아무리 어려운 일이라도 극복한다. 결단력이 있어 어려운 난관을 거뜬히 이겨내며 귀인의 도움을 얻는다. 여자는 남자처럼 적극적이고 활동적인 기질을 가지고 있다. 단, 지나치게 고집을 부리다가는 구설수에 휘말리기 쉬우니 매사에 차분하고 신중하게 처리하는 것이 좋다.

18 발달격 發達格 · 발전격 發展格
융창운 隆昌運

지혜롭고 의지가 강하며 활동적이다. 어떤 일이든 원하는 것을 순조롭게 이루어내며, 강한 자부심으로 어려움이 닥치더라도 좌절하지 않고 목적을 달성한다. 특히 사업수완이 뛰어나 경영이나 상업 분야에서 능력을 인정받는다. 그러나 지나치게 독단적인 성격 때문에 사람들과 화합하지 못하고 자만에 빠질 수 있으니 겸손하게 자신을 돌아볼 수 있도록 노력해야 한다.

19 고난격 苦難格 · 허약격 虛弱格
병약운 病弱運

슬기롭고 재주가 뛰어나지만 도중에 장애가 많은 수리다. 처음에는 날로 번창하지만 일이 막힘이 많아 끝까지 이루어내지 못한다. 부부의 인연이 약하여 가정이 화목하지 못하고 외롭다. 특히 사고나 질병을 주의해야 한다.

20 공허격 空虛格 · 허망격 虛妄格
단명운 短命運

수리성명학에서 20획은 매우 불길하게 보는 수리다. 매사에 일을 성취하는 듯하나 도중에 장애를 만나 실패하는 경우가 많고, 어렵게 이루더라도 일시적인 성공일 때가 많다. 좌절하지 말고 자신을 수양하여 어려움을 극복하기 위해 노력해야 한다. 그러면 학자나 종교인의 삶을 살며 자기 분야에서 크게 성공할 수 있다.

21 두령격 頭領格 · 자립격 自立格
두령운 頭領運

의지가 강하고 지혜가 뛰어나며 사람들을 이끌어 나가는 능력이 있어 지도자의 위치에 오른다. 아무리 힘든 일이 생겨도 극복해내고 큰일을 성취하며, 부귀와 공명을 얻는다. 남녀 모두 리더십이 강하며 여성 또한 커리어우먼으로 능력을 발휘한다.

22 신고격 身苦格 · 중절격 中折格
박약운 薄弱運

이 수는 매우 좋지 않은 수로서, 재주가 있고 총명하지만 운이 따르지 않아 일에 막힘이 많고 도중에 포기하게 된다. 성공을 해도 잠시뿐 순식간에 다시 원점으로 돌아간다. 가족과 인연이 약하여 외롭고 가정이 화목하지 못하니 슬픔과 근심이 많다.

23 공명격 功名格 · 혁신격 革新格
왕성운 旺盛運

비록 초년은 어렵지만 타고난 지혜와 능력으로 성공하여 세상에 이름을 떨친다. 명예와 권위 그리고 부귀를 얻고 편안하고 안락한 생활을 누린다. 나날이 발전하여 결국에는 큰일을 이룬다. 남녀 모두 리더십이 강하며 여성 또한 커리어우먼으로 능력을 발휘한다.

24 입신격 立身格 · 풍부격 豊富格
축재운 蓄財運

모든 일이 처음에는 어렵고 힘들지만 불굴의 의지로 마침내 큰 뜻을 이루고 부귀와 공명을 얻는다. 가정운도 좋아서 부모자식, 배우자와 사이가 좋고 가정이 화목하다. 또한 자손이 번창하고 자손에게 경사가 따른다. 여성의 경우에는 애교가 많아 부부금슬이 좋고 원만한 가정을 꾸려 나간다.

25 건창격 健暢格 · 안전격 安全格
재록운 財祿運

지혜롭고 성실하니 큰 어려움 없이 안정된 생활을 한다. 하는 일마다 잘되어 성공을 거두고 재물과 명예를 얻는다. 자기 과신이 지나쳐 다른 사람과 마찰을 일으킬 수 있으므로 대인관계를 주의한다.

26 괴걸격 怪傑格 · 만달격 晩達格
영웅운 英雄運

영특하고 의협심이 있으며 영웅의 기상을 지녔다. 위인, 열사, 괴걸 怪傑 등에게서 많이 볼 수 있는 수리다. 이 수리는 크게 출세할 수도 있고 반대로 크게 실패할 수도 있다. 그래서 자신을 희생해서라도 큰일을 이루기 위해 앞장서서 성공하는가 하면 가족과의 생사이별 등 불운을 겪기도 한다.

27 대인격 大人格 · 좌절격 挫折格
중절운 中折運

두뇌가 명석하고 자부심이 강하여 큰일을 해낸다. 그러나 자존심이 지나치게 강하기 때문에 남에게 비방을 듣고 도중에 좌절하여 어려움을 겪는다. 한때는 성공하여 부귀영화를 누리지만 한때는 실패하는 운이다. 그러나 스스로를 돌아보고 반성하며 원만한 대인관계를 위해 노력하면 실패를 면할 수 있다. 여성은 후처가 많고 사회활동을 많이 하게 된다.

28 조난격 遭難格 · 풍파격 風波格
파란운 波瀾運

일생 동안 파란이 많은 운이다. 영웅호걸의 기상이 있어 일시적으로 명예와 성공을 누리지만, 악운을 피하기 어렵고 결국에는 무엇 하나 이루어지는 것이 없다. 가족과의 인연이 박하며 관재와 구설수가 따르며 단명하는 수이다. 현실을 깨닫고 대인관계를 원만히 하며 자신을 잘 다스리면 불운을 피할 수 있을 것이다.

29 대복격 大福格 · 성공격 成功格
수복운 壽福運

성공과 부귀 그리고 행복을 가져오는 수리다. 뛰어난 재주와 왕성한 활동력을 바탕으로 큰 어려움 없이 뜻을 이루고 부귀와 공명을 얻는다. 더불어 건강하게 장수하고 자손 역시 흥황하여 안락한 삶을 누린다. 단 지나친 욕심을 자제하고 매사에 겸손하게 행동해야 한다. 여성의 경우에는 여장부의 기질을 갖고 있어 사회활동을 하면 크게 성공한다.

30 부침격 浮沈格 · 춘몽격 春夢格
불안운 不安運

인생에 부침이 심하여 얻는 것이 있으면 반드시 잃는 것이 있고, 한 번 성공하면 한 번 실패하는 수리다. 매사를 확실하게 처리하지 못하여 곤란해지고, 일시적으로 성공하더라도 한번 어긋나기 시작하면 걷잡을 수 없이 운이 하락한다. 과도한 욕심을 버리고 순리를 따르며, 차근차근 일을 진행시켜야 실패를 막을 수 있다.

31 개척격 開拓格 · 융창격 隆昌格
흥가운 興家運

성품이 온화하고 진실하며 지혜를 갖춘 매우 길한 수리다. 또한 의지가 강하고 용기가 있어서 어려움을 극복하고 뜻을 이루며 부귀영화를 누린다. 많은 사람들에게 이름을 얻고 사회적으로 성공하며, 특히 학문과 예술 분야에서 업적을 남긴다. 가정이 화목하고 자손에게 경사가 따른다. 여성의 경우 재주가 있고 인품이 높으며 현모양처형이다.

32 득영격 得榮格 · 순풍격 順風格
왕성운 旺盛運

뜻밖에 행운이 찾아와 성공할 수 있는 기회가 생긴다. 또는 귀인의 도움으로 재물을 얻고 부귀영화를 누리며 발전을 거듭한다. 모든 일을 순리대로 진행해 나간다면 실패 없이 크게 성공할 것이다. 남녀 모두 성품이 온화하고 다정다정하여 인기가 많지만 색정에 빠지지 않게 이성관계를 주의해야 한다.

33 극왕격 極旺格 · 승천격 昇天格
융성운 隆盛運

지혜롭고 재주가 뛰어나며 결단력이 있어서 크게 성공하는 수리다. 어떤 어려움도 극복해내고 부귀영화를 누린다. 그러나 운이 매우 극단적이어서 갑자기 몰락할 수도 있으니 주의해야 한다. 남녀 모두 리더십이 강하며 여성 또한 커리어우먼으로 능력을 발휘한다.

34 변란격 變亂格 · 파란격 破亂格
파멸운 破滅運

인내심이 부족하여 처음에는 일이 잘 풀리다가도 도중에 생각하지 못한 재난을 만나 불행해지는 수이다. 성품이 온화하여 대인관계가 원만하고 주위의 도움을 많이 받지만 실패가 이어지면서 결국엔 패가망신한다. 늦게 결혼하거나 늦게 자식을 두게 되고, 가정운이 불길하여 가족과 이별하는 아픔이 있다. 어려움을 극복하기 위해 인내심을 갖고 부단히 노력해야 한다.

35 태평격 太平格 · 평안격 平安格
안태운 安泰運

부지런하고 성실하여 목표를 이루기 위해 열심히 전진한다. 지적인 타입으로 학술, 문예, 기술 분야에서 이름을 떨칠 수 있다. 소극적인 성격 때문에 큰 부자가 되기는 어렵지만 큰 어려움 없이 부귀를 누리며 장수한다. 가정운이 길하여 부모자식, 배우자와 행복하게 살아간다. 여성의 경우에는 매력이 많고 현모양처형이다.

36 고난격 苦難格 · 영웅격 英雄格
파란운 波瀾運

의협심이 강하고 영웅의 기상을 가지고 있다. 남을 돕기 위해 자신의 이익을 따지지 않고 뛰어들기 때문에 다른 사람에게 좋은 평가를 받지만, 정작 자신은 파란곡절이 심하고 불안정하다. 운이 좋으면 모두가 부러워하는 위치에 오르지만 반대로 큰 실패를 맞볼 수 있는 흉과 길이 극단적인 수이다. 자만하지 말고 다른 사람과의 화합을 위해 노력해야 한다. 여성의 경우에는 사회적으로 성공하더라도 독신으로 살 가능성이 많으며, 결혼 후 사별이나 이혼 등의 불행이 우려된다.

37 인덕격 仁德格 · 정치격 政治格
출세운 出世運

의지가 강하고 자립심이 있어서 자신의 노력으로 목표를 이루어 나간다. 주위로부터 신망과 협조를 얻고, 어떠한 어려움이 닥쳐도 꿋꿋하게 극복해낸다. 단, 독단적으로 판단하거나 행동하지 말고 주위에서 도와주는 사람들과 원만한 의사소통을 위해 노력해야 한다.

38 문예격 文藝格 · 문장격 文章格
학사운 學士運

두뇌가 명석하고 학문에 재능이 있다. 특히 문학, 예술, 발명 등의 창작 분야에서 크게 이름을 얻는다. 그러나 이상을 좇는 편이기 때문에 현실감각과 실천력이 부족하다. 운세는 평범하지만 재물과 인연이 없어서 어려움을 겪을 수 있으므로 경제적인 안정을 위해 노력해야 한다.

39 장성격 將星格 · 태극격 泰極格
안락운 安樂運

인격이 높고 현명하며 많은 사람들을 지휘하고 인도하는 우두머리가 된다. 또한 권위가 있으며, 부귀영화를 누리고, 가정운이 길하여 자손이 번창한다. 군인이나 정치가 가운데 이 수리를 가진 경우가 많다. 단, 매우 귀한 수이므로 정반대의 흉운이 찾아올 수 있으니 타고난 사주팔자와 조화를 이루어야 한다. 남녀 모두 리더십이 강하며 여성 또한 커리어우먼으로 능력을 발휘한다.

40 무상격無常格 · 변화격變化格
파란운波瀾運

한 번 성공하면 한 번 실패하는 등 굴곡이 심한 수리다. 일을 성공시켜도 오래가지 못하니 공허하기만 하다. 또한 모험과 도전을 좋아하고 일확천금을 꿈꾸다 패가망신하고 가정이 깨지는 경우가 많다. 어려움이 있으면 물러날 줄 알고 노름과 투기 등을 조심해야 한다.

41 대공격大功格 · 대길격大吉格
고명운高名運

인내심이 있고 의지가 강하여 무한한 발전을 이룰 수 있는 수리다. 또한 외모가 준수하고 덕망이 높아 성명학에서는 매우 길하게 여긴다. 만인의 스승이나 지도자가 되어 이름을 떨치고 건강하게 장수한다. 잘생긴 외모 덕분에 남녀 모두 이성에게 인기가 있으며, 여성은 현모양처형으로 행복을 누린다.

42 고행격苦行格 · 불성격不成格
수난운受難運

총명하고 지혜가 뛰어나며 다방면에 재주가 있다. 그러나 의지가 약하고 추진력이 부족하며 남의 말에 잘 흔들리는 단점이 있다. 여러 가지 일에 모두 관심을 가지다 보면 어느 것 하나 제대로 이루어내기 힘드니 한 가지 일에 집중하고 일단 마음을 먹으면 끈기 있게 적극적으로 일해야 한다.

43 성쇠격盛衰格 · 재해격災害格
산재운散財運

재주가 많고 지혜가 뛰어나지만 의지가 약해서 성공하기 어렵다. 모든 것이 뜻대로 될 것 같아 일을 벌려놓지만 조금만 어려움이 닥쳐도 뒷수습을 못하고 자포자기에 빠진다. 들어오는 돈보다 나가는 돈이 많기 때문에 재물을 모으지 못한다. 여성의 경우에는 허영심이 많고 변덕이 심하며 이성문제로 어려움을 겪는다.

44 마장격魔障格 · 비애격悲哀格
파멸운破滅運

평생 고난이 계속되는 불운한 수리다. 재능이 뛰어나고 지혜가 있지만 욕심이 지나치기 때문에 열심히 노력한 일이 헛수고가 된다. 가정운도 불운하여 부모형제와 배우자, 자식과 생사이별한다. 그러나 이러한 고난을 극복하고 위인, 열사, 예술가로 성공하는 경우도 있다.

45 대각격大覺格 · 성사격成事格
통달운通達運

두뇌가 명석하고 선견지명이 있어서 매사에 막히는 것이 없이 크게 성공한다. 또한 의지가 강하기 때문에 어려움을 만나도 극복해내고 큰일을 이루고 만인의 지도자로 올라선다. 단, 이 수리는 타고난 사주팔자와 조화를 이루어야만 길한 운세를 만날 수 있다.

46 고행격苦行格 · 부지격不知格
비애운悲哀運

재능은 있지만 소극적인 성격 때문에 기회를 살리지 못하고 실패한다. 포부는 크지만 적극성이 부족하고 현실이 따라주지 못해 근심걱정으로 세월을 보낸다. 어떤 일을 하든 인내심을 갖고 추진해야지 그렇지 못하면 평생 불운이 떠나지 않는다. 창작이나 발명, 연구 분야에서 능력을 발휘하여 이름을 얻는 경우도 있다. 성명학에서는 남녀 모두에게 근심, 실패, 고독, 단명을 암시하는 흉한 수리로 본다.

47 전개격展開格 · 출세격出世格
득시운得時運

현명하고 두뇌가 명석하여 권세와 명예를 얻고 주위의 도움으로 큰일을 이룬다. 의지가 강하고 성품이 온화하여 사람들에게 신망을 얻고 어려움 없이 모든 일이 순조롭다. 재물운 역시 좋아서 자손에게도 큰 재물을 물려주며 행복을 누린다.

48 복덕격福德格 · 유덕격有德格
영달운榮達運

지혜롭고 총명하며 인격이 높다. 식견이 높고 통솔력이 있어서 사람들 사이에 신망이 두터워 지도자의 위치까지 오른다. 세상일에 얽매이지 않고 여유롭게 살아간다. 또한 가정운이 길하여 부부는 화목하고 자식과의 관계도 좋다.

49 상반격相半格 · 은퇴격隱退格
변화운變化運

재능이 뛰어나고 두뇌가 명석하므로 자수성가할 수 있다. 그러나 길흉이 엇갈리고 희비가 상반되어 심리적으로 불안해지기 쉽다. 잘해 나가던 일이 도중에 장애를 만나 어려워지지만, 차분하게 상황을 파악하고 끈기 있게 노력한다면 흉함이 줄어들 것이다. 정치가나 투기꾼에게서 많이 볼 수 있는 수이다.

50 부몽격浮夢格 · 성패격成敗格
불행운不幸運

길흉이 서로 교차하여 한 번 성공하면 한 번 실패한다. 길한 중에도 흉함이 있고 흉한 중에도 길함이 있다. 하고자 하는 일이 한 번은 성공하지만 의지가 약하고 독립심이 없어 실패할 확률이 높다. 잘 나갈 때 앞날을 대비하고, 가진 것이 있을 때 다른 사람에게 베풀어야 정작 자신이 어려울 때 도움을 받을 수 있다.

51 길흉격 吉凶格 · 흥망격 興亡格
성패운 盛敗運

인생의 흥망성쇠가 이어지는 수리다. 처음에는 모든 일이 잘 풀리는 듯하다가 말년에는 운세가 불길해지고 어려움이 닥친다. 인생에 굴곡이 많아 안정을 찾기 어렵다. 그러나 성실하고 근면하게 살아간다면 어려움을 이겨내고 편안한 생활을 할 수 있을 것이다.

52 총명격 聰明格 · 통달격 通達格
승룡운 昇龍運

머리가 뛰어나고 의지가 굳세며 추진력이 있다. 무에서 유를 창조해낼 수 있는 능력이 있고 앞일을 내다보는 선견지명이 있어서 큰일을 성취한다. 부귀영화가 자손에게까지 이어지는 길한 수리다. 단, 남녀 모두 몸가짐을 바로하고 이성문제를 조심해야 한다.

53 내허격 內虛格 · 불화격 不和格
장해운 障害運

겉보기에는 부유하고 행복하지만 속으로는 공허하고 번민과 근심이 끊이지 않는다. 의지가 약하고 현실감각이 부족하기 때문에 스스로 어려움을 극복하지 못한다. 길흉이 반반이어서 한 번 성공하면 한 번 실패하고 좋은 듯하다가 흉하게 바뀐다. 큰 재난을 만나면 실패가 커 자칫 재기하지 못할 수도 있다. 부침이 심한 운이므로 좋을 때 미래를 대비하는 것이 현명하다.

54 무공격 無功格 · 신고격 辛苦格
절망운 絶望運

아무리 노력해도 뜻을 이루지 못하고 허망하게 된다. 일마다 막히니 근심과 걱정이 끊이지 않는다. 운이 불길하여 물려받은 유산을 지키기 어렵고 횡액과 질병으로 고생한다. 불구, 단명, 고독을 암시하는 불길한 수이다.

55 미달격 未達格 · 우수격 憂愁格
불안운 不安運

겉으로 보기에는 모든 일이 잘되어가는 듯하지만 속으로는 고난이 많고 재물을 많이 잃는다. 시작은 잘하지만 일을 제대로 끝맺지 못하므로 끈기와 인내심을 기르는 것이 우선이다. 마음을 굳게 먹고 노력하면 어려움을 극복하고 성공할 수 있다.

56 부족격 不足格 · 한탄격 恨歎格
패망운 敗亡運

의지가 약하고 인내심이 부족하여 매사가 머리만 있고 꼬리는 없는 격이다. 인덕이 박하여 주위의 도움을 기대하기 어렵고, 아무리 노력해도 실패를 거듭하고 가산을 탕진한다. 가족과의 인연이 박해서 고독하고 외롭게 지낸다. 특히 여성은 남편과 사별하고 혼자 살 가능성이 많다. 성명학에서는 매우 꺼리는 수이다.

57 노력격 努力格 · 분발격 奮發格
시래운 時來運

어떠한 어려움이 닥쳐도 굳은 의지와 성실한 태도로 이겨내고 마침내 꿈을 이루고 부귀영화를 누린다. 고난 끝에 행복을 찾으니 마치 새봄을 만나 아름다운 꽃을 피우는 듯하다. 번영과 발전이 계속되는 매우 길한 운이다.

58 만성격 晚成格 · 자력격 自力格
후복운 後福運

반은 흉하고 반은 길한 수로서 인생의 부침이 심하고 불안정하다. 처음에는 추진력과 인내심이 부족하여 고난과 어려움이 따르지만 나중에는 모든 어려움을 이겨내고 반드시 성공하여 행복을 누리게 된다. 중도에 포기하지 말고 성실하게 최선을 다해야 한다.

59 불우격 不愚格 · 실망격 失望格
실의운 失意運

머리는 좋지만 의지가 약하고 끈기가 부족하여 일을 제대로 끝내지 못한다. 어려움이 끊이지 않아 실의에 빠지게 된다. 또한 가정운이 불길하여 가족끼리 인연이 약하다. 성명학에서 매우 꺼리는 수이다.

60 동요격 動搖格 · 불안격 不安格
재난운 災難運

중심 없이 여기저기 유랑하며 돌아다니다가 실패를 거듭하는 수이다. 일을 잘 처리하고 싶은 마음이 간절하지만 계획성이 부족하기 때문에 성공하기 어렵다. 또한 몸이 약하고 가족간의 인연이 약해서 고독한 인생이다. 그러나 자포자기하지 않고 적극적으로 행동한다면 작은 성공은 볼 수 있다.

61 영화격 榮華格 · 이지격 理智格
재리운 財利運

이지적이고 재능이 뛰어나 명예와 재물을 모두 얻는 매우 길한 수이다. 노력하는 만큼 결실을 맺는 행운이 따른다. 그러나 자만심이 있어서 주위 사람들에게 인심을 잃고 풍파를 일으키기 쉽다. 항상 겸손하게 자신을 낮추고 원만한 대인관계를 위해 노력해야 한다.

62 고독격 孤獨格 · 무력격 無力格
쇠퇴운 衰退運

두뇌회전이 빠르고 재주가 많지만 일이 계속 실패하여 내리막길을 걷는다. 아무리 노력해도 성공하지 못하니 더욱 무기력해지고 가정불화까지 겹친다. 고난과 어려움이 이어지는 매우 불길한 암시가 있다.

63 길상격 吉祥格 · 부귀격 富貴格
성공운 成功運

항상 자신이 원하는 대로 순조롭게 뜻을 이루어 나간다. 따뜻한 봄날에 만물이 소생하듯 번영하는 상으로 재물과 명예를 동시에 얻고 행복과 복록을 두루 갖춘다. 부귀영화가 자손에게까지 이어지는 매우 길한 수이다.

64 재화격 災禍格 · 침체격 沈滯格
쇠멸운 衰滅運

침체와 쇠멸을 암시하는 매우 불길한 수이다. 모든 일이 시작은 있으나 중도에 어려움을 겪고 끝을 맺지 못한다. 실패를 거듭하며 경제적 어려움과 정신적 고통이 커진다. 가정운도 불운하여 부모형제, 배우자, 자식과의 인연이 약하여 고독하게 살아간다.

65 완미격 完美格 · 형통격 亨通格
번영운 繁榮運

지혜롭고 성실하여 아무리 어려운 일도 능히 이루어내고 주변에서 인정받는다. 모든 일을 계획에 따라 진행시키니 이루지 못할 일이 없다. 평생 동안 부귀공명과 복록을 누리며 장수하는 매우 길한 수이다.

우매격 愚昧格 · 파가격 破家格
쇠망운 衰亡運

사리에 밝지 못하고 계획성이 부족하여 하는 일마다 어려움이 닥친다. 연이은 실패로 경제적인 어려움을 겪으며 부부간에 불화가 심해지고 질병의 고통까지 찾아온다. 다른 사람의 말을 귀담아듣지 않고 자기 생각을 고집하다가 관계가 틀어지니 어려울 때 도움을 청할 사람이 없다.

성장격 成長格 · 영달격 榮達格
통달운 通達運

지혜롭고 인내심이 있어서 일마다 뜻대로 이루어진다. 자립심이 강하여 어려움이 닥쳐도 혼자서 이겨내고 성공한다. 또한 도량이 넓어 주위의 신망을 얻는다. 재물과 명예를 얻는 길한 수로 근심 없이 평생을 즐겁게 지낸다.

달성격 達成格 · 부흥격 復興格
흥가운 興家運

두뇌가 명석하고 사려 깊은 성격으로 나날이 발전한다. 창조적인 능력이 있어서 발명 분야에서 이름을 얻을 수 있다. 의리를 매우 중시하기 때문에 배우자와 행복한 결혼생활을 하고 자손에게까지 길한 운이 이어진다.

궁핍격 窮乏格 · 쇠약격 衰弱格
정지운 停止運

마음이 불안하여 안정을 찾지 못한다. 결단력이 부족하고 의지가 약하여 뜻대로 되는 일이 없다. 하는 일마다 꼬이고 가난과 질병으로 고생한다. 가정운이 불운하여 어려서는 부모덕을 보지 못하고 나이들어서는 행복한 결혼생활을 하기 어렵다. 성명학에서는 매우 불길한 수이다.

70　쇠퇴격 衰退格 · 적막격 寂寞格
멸망운 滅亡運

평생 고달프고 외로움이 떠나지 않는다. 아무리 노력해도 뜻대로 되지 않고 가난을 벗어나기 어려워 신세를 한탄할 뿐이다. 가족과 인연이 박해서 생사이별하고 건강까지 나빠 장수하기 어렵다. 성명학에서는 매우 불길하게 보는 수이다.

71　보통격 普通格 · 현실격 現實格
발전운 發展運

본인의 노력에 따라 얼마든지 발전할 수 있는 운이다. 초년에 어려움을 겪더라도 포기하지 말고 이겨내기 위해 노력해야 한다. 좌절하고 포기하면 후반의 길한 운세도 흉하게 바뀌게 된다. 경거망동하지 말고 매사에 신중하게 판단하고 행동해야 한다.

72　길흉격 吉凶格 · 상반격 相半格
후곤운 後困運

길흉이 서로 교차하는 수이다. 한 번 성공하면 뒤이어 실패가 오고 겉으로는 좋은 것 같지만 속을 보면 근심걱정이 있다. 그러나 어려움이 닥치더라도 좌절하지 말고 끈기 있게 노력한다면 복록이 찾아올 것이다. 매사에 신중한 마음가짐을 가져야 한다.

73　평길격 平吉格 · 평복격 平福格
안과운 安過運

인생의 굴곡 없이 평탄한 삶을 산다. 포부는 크지만 말이 앞서고 실천력이 부족하기 때문에 큰일을 이루지 못한다. 그러나 타고난 복록이 있어서 경제적으로 궁핍하지 않게 무난하게 살아간다. 부지런하고 성실하게 노력한다면 작은 성공은 거둘 수 있을 것이다.

74 불교격 不交格 · 불우격 不遇格
수액운 受厄運

뜻은 거창하지만 지혜가 부족하고 의지가 약해 뜻대로 되는 일이 없다. 옹고집이라 남의 의견을 무시하고 노력하지 않으니 발전이 없다. 들어오는 돈보다 나가는 돈이 더 많아 경제적인 어려움이 닥치고 건강마저 악화되어 고생한다.

75 안길격 安吉格 · 왕성격 旺盛格
평화운 平和運

매사에 욕심대로 하다가는 실패하기 쉽다. 계획성이 부족하여 일을 그르치는 경우가 많으므로 신중하게 한 발 물러선다는 마음가짐으로 생활해야 한다. 꾸준히 노력하면 큰 어려움 없이 평탄한 인생을 살 수 있다.

76 병약격 病弱格 · 이산격 離散格
후창운 後昌運

재주는 있지만 하는 일마다 중간에 어려움을 만나 실패하게 된다. 부모형제와 배우자, 자식과 인연이 박하여 생사이별하고 근심과 질병으로 몸을 상하게 된다. 그러나 좌절감을 딛고 일어나 다시 도전하면 중반 이후로 점차 운이 향상될 것이다.

77 상반격 相半格 · 전후격 前後格
길흉운 吉凶運

길한 가운데 흉함이 있고 흉한 가운데 길함이 있는 수이다. 시작은 잘하지만 끝마무리가 나쁘다. 인생 초반에는 부모덕으로 순조롭게 살아가지만 후반에 들어서면서 운이 쇠퇴하여 고생하게 된다. 남의 말을 지나치게 믿지 말고 스스로 판단하고 신중하게 행동한다면 흉이 줄어들 것이다.

78 선길격 先吉格 · 용미격 龍尾格
평복운 平福運

초년에는 무슨 일을 하든지 큰 어려움 없이 성공하고 부귀를 누린다. 그러나 중반 이후에는 운이 점차 하락하여 경제적으로 어려워진다. 재물을 자랑하지 말고 자만심을 버려야 재물을 잃지 않는다.

79 무모격 無謀格 · 종극격 終極格
종말운 終末運

정신력이 약하고 의지가 약하다. 초년에는 안락하게 살아가지만 시간이 갈수록 운이 점차 하락하여 되는 일이 없다. 포부가 큰 만큼 좌절감도 커서 일할 의욕을 잃고 허송세월을 하게 된다. 성명학에서는 매우 꺼리는 수이다.

80 음영격 陰影格 · 종말격 終末格
은둔운 隱遁運

얻는 것이 있어도 곧 잃어버리는 불운한 수이다. 분수를 지키고 신중하게 판단하면 최악의 어려움은 피할 수 있지만, 자신의 처지를 잊고 경거망동하면 질병과 횡액까지 겹쳐 더욱 어려워진다. 몸과 마음을 잘 다스려야 편안한 생을 누릴 수 있다.

81 복록격 福祿格 · 환원격 還元格
갱희운 更喜運

다시 1로 되돌아간다는 의미가 있다. 부귀영화를 누리는 매우 길한 수이다. 무엇이든 다시 시작하여 성공하고 행복한 삶을 산다. 1이 암시하는 것과 거의 비슷하다.

부록의 〈성씨별 길한 수리 조건표〉를 참고하여 직접 이름을 지어보자. 먼저 우리나라 성씨 중에서 가장 많은 김金씨 성의 남자아이를 예로 든다.

김金은 8획이다. 이 밖에 8획성에는 경庚, 공空, 구具, 맹孟, 임林 등이 있다. 8획성의 길한 수리 조합으로는 (8·7·8), (8·7·16), (8·8·5), (8·8·7), (8·9·16), (8·10·5), (8·10·15), (8·16·9) 등이 있다. 여기서 성을 제외한 이름 두 글자의 조합을 보면 (7·8), (7·16), (8·5), (8·7), (9·16), (10·5), (10·15) (16·9) 등이다. 앞의 숫자는 이름 첫 글자의 획수이고 뒤의 숫자는 이름 끝 글자의 획수이다. 마지막으로 각각의 획수에 해당하는 글자를 부록의 인명용 한자에서 고르면 된다.

예1)

김金 민珉 석奭
8획 10획 15획

원격 : 10+15=25획(안전격·건창격)
형격 : 8+10=18획(발달격·발전격)
이격 : 8+15=23획(공명격·혁신격)
정격 : 8+10+15=33획(극왕격·승천격)

다음으로 이李씨 성을 가진 여자아이 이름을 지어보자. 이李는 7획이다. 이 밖에 강江, 성成, 송宋, 신辛, 여呂, 여余, 연延, 오吳, 지池, 차車 등도 7획성이므로 같은 방식으로 이름을 지을 수 있다. 7획성의 길한 수리 조합으로는 (7·1·10), (7·4·4), (7·4·14), (7·6·10), (7·6·11), (7·8·8), (7·8·10), (7·8·16), (7·8·24), (7·9·16), (7·9·22), (7·10·14), (7·16·8), (7·16·9) 등이 있다. 7획성은 이미 정해져 있으므로 나머지 이름 두 글자의 길한 조합 즉 (1·10), (4·4), (4·14), (6·10), (6·11), (8·8), (8·10), (8·16), (8·24), (9·16), (9·22), (10·14), (16·8), (16·9)에 해당하는 글자를 부록의 인명용 한자에서 찾으면 된다.

예2)

이李 효效 원源
7획 10획 14획

원격 : 10+14=24획(입신격·풍부격)
형격 : 7+10=17획(강건격·건창격)
이격 : 7+14=21획(두령격·자립격)
정격 : 7+10+14=31획(개척격·융창격)

예1)의 민석珉奭이라는 이름은 획수 조합이 (10·15)로서 김金까지 놓고 보면 (8·10·15)이 되어 원형리정 4격이 모두 길하다. 예2) 효원效源이라는 이름 또한 획수 조합이 (10·14)로서 이李까지 놓고 보면 (7·10·14)가 되어 원형리정 4격이 모두 길하다. 부록을 보면 더 많은 수리 조합이 나와 있으므로 그에 맞게 발음과 한자 획수를 조합하면 된다.

다만, 수리성명학을 우선했기 때문에 발음, 획수, 뜻의 음양오행은 고려하지 않았다. 이것을 모두 만족시키기란 매우 어렵기 때문에 무엇을 우선할지에 따라 절충하는 것이 좋다고 본다.

4. 사주팔자와 조화를 이루는 이름짓기

이름을 지을 때 작명가들이 가장 먼저 확인하는 것이 아기의 사주팔자이다. 사주팔자四柱八字란 네 기둥四柱과 여덟 글자八字]이란 뜻으로, 태어난 연월일시를 육십갑자로 나타낸 것이다. 육십갑자는 천간 10글자와 지지 12자가 결합한 것이다. 사주팔자를 사주 또는 팔자라고 하기도 한다.

> **point**
> **😊 사주성명학**
> 사람의 사주팔자에 필요한 오행을 이름으로 보강해주며 용신성명학이라고도 한다. 성명학 지식뿐만 아니라 기본적인 사주명리학 지식이 필요하다.

사주팔자를 통해 사람의 운명을 판단하는 사주명리학은 성명학과 뗄 수 없는 관계이다. 둘 다 음양오행을 바탕으로 하고, 사람이 먼저 태어난 다음에 이름을 짓기 때문이다. 그래서 태어날 때 정해진 사주팔자를 선천운先天運이라고 하고, 사람이 짓고 마음에 들지 않으면 바꿀 수도 있는 이름은 후천운後天運이라고 한다.

획수 음양과 발음 음양을 바탕으로 하는 음양성명학 그리고 81수리 이론을 바탕으로 하는 수리성명학으로도 충분히 이름을 지을 수 있다. 그러나 사주팔자로 타고난 운명을 미리 살펴보고 이름으로 부족한 것을 보충해준다면 선천운과 후천운이 조화를 이룬 좋은 이름을 지을 수 있을 것이다.

사주팔자를 활용하는 성명학에는 여러 종류가 있는데 일반적으로 가장 많이 활용하고 이론적 타당성이 높은 이론이 바로 사주성명학(용신성명학이라고도 한다)이다.

방금 태어난 갓난아기의 사주팔자도 어른의 사주팔자와 마찬가지로 음양과 오행으로 분석할 수 있다. 이 음양오행이 서로 조화를 이루어야 좋은 사주팔자라고 할 수 있다. 사주팔자에 너무 많아서 불필요한 음양오행이 있을 수 있고, 사주팔자에 부족하여 필요로 하는 음양오행이 있을 수 있다. 이렇게 사주팔자에 조화를 이루어 주는 오행을 이름으로 보강하는 것이 바로 사주성명학이다.

1) 사주팔자의 의미

> **point**
> 😊 **사주팔자**
> 태어난 연월일시를 천간과 지지가 결합한 육십갑자로 나타낸 것이다. 태어난 해는 연주, 태어난 달은 월주, 태어난 날은 일주, 태어난 시간은 시주라고 한다.

사람이 태어난 연월일시는 각각 천간과 지지가 결합한 육십갑자로 나타낼 수 있는데, 한자는 세로쓰기를 하기 때문에 연월일시의 육십갑자를 모두 적어놓으면 마치 4개의 기둥이 서 있는 모습과 같다. 태어난 해의 육십갑자는 연기둥(年柱), 태어난 달의 육십갑자는 월기둥(月柱), 태어난 날의 육십갑자는 일기둥(日柱), 그리고 태어난 시간의 육십갑자는 시기둥(時柱)으로, 연월일시 4개의 기둥이 있다고 하여 사주라는 이름이 붙었다.

사주팔자는 사람이 타고난 운명의 이치를 말한다. 사주팔자의 천간과 지지는 음양오행으로 분석할 수 있고, 이것으로 그 사람의 길흉화복과 성격, 적성, 특성, 개성 등을 판단하고 다양한 인간관계를 풀이한다. 태어난 연월일시 네 기둥만 알면 자신의 인생을 전반적으로 상세하게 알 수 있기 때문에 사주팔자는 삶을 분석하고 풀이하는 대표적인 수단으로 자리잡게 되었다.

2) 사주팔자 세우기

흔히 사주팔자는 '세운다'고 표현한다. 왜냐하면 사주의 주柱가 기둥을 의미하기 때문이다. 사주팔자를 보기 위해서는 가장 먼저 사주팔자를 세워야 한다. 이 때 필요한 것이 바로 만세력이다. 만세력은 쉽게 말해 달력의 한 가지로 연주, 월주, 일주가 표시되어 있으며 시주는 나와 있지 않다.

1 연주

연주年柱는 사주의 주인공이 태어난 해를 뜻한다. 2008년에 태어났으면 무자戊子가 되는데 연年자를 붙여 무자년이라고 부른다.

연주에서 한 가지 주의할 점은 한 해의 시작이 바로 입춘이 들어오는 시점이라는 것이다. 우리가 한 해의 기준으로 삼는 양력 1월 1일도 아니고, 설날인 음력 1월 1일도 아니다. 사주명리학은 실제 기후를 중시하기 때문에 봄이 들어오는[立春] 입춘을 새로운 해의 기준으로 삼는다. 따라서 양력 1월 1일 이후에 태어났더라도 입춘을 지나지 않으면 지난해에 태어난 것으로 본다.

연주는 천간과 지지로 이루어지는데 위에 있는 천간을 연간年干이라고 하고, 밑에 있는 지지를 연지年支라고 한다.

2 월주

월주月柱는 사주의 주인공이 태어난 달을 말하는데, 연주를 세우고 난 후 찾는다. 월주를 세울 때 주의할 점은 양력 또는 음력으로 월을 정해서는 안 된다는 것이다. 태어난 달도 연주와 마찬가지로 절기를 기준으로 바뀌기 때문이다. 예를 들어 새해가 들어오는 입춘부터 1달 후인 경칩 사이가 인월寅月이 되고, 경칩부터 청명 사이는 묘월卯月이 된다.

태어난 달의 천간은 월간月干이라고 하고, 태어난 달의 지지는 월지月支라고 한다. 새 달의 기준이 되는 12절기는 입춘, 경칩, 청명, 입하, 망종, 소서, 입추, 백로, 한로, 입동, 대설, 소한이다.

● **12절기의 특징**

절기	특징	양력 날짜	시작하는 달
입춘立春	봄을 세움. 봄의 시작	2월 3~5일경	인寅월
경칩驚蟄	개구리가 겨울잠에서 깨어남	3월 5~7일경	묘卯월
청명淸明	맑고 밝은 봄날이 시작됨. 봄농사 준비	4월 4~6일경	진辰월
입하立夏	여름을 세움. 여름의 시작	5월 5~7일경	사巳월
망종芒種	모를 심기에 적당함. 씨뿌리기(벼)	6월 5~7일경	오午월
소서小暑	더위가 서서히 시작됨	7월 6~8일경	미未월
입추立秋	가을을 세움. 가을의 시작	8월 7~9일경	신申월
백로白露	흰 이슬이 내림. 가을이 조금씩 찾아듬	9월 7~9일경	유酉월
한로寒露	찬 이슬이 내리기 시작함	10월 8~9일경	술戌월
입동立冬	겨울을 세움. 겨울의 시작	11월 7~8일경	해亥월
대설大雪	눈이 많이 옴	12월 6~8일경	자子월
소한小寒	조금 추움. 겨울 추위가 서서히 시작됨	1월 5~7일경	축丑월

3 일주

일주日柱는 사주의 주인공이 태어난 날을 말하며, 일진日辰이라고도 한다. 일주는 사주 네 기둥을 뽑는 방법 중에서 가장 간단하면서도 가장 중요하다. 만세력을 보고 태어난 날을 찾아 그대로 기록만 하면 되므로 가장 간단하고, 일주는 사주의 주인공이 되기 때문에 가장 중요하다.

일주에서 위에 있는 천간을 일간日干이라고 하고, 밑에 있는 지지를 일지日支라고 한다. 다만 밤 11시 30분이 넘으면 다음날로 본다는 것을 주의해야 한다.

4 시주

시주時柱는 사주의 주인공이 태어난 시간을 천간과 지지로 나타낸 것이다. 위에 있는 천간을 시간時干이라고 하고, 밑에 있는 지지를 시지時支라고 한다. 시지는 2시간 단위로 지지의 순서대로 구분되고, 시간은 일간에 따라 정해진다.

● 시지 구분

지지	자子	축丑	인寅	묘卯	진辰	사巳	오午	미未	신申	유酉	술戌	해亥
시간	23:30 ~01:30	01:30 ~03:30	03:30 ~05:30	05:30 ~07:30	07:30 ~09:30	09:30 ~11:30	11:30 ~13:30	13:30 ~15:30	15:30 ~17:30	17:30 ~19:30	19:30 ~21:30	21:30 ~23:30

시지는 십이지지 순서대로 정해지므로 시간만 찾으면 된다. 아래 시주 조견표에서 일간과 태어난 시간이 만나는 지점이 시주이다.

● 시주 조견표

시간 \ 일간	갑甲·기己	을乙·경庚	병丙·신辛	정丁·임壬	무戊·계癸
23:30~01:30(자시)	갑자甲子	병자丙子	무자戊子	경자庚子	임자壬子
01:30~03:30(축시)	을축乙丑	정축丁丑	기축己丑	신축辛丑	계축癸丑
03:30~05:30(인시)	병인丙寅	무인戊寅	경인庚寅	임인壬寅	갑인甲寅
05:30~07:30(묘시)	정묘丁卯	기묘己卯	신묘辛卯	계묘癸卯	을묘乙卯
07:30~09:30(진시)	무진戊辰	경진庚辰	임진壬辰	갑진甲辰	병진丙辰
09:30~11:30(사시)	기사己巳	신사辛巳	계사癸巳	을사乙巳	정사丁巳
11:30~13:30(오시)	경오庚午	임오壬午	갑오甲午	병오丙午	무오戊午
13:30~15:30(미시)	신미辛未	계미癸未	을미乙未	정미丁未	기미己未
15:30~17:30(신시)	임신壬申	갑신甲申	병신丙申	무신戊申	경신庚申
17:30~19:30(유시)	계유癸酉	을유乙酉	정유丁酉	기유己酉	신유辛酉
19:30~21:30(술시)	갑술甲戌	병술丙戌	무술戊戌	경술庚戌	임술壬戌
21:30~23:30(해시)	을해乙亥	정해丁亥	기해己亥	신해辛亥	계해癸亥

시	일	월	연
○	○	○	○
시간	일간	월간	연간
○	○	○	○
시지	일지	월지	연지

5 만세력 이용하기

이제까지 사주팔자를 어떻게 세우는지 간략하게 설명하였다. 물론 태어난 생년월일만으로 직접 사주팔자를 뽑을 수 있으면 좋겠지만 이렇게 되기까지는 사주명리학 공부가 어느 정도 뒷받침되어야 한다. 어쩌면 이름짓기보다 사주팔자 세우기에 시간이 더 걸릴지도 모른다. 그래서 이 책에서는 부록에 만세력을 넣어 쉽게 사주팔자를 세울 수 있게 하였다.

예를 들어 양력 2008년 2월 11일 저녁 9시 50분에 태어난 아기의 사주팔자를 찾아보자. 먼저 만세력에서 2008년을 찾으면 옆에 무자戊子라고 쓰여 있다. 이 무자가 바로 사주팔자의 연주가 된다. 참고로 사주팔자는 연월일시 순서로 오른쪽에서 왼쪽으로 써 나간다.

다음으로 월주와 일주를 찾는다. 만세력에서 양력 2월 11일을 보면 2월은 음력 1월로서 갑인甲寅월이고, 11일은 신사辛巳일이다. 그래서 월주는 갑인이 되고 일주는 신사가 된다.

마지막으로 시주는 위의 시주 조견표를 참고하면 된다. 아기가 태어난 날이

예) 사주팔자 세우기

시	일	월	연
己	辛	甲	戊
亥	巳	寅	子

신사辛巳일이므로 여기서 일간인 신辛과 태어난 시간인 해亥시가 만나는 곳의 시주를 찾으면 기해己亥가 나온다.

3) 천간과 지지

사주팔자 여덟 글자를 구성하는 것이 바로 천간天干과 지지地支다. 둘을 합쳐서 간지干支라고 한다. 사람은 누구나 태어나는 순간 생년월일시에 따라 천간 네 글자와 지지 네 글자가 정해진다. 이 여덟 글자의 음양과 오행을 각각 분석하여 그 사람의 운명을 추론해낸다.

point

😊 **천간과 지지**

천간은 갑甲, 을乙, 병丙, 정丁, 무戊, 기己, 경庚, 신辛, 임壬, 계癸를 말하고, 지지는 자子, 축丑, 인寅, 묘卯, 진辰, 사巳, 오午, 미未, 신申, 유酉, 술戌, 해亥를 말한다.

1 천간

천간은 10자로 이루어졌다고 해서 십간十干이라고도 한다. 또한 하늘을 상징한다고 해서 천원天元이라고도 부른다. 천간은 갑甲, 을乙, 병丙, 정丁, 무戊, 기己, 경庚, 신辛, 임壬, 계癸의 10자로 이루어져 있다. 천간 10자의 음양과 오행은 다음과 같이 분석할 수 있다.

● **천간의 음양오행 배정**

천간	갑甲	을乙	병丙	정丁	무戊	기己	경庚	신辛	임壬	계癸
음양	양	음	양	음	양	음	양	음	양	음
오행	목		화		토		금		수	

● **천간의 종류와 성격**

갑甲 크고 곧은 나무를 상징한다. 뻗어 나가고 싶어하고, 명예지향적이고 인자하다.

을乙 작은 나무, 화초, 덩굴식물을 상징한다. 부드럽고 인자하며, 자신을 낮추고 굽힐 줄 안다.

병丙	태양, 용광로, 큰 불을 상징한다. 밝고 명랑하며, 적극적이고 활동적이다.
정丁	형광등이나 촛불처럼 작은 불을 상징한다. 은근한 끈기와 인내심이 있고, 밝고 명랑하다.
무戊	넓은 대지, 들판 등 넓은 땅을 상징한다. 은근히 고집이 있고 자기중심적인 면이 있다.
기己	정원, 화분 등 작은 땅을 상징한다. 소극적이고 안정적이며, 환경 적응력이 빠르고 자기를 잘 지킨다.
경庚	바위산, 기차, 비행기 등 큰 금속이나 바위를 상징한다. 적극적이고 의지가 강하며, 자신을 잘 드러낸다.
신辛	보석, 칼과 같은 작은 금속이나 자갈 등을 상징한다. 예민하고 섬세하며 자기주장이 강하다.
임壬	강물, 바닷물과 같은 큰 물을 상징한다. 자기를 보여주고 싶어하며 총명하다.
계癸	이슬, 안개 등과 같은 작은 물을 상징한다. 온화하고 섬세하며, 다정하고 여린 심성이다.

2 지지

지지는 땅을 상징한다고 하여 지원地元이라고도 한다. 지지는 자子, 축丑, 인寅, 묘卯, 진辰, 사巳, 오午, 미未, 신申, 유酉, 술戌, 해亥의 12자로 이루어져 있는데, 우리가 흔히 띠동물이라고 하는 것이 바로 이 지지에서 유래하였다.

천간과 마찬가지로 지지 역시 음양과 오행으로 분석된다. 다만, 천간에 비해 지지는 계절과 시간 등이 추가되어 더욱 복잡하고 다양하다. 그래서 자子, 사巳, 오午, 해亥는 원래의 음양과 반대로 음양을 분석한다.

● **지지의 음양오행 배정**

지지	자子	축丑	인寅	묘卯	진辰	사巳	오午	미未	신申	유酉	술戌	해亥
음양	음	음	양	음	양	양	음	음	양	음	양	양
오행	수	토	목	목	토	화	화	토	금	금	토	수
띠동물	쥐	소	호랑이	토끼	용	뱀	말	양	원숭이	닭	개	돼지

4) 용신 찾기

사주팔자를 세운 다음에는 용신을 찾아야 한다. 그리고 용신에 해당하는 오행을 이름에 넣어주어야 한다. 그렇다면 용신은 무엇이고 어떻게 용신을 찾는가?

1 용신의 의미

용신用神은 사주팔자에 필요한 오행을 말한다. 즉 사주에 없거나 부족해서 필요로 하는 오행이라고 할 수 있다. 사람마다 사주팔자 여덟 글자가 다섯 가지 오행으로 적절하게 균형을 이룬 경우가 있는가 하면, 어느 오행은 많은데 어느 오행은 없어서 균형이 깨진 경우도 있다. 좋은 사주팔자는 오행 다섯 가지가 비슷한 힘으로 조화를 이루어야 한다. 이름을 지을 때 사주팔자를 물어보는 것은 사주팔자를 분석하여 사주팔자에 부족한 오행을 이름으로 보강해주기 위해서이다.

성명학뿐만 아니라 평소 생활 속에서도 용신을 활용할 수 있다. 사주팔자에서 필요로 하는 오행이 상징하는 색상이나 방향, 물질 등을 활용하여 인테리어를 하거나 의상 코디를 하면 운세를 긍정적으로 바꿔 나갈 수 있다.

용신
용신은 사주팔자에서 필요로 하는 오행을 말한다. 즉 사주팔자에 없거나 부족해서 필요로 하는 오행이라고 할 수 있다.

2 용신 찾기

용신을 찾는 것은 매우 중요한 일이다. 그런데 사주명리학을 오랫동안 공부해온 사람이라도 완벽한 용신을 찾기란 결코 쉽지 않다. 사주명리학의 다양하고도 복잡하게 얽혀 있는 이론들을 알고 있어야 제대로 용신을 찾을 수 있기 때문이다. 그렇다면 초보자는 용신 찾기를 포기해야 할까? 그렇지는 않다. 다음에 설명하는 방법으로 누구나 쉽고도 정확하게 용신을 찾을 수 있을 것이다. 바로 사주팔자에서 오행의 개수와 점수를 매겨 어느 것이 많고(강하고) 적은지(약한지) 판단하는 것이다. 깊이 있는 공부를 원한다면 전문적인 사주명리학 책을 참고하기 바란다.

① 사주팔자 여덟 글자를 오행으로 바꾼다.
② 천간은 연월일시 모두 10점을 배분한다. 즉 연간 10점, 월간 10점, 일간 10점, 시간 10점을 준다.
③ 지지의 경우 연지 10점, 월지 30점, 일지 15점, 시지 15점을 배분한다. 따라서 사주팔자의 총 점수는 110점이 된다.
④ 사주팔자 여덟 글자의 개수와 점수에 따라 다음과 같이 용신을 정한다.

- 화火가 없고 목木이 60점 이상인 경우 : 금金.
- 목木이 없고 화火가 60점 이상인 경우 : 금金, 수水.
- 수水가 없고 금金이 60점 이상인 경우 : 목木, 화火.
- 금金이 없고 수水가 60점 이상인 경우 : 토土, 목木, 화火.
- 목木과 화火가 60점 이상인 경우 : 금金.
- 금金과 수水가 60점 이상인 경우 : 목木, 화火.
- 토土가 60점 이상인 경우 : 수水, 목木.

위 방법대로 사주팔자의 용신을 찾아보자. 예를 들어 김金씨 성을 가진 아기가 2007년 양력 12월 8일 낮 12시에 태어났다면 사주팔자는 정해丁亥년 임자壬子월 병자丙子일 갑오甲午시가 된다.

시	일	월	연
甲	丙	壬	丁
午	子	子	亥

다음으로 사주팔자의 천간과 지지를 오행으로 바꾸고, 연월일시 중 어디 있는지에 따라 점수를 준다. 이를 통해 사주팔자에 각각의 오행이 몇 개나 있으며 점수는 얼마인지 쉽게 알 수 있다. 위 사주팔자에서 천간은 각각 10점으로 같다. 그러나 지지는 각각 달라서 연지 10점, 월지 30점, 일지 15점, 시지 15점이다. 천간과 지지의 점수를 오행별로 합하면 목木이 10점, 화火가 35점, 수水가 65점이 된다.

천간				지지			
시	일	월	연	시	일	월	연
甲	丙	壬	丁	午	子	子	亥
목	화	수	화	화	수	수	수
10점	10점	10점	10점	15점	15점	30점	10점

마지막으로 용신을 찾는다. 이 아기의 사주팔자는 금金과 토土가 없고 수水가 65점으로 가장 많다. 즉 금金이 없고 수水가 60점 이상인 경우이므로 용신은 토土, 목木, 화火이다. 이 세 가지 오행을 이름에 넣어주면 사주팔자를 보강할 수 있다.

5) 용신에 따른 이름짓기

이제 사주팔자를 세우고 용신을 찾았으니 그 용신으로 어떻게 이름을 짓는지 알아보자. 오행에는 여러 가지 종류가 있다. 색상, 방향, 물질 그리고 소리(발음)와 획수 등 정말 다양하다. 그 중에서 이름에 사용하는 오행은 자원(뜻) 오행과 발음(소리) 오행과 획수 오행이다.

예로부터 한자를 사용하는 문화권에서는 자원 오행을 가장 많이 사용해왔는데 현대에 와서 발음을 중시하게 되면서 발음 오행을 사용하는 성

용신 오행으로 이름짓기

자원 오행, 발음 오행, 획수 오행을 모두 만족시키는 이름이 가장 이상적이지만 현실적으로는 매우 어렵다. 최대한 세 오행을 맞추되, 중요하게 생각하는 한 가지 오행을 중심으로 이름을 짓는 것이 좋다.

명학자가 늘어나고 있는 추세이다. 다만 획수 오행을 사용하는 사람은 그리 많지 않은 편이다.

그런데 여기서 한 가지 생각할 것이 있다. 이름에 세 가지 오행을 다 넣어야 하는지 아니면 한 가지만 넣어도 되는지의 문제이다. 사실 이 세 가지 오행을 모두 만족시키는 이름을 짓기는 매우 어렵다. 뜻을 중시하여 자원 오행에 치중하다 보면 소리가 마음에 들지 않을 수도 있고, 반대로 듣기 좋은 소리를 중시하다 보면 자원 오행을 맞추기 어려운 경우가 생긴다. 따라서 최대한 세 오행을 맞추되, 중요하게 생각하는 한 가지 오행을 중심으로 이름을 짓는 것이 좋다. 더군다나 획수 오행은 사용하지 않는 사람들이 더 많다. 앞의 사주팔자를 예로 들어 각각의 오행을 어떻게 이름에 넣어주는지 알아보자.

1 자원 오행으로 이름짓기

한자는 뜻과 음을 가지고 있다. 자원 오행이란 뜻에 따라 오행을 구분한 것으로, 부록의 인명용 한자를 보면 자원 오행을 모두 밝혀두었다.

앞의 사주팔자는 용신 오행이 목木, 화火, 토土이므로 자원 오행이 목木이나 화火나 토土에 해당하는 글자를 찾으면 된다. 아빠의 성씨가 김金(8획)이므로 음양성명학(획수 음양)과 수리성명학(81수리 이론)까지 고려하여 이름을 지으면 더욱 좋을 것이다. 다만, 성씨는 바꿀 수 없으므로 성씨의 자원 오행은 그대로 사용해야 한다. 성씨 金은 자원 오행이 금金이다.

김동환金東煥은 성씨 김金을 제외한 이름의 자원 오행이 각각 목木과 화火에 해당하고, 음양성명학과 수리성명학까지 조화를 이룬 잘 지어진 이름이다.

예)

김 金	동 東	환 煥
8획	8획	13획
금	목	화 → 자원 오행
음	음	양 → 획수 음양

원격 21획 : 두령격 · 자립격
형격 16획 : 덕망격 · 부귀격
이격 21획 : 두령격 · 자립격
정격 29획 : 대복격 · 성공격

2 발음 오행으로 이름짓기

발음 오행은 쉽게 말해 소리마다 오행을 구분해놓은 것이다. 발음 오행은 한글 자음만을 따지며, 첫 자음 글자(초성)만 사용하고 받침글자(종성)는 사용하지 않는다.

● 발음 오행

오행	목	화	토	금	수
발음(소리)	ㄱ · ㅋ	ㄴ · ㄷ · ㄹ · ㅌ	ㅇ · ㅎ	ㅅ · ㅈ · ㅊ	ㅁ · ㅂ · ㅍ

앞의 사주팔자는 용신 오행이 목木, 화火, 토土이므로 성을 제외한 이름자의 첫 소리를 ㄱ · ㅋ, ㄴ · ㄷ · ㄹ · ㅌ, ㅇ · ㅎ 중에서 고르면 된다.

김태경金泰慶이라는 이름은 성씨 김金이 ㄱ으로 목木이고, ㅌ은 화火, ㄱ은 목木으로서 두 가지 용신이 발음 오행으로 들어 있다. 또한 음양성명학과 수리성명학까지 조화를 이루었으므로 사주팔자를 보강해주는 좋은 이름이라고 할 수 있다.

예)

김 金	태 泰	경 慶	
8획	9획	15획	
목	화	목	→ 발음 오행
음	양	양	→ 획수 음양

원격 24획 : 입신격 · 풍부격
형격 17획 : 강건격 · 건창격
이격 23획 : 공명격 · 혁신격
정격 32획 : 득영격 · 순풍격

3 획수 오행으로 이름짓기

획수 오행이란 획수에 따라 오행을 구분하는 것으로 극소수의 성명학자들만 사용하고 있다. 표에는 1획부터 10획까지 구분해놓았는데 두 자릿수 이상의 획수는 끝자리 수를 보고 획수 오행을 판단한다.

● 획수 오행

오행	목	화	토	금	수
획수	1 · 2	3 · 4	5 · 6	7 · 8	9 · 10

앞의 사주팔자는 용신이 목木, 화火, 토土이다. 성은 정해진 것이므로 나머지 이름 두 글자의 획수 오행이 목, 화, 토가 되도록 이름을 지으면 된다. 즉 일의 자리 수의 획수가 1 · 2, 3 · 4, 5 · 6획인 한자를 써야 한다.

김준희金儁熹라는 이름은 성씨 김金이 8획으로 금이고, 준儁은 15획으로 토, 희熹는 16획으로 토이다. 획수 오행이 금, 토로 용신이 2개 들어 있다. 또한 음양성명학과 수리성명학까지 조화를 이루었으므로 사주팔자를 보강해주는 좋은 이름이라고 할 수 있다.

예)

김 金　준 儁　희 熹
8획　15획　16획
금　　토　　토　→ 획수 오행
음　　양　　음　→ 획수 음양

원격 31획 : 개척격 · 융창격
형격 23획 : 공명격 · 혁신격
이격 24획 : 입신격 · 풍부격
정격 39획 : 장성격 · 태극격

5. 오행이 조화를 이루는 이름짓기

성명학 분야 중에서 오행의 조화를 중요하게 여기는 것이 바로 오행성명학이다. 즉 오행이 서로 상생하는 이름이 가장 좋고 상극하는 이름은 피해야 한다는 것이다. 하지만 오행의 상생을 강조하다 보면 정작 사주팔자에 필요한 오행을 보강할 수 없는 경우가 생긴다. 따라서 앞서 설명한 음양성명학, 수리성명학, 용신성명학으로 이름을 짓되 가능한 경우에만 오행성명학을 적용하는 것이 옳다고 본다.

오행성명학에는 발음 오행 성명학과 자원 오행 성명학, 획수 오행 성명학의 세 종류가 있다. 여기서 한 가지 주의할 것이 있다. 앞에 설명한 사주성명학에서는 사주팔자에 필요한 오행을 이름에 넣어주지만, 오행성명학은 사주팔자와는 상관 없이 이름의 오행만을 따진다. 이름 짓는 방법이 다르다고 해서 발음, 자원(뜻), 획수의 음양오행이 달라지는 것은 아니다.

오행성명학은 오행의 생극비화生剋比和과 관련이 깊다. 목木, 화火, 토土, 금金, 수

> **point**
>
> **오행성명학**
> 이름을 구성하는 세 가지 오행 즉 발음 오행, 자원 오행, 획수 오행이 각각 상생관계가 되도록 이름을 짓는다. 사주팔자의 용신을 이름으로 보강하는 사주성명학과 혼동하면 안 된다.

水 오행은 서로 상생관계, 상극관계, 상비관계를 맺고 있다. 상생相生이란 서로 생하는 것(도와주는 것)이고, 상극相剋이란 서로 극하는 것(억압하는 것)이며, 상비相比란 서로 같은 것(생과 극을 피하고 같은 오행끼리 만나게 되는 것)을 뜻한다.

1 상생관계

나무[木]는 불[火]을 생하고, 불[火]은 흙[土]을 생하고, 흙[土]은 쇠[金]나 바위[金]를 생하고, 쇠[金]나 바위[金]는 물[水]을 생한다. 이를 각각 목생화木生火, 화생토火生土, 토생금土生金, 금생수金生水, 수생목水生木이라고 한다.

오행은 서로 생生하기도 하고 서로 극剋하기도 하면서 순환한다. 목에서 시작한 생은 목생화 → 화생토 → 토생금 → 금생수 → 수생목으로 이어지며 다시 목으로 돌아온다. 이렇게 오행이 서로 생으로 연결되어 있다 해서 상생이라고 한다.

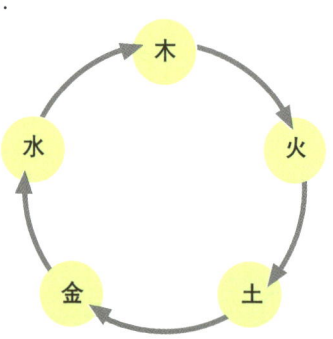

● **천간의 종류와 성격**

- **목생화木生火** 나무는 자신을 태워 불을 살린다.
- **화생토火生土** 불은 타고 나면 재가 되어 흙으로 돌아간다.
- **토생금土生金** 흙 속에서 바위와 금속이 생산된다.
- **금생수金生水** 바위 속에서 물이 나온다.
- **수생목水生木** 물은 나무에게 수분을 주어 자라게 한다.

2 상극관계

한편 나무[木]는 흙[土]을 붙잡아주고, 흙[土]은 물[水]을 가두고, 물[水]은 불[火]을 꺼뜨리고, 불[火]은 금속[金]을 녹이고, 금속[金]은 나무[木]를 자른다. 이를 각각 목극토木

剋土, 토극수土剋水, 수극화水剋火, 화극금火剋金, 금극목金剋木이라고 한다.

상극 또한 목극토 → 토극수 → 수극화 → 화극금 → 금극목으로 이어지며 목에서 시작한 극이 다시 목으로 돌아온다. 이렇게 오행이 서로 극으로 연결되어 있다고 해서 상극이라고 한다.

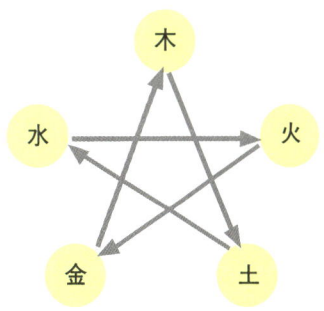

● 오행의 상극

목극토木剋土 나무는 뿌리로 흙을 붙잡아준다.
토극수土剋水 흙은 둑이 되어 물을 가두어둔다.
수극화水剋火 물은 불을 꺼뜨린다.
화극금火剋金 불은 바위(쇠)를 녹인다.
금극목金剋木 바위(쇠)는 나무를 자른다.

3 상비관계

상비相比란 서로 비슷하다는 뜻으로 같은 오행끼리 있는 것을 말한다. 목木이 목木을 만날 때, 화火가 화火를 만날 때, 토土가 토土를 만날 때, 금金이 금金을 만날 때, 수水가 수水를 만날 때를 말한다.

4 오행의 작용력

오행은 하나만 있을 때는 그 힘이 변하지 않지만, 주위에 다른 오행이 있으면 그 오행과 결합하여 힘이 커지기도 하고 줄어들기도 한다. 이것은 오행의 상생관계, 상극관계, 상비관계 때문이다. 성명학에서는 성과 이름자의 오행이 서로 상생하는 것을 좋아한다. 그래야 이름을 부를 때 막힘이 없고 좋은 기운을 불러온다는 것이다. 상극관계이거나 오행이 모두 같으면 좋지 않다. 상생관계와 상극관계가 함께 있는 생극관계의 경우에는 오행 배합에 따라 길흉이 달라진다.

- 같은 오행이 있을 때 힘이 더욱 강해진다.

  木 － 木, 火 － 火, 土 － 土, 金 － 金, 水 － 水

- 자신이 생하는 오행과 함께 있으면 힘이 빠진다.

  木 → 火, 火 → 土, 土 → 金, 金 → 水, 水 → 木

- 자신이 극하는 오행과 함께 있으면 힘이 약해진다.

  木 → 土, 火 → 金, 土 → 水, 金 → 木, 水 → 火

- 자신을 극하는 오행이 함께 있으면 힘이 약해진다.

  木 ← 金, 火 ← 水, 土 ← 木, 金 ← 火, 水 ← 土

- 자신을 생하는 오행이 함께 있으면 힘이 강해진다.

  木 ← 水, 火 ← 木, 土 ← 火, 金 ← 土, 水 ← 金

5 오행의 길한 배합(상생관계)

목木	木木水, 木木火, 木水木, 木水水, 木火木, 木火火, 木火土, 木水金
화火	火木木, 火木水, 火木火, 火火木, 火火土, 火土金, 火土火, 火土土
토土	土金金, 土金土, 土金水, 土火木, 土火火, 土火土, 土土金, 土土火
금金	金金水, 金金土, 金水金, 金水木, 金水水, 金土金, 金土火, 金土土
수水	水金金, 水金水, 水金土, 水木木, 水木水, 水木火, 水水金, 水水木

6 오행의 흉한 배합(상극관계)

목木 木土水, 木金火, 木木土, 木土土, 木金金, 木木金, 木土木, 木金木

화火 火金木, 火水土, 火火金, 火金金, 火水水, 火火水, 火金火, 火水火

토土 土水火, 土木金, 土土水, 土水水, 土木木, 土土木, 土水土, 土木土

금金 金木土, 金火水, 金金木, 金木木, 金火火, 金金火, 金木金, 金火金

수水 水火金, 水土木, 水水火, 水火火, 水土土, 水水土, 水火水, 水土水

7 오행의 상비 배합

흉한 배합 木木木, 火火火, 金金金

약간 좋은 배합 土土土, 水水水

8 생극관계 중 약간 길한 배합

목木 木土火, 木火水, 木金水, 木水火

화火 火金土, 火土金, 火水木, 火木土

토土 土水金, 土金火, 土木火, 土火金

금金 金木水, 金水土, 金火土, 金土水

수水 水火木, 水木金, 水土金, 水金木

9 생극관계 중 약간 흉한 배합

목木 木火金, 木土金, 木金土, 木水土

화火 火土水, 火金水, 火水金, 火木金

토土 土金木, 土水木, 土木水, 土火水

금金 金水火, 金木火, 金火木, 金土木

수水 水木土, 水火土, 水土火, 水金火

1) 발음 오행 성명학

발음 오행이 서로 상생하도록 이름을 짓는데, 앞서 설명한 것처럼 한글 자음으로 따지며, 특히 이름자의 첫소리를 기준으로 오행을 배합한다.

한글 자음은 목구멍[喉], 어금니[牙], 혀[舌], 이[齒], 입술[脣] 등 다섯 가지 발성기관에서 발음되어 나오며, 발성기관에 따라 오행을 분류한다.

- ㄱ · ㅋ : 혓바닥이 입천장에 닿아 나는 소리. 목木 오행.
- ㄴ · ㄷ · ㄹ · ㅌ : 혓바닥 가장자리와 이가 맞닿아 나는 소리. 화火 오행.
- ㅇ · ㅎ : 목구멍을 통해 나는 소리. 토土 오행.
- ㅅ · ㅈ · ㅊ : 이가 맞닿아 나는 소리. 금金 오행.
- ㅁ · ㅂ · ㅍ : 입술 사이에서 나는 소리. 수水 오행.

● **발음 오행과 발음기관**

오행	목	화	토	금	수
발음(소리)	ㄱ · ㅋ	ㄴ · ㄷ · ㄹ · ㅌ	ㅇ · ㅎ	ㅅ · ㅈ · ㅊ	ㅁ · ㅂ · ㅍ
발음기관	어금니[牙]	혀[舌]	목구멍[喉]	이[齒]	입술[脣]

예1)의 이수빈은 발음 오행이 토생금土生金→금생수金生水로 이어지며 상생하고, 예2)의 김태훈 역시 목생화木生火→화생토火生土로 서로 상생하기 때문에 좋은 이름으로 본다.

일부 성명학자들은 이름자의 끝소리까지 발음 오행을 고려한다. 예1)은 토생금土生金 하나만 상생관계이고 나머지는 모두 상극관계이다. 그러나 예2)는 이름 끝 글자부터 성씨까지 역순으로 오행이 상생하고 있다.

2) 자원 오행 성명학

글자의 뜻에 따라 오행을 구분한 것이 바로 자원 오행이다. 예를 들어 동東·동桐·근根·침枕처럼 木이 들어 있는 글자는 목木, 환煥·형炯·희熺·휘輝처럼 火가 들어 있는 글자는 화火, 준埈·재在·장墻·장場처럼 土가 들어 있는 글자는 토土, 종鍾·전銓·지鋕·호鎬처럼 金이 들어 있는 글자는 금金, 수洙·호浩·형泂·항港처럼 水가 들어 있는 글자는 수水가 된다.

하지만 글자에 오행이 들어 있지 않으면 자원 오행을 알기 어렵다. 이 때는 부록의 인명용 한자를 보면 자원 오행을 쉽게 찾을 수 있다.

자원 오행 성명학은 성과 이름자의 자원 오행이 길한 배치가 되도록 이름을 짓는다. 앞서 설명한 발음 오행 성명학, 자원 오행 성명학, 뒤의 획수 오행 성명학 모두

가 성과 이름자를 해당 오행으로 바꾸어 길한 배치가 되도록 이름을 짓는다. 아기의 사주팔자와는 상관 없이 성과 이름자의 자원 오행 배합만을 따진다는 것이 사주 성명학과 다른 점이다.

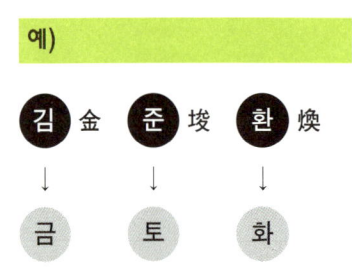

김준환金埈煥이라는 이름은 자원 오행이 각각 금金, 토土, 화火로 이루어져 있다. 이름 끝 글자부터 성씨 순서로 화생토火生土 → 토생금土生金의 상생관계를 보여준다.

3) 수리 오행 성명학

수리 오행은 한자의 획수로 오행을 구분하며, 획수 오행 또는 삼재三才 오행이라고 한다. 1·2획은 목木, 3·4획은 화火, 5·6획은 토土, 7·8획은 금金, 9·10획은 수水이며, 두 자릿수 이상 획수는 끝자리 획수만으로 판단한다.

수리 오행 성명학 역시 성과 이름자의 수리 오행이 길한 배합이 되도록 이름을 짓는다. 아기의 사주팔자와는 상관 없이 성과 이름자의 수리 오행 배합만을 따진다는 것이 사주성명학과 다른 점이다.

수리 오행을 이름자에 적용시키는 방법은 다양하다. 이름자의 획수를 그대로 사용하여 오행을 배합할 수도 있고, 원형리정 사격으로 오행을 배합할 수도 있다. 그 밖에 성씨의 획수에 가성수 1을 더하여 오행을 배합하기도 한다. 성명학자마다 의견이 다르기 때문에 이렇게 다양한 방법들이 사용되는데, 우리나라에서는 사격식으로 수리 오행을 배합하는 방법이 가장 널리 쓰인다.

하지만 여기서 한 가지 문제가 있다. 오행을 배합하는 방법이 서로 다르기 때문에 같은 이름을 두고도 어떤 오행 배합은 길하고 어떤 오행 배합은 흉하다. 그래서 이왕이면 수리 오행 성명학은 이런 방법도 있다는 정도로 알아두는 것이 좋을 듯하다. 굳이 수리 오행을 지키고 싶다면 원형리정 4격으로 충분하다.

● **수리 오행 조견표**

오행	한자 획수
목木	1획 · 2획, 11획 · 12획, 21획 · 22획, 31획 · 32획 ……
화火	3획 · 4획, 13획 · 14획, 23획 · 24획, 33획 · 34획 ……
토土	5획 · 6획, 15획 · 16획, 25획 · 26획, 35획 · 36획 ……
금金	7획 · 8획, 17획 · 18획, 27획 · 28획, 37획 · 38획 ……
수水	9획 · 10획, 19획 · 20획, 29획 · 30획, 39획 · 40획 ……

1 이름자의 획수 그대로 오행을 배합하는 방법

가장 간단한 방법으로서 성과 이름자의 획수 그대로 수리 오행을 배합한다. 성씨부터 이름까지 오행이 차례대로 이어져도 좋고, 거꾸로 이름 끝 글자부터 성씨 순으로 오행이 이어져도 좋다.

박동수朴東洙라는 이름은 각각 6획, 8획, 10획으로서 수리 오행이 토土, 금金, 수水5이다. 토금수土金水 배합은 성씨부터 이름 끝 글자까지 상생으로 이어지므로 좋은 이름이라고 할 수 있다.

예)

박 朴	동 東	수 洙
6획	8획	10획
토	금	수

2 사격식중 이격 · 형격 · 원격으로 수리 오행을 배합하는 방법

원형리정 사격 중에서 정격을 제외한 이격, 형격, 원격이 서로 상생관계가 되도록 배합하는 것이다. 이격은 성씨와 이름 끝 글자의 획수를 합한 것, 형격은 성씨와 이름 첫 글자의 획수를 합한 것, 원격은 성씨를 제외한 이름 두 글자의 획수를 합한 것이다.

박동수라는 이름은 이격 16획, 형격 14획, 원격 18획으로서 수리 오행이 각각 토土, 화火, 금金이다. 오행 배합이 토화금土火金이므로 약간 길한 이름이라고 할 수 있다.

예)

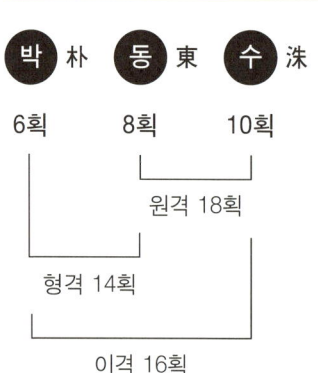

3 사격의 수리 오행을 모두 배합하는 방법

이 방법은 원형리정 4격을 모두 배합하여 길흉을 분석한다. 단 오행 배합 순서는 정격, 이격, 형격, 원격의 순서이다.

박동수朴東洙라는 이름은 정격이 24획, 이격이 16획, 형격이 14획, 원격이 18획으로서 수리 오행이 각각 화火, 토土, 화火, 금金이다. 여기서 화토火土는 상생관계이므로 길하지만 화금火金은 상극관계로서 흉하므로 반길반흉半吉半凶이 된다.

예)

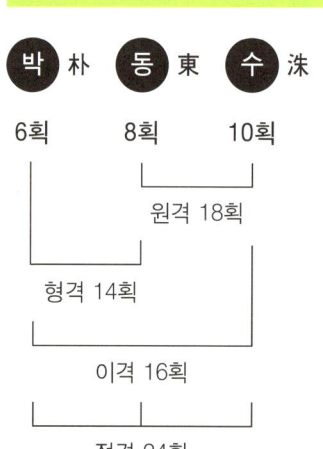

4 성씨의 획수·형격·원격으로 수리 오행을 배합하는 경우

삼원 오행이라고도 한다. 성씨의 획수가 일원一元, 성씨와 이름 첫 글자의 획수를 합한 것이 이원二元, 성씨를 제외한 이름 두 글자의 획수를 합한 것이 삼원三元이다. 여기서 이원은 원형리정 사격 중 형격과 같고, 삼원은 원격과 같다.

박동수朴東洙라는 이름에서 박朴은 6획이므로 토土, 형격은 14획이므로 화火, 원격은 18획이므로 금金이다. 따라서 이 이름은 오행 배합이 토화금土火金으로 이루어져 있다. 상생과 상극이 섞여 있는 배합으로서 약간 길한 이름이라고 할 수 있다.

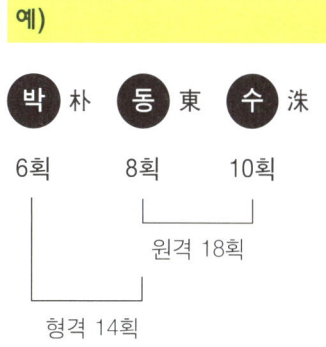

5 삼재식으로 수리 오행을 배합하는 방법

삼재란 천격天格, 인격人格, 지격地格으로서 천격은 성씨의 획수에 가성수 1을 더한 것이고, 인격은 성씨와 이름 첫 글자의 획수를 합한 것으로 사격 중 형격과 같으며, 지격은 이름 두 글자의 획수를 합한 것으로 사격 중 원격과 같다.

여기서 한 가지 독특한 것은 성씨의 획수에 가성수 1을 더한다는 점이다. 이것은 일본의 구마자키 겐오가 일본 사람들의 이름을 분석하기 위해 만들어낸 방법이기 때문이다. 우리나라 사람은 이름이 대부분 세 글자이므로 원형리정 사격을 적용할 수 있지만, 일본 사람들은 이름이 보통 네 글자로 되어 있어서 원형리정 사격으로는 이름을 분석하기 어렵다. 그래서 성씨의 획수에 1이란 가성수假成數를 더하여 새로운 격을 만들어낸 것이다. 여기에 형격과 원격을 배합하여 길흉을 따지는데 수리 오행 성명학 중에서도 가장 설득력이 부족한 부분이다.

박동수朴東洙라는 이름은 천격, 인격, 지격이 7, 14, 18로서 금金, 화火, 금金이다.

금화금金火金의 오행 배합은 상극관계로서 흉하게 본다.

이제까지 살펴본 것처럼 수리 오행을 어떻게 적용할 것이냐에 따라 이름의 길흉이 제각각이다. 삼재식의 경우 아무 의미 없는 가성수 1을 더하는 것이 타당성이 없고, 사격을 적용하는 것 역시 어느 격을 적용하지 않기도 하고 적용하기도 하는 등 일관성이 부족하다. 따라서 수리 오행 성명학은 이름짓기에 적용하지 말고 단지 이런 이론도 있다고 알아두면 좋을 것이다.

6. 불용문자

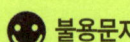 **불용문자**

성명학에서 이름자로 꺼리는 글자들을 말한다. 부정적인 뜻 때문에 불용문자가 되기도 하지만, 아무런 근거 없이 불용문자가 된 글자도 많다.

이제까지 이름짓기에 필요한 이론들을 알아보았다. 이러한 이론들만 만족시키면 좋은 이름이 되는 걸까? 우선 우리나라는 국가에서 이름자로 사용할 수 있는 한자를 정해놓았기 때문에 이 글자들 안에서 이름자를 써야 한다. 그러나 대법원에서 정해놓은 글자라도 성명학적으로 피해야 하는 경우가 있다. 예로부터 성명학에서는 이름자로 사용할 수 있는 좋은 글자와 사용할 수 없는 나쁜 글자를 정해놓았다. 이 중에서 좋은 글자는 사용하고 나쁜 글자는 불용문자不用文字라고 하여 이름자로 피하도록 하였다.

뜻이 아무리 좋아도 이름자에 써서는 안 된다고 하니 이름을 짓는 입장에서는 되도록 불용문자를 피하고 싶을 것이다. 그러나 불용문자가 정말로 사람의 운명에 나쁜 영향을 미치는지에 대해서는 작명가나 성명학자마다 의견이 분분하다. 되도록 불용문자는 빼고 이름을 짓자는 의견이 많지만, 불용문자는 현대에 와서는 큰 의미가 없으니 이름자로 써도 괜찮다는 의견이 늘어나는 추세이다.

사실 불용문자를 보면 너무 많은 글자가 있어서 불용문자를 피해 이름을 지으려면 쓸 글자가 별로 없을 정도이고, 뜻이 좋은 글자까지 불용문자에 포함되어 있는 경우가 많다. 무엇보다 왜 불용문자인지 설명이 전혀 없거나 타당성이 부족한 것이 문제이다. 따라서 이제까지 전해져온 불용문자에는 어떤 글자가 있는지 확인하고, 현대적으로 재해석하여 써도 될지 쓰면 안 될지 새롭게 점검할 필요가 있다. 만약 의미상 전혀 문제가 없다면 불용문자라는 오명에서 벗어나 얼마든지 이름자로 사용될 수 있을 것이다.

1) 성명학자들이 주장하는 불용문자들

다음은 성명학자들이 불용문자라고 주장하는 글자들로서 글자의 의미를 따지지 않고 음(소리)대로 정리한 것이다.

	음	불용문자	음	불용문자	음	불용문자
ㄱ	각	覺	계	系, 桂	귀	貴
	갑	甲	곤	坤	극	極
	강	江	광	光, 鑛, 珖	근	根
	개	介	괴	怪	금	今, 錦, 琴
	결	決	구	龜, 九	길	吉
	경	京, 庚, 慶	국	國, 菊		
ㄴ	남	南, 男	녀	女		
ㄷ	대	大, 代	도	桃	동	東, 冬, 童
	덕	德	돌	乭		
ㄹ	락	樂	렬	烈	롱	龍
	란	蘭	례	禮	류	留
	량	良	로	魯		
	련	連, 蓮	료	了		
ㅁ	마	馬	명	明, 命	미	美, 未

음	불용문자	음	불용문자	음	불용문자
만	滿,萬	무	武	민	敏
말	末	묵	默		
매	梅	문	文		
ㅂ 법	法	복	福	분	分,粉,芬
병	炳,丙,柄,秉	봉	鳳,峯,峰	불	不
보	寶	부	富		
ㅅ 사	四,絲	설	雪	순	純,順
산	山	성	星	승	勝
삼	三	소	笑	시	時
상	上,霜	송	松	식	植
생	生	쇠	釗	신	新,信,辛
석	石,錫	수	洙,壽,秀	실	實
선	仙	숙	淑	심	心
ㅇ 암	岩	외	外	은	銀,殷
애	愛	우	隅,雨	의	義
영	榮,英,泳	운	雲	이	李,二,伊
오	五	웅	雄	인	仁
옥	玉,沃	원	元,遠	일	日,一
완	完	월	月	임	任
ㅈ 자	子	정	貞,晶	죽	竹
장	長	제	帝	중	中,仲,重
재	在,宰,栽,載,哉,裁	종	宗	지	地,枝
점	占,點	주	柱,珠	진	鎭,眞,進,珍
ㅊ 창	昌	청	淸	춘	春
천	天,川,千	초	初	충	忠
철	鐵	추	秋	칠	七

음	불용문자	음	불용문자	음	불용문자
쾌	快				
태	兌, 泰				
팔	八	폐	廢	풍	豊
평	平				
하	夏	향	香	훈	勳
학	鶴	호	好, 鎬, 虎	휘	輝
한	韓	홍	紅	희	熙, 喜, 姬, 嬉, 僖
해	海	화	花, 華		
행	幸	효	孝		

2) 불행을 암시하는 불용문자

- **일곱째천간 경 庚** : 인덕이 없고 질병과 불구의 암시가 있다.
- **빛 광 光** : 글자가 지닌 뜻과는 반대로 어둠을 불러온다.
- **아홉 구 九** : 끝자리 수로 종말을 의미하여 단명할 수 있다.
- **거북 귀 龜** : 이 글자를 이름자에 쓰면 대부분 단명한다.
- **지극할 극 極** : 부와 덕이 따르지 않고 가난을 불러온다.
- **비단 금 錦** : 일생 동안 고독하고 고난이 따른다.
- **길할 길 吉** : 글자의 뜻대로 모든 것이 다 길하지는 않으며, 무게가 없고 고상함이 없다.
- **남녘 남 南** : 남자에게는 흉하지 않지만 여자에게는 이혼수가 있고 과부가 될 수 있다.
- **큰 대 大** : 형제 중에서 형의 이름에 쓰면 괜찮지만 동생의 이름에 쓰면 천한 인상을 주고 단명의 암시가 있다.
- **큰 덕 德** : 초년과 중년은 평탄하지만 말년에는 고독해진다.
- **겨울 동 冬** : 노력은 꾸준하지만 대가가 없고 성사되는 일이 없다.
- **아이 동 童** : 글자의 뜻 때문에 성인이 된 후에는 어울리지 않는다. 인품이 떨어지므로 주위의 멸시를 받게 된다.

- 이름 돌 乭 : 형을 극하고 신병의 암시가 있다.
- 용 룡 龍 : 발전이 어렵고 성공하기 어렵다. 발음 오행이 화火이기 때문에 상극관계인 수 水성씨에는 더욱 나쁘다.
- 말 마 馬 : 말이 사람이 부리는 대로 움직이듯 남의 종노릇을 하게 된다.
- 가득할 만 滿 : 초반에는 부유하지만 후반에는 빈곤해진다.
- 매화 매 梅 : 눈 속에 홀로 피는 매화처럼 외롭고 쓸쓸하다. 옛날에는 화류계 여성들이 많이 썼기 때문에 꺼린다.
- 목숨 명 命 : 평생 동안 의지할 곳 없이 고독하고 항상 재액이 따른다.
- 밝을 명 明 : 성품이 온순하고 두뇌가 명석하여 항상 남보다 앞서려고 노력하지만 굴곡이 심하여 변수가 많다.
- 아름다울 미 美 : 성품은 무난하지만 허영심이 유달리 많고 항상 고독하다.
- 민첩할 민 敏 : 성격이 불 같고 하는 일마다 이루기 어려우며 불화가 많다.
- 복 복 福 : 사주팔자에 복성福星이 있을 때는 상관 없지만 그렇지 않은 경우에는 복을 방해하는 암시가 있다.
- 나눌 분 分 : 팔자가 사나우며 남편과 별거하거나 과부가 될 수 있다.
- 넉 사 四 : 예로부터 우리나라에서는 死(죽을 사)와 관련지어 기피해왔다. 조난과 단명을 유도한다.
- 뫼 산 山 : 성품이 온순하고 고지식하여 바보스럽고 슬픔이 떠나지 않는다.
- 돌 석 石 : 도중에 좌절하기 쉽다.
- 눈 설 雪 : 모든 일이 빠르게 성사되는 반면 실패 역시 빠르고 빨리 망하는 암시가 있다.
- 별 성 星 : 밤하늘에 반짝이는 별은 보기에는 좋을지 모르지만 생명력이 없다. 발음 오행이 금金, 목木, 화火인 성씨는 더욱 나쁘다.
- 웃을 소 笑 : 하는 일마다 이루기 어렵고 불의의 재난이 따른다.
- 목숨 수 壽 : 글자의 의미와는 정반대로 단명의 암시가 있다.
- 순할 순 順 : 여성의 이름자로 많이 쓰는 글자로서 부부운이 박하고 슬픔과 눈물이 끊이

지 않는다.
- 새 신 新 : 모든 일에 시작은 있지만 결실이 없다.
- 열매 실 實 : 부부간에 이별수가 있거나 과부로 지낼 암시가 있다.
- 사랑 애 愛 : 사람들에게 사랑받으라고 이 글자를 쓰지만 오히려 슬픔이 닥칠 암시가 있다.
- 영화 영 榮 : 근심걱정이 떠나지 않고 뜻대로 되는 일이 없다.
- 구슬 옥 玉 : 잘 되면 귀부인이 될 수 있으나 매우 드물고, 대개는 화류계나 가정부 이름에 흔히 쓰인다.
- 완전할 완 完 : 맏이가 쓰면 괜찮지만 동생이 쓰면 형을 극하는 경우가 많고 질환이나 불구가 우려된다.
- 구름 운 雲 : 하늘에 뜬구름처럼 정처없이 떠돈다. 고독하고 방랑기가 있으며 혈육의 정도 없고 모아놓은 재물도 쉽게 흩어진다.
- 달 월 月 : 하늘에 홀로 떠 있는 달처럼 고독하고 외롭다.
- 은 은 銀 : 성품이 온후하고 마음씨가 착하지만 덕이 따르지 않으며 인생의 굴곡이 심하다.
- 저 이 伊 : 여성이 많이 쓰는 글자로서 남편과 별거하거나 고독하고 천대받는다.
- 범 인 寅 : 사주팔자에서 필요로 할 때는 무방하지만 그 밖의 경우에는 쓰지 않는 것이 좋지 않다. 특히 원숭이띠와 닭띠는 절대로 쓰면 안 된다.
- 어질 인 仁 : 고질병이 잦아 평생을 불행하게 지내는 암시가 있다.
- 날 일 日 : 일마다 장애가 많으며 건강을 해치는 불길한 암시가 있다.
- 아들 자 子 : 사주팔자에서 필요로 할 때는 무방하지만 그 밖의 경우에는 쓰지 않는 것이 좋다. 특히 말띠와 염소띠는 절대로 쓰면 안 된다.
- 도울 조 助 : 인내심이 없고 생활이 어려우며 질병의 암시가 있다.
- 땅 지 地 : 기초가 약해서 모든 일이 실패하는 암시가 있다.
- 보배 진 珍 : 모든 일을 중도에서 좌절하고 포기하는 암시가 있다. 특히 여성은 남편덕이 없고 과부가 될 암시가 있다.
- 참 진 眞 : 공든 탑이 무너진다는 속담처럼 노력한 보람이 없이 모든 일이 허무하게 무너진다.

- 일천 천 千 : 선친의 덕이 없고 인덕도 없어서 일생이 고단하고 실패가 많다.
- 쇠 철 鐵 : 항상 고독하고 빈곤 때문에 주위로부터 멸시받는다.
- 맑을 청 淸 : 자식복이 없고 질병이 떠나지 않는다.
- 처음 초 初 : 한평생 마음 편할 날이 없고 불행이 떠나지 않는다.
- 봄 춘 春 : 사계절이 바뀌듯 일시적인 것을 의미하며, 가정부나 기생 이름에 많이 쓰인다.
- 바람 풍 風 : 선친에게 물려받은 재산을 지키지 못하고 날려버린다.
- 학 학 鶴 : 성품이 온화하고 고결하여 많은 사람에게 존경받지만 재물이 모이지 않고 항상 외롭고 고독하다.
- 바다 해 海 : 아낄 줄 모르고 술을 너무 좋아한다. 독수공방의 암시가 있다. 옛날에는 화류계 여성들이 이름자로 많이 썼다.
- 꽃 화 花 : 꽃같이 아름답다는 의미가 있지만 옛날에는 기생 이름에 많이 쓰여 부정적이다.
- 효도 효 孝 : 부모를 일찍 여의고 항상 외로움이 따른다.
- 기쁠 희 喜 : 글자 뜻과 반대로 항상 비애와 고독이 따르고 재산까지 잃는다.
- 계집 희 姬 : 여자 이름에 많이 쓰는 글자로 평생 동안 남자를 뒷바라지하느라 고생하지만 보람이 없다.

천간충과 지지충

충은 충돌한다는 뜻으로, 서로 달려오면서 부딪친다는 뜻이다. 천간충은 천간 10자끼리 충하는 것이고, 지지충은 지지 12자끼리 충하는 것이다.

3) 출생 시점에 따른 불용문자

출생년도와 출생일에 따라 써서는 안 되는 글자가 있다.

1 생일에 따라 피해야 하는 글자

사주팔자에서 태어난 날은 일기둥(일간과 일지)이다. 이 일기둥과 특정한 소리(발음)가 부딪치면 사주 주인공에게 부정적으로 작용하여 불길하다는 것이다.

이것은 사주명리학의 천간충天干沖·지지충地支沖 과 관련되어 있다. 충은 충돌한다는 뜻으로 서로 달려오면서 부딪치는 것을 의미한다. 천간끼리 충돌하는 것이 천간충, 지지끼리 충돌하는 것이 지지충이다.

● 간지의 충

천간충	지지충
갑경충甲庚冲 · 갑무충甲戊冲 을신충乙辛冲 · 을기충乙己冲 병임충丙壬冲 · 병경충丙庚冲 정계충丁癸冲 · 정신충丁辛冲 무임충戊壬冲 · 기계충己癸冲	자오충子午冲 · 축미충丑未冲 인신충寅申冲 · 묘유충卯酉冲 진술충辰戌冲 · 사해충巳亥冲

● 천간 기준

- 갑甲일생 : 소리가 경(庚 · 敬 · 慶 등) 또는 무(武 · 茂 · 戊 등)인 글자.
- 을乙일생 : 소리가 신(辛 · 信 · 新 등) 또는 기(己 · 基 · 氣 등)인 글자.
- 병丙일생 : 소리가 임(任 · 壬 · 妊 등) 또는 경(庚 · 敬 · 慶 등)인 글자.
- 정丁일생 : 소리가 계(癸 · 啓 · 桂 등) 또는 신(辛 · 信 · 新 등)인 글자.
- 무戊일생 : 소리가 갑(甲 · 匣 · 鉀 등) 또는 임(任 · 姙 · 壬 등)인 글자.
- 기己일생 : 소리가 을(乙 등) 또는 계(契 · 桂 · 溪 등)인 글자.
- 경庚일생 : 소리가 병(丙 · 炳 · 柄 등) 또는 갑(甲 · 匣 · 鉀 등)인 글자.
- 신辛일생 : 소리가 정(靜 · 貞 · 政 등) 또는 을(乙 등)인 글자.
- 임壬일생 : 소리가 무(武 · 茂 · 戊 등) 또는 병(丙 · 炳 · 柄 등)인 글자.
- 계癸일생 : 소리가 기(己 · 基 · 氣 등) 또는 정(靜 · 貞 · 政 등)인 글자.

● 지지 기준

- 자子일생 : 소리가 오(五 · 午 · 吳 등)인 글자.
- 축표일생 : 소리가 미(美 · 渼 · 未 등)인 글자.
- 인寅일생 : 소리가 신(信 · 身 · 申 등)인 글자.

- **묘卯일생** : 소리가 유(柔·有·由 등)인 글자.
- **진辰일생** : 소리가 술(術·戌·述 등)인 글자.
- **사巳일생** : 소리가 해(亥·海·解 등)인 글자.
- **오午일생** : 소리가 자(者·慈·子 등)인 글자.
- **미未일생** : 소리가 축(祝·丑·逐 등)인 글자.
- **신申일생** : 소리가 인(寅·人·因 등)인 글자.
- **유酉일생** : 소리가 묘(卯·苗·妙 등)인 글자.
- **술戌일생** : 소리가 진(鎭·眞·珍 등)인 글자.
- **해亥일생** : 소리가 사(司·士·事 등)인 글자.

2 생년에 따라 피해야 하는 글자

생년 천간(연간) 또는 생년 지지(연지)와 충하는 글자는 이름자로 피한다.

● 연간별 피해야 하는 글자

연간	글자	특징
갑甲	경·무	불구, 단명, 배우자와 사별
을乙	신·기	객사, 행방불명
병丙	임·경	패가망신, 화류계 생활
정丁	계·신	조실부모, 배우자와 사별
무戊	갑·임	수술, 조실부모, 무자식, 자식이 불구가 됨
기己	을·계	평생 고생함
경庚	병·갑	인생의 굴곡이 심함, 건강 악화
신辛	정·을	큰 상처가 생기거나 단명함
임壬	병·무	여자는 청상과부, 남자는 방탕. 무자식 또는 자식이 불구가 됨
계癸	기·정	조실부모, 객지생활, 수술, 죄를 지음, 명예는 얻지만 인덕이 없음

● 연지별 피해야 하는 글자

연지	글자	특징
자子	오	질병, 부모덕이 없음
축丑	미	고독하고 풍파가 많음
인寅	신	평생을 고독하게 살아감
묘卯	유	무자식 또는 갑작스러운 사고
진辰	술	배우자와 사별하거나 평생 동안 고독하고 불행함
사巳	해	배우자와 사별하거나 평생 동안 고독하고 불행함
오午	자	질병, 화류계 생활
미未	축	조실부모 또는 갑작스러운 사고
신申	인	정신병
유酉	묘	객지에서 고생함, 정신병, 부부 사이가 불안함
술戌	진	무자식 또는 행방불명
해亥	사	불구, 고독

4) 태어난 순서에 따라 가려 써야 할 글자

예로부터 성명학에는 형에게 써야 할 글자와 아우에게 써야 할 글자가 따로 있다. 여러 명의 형제 중에서 맏이임을 알려주는 글자와 아우임을 알려주는 글자를 이름자로 쓰면 태어난 순서를 알 수 있기 때문이다. 이것은 글자의 뜻이 불길하여 이름자로 꺼리는 불용문자와는 다르지만, 태어난 순서와 상관 없이 이름자를 자유롭게 쓰기가 어렵고 만약 형과 아우의 이름자를 바꿔 쓸 경우 형 역할을 동생이 떠맡아야 한다는 등 좋지 않게 해석한다는 점에서 불용문자와 함께 설명한다.

형제의 이름을 지을 때 반드시 이 규칙을 지켜야 하는 것은 아니다. 그러자면 이름자로 쓸 수 있는 글자가 많지 않아서 이름짓기가 어려워진다. 많은 부모들이 이름에 뜻을 담아 짓는데 이런 규칙에 얽매이다 보면 정작 짓고 싶은 이름을 포기해야 할지도 모른다. 따라서 형에게 써야 할 글자를 동생에게 쓰거나 반대로 아우에게 쓸 글자를 형에게 쓰는 실수를 하지 않게 참고 정도로 알아두면 좋을 것이다.

1 장남과 장녀에게 많이 쓰는 글자

첫 번째를 상징하는 글자 또는 큰 것을 상징하는 글자 등은 장남과 장녀의 이름자로 많이 사용된다. 만약 이런 글자를 첫째가 아닌 둘째아이에게 사용하면 실제로는 맏이가 아님에도 불구하고 맏이 역할을 하게 되고, 장남인 형이나 장녀인 언니가 단명하거나 자식 구실을 못하게 된다고 한다.

- 갑甲 : 천간 10글자 중에서 첫 번째 글자. 시작의 의미가 있다.
- 건乾 : 하늘. 가장 높은 곳인 하늘을 상징한다.
- 고高 : 높다는 뜻으로 맨 윗자리를 상징한다.
- 기起 : 일어난다는 뜻으로 새로운 시작을 상징한다.
- 단旦 : 아침. 새로운 시작을 상징한다.
- 대大 : 크다는 뜻으로 첫째에게 어울린다.
- 동東 : 동서남북의 동쪽. 동쪽에서 태양이 떠오르듯 시작을 의미한다.
- 두枓 : 기둥머리. 집안의 기둥을 상징한다.
- 두頭 : 머리. 첫째 또는 처음을 상징한다.
- 맹孟 : 맏이. 처음을 상징한다.
- 백佰 : 맏이. 처음을 상징한다.
- 상上 : 위 또는 하늘. 가장 높은 자리나 사람을 상징한다.
- 선先 : 먼저. 맨 앞자리를 뜻한다.
- 원元 : 으뜸. 첫 번째를 뜻한다.
- 인仁 : 유교의 기본 덕목인 인仁 · 의義 · 예禮 · 지智 · 신愼 중 첫 번째로서 으뜸과 웃어른을 상징한다.

- 일一 / 壹 : 첫 번째 숫자로서 가장 처음을 뜻한다.
- 일日 : 태양. 우주에서 가장 으뜸이자 중요한 사물이다.
- 자子 : 지지 12글자 중에서 첫 번째 글자. 시작의 의미가 있다.
- 종宗 : 마루. 으뜸, 근본을 뜻한다.
- 천天 : 하늘. 가장 높은 곳, 최상을 뜻한다.
- 춘春 : 봄. 사계절이 봄에서 시작하듯 첫 번째를 뜻한다.
- 효孝 : 예로부터 맏이가 부모님을 모셔온 전통 때문에 맏이에게만 쓰도록 되어 있다.

2 둘째 이하 자녀에게 많이 사용하는 글자

맏이를 제외한 자녀에게는 주로 작다, 적다, 가운데를 뜻하는 글자를 사용한다. 예로부터 맏이에게 쓰는 이름을 아우에게 붙이면 동생인데도 형 역할을 떠맡느라 고생한다고 여겨왔다.

- 계季 : 끝. 마지막이란 뜻으로 막내에게 사용한다.
- 삼參 / 三 : 세 번째를 뜻한다. 셋째에게 어울린다.
- 월月 : 달. 태양이 으뜸을 뜻한다면 달은 상대적인 개념으로서 그보다 아래를 의미한다.
- 이二 / 貳 : 두 번째를 뜻한다.
- 재再 : 두 번째를 뜻한다.
- 중中 : 가운데. 세 자녀일 경우 맏이와 막내 사이에 사용한다.
- 중仲 : 버금. 첫 번째의 다음을 뜻한다.
- 지地 : 땅. 하늘이 첫 번째를 뜻한다면 땅은 상대적인 개념으로서 그보다 아래를 의미한다.
- 차次 : 버금. 첫 번째의 다음을 뜻한다.

5) 형태 때문에 꺼리는 글자

글자의 의미와는 상관 없이 글자의 형태가 꽉 차지 않고 허전해 보이거나 약해

보이는 글자는 이름자로 꺼린다. 가可, 갑甲, 공共, 공公, 궁弓, 두斗, 무戊, 문門, 반半, 방方, 평平, 상上, 시市, 연年, 점占, 촌寸, 인仁, 하下, 행幸, 행行 등이 있다.

6) 나쁜 뜻 때문에 꺼리는 글자

의미상 불길한 느낌을 주거나 힘이 없는 글자는 이름자로 꺼린다. 그 내용을 보면 다음과 같다.

- 외로울 고 孤 : 홀아비와 과부가 될 암시가 있다.
- 괴로울 곤 困 : 인생이 괴롭고 힘들다 하여 꺼린다.
- 홀어미 과 寡 : 과부가 되거나 남편이 있어도 부부생활이 원만하지 못하다 하여 꺼린다.
- 종 노 奴 : 타인의 머슴이나 종처럼 살아간다 하여 꺼린다.
- 힘쓸 노 努 : 어느 곳에 가든 일복이 많아 평생 고생만 한다 하여 꺼린다.
- 넘어질 도 倒 : 하는 일마다 막혀 이루어지는 것이 없다.
- 독 독 毒 : 자칫 독약을 먹고 죽거나 타인을 살해한다는 암시가 있다.
- 늙을 로 老 : 노인처럼 무기력해진다 하여 꺼린다.
- 이슬 로 露 : 이슬이나 서리처럼 쉽게 사라져버린다 하여 꺼린다.
- 망할 망 亡 : 하는 일마다 모두 실패한다는 암시가 있다.
- 병 병病 : 항상 병마에 시달릴 것 같아 불길하다.
- 죽을 사死 : 죽음을 상징하니 불길하다.
- 가늘 세細 : 사람이 대범하지 않고 속이 좁다는 느낌을 준다.
- 작을 소小 : 크게 성장해나가지 못한다는 느낌을 준다.
- 약할 쇠衰 : 힘이 없고 약한 느낌을 주어 꺼린다.
- 순할 순順 : 순진함을 상징해 세상살이가 힘들다.
- 아이 아兒 : 어른으로 성장하지 못하고 평생을 부모 품에서 아이처럼 살아가기 쉽다.
- 슬플 애哀 : 슬픔이 평생 따라다니며, 부부이별과 가정파괴 등을 암시하니 불길하다.

- **약할 약弱** : 몸이 허약하다는 느낌을 주어 불길하다.
- **더러울 오汚** : 몸을 청결하게 하지 않아 온갖 질병에 걸린다는 암시가 있다.
- **일찍죽을 요夭** : 오래 살지 못하고 단명할 것 같아 불길하다.

7) 지나치게 원대하고 거창한 뜻 때문에 꺼리는 글자

뜻이 지나치게 큰 글자는 아무리 본뜻이 좋아도 이름에 잘 쓰지 않는다. 부귀영화를 바라지 않는 사람이 어디 있겠는가. 하지만 누구나 가질 수는 없는 일이다. 오히려 사주팔자가 약해 평범한 운 이상은 타고나지 못한 사람이 지나치게 원대한 포부가 담긴 이름자를 쓰는 경우 인생이 꼬이고 파란만장한 삶을 살게 된다고 한다.

8) 발음 때문에 꺼리는 글자

한자 이름이든 한글 이름이든 이름의 뜻이 저속하거나 천하지 않게 글자를 골라야 한다. 그리고 이렇게 고른 글자들을 성과 합쳐 부를 때 어색하지 않아야 한다. 자칫 놀림감이 되어 평생 이름 때문에 스트레스를 받을 수 있기 때문이다. 세심하게 신경 쓰지 않은 이름 때문에 개명을 신청하는 사람들이 늘어나고 있는 추세이다. 예를 들어 다음과 같은 발음 글자는 피하는 것이 좋다. 첫째 불길한 단어를 연상시키는 이름, 둘째 욕을 연상시키는 이름, 셋째 발음이 까다롭고 부르기 어색한 이름, 넷째 이상한 별명이나 나쁜 별명으로 변하기 쉬운 이름이다. 다음의 예를 보면 이름의 발음이 얼마나 중요한지 잘 알 수 있을 것이다.

강도범姜道範, 고동태高東泰, 고만두高萬斗, 고만해高萬海, 고무신高武信, 고민희高民姬, 고생문高生文, 구두창具斗昌, 김부자金富子, 김치국金治國, 김병균金炳均, 노가다盧加多, 나죽자羅竹子, 나지나羅知那, 문동희文東姬, 박찬놈朴찬놈, 배신자裵信子, 변태성卞泰成, 손병신孫秉信, 신건달申建達, 안경태安敬泰, 안부자安富子, 안진실安眞實, 어동태魚東泰, 오말세吳末世, 원숭

희원崇姬, 우동집禹東集, 육고관陸高觀, 이경칠李慶七, 이길수李吉洙, 이노마李老馬, 장기성張基成, 장기수張基秀, 조계해趙桂海, 조지나曹知那, 조진년趙眞年, 조진배曹晉培, 조진애趙眞愛, 주정군朱正君, 주길래朱吉來, 주길련朱吉連, 주길수朱吉洙, 지기미池基美, 지지배池智培, 지친년池親年, 채권자蔡券子, 추한남秋漢男, 추한년秋韓年, 홍당무洪當武, 황천길黃天吉

9) 천간 10글자와 지지 12글자

천간 10글자 갑을병정무기경신임계甲乙丙丁戊己庚辛壬癸와 지지 12글자 자축인묘진사오미신유술해子丑寅卯辰巳午未申酉戌亥는 귀신이 붙어서 항상 따라다니는 글자로서 영험함이 지나쳐 함부로 사용하지 못하도록 되어 있다. 사주팔자에 특정한 오행이 편중되어 있어서 부족한 오행을 보충해주기 위해 사용하는 경우를 제외하고는 되도록 사용하지 않는 것이 좋다.

10) 동물이나 식물을 뜻하는 글자

인간은 만물의 영장이고 동식물과는 전혀 다른 존재이기 때문에 특별한 경우가 아니면 동물이나 식물을 뜻하는 글자는 피하는 것이 좋다.

鵑 소쩍새 견, 犬 개 견, 絹 비단 견, 鷄 닭 계, 桂 계수나무 계, 鷗 갈매기 구, 拘 개 구, 鳩 비둘기 구, 龜 거북 구, 菊 국화 국, 槿 무궁화 근, 錦 비단 금, 桃 복숭아 도, 豚 돼지 돈, 桐 오동나무 동, 鹿 사슴 록, 龍 용 룡, 栗 밤 률, 梅 매화 매, 米 쌀 미, 芙 연꽃 부, 蛇 뱀 사, 杉 삼나무 삼, 桑 뽕나무 상, 象 코끼리 상, 芽 싹 아, 梨 배 이, 熊 곰 웅, 竹 대나무 죽, 芝 지초 지, 蟲 벌레 충, 鶴 학 학, 虎 호랑이 호

11) 측자파자상 불길한 글자

한자는 합성문자이다. 그래서 하나 이상의 글자가 결합하여 이루어진 경우가 많

다. 예를 들어 木과 木이 합쳐진 林이나, 木과 主가 합쳐진 桂를 들 수 있다. 측자파자는 이러한 한자의 독특한 구조에서 비롯된 이론으로 측자測字와 파자破字를 두루 일컫는 말이다. 측자란 글자를 통해 추측하는 것이고 파자란 글자를 분리하여 분석하는 것이다. 즉 한자로 된 글자를 분리, 결합, 추리, 유추하여 그 글자의 뜻을 풀이하는 방법이 측자파자이다.

성명학에서는 측자파자에 비추어 성과 이름자가 모두 분리되는 것을 매우 불길하게 여긴다. 한 글자가 둘 이상으로 분리되는 것이 가족이나 부부 사이에 이별이나 사별을 암시한다고 보기 때문이다.

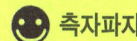

측자파자
한자의 글자를 분리, 결합, 추리, 유추하여 그 글자의 뜻과 이름을 풀이하는 방법을 말한다. 결합, 추리, 유추하는 것이 측자이고 한자를 분리해서 해석하는 것이 파자이다.

예)

박임서朴林徐 : 木+卜 / 木+木 / 亻+余
호민상鎬珉相 : 金+高 / 玉+民 / 木+目

珖 옥피리 광, 桂 계수나무 계, 林 수풀 림, 門 문 문, 珉 옥돌 민, 八 여덟 팔, 評 평론할 평, 順 순할 순, 淳 순박할 순, 祐 도울 우, 瑀 옥돌 우, 熊 곰 웅, 媛 고울 원, 裕 너그러울 유, 用 쓸 용, 投 던질 투, 玆 검을 자, 張 베풀 장, 楨 쥐똥나무 정, 好 좋을 호, 皓 빛날 호, 淏 맑을 호, 祜 복 호, 顥 빛날 호, 鎬 남비 호, 洪 넓을 홍, 弘 넓을 홍, 虹 무지개 홍, 和 화할 화, 煥 빛날 환, 姬 계집 희, 禧 복 희

12) 정신세계의 높은 경지나 특이함을 상징하는 글자

좋은 의미인 것 같지만 깨달음을 의미하는 글자 역시 불용문자에 해당하여 이름자에 쓰면 안 된다.

- 깨달을 각 覺 : 깨달음의 경지는 선인仙人만이 오를 수 있으므로 이름자로 쓸 수 없다.
- 기이할 괴 怪 : 기이함이나 독특함을 뜻하므로 평범한 보통사람은 사용할 수 없다.
- 기운 기 氣 : 기는 독특한 힘을 뜻하므로 보통사람은 사용할 수 없다.

- 신령 령 靈 : 신령이 깃들어 있는 글자이기에 보통사람은 사용할 수 없다.
- 묘할 묘 妙 : 특이함과 독특함을 상징하므로 보통사람은 사용할 수 없다.
- 부처 불 佛 : 부처처럼 성인聖人이 될 수 없는 사람은 함부로 사용할 수 없다.
- 귀신 신 神 : 신비로움을 간직한 귀신을 뜻하므로 함부로 사람 이름에 쓸 수 없다.
- 높을 존 尊 : 매우 존경받는 사람이 아닌 보통사람은 사용할 수 없다.

13) 가득 차 있음을 뜻하는 글자

가득 차 있다는 것은 완성의 경지인 동시에 더 이상 성장하거나 발전할 여지가 남아 있지 않다는 의미다. 산도 정상에 오르면 내려가야 하고 달도 차면 기울게 마련이다. 이러한 암시 때문에 가득 차 있음을 뜻하는 글자는 이름자로 꺼린다. 일십 십十, 일만 만萬, 일백 백百, 일억 억億, 일천 천千, 일조 조兆 등이 여기에 해당한다.

14) 쥐띠생이 피해야 할 글자

쥐는 야행성 동물로서 어두운 것을 좋아하고 밝은 것을 싫어한다. 이러한 통념 때문인지 성명학에서는 쥐띠생은 밝은 느낌을 주는 글자나 새벽을 의미하는 글자는 이름자로 꺼린다. 밝을 명明, 볕 양陽, 비칠 영映, 빛날 영煐, 날 일日, 낮 주晝, 빛날 환煥, 새벽 효曉 등이 여기에 해당한다.

태어난 해의 지지가 자子인 사람은 모두 쥐띠생이다. 갑자생甲子生, 병자생丙子生, 무자생戊子生, 경자생庚子生, 임자생壬子生이 여기에 해당한다. 따라서 이들의 이름자로는 밝음을 상징하거나 새벽 또는 낮을 상징하는 글자를 피해야 한다. 피해야 할 글자를 이름자로 쓰면 사고사, 질병, 불구, 단명의 우려가 있고 본인 또는 배우자나 자녀에게 액운이 올 수 있다고 한다.

15) 여자아이 이름에 피해야 할 글자

대부분 아기의 성별에 따라서 이름자를 골라 쓴다. 아무래도 남자아이는 남자다움을 나타낼 수 있는 글자를, 여자아이에게는 여성다움을 나타낼 수 있는 글자를 많이 사용할 것이다. 하지만 아무리 좋은 뜻이라도 여자아이에게 쓰기 꺼리는 글자가 있다. 맑을 숙淑, 순할 순順, 어질 인仁, 곧을 정貞 그리고 남자를 뜻하는 아들 자子 등이 그 예이다.

위 글자들을 여자아이의 이름자로 사용할 경우에는 부부간의 갈등이 심해지고 심지어 가정파탄에 이르거나 자녀와의 갈등 또는 자녀의 불행, 가족의 건강문제 등으로 어려움에 처하게 된다는 것이다.

16) 불용문자의 타당성 검토

이제까지 상황에 따라 이름자에 써서는 안 되는 글자들과 그 이유들을 설명하였다. 그렇다면 불용문자는 타당성이 있는 이론인가? 이름자로 쓴 불용문자 때문에 정말로 불행이 닥치는가? 여기에 대답하기 위해서는 실제 사례들을 살펴볼 필요가 있다. 즉 불용문자를 이름자로 쓴 사람이 어떤 인생을 살았는지 확인해보는 것이다.

1 아홉 구 九

끝자리 수로 종말을 의미하며 단명할 수 있다고 하여 이름자로 꺼린다. 그렇다면 이름에 이 글자가 들어간 사람은 모두 단명하는가? 그렇지 않다. 이름에 구九 자가 있어도 건강하게 장수하며 활발한 사회활동을 하는 경우가 많다.

예) 정몽구鄭夢九(현대자동차 회장), 이홍구李洪九(학자 · 정치인)

2 용 룡 龍

이름에 이 글자를 쓰면 발전이 어렵고 성공하기 어렵다고 한다. 하지만 용이란 물 속에서 천년을 지내고 하늘로 승천하는 신성한 동물이다. 포부가 원대한 큰 인물에게 매우 잘 어울리는 글자이다. 실제로 정치인들 이름자에 이 글자가 많다.

예) 김덕룡金德龍(국회의원), 원희룡元喜龍(국회의원)

3 어질 인 仁

고질병이 잦아 평생을 불행하게 지내는 암시가 있으며, 특히 사주팔자의 격이 낮은 사람이 이 글자를 쓰면 어질다는 좋은 뜻과 달리 오히려 사악한 기운이 넘쳐나 나쁜 짓을 한다고 꺼린다. 하지만 이 역시 전혀 근거가 없는 말이다. 만약 고질병이 잦다면 정상적인 사회생활은 물론 일상생활조차 힘들 것이다. 실제로는 이름자에 인仁을 쓰고도 건강하게 성공적인 삶을 사는 사람들 심지어 스포츠 선수로 두각을 나타낸 사람도 있다.

예) 이인李仁(전 배구협회 전무), 최인훈崔仁勳(소설가 · 희곡작가)

4 목숨 수 壽

오래 장수를 누린다는 의미가 있지만 사주팔자의 격이 크지 않은 사람은 도리어 단명한다고 꺼리는 글자이다. 하지만 이것은 마음 속 희망을 드러내면 부정을 탈까 두려워했던 옛 사람들의 조심성에서 비롯된 오해일 뿐 현실적으로는 전혀 근거가 없다. 이름에 이 글자를 쓰고도 장수하며 사람들로부터 존경받는 사람을 얼마든지 찾아볼 수 있다.

예) 이수성李壽成(전 국무총리), 김수환李壽成(추기경)

5 빼어날 수 秀

여럿 가운데서 두드러지게 뛰어나다는 뜻이지만 보통사람이 이 글자를 쓰면 인생 중반에 큰 시련이 닥친다고 하여 불용문자가 되었다. 하지만 이 글자는 많은 부모들이 자녀의 이름으로 선호하는 글자이다. 그만큼 사람들이 좋아하고 친숙하게 느끼는 글자인데 어쩌다가 불용문자가 되었는지 이해할 수 없다.

예) 최수종崔秀宗(연기자), 채수찬蔡秀燦(국회의원)

이 밖에 불용문자의 허구성을 알 수 있는 많은 사례가 있다. 성명학에서 금지하는 불용문자는 사실 기분상 꺼리는 불길문자에 가깝다. 정확한 이유나 통계적인 근거 없이 으레 그렇게 이야기하니까 아무런 의심 없이 받아들여온 것이다.

그리고 뜻이 원대한 글자나 뜻이 좋은 글자를 불용문자로 금지시킨 것은 근대 이전의 엄격한 신분제 사회를 생각해보면 이해가 쉬울 것이다. 기득권층에서 그런 글자는 임금이나 양반 계급만 사용하고 일반 백성은 쓰지 못하게 하여 자신들의 특권을 유지하고자 했기 때문이다. 즉 일반 백성이 뜻이 원대한 글자를 사용하며 임금이나 양반을 넘보는 것에 대해 원천적인 거부감을 가졌고 이것이 지금까지 불용문자란 이름으로 이어져온 것이다.

불용문자의 폐해는 의외로 심각하다. 누가 보아도 좋은 뜻인데 불용문자로 정해진 한자가 너무나 많아 이름자로 제외시켜야 하는 경우가 자주 있다. 무엇보다 조금만 어려움이 닥쳐도 스스로 해결하고 자신의 운명을 적극적으로 개척해 나가려고 하지 않고 이름 탓이나 남 탓을 하고 포기해버리는 경우가 문제이다. 오히려 이름에 담긴 좋은 뜻을 실현해 나가기 위해 더욱 노력해야 하지 않겠는가.

역사로 읽는 이름이야기

: 세대를 알려주는 항렬

항렬行列은 같은 씨족 안에서 상하 서열을 분명히 하기 위하여 만든 것으로, 정해진 글자로 각 항렬을 나타낸 것을 항렬자라고 한다. 지금은 항렬자에 구애받지 않고 자유롭게 이름자를 선택하는 경우가 많지만, 예전에는 항렬을 엄격하게 따라서 삼촌을 비롯한 아버지 대에서 쓰는 이름자와, 사촌을 비롯한 아들 대에서 쓰는 글자가 확연히 구분되었다.

우리나라는 조선시대 이후 오랫동안 유교의 영향 때문에 예절과 예의를 중요시하게 되었는데, 이러한 영향이 이름자에도 미쳐 집안의 몇 대손인가를 구분지어주고 선대와 후대 그리고 친척끼리의 서열이나 질서를 나타내는 항렬이 생겨나게 되었다. 보통 항렬이 자기 세대보다 윗대이면 '항렬이 높다' 고 하고, 아랫대이면 '항렬이 낮다' 고 말한다.

항렬은 한문으로 行列이지만 '행렬' 이라 하지 않고 '항렬' 이라고 한다. 가거나 행한다는 뜻일 때는 '행' 으로 읽고, 길게 세우는 줄을 말할 때는 '항' 으로 읽는다.

예로부터 우리 조상들은 기러기를 매우 좋아해서 동네 앞에 세워놓은 솟대에 기러기를 장식할 정도였다. 기러기는 하늘을 날 때 질서정연하게 무리를 지어 날아간다. 이 모습을 보면서 씨족의 서열을 한눈에 알아볼 수 있도록 만들어놓은 것이 바로 항렬이다.

조선시대 후기의 가정살림을 다룬 『규합총서閨閤叢書』에 기러기에 관한 글이 있다. "날씨가 추워지면 북으로부터 남형양에 그치고 더워지면 남으로부터 북안문으로 돌아가니 믿음이 있다. 날아가는 차례를 지켜 앞에서 울면 뒤에서 화답하니 예절이요, 짝을 잃으면 다시 짝을 얻지 않으니 정절이 있다. 무리를 지어 잠을 자되 한 마리는 반드시 경계를 서고 낮이 되면 입에 갈대를 머금어서 그물을 피해 가니 지혜가 있다."

항렬자는 성씨별로 미리 정해져 있어서 자손들로 하여금 이를 따르게 하는 경우가 많다. 예를 들어 음양오행, 천간과 지지, 숫자 등을 기준으로 삼는데 목木, 화火, 토土, 금金, 수水의 다섯 가지 오행을 상생원리에 따라 세대별로 순서에 맞게 사용하는 것이 가장 흔하다.

즉 이름자로 목木이 들어가는 글자, 예를 들어 상相이나 송松을 사용하였다면 바로 아랫대에는 목생화木生火의 원리에 따라 화火가 들어가는 병炳이나 환煥을 쓰고, 그 아랫대는 화생토火生土의 원리에 따라 토土가 들어가는 규奎나 준埈을 이름자로 쓰는 것이다. 이렇게 목木 → 화火 → 토土 → 금金 → 수水 순서로 상생하도록 항렬의 이름자를 고른다. 이 때 어떤 글자를 쓸 것이냐는 집안마다 일정한 규칙을 정해놓았기 때문에 그 규칙을 따라 이름자를 골라 쓴다.

그러면 항렬자는 이름의 어디에 두어야 할까? 우리나라 사람들은 대개 이름자가 두 글자이다. 그래서 항렬자를 넣을 때 이름자의 첫 글자와 끝 글자에 번갈아 가며 사용한다.

예를 들어 아버지 대에서 이름 첫 글자에 항렬자를 썼다면 아들 대에서는 이름 끝 글자에 항렬자를 쓰고, 다시 손자 대에서는 이름 첫 글자에 항렬자를 쓰는 것이다. 윗대와 바로 아랫대의 항렬자가 겹치지 않도록 이름 첫 글자 → 이름 끝 글자 → 이름 첫 글자 순서로 항렬자를 배열하는 것 역시 선대와 후대가 같은 자리에 함께 하지 못하게 하는 서열과 질서를 상징하고 있다.

재미로 읽는 이름이야기

: 이름과 관련된 여러 가지 표현들

내 성을 갈겠다

어떤 일을 다시는 하지 않겠다고 맹세하거나 단언할 때 쓰는 말이다. 조선시대 이후 유교의 영향으로 우리나라 사람들은 성씨는 절대 바뀌지 않는다고 믿어왔고, 또 이 원칙이 철저하게 지켜져왔다. 이러한 절대적인 의미 때문에 상대방에게 어떤 약속이나 맹세를 할 때 그것을 지키려는 자신의 의지를 강조하기 위해 '만약 ○○하면 내가 성을 간다'는 말을 사용하게 되었다.

비슷한 말로 '내 손에 장을 지진다'는 말이 있다. 여기서 장은 掌(손바닥 장)으로서 '만약 ○○하면 내 손을 지지겠다'는 의미다. 실수로 뜨거운 냄비를 잠깐 만져도 기겁을 하는데 정말 자기 손을 지질 사람이 있을까? 절대로 내가 내 손을 지질 일은 없다, 절대로 ○○하지 않겠다는 굳은 의지를 보여주는 표현으로 보면 된다.

이름도 성도 모른다

전혀 모르는 사람이라는 뜻으로 자주 사용하는 말이다. 그런데 이 속담을 언제부터 사용했을까? 아마 성과 이름을 백성들 모두가 보편적으로 사용하기 시작한 조선시대 후기로 볼 수 있다.

우리나라 국민들 모두가 성과 이름을 함께 사용하므로 처음부터 두 가지를 함께 사용했을 것 같지만, 사실 성은 중국의 한자가 들어온 후 삼국시대부터 사용했고 그것도 왕이나 귀족처럼 일부 상류층만이 사용하였다. 조선시대 후기에 이르러서야 일반 백성과 천민들도 성을 사용할 수 있었다. 따라서 이름도 성도 모른다는 속담은 이 이후에 나타났다고 볼 수 있다.

서울에서 김서방 찾기다

일반적으로 구체적인 정보 없이 사람을 찾기 어려울 때나 어떤 일의 정답을 찾기 힘든 상황을 의미하는 속담이다. 우리나라 성씨 중에 가장 인구수가 많은 성씨가 바로 김씨다. 그것도 사람이 가장 많은 서울에서 이름도 모르는 김서방을 찾기란 누가 보더라도 불가능한 일이다.

실제로 2000년 현재 김씨 성을 가진 사람이 992만 6천 명으로 우리나라 전체 인구 중 21.6%로 가장 많다. 5명 중 한 명이 김씨라는 계산이 나온다. 이씨 역시 매우 흔한 성씨인데 김씨와 이씨가 얼마나 많은지 '서울에서 돌 던지면 김가가 아니면 이가가 맞는다'는 속담까지 있다.

머슴살이 3년에 주인 성姓 묻는다

어떤 일을 하는데 중요한 내용이나 목적을 모를 때 또는 사람이 무심하여 당연히 알고 있을 만한 것도 모르고 있는 것을 비꼴 때 쓰는 속담이다. 사람을 만나 가장 먼저 하는 일이 이름을 묻는 것인데 자신이 일하는 집 주인 성이 무엇인지 3년 만에 묻는 사람이라면 어느 정도로 무심한지 짐작할 만하다.

이와 비슷한 속담으로 '십년을 같이 산 시어머니 성도 모른다'가 있다. 가까운 일에는 너무 무관심하여 모르고 지내기 쉬운 것을 잘 나타낸 속담이다.

이름값을 한다

이름값이란 이름에 걸맞는 행동 또는 주위의 평판 때문에 치루는 대가를 뜻한다. 그래서 이름값을 한다고 하면 기대만큼 일을 잘 한다는 칭찬의 의미가 되고, 반대로 이름값을 못한다고 하면 기대한 것과 달리 실속이 없어 실망스럽다는 의미가 된다. 한 가지 표현이 정반대의 두 가지 의미로 사용될 수 있는 표현이다.

맞춤형 이름짓기
성격성명학

성격성명학의 의의 · 음양 분석
오행 분석 · 육친 분석
성격 형성과 이름의 관계 · 성격성명학의 원칙
성격 유형별 기본 성격 · 성격 유형별 추구성향
중심성격과 부중심성격 · 성격 유형에 따른 시기별 특징
성격 유형별 장점과 단점 · 성격성명학으로 본 유명인들의 중심성격
작명 실전

역사로 읽는 이름이야기_ **알에서 태어난 왕들**
재미로 읽는 이름이야기_ **시대별 인기 있는 이름**

3 맞춤형 이름짓기
성격성명학

 성격성명학

이름을 부를 때 나는 소리는 사람의 성격 형성에 많은 영향을 미친다. 따라서 좋은 성격을 만들어주고 자신과 잘 맞는 소리로 이름을 지어야 한다. 여기서 소리는 발음오행을 생각하면 된다.

이제까지 대부분의 성명학자나 작명가들이 활용하고 있는 성명학 이론을 설명하였다. 어떤 학문이든 처음 만들어진 이후 세월이 흘러가면서 많은 학자들에 의해 수정·보완되며 완성도 높은 학문으로 발전해간다. 성명학 역시 마찬가지다. 음양오행을 바탕으로 한 소리와 획수, 뜻이 좋은 이름짓기가 첫 출발이었다면, 현대에 와서는 아기의 성격을 판단하여 장점은 살려주고 단점은 보완해줄 수 있는 맞춤형 이름짓기가 큰 관심을 얻고 있다. 이렇게 타고난 성격 유형에 초점을 둔 성명학을 성격성명학이라고 한다. 이름을 부를 때의 소리(발음)가 성격 형성에 영향을 미친다는 점에서 소리성명학 또는 파동성명학이라고도 한다. 이 소리는 한글 자음을 기준으로 목木, 화火, 토土, 금金, 수水 등 5가지 발음오행으로 나누어진다.

우리는 평생 이름이 불리며 살아간다. 이름이 있어도 누군가 불러주지 않으면 전혀 의미가 없다. 누군가 내 이름을 부르는 소리에 반응하면서 대인관계가 형성되기 시작한다. 이렇게 평생을 불리는 이름이 좋은 소리여야 나에게 좋은 영향을 미칠 것이다. 굳이 성명학과 관련짓지 않아도 일상생활에서 소리가 얼마나 중요한지 알 수 있다. 식물이나 동물을 키우면서 음악을 들려주었을 때 성장 속도가 빨라지거나 더 건강해졌다는 이야기를 들어본 적이 있을 것이다. 우리나라에서도 오이나 토마

토 등을 키우는 농부가 농작물에게 클래식이나 자연의 소리를 들려주었더니 병충해에 강해지고 수확량이 늘어났다는 첨단 농법의 사례가 발표되곤 한다. 또한 젖소에게 음악을 들려주니 우유 생산량이 늘어나고, 닭은 튼튼한 알을 더 많이 낳았다는 통계가 발표되곤 한다.

식물과 동물에게 미치는 영향이 이 정도인데 하물며 사람에게 미치는 영향력은 어느 정도일까? 평생을 부르게 되는 이름은 영향력이 더욱 클 수밖에 없다. 사람을 부르는 소리인 이름은 기氣를 발생시켜 이름의 주인공에게 영향을 미치고 성격을 형성하며 삶을 변화시켜준다. 이름은 소리이고 소리는 사람을 만든다. 성격성명학은 소리가 사람의 운명을 바꿀 수 있다는 전제에서 시작된다.

1. 성격성명학의 의의

성격성명학은 여러 가지로 쓰임새가 많다. 우선 자기 자신의 성격을 알아볼 수 있는 훌륭한 도구가 된다. 더불어 다른 사람의 성격을 분석해줄 수도 있다. 성격 분석이 왜 중요하냐고 반문하는 사람이 있을지도 모른다. 그러나 원만한 대인관계와 사회생활에 필수적인 것이 좋은 성격이다. 그런가 하면 자기 성격은 자기가 잘 알기 때문에 굳이 분석할 필요 없다고 할지도 모른다. 하지만 성격을 제대로 분석하기란 매우 어렵다. 때로는 나 자신도 내 성격이 어떤지 알쏭달쏭하다. 이런 것도 같고 저런 것도 같고 도무지 감을 잡기 힘들다.

성격성명학으로 먼저 성격 유형을 판단할 수 있다. 자신과 타인의 성격 유형을 이해하고, 성격 유형을 통해서 인간관계, 리더십, 갈등 관리, 학업 상담, 진로, 적성, 직업, 취미 등의 장단점을 파악하고 개선 방향을 제시해줄 수 있다. 성격성명학을 통해서 살아가면서 나는 왜 그런 생각이나 행동을 했는지 스스로에게 물어보고 자신의 행동과 생각을 각성하게 된다. 또한 다른 사람들이 왜 그런 생각과 행동을 하는지 따져보고 그들의 생각과 행동을 이해할 수 있게 된다.

사실 성격심리학은 성명학이면서도 상담심리학의 영역까지 확장되어 있다. 이제까지 상담심리학을 서양의 전유물로만 여겨왔던 사람들에게 음양오행 이론을 바탕으로 한 성격심리학이 낯설게 느껴질지 모른다. 사실 사주명리학을 비롯한 동양역학은 장차 삶이 어떻게 될 것인지를 알려주는 운명학의 한계에서 벗어나지 못하고 있다. 그러나 음양오행에서 아니마와 아니무스를 이끌어낸 저명한 심리학자 융C. G. Jung처럼, 필자는 동양역학 안에서 상담심리학적인 요소들을 발견하면서 이를 개발하고 발전시켜 나갈 수 있다는 확신을 가지게 되었다.

앞서 성격성명학으로 가장 먼저 자신을 이해하고 나아가 다른 사람을 이해할 수 있다고 하였다. 그렇다면 어떻게 자신을 이해하고 다른 사람을 이해할 수 있는가? 바로 성격을 알면 가능하다. 필자는 오랫동안 사주명리학과 성명학을 함께 공부해왔는데 먼저 사주명리학의 음양, 일간의 오행, 오행의 발달과 과다, 육친의 발달과 과다를 분석하며 사람의 성격 유형을 발견할 수 있었다. 그리고 성격성명학으로는 사주팔자가 같은 쌍둥이가 서로 성격이 다른 이유를 찾아낼 수 있었다. 쌍둥이뿐만 아니라 세상에는 타고난 생년월일시가 같은데 판이하게 다른 운명을 살아가는 경우가 많다. 도대체 그 이유가 무엇일까? 바로 이름과 관련된 성명학적 문제가 우선이요, 그 밖에 태어난 국가와 부모 그리고 생활환경 등 복잡한 외부 영향을 들 수 있다. 이렇게 선천적으로 타고난 사주팔자를 통한 성격 분석과 후천적으로 지어지고 불리는 이름을 통해 성격 분석이 더욱 정확해진다. 사주팔자로 보는 성격 분석을 선천적 성격 분석이라고 한다면 이름으로 보는 성격 분석은 후천적 성격 분석이라고 한다. 선천적 성격 분석은 사주팔자를 통한 사주명리학적 분석이고, 후천적 성격 분석은 성격성명학을 통한 성명학적 분석이라 할 수 있다. 여기서 사주팔자로 성격을 분석할 때는 음양과 오행 그리고 육친을 모두 고려하여 종합적인 판단을 해야 한다.

사주팔자로 어떻게 성격을 알 수 있을까? 사람의 사주팔자에는 그 사람의 성격과 직업(적성), 개성 등을 파악할 수 있는 열쇠가 숨겨져 있다. 음양과 오행, 음양오행의 생극작용으로 나타나는 육친 등이 바로 그 열쇠이다. 만약 어느 정도 사주명리학 지식이 있다면 이름짓기가 훨씬 쉬워질 것이다.

예전에는 사주팔자로 사람의 운명 즉 죽고 사는 문제를 알아내려고 하였다. 그래서 사주팔자를 보면 "당신은 내년에 죽을 거야", "당신 아들은 18세에 가출할 거야", "남편을 잡아먹을 팔자야", "며느리가 들어오면서 집안에 우환이 끊이지 않아" 등등 불안하게 겁주고 부적이나 굿을 하도록 유도하는 경우가 많았다. 사주팔자를 보러 가서 의뢰자가 듣고 싶은 조언은 들을 수 없고 부적이나 굿을 하느라 돈만 쓰고 오는 것이다. 이런 사람들 때문에 사주명리학이 미신과 사이비로 매도당하고 있다.

하지만 사주명리학은 사람의 심리와 특성을 분석하여 적절한 조언을 해줄 수 있는 요긴한 학문이다. 사람이 태어나는 순간 연월일시에 따라 사주팔자가 정해지고, 이 사주팔자 여덟 글자는 음양과 오행으로 분석된다. 이 음양오행이 어떻게 분포하느냐에 따라 그 사람의 성격과 적성 등이 형성되는 것이다. 이를 토대로 아기의 성격은 어떠하고 장단점은 각각 무엇이며 적성은 무엇인지 알아내고, 나아가 아기에게 가장 잘 어울리는 인생의 길을 가도록 조언하고 희망을 줄 수 있다. 이러한 사주명리학의 장점이 알려지기 시작하면서 사주팔자로 아기의 성격이나 적성 등을 알아보고 진로상담 등에 유용하게 활용하는 사례가 늘어나고 있다.

사람의 성격을 판단할 때는 사주팔자의 음양오행만 보아서도 안 되고, 육친만 보아서도 안 된다. 세상에는 수많은 사람들이 있고 그들마다 서로 다른 인생사를 살아간다. 한 날 한 시에 태어난 쌍둥이조차도 각자 다른 인생을 살아간다. 사람의 삶은 이렇게나 다양하다. 따라서 사주팔자의 음양오행과 육친을 모두 살펴서 조금이라도 더 적중률을 높여야 한다.

2. 음양 분석

태초에는 아무 것도 존재하지 않는 무無의 세계였다. 이 무의 세계에서 처음으로 음양이 나타났고, 음양이 분화하여 음이면서 음의 기운을 가진 태음太陰, 음이면서 양의 기운을 가진 소양小陽, 양이면서 양의 기운을 가진 태양太陽, 양이면서 음의 기운을 가진 소음少陰으로 변화되어간다.

1 음양의 성질

음양은 각각 대립적인 성격과 심리적인 특성을 갖고 있다. 일반적으로 음은 여성을 상징하고, 양은 남성을 상징한다. 그래서 음은 내성적, 수동적, 소극적인 성격이며, 생각지향(심사숙고)형이면서 부드럽다. 또한 안정적이고 현실지향적이면서 1:1 만남을 선호한다.

반면 양은 외향적이고 능동적이고 적극적이다. 행동지향(충동지향)형이고 힘차면서 모험을 좋아한다. 미래지향적이며 대인관계가 넓다.

● **음양의 심리적 특성**

오행	음	양
심리적 특성	내성적 수동적 소극적 생각지향적(삼사숙고형) 안정적 현실지향적 1:1 만남 선호 부드럽다 감각적	외향적 능동적 적극적 행동지향적(충동지향적) 모험적 미래지향적 다자간 만남 선호 힘차다 직관적

2 음양의 분석

음양은 이분법적으로 구분할 수 있는 게 아니다. 음 속에도 양의 기운이 존재하고 양 속에도 음의 기운이 존재하기 때문이다.

예를 들어, 여성 중에서도 부드럽고 연약하고 수동적이고 소극적이고 내성적이고 안전한 것을 추구하는 여성은 외음내음外陰內陰 즉 태음에 해당한다. 반대로 여성 중에서도 활동적이고 개방적이고 적극적이고 충동적이고 외향적이고 모험을 즐기는 여성은 외양내음外陽內陰 즉 소양에 해당한다. 또한 남성 중에서도 활동적이고 개방적이고 적극적이고 충동적이고 외향적이고 모험을 즐기는 남성은 외양내양外陽內陽 즉 태양에 해당한다. 반대로 남성 중에서도 소극적이고 부드럽고 연약하고 내성적이고 안전을 추구하는 남성은 외음내양外陰內陽 즉 소음에 해당한다.

프로이트Sigmund Freud와 더불어 심리학과 정신의학 분야에서 획기적인 연구성과를 이룩한 융C. G. Jung은 서양인이면서도 물질보다 정신을 추구하는 동양학에 관심을 가졌고 아니마Anima 와 아니무스Animus를 정립하였다.

아니마와 아니무스

남성이면서도 여성적 기질을 가진 것이 아니마Anima이고, 여성이면서도 남성적 기질을 가진 것이 아니무스Animus이다.

융은 여성이면서도 남성적 기질을 가진 경우를 아니무스라고 불렀는데, 이는 사상 가운데 소양에 해당한다. 이런 여성은 적극적으로 활동하는 것이 어울리고 지배받기 싫어하므로 가부장적인 유교사회에서는 스트레스가 심화되어 화병이 생길 수 있다. 이를 해소하기 위해서는 타고난 남성성을 살려주고 자신의 능력을 발휘할 수 있게 해주어야 한다.

또한 융은 남성이면서도 여성적 기질을 가진 경우를 아니마라고 불렀는데, 이는 사상 가운데 소음에 해당한다. 예를 들어, 남들 앞에 나서기 싫어하는 소극적인 사람이 접대가 많은 영업부서에 배치된다면 심한 스트레스를 받을 것이다. 이런 사람은 직접 사람들과 부딪치는 부서 대신 뒤에서 다른 직원들을 보조하거나 관리하는 분야가 잘 어울린다.

● 음양의 분석

	외음내음	외양내음	외음내양	외양내양
사상	태음	소양	소음	태양
심리학	내성적	아니무스	아니마	외향적
성향	여성이 여성적	여성이 남성적	남성이 여성적	남성이 남성적

3 사주팔자의 음양 분석

사주팔자 중에 음팔통陰八通 사주와 양팔통陽八通 사주가 있다. 음팔통 사주란 사주팔자가 모두 음으로만 이루어진 것을 말한다. 이와 반대로 양팔통 사주란 사주팔자가 모두 양陽으로만 이루어진 것을 말한다. 음팔통 사주는 기본적으로 음의 성질이 강하고, 양팔통인 사주는 양의 성질이 강하다.

사주팔자에 음의 성분이 많을수록 음의 성질이 강하게 나타나고, 양의 성분이 많을수록 양의 성질이 강하게 나타난다. 이것은 임상 결과로도 충분히 확인할 수 있다. 다만, 단순히 음양이 많고 적음에 따라 성격이 결정되는 것이 아니라 오행의 발달이나 과다 정도 또는 육친의 발달이나 과다 정도에 따라 성격 형성이 다양하게 이루어진다.

3. 오행 분석

오행은 우주 만물을 구성하는 다섯 가지 요소를 말한다. 목木, 화火, 토土, 금金, 수水로서 글자 그대로 각각 나무, 불, 흙, 쇠, 물이다. 그러나 이것은 겉모습일 뿐, 오행은 고정된 형상을 의미하지 않고 무형과 유형의 다양한 형상을 뜻한다.

각각의 오행은 저마다 장점과 단점을 가지고 있다. 그렇기 때문에 어떤 오행은 장점이 많아서 좋고 어떤 오행은 단점이 많아서 나쁘다고 판단해서는 안 된다. 오행마다 장점과 단점을 모두 가지고 있다. 다만 오행이 적절하게 발달한 사람은 그 오행의 장점이 많이 나타나지만, 오행이 지나치게 많거나 강해서 과다한 사람은 그 오행의 단점이 많이 나타난다. 오행은 각각 음과 양으로 나누어진다.

  오행의 발달과 과다를 판단하는 기준은 오행의 개수와 점수이다. 즉 사주팔자를 오행으로 바꾸어 각각 오행이 몇 개 있는지, 점수는 몇 점인지 계산하여 기준에 따라 발달과 과다를 판단한다. 개수는 단순히 사주팔자 여덟 글자 중에서 각각의 오행이 몇 개인지 세면 되므로 매우 간단하다. 그러나 점수는 천간과 지지를 구분해서 분석하고, 지지는 다시 연월일시 어디의 지지인가에 따라 더 높을 수도 있고 낮을 수도 있다.

  점수 배분에서 먼저 천간에는 각각 10점씩 배분한다. 연간 10점, 월간 10점, 일간 10점, 시간 10점 등 연월일시의 천간에 각각 10점씩 배분한다. 모든 천간에 같은 점수를 매기는 이유는, 천간은 지지와 달리 계절의 의미가 없고, 천간 자체가 연年에 있거나 월月에 있거나 일日에 있거나 시時에 있거나 간에 변화가 없기 때문이다.

  그러나 지지의 점수 배분은 다소 복잡하다. 지지는 계절이 각각 다르고, 하루 동안에도 태양과 달의 기운이 다르기 때문에 위치에 따라 점수가 달라진다. 그래서 연지는 10점, 월지는 30점, 일지는 15점, 시지는 15점을 배분한다.

● **오행별 간지의 점수 배정**

천간	점수	지지	점수
연간	10	연지	10
월간	10	월지	30
일간	10	일지	15
시간	10	시지	15

1) 목

1 목의 성격

목木
나무를 상징하며, 천간 중에서는 갑甲과 을乙, 지지 중에서는 인寅과 묘卯가 목이다.

목은 곧 나무이다. 목은 굵고 곧은 것으로, 뻗어 가려는 의지, 성장, 의욕, 명예 등을 상징한다. 목은 땅에 뿌리를 내린 상태에서 뻗어가고자 하는 활기찬 기질을 가지고 있다. 다만 땅 즉 토土에 뿌리를 내린 상태에서 활기차게 지상으로 뻗어 올라가기 때문에 기본을 벗어나지 않으면서 자신의 욕망과 명예를 추구한다. 이렇듯 목은 기본을 지킬 줄 알고 근본을 지킬 줄 알기 때문에 예절과 도덕을 나타낸다. 그래서 목의 본성을 인仁으로 본다.

화火 역시 목처럼 활동적이고 뻗어나가고자 한다. 그러나 목이 땅에 뿌리를 두고 있어 안정감이 있는 반면 화는 언제 어떻게 튈지 모르는 불꽃처럼 안정감이 부족하다. 목은 거대한 태풍이 몰아치지 않는 한 어떤 바람이 불어와도 자신의 몸(뿌리와 기둥)에서 벗어나지 않고 잠시 흔들거릴 뿐이지만, 화는 불씨가 작은 바람에도 쉽게 살아나서 활활 타오르기도 하고 작은 바람에도 쉽게 꺼지기도 한다.

목은 꼼꼼함과 치밀함이 필요한 분야에는 흥미가 없다. 단순하고 솔직하기 때문에 복잡하고 꼼꼼하게 분석해 나가는 분야에서는 재능을 발휘하기 힘들다. 대신 진취적이고 적극적이며, 매사에 능동적으로 전체를 폭넓게 바라보고 적재적소에 일을 배치하거나 큰 틀에서 구조화하는 데 탁월하다.

● **목木**

천간	갑甲 · 을乙	양목	갑甲 · 인寅
지지	인寅 · 묘卯	음목	을乙 · 묘卯

2 목의 발달

사주팔자에 목이 3개(월지를 포함하는 경우에는 2개) 있거나 점수가 30~40점이면 목이 발달했다고 본다.

　목을 비롯한 오행의 점수 분석에서 월지와 시지 분석이 중요한데 이것은 월지는 사계절의 기후변화를 보여주고, 시지는 하루 동안의 기온 변화를 보여주기 때문이다. 오행 목화토금수는 사계절을 상징한다. 목과 화는 봄·여름의 따뜻한 기운, 금과 수는 가을·겨울의 차가운 기운을 상징하며, 중간의 토는 계절과 계절 사이의 환절기를 상징한다. 나무인 목에게 추운 겨울보다는 따뜻한 봄이 더욱 살아가기 쉬울 것이다. 이러한 차이를 보여주기 때문에 월지 분석이 중요하다. 시지 분석 역시 마찬가지다. 똑같은 자정이라도 한여름은 열대야로 무덥고 한겨울은 공기가 더욱 차가워져 극과 극일 것이다.

　월지와 시지를 정확하게 분석하기 위해서는 어느 정도의 사주명리학 지식이 필요하다. 기본적인 내용은 앞서 설명한 사주성명학의 점수 배분을 참고하고, 깊이 있는 공부가 필요하다면 필자의 책 『사주명리학 완전정복』을 참고하기 바란다.

　목이 발달하면 사주팔자 내에 목의 기운이 적당하게 자리잡고 어느 정도 힘이 있으므로 목의 특성이 가장 긍정적으로 작용하고, 목이 가진 중용의 장점이 나타난다. 어느 오행이든지 발달한 경우에는 그 오행의 부드러운 특성이 많이 나타난다. 따라서 목이 발달한 사람은 목 기운의 부드러운 특징이 잘 나타난다고 보면 된다.

3 목이 발달했을 때의 성격

　목이 발달하면 자신감 있고 명예욕이 있으며 대인관계가 무난하고 적응력이 빠르다. 또한 자신의 목표를 꾸준히 성취해 나가며 희망을 버리지 않는다. 다만, 목이 너무 많을 때는 희망이 욕망으로 변질되어 과도한 욕심을 부리기도 한다.

　목은 인생에서 소년기라고 할 수 있다. 그만큼 순수하다. 어린아이들이 무언가에 집중할 때 예를 들어 TV나 컴퓨터게임에 빠져들어 바로 옆에서 부르는데도 전혀 신경 쓰지 않는 모습을 흔히 보았을 것이다. 목이 발달한 사람은 이렇게 집중력이 강하다. 일단 목표를 정하면 그것을 이루어내기 위해 꾸준히 밀고 나간다.

한마디로 말해 목이 발달한 사람은 명예를 소중하게 생각하며 자존심이 강하고, 대인관계가 무난하면서도 자신의 생각과 소신을 자신 있게 표현한다.

4 목의 과다

사주팔자에 목이 4개 이상 있거나 점수가 50점 이상이면 목이 과다하다고 본다. 과다는 말 그대로 지나치게 많다는 뜻으로, 사주팔자에 어느 오행이 과다하다는 것은 그 오행이 지나치게 많거나 작용력이 크다는 뜻이다. 그로 인해 그 오행의 기운이 크게 나타나게 된다.

5 목이 과다할 때의 성격

목이 과다한 사람은 명예욕과 욕망이 강하다. 자신감이 지나쳐서 일을 자꾸 벌이려고 한다. 그러나 끈기가 약해서 벌여놓은 일들을 제대로 마무리하지 못한다. 자신감이 넘치다 보니 자칫 안하무인처럼 보일 수 있고, 주변의 의견을 무시하고 무엇이든 자기 뜻대로 하려고 하고, 시작은 멋들어지게 하지만 제대로 끝맺지 못한다. 또한 작은 어려움에도 크게 실망하고 쉽게 좌절하고 포기한다. 생각만 하다가 제대로 시작하지도 못하는 경우도 많다. 이러한 특성은 목이 가진 소년기의 성격을 그대로 보여준다. 소년기에는 꿈도 크고 모험을 좋아하지만 포기도 쉽기 때문이다.

목이 발달하면 목의 부드러운 특징이 많이 나타나고, 과다하면 강한 특징이 많이 나타난다. 그러나 발달이나 과다 모두 목의 근본 성질은 크게 다르지 않다.

목은 미래지향적인 성격이지만, 과다한 경우에는 복잡하고 섬세한 것을 싫어하며, 독립적이고 자유로운 것을 좋아한다. 이들은 그저 미래만 바라보고 미래를 향해 돌진한다. 지배받고 구속이 심한 직장을 거부하고, 자기 사업을 하거나 자유로운 직장을 좋아한다. 그래서 사주팔자에 목이 많은 사람은 일반 직장에서는 잘 견디지 못하고 짧은 시간에 그만두고 다른 직장을 찾거나 독립한다.

6 목과 관련된 적성 및 직업
- **학과** : 정치학과, 법학과, 행정학과, 어문학과, 신문방송학과, 청소년학과.
- **직업** : 정치가, 공무원, 법조인, 교수, 문인, 방송인, 저술가, 번역전문가, 동시통역사, 기자, 중고등학교 교사, 대학교수, 역사학자, 사무직, 출판업, 화가.

2) 화

1 화의 성격

화는 곧 불이다. 불은 타오르고 솟아오르려는 열정, 정열, 자신감 등을 상징한다. 불은 작은 불씨부터 타오르는 태양까지 모두 화에 해당한다. 작은 불씨가 온 산을 태워 순식간에 잿더미로 만들어버릴 수도 있고 반대로 큰 불이 한순간에 꺼져버릴 수도 있다. 불꽃놀이를 생각해보자. 하늘로 솟아올라 사방으로 퍼져 나가는 것이 있는가 하면 곧게 한 방향으로 솟아올라 터지는 것도 있고 순간순간 다양한 모습을 보여준다. 이렇듯 불은 자신의 감정을 숨기지 못하고 그대로 표현하며 감정 기복이 심하다.

화 火
불을 상징하며, 천간 중에서는 병丙과 정丁, 지지 중에서는 사巳와 오午가 화이다.

또한 불은 밝게 빛나고 뜨거운데 이것을 보면 불이 어떤 상황에서든 분명하고 명확하다는 것을 짐작할 수 있다. 불은 나이어린 사람이 웃어른에게 불손하거나 부하직원이 상사에게 불량하게 대하는 것을 그냥 넘기지 못하는 성격이기에 예禮를 상징한다. 다만 화가 발달한 사람은 옳고 그름을 명확하게 판단하지만, 화가 과다한 사람은 앞뒤 가리지 않고 행동하고 표현한다. 한마디로 화가 발달한 사람은 예의가 있고 과다한 사람은 타인을 무시하거나 자신의 감정을 다스리지 못해 오히려 무례하게 행동하게 된다.

불은 땔감이 있어야만 탈 수 있다. 또한 나무木가 타는 동안은 열기와 빛을 발하지만 점차 나무는 재로 변하고 나무가 다 타면 불은 꺼지고 만다. 이렇듯 화는 겉모습은 화려하고 다혈질이며 급해 보이지만, 속은 여리고 공허함이 있다.

● 화火

천간	병丙·정丁	양화	병丙·사巳
지지	사巳·오午	음화	정丁·오午

2 화의 발달

사주팔자에 화가 3개(월지를 포함하는 경우에는 2개) 있거나 점수가 30~40점이면 화가 발달했다고 본다.

3 화가 발달했을 때의 성격

화가 발달한 사람은 활동적이고 적극적인 성격이며, 자신의 감정을 잘 표현하면서도 절제하는 능력이 있다. 적극적인 삶의 의지가 있고, 자신이 계획한 일을 자신 있게 처리해 나가는 타입이다. 또한 타오르는 불꽃처럼 자유롭게 행동에 자신감이 넘친다. 인정이 있고 공손하며 예의바르다. 화려한 것을 좋아하고 어느 순간이든 자신을 낮추고 타인에게 겸손하며 양보하려고 한다. 글솜씨가 있고 예술 분야에 끼가 있으며 매사에 실천력이 있다.

4 화의 과다

사주팔자에 화가 4개 이상 있거나 점수가 50점 이상이면 화가 과다하다고 본다. 화가 과다하면 사주팔자에서 화가 크게 작용하게 된다.

5 화가 과다할 때의 성격

화가 과다한 사람은 불의 뜨거움처럼 매우 정열적이고 화려하다. 또한 자신을 꾸미는 것을 좋아한다. 특히 사주팔자에 화가 많은 여성은 자신을 꾸미고 치장하는 데 많은 시간과 돈을 투자한다. 오행 중에서 가장 화려한 화의 기질을 그대로 드러낸다고 볼 수 있다. 자신을 표현하는 능력이 있기 때문에 예술적 기氣, 예술적 감각을 가지고 있다.

화는 작은 불씨로 시작해서 큰 산이나 대형 건물을 태워버리는 무서운 화력을 가지고 있다. 작은 불씨가 순식간에 큰불이 되는 것에서 연상할 수 있듯이, 화가 과도한 사람은 작은 일에도 화를 내거나 목숨을 건 듯 몰입한다. 또한 성격이 매우 급하고 화끈해서 일을 시작하거나 추진하거나 계획하는 것은 잘 하지만, 금방 타올랐다 금방 꺼지듯이 끝마무리가 약한 것이 단점이다.

또한 화가 과다한 사람은 아무리 힘들고 어려워도 돌파력이 있어 뚫고 나가지만, 시작한 일을 끝까지 밀고 나가서 결실을 맺는 끈기가 약하다. 자존심이 무척 강하여 자신의 자존심을 다치게 하거나 하고 싶은 일이 막히면 잠시도 참지 못하고 욱하며 화를 내는 타입이다.

어려운 상황을 뚫어나가고 헤쳐 나가는 힘은 누구보다도 강하고 적극적이다. 다만, 나중에 일을 수습하고 마무리하기까지 끈기가 부족한 것이 단점이다. 성격이 매우 급하고 불 같아서 쉽게 화를 내고, 생각보다 행동을 먼저하며, 일을 시작하여 벌인 후 곧 후회하는 경우가 많다.

6 화와 관련된 적성 및 직업

- **학과** : 활동적이거나 아름다움을 추구하는 학과, 무용과, 스포츠학과, 디자인학과(응용디자인학과 · 헤어디자인학과 · 의상디자인과), 피부미용학과, 연극영화학과, 컴퓨터그래픽학과.
- **직업** : 무용가, 체육인, 헤어디자이너, 의상디자이너, 컴퓨터그래픽디자이너.

3) 토

1 토의 성격

토는 말 그대로 흙을 뜻한다. 토는 만물을 중재하고 포용하며 중용, 안식, 고집, 끈기 등을 상징한다. 오행 중에서 토는 다른 모든 오행을 포용하고 있다. 나무가 뿌

토土
흙을 상징하며, 천간 중에서는 무戊와 기己, 지지 중에서는 진辰·술戌·축丑·미未가 토이다.

리내리게 하고, 땅 속 깊은 곳에 용암이란 불덩어리를 감추고 있으며, 불이 타서 남은 재는 흙으로 돌아간다. 또한 땅 속에 물을 감추고 있는가 하면 제방이 되어 물을 가두고 바위나 금속 등을 땅 속에 간직하고 있다. 이렇게 토는 목, 화, 금, 수 네 가지 오행을 다양한 방법으로 포용하고 있다.

토는 포용력이 넓고 가슴이 따뜻한 성격이다. 다만 지나치게 넓은 마음으로 인해 주변 상황에 쉽게 좌우되는 것이 단점이다. 주변에 목이 많으면 목의 성격을 띠고, 화가 많으면 화의 성격을 띠고, 금이 많으면 금의 성격을 띠고, 수가 많으면 수의 성격을 띤다.

앞서 토가 화합과 포용의 의미가 있다고 했는데 이것은 오행의 배열을 보면 잘 알 수 있다. 오행 목, 화, 토, 금, 수 중에서 목과 화는 덥고 뻗어나가려는 기운이요 금과 수는 차갑고 수확하려는 기운이다. 토는 이들 사이에 위치하며 두 기운을 조절하고 중화시키는 역할을 하며 오행이 조화를 이루도록 도와준다.

토土			
천간	무戊·기己	양토	무戊·진辰·술戌
지지	진辰·술戌·축丑·미未	음토	기己·축丑·미未

2 토의 발달

토가 3개(월지를 포함하는 경우는 2개)이거나 점수가 30~40점이면 발달로 본다.

3 토가 발달했을 때의 성격

토가 발달하면 믿음직스럽고 은근한 고집이 있다. 모나지 않고 포용력이 있으며, 겸손하고 중후한 타입이다. 다른 사람에게 관대하고 수용하며 인색하지 않다. 말과 행동을 모두 조심하고, 신용을 중요하게 생각하며 중용을 지킨다. 어떤 일을 맡겨도 잘해낼 것 같은 믿음을 주고, 끈기 있게 처리해 나가는 능력이 있다. 뒤지 않으면서도 맡은 일을 꾸준하게 처리해 나간다. 목, 화, 금, 수의 중간에서 중재하고 계절을 중간에서 연결하는 것처럼, 토는 사람과 사람을 중간에서 연결해주거나 사람에게 무엇인가를 알려주는 역할을 한다.

4 토의 과다

토가 4개 이상이거나 점수로 50점 이상이면 과다하다고 본다. 토가 과다하면 사주팔자 내에서 토가 지나치게 작용하게 된다.

5 토가 과다할 때의 성격

토가 과다한 사람은 고집이 세고, 자신의 의지대로 살아가려고 하고, 타인의 의견을 무시하는 경우가 많다. 쓸데없는 고집으로 자신의 의견에 집착하여 항상 주변과 갈등을 빚는다. 쉽게 토라지고 쉽게 화해하며, 성격의 기복이 심하다. 속에 어떤 마음을 가지고 있는지 알 수 없고, 비밀이 많으며, 자신의 감정을 쉽게 내보이지 않는다. 약속한 일도 자신에게 불리하게 돌아가면 지키지 않는다. 쉽게 타협하려 하지 않고 자신의 생각을 쉽게 포기하지 않는 고집불통의 기질을 누구도 바꿀 수 없다. 반대로 한번 믿으면 끝까지 믿는 편이다. 그 때문에 보증을 서거나 돈거래를 하여 큰 어려움을 겪는 경우가 흔하다.

6 토와 관련된 적성 및 직업

- **학과** : 부동산 관련 학과, 사람과 사람을 중간에서 연결해주는 일과 관련된 학과, 건축학과, 토목학과, 임업과, 외교학과, 어문학과, 관광학과, 법학과, 항공학과.
- **직업** : 건축사, 토목업, 부동산업, 건축설계사, 현장감리사, 통역사, 외교관, 관광안내원, 교사, 교수, 판사, 검사, 변호사, 스튜어디스, 비행사.

4) 금
1 금의 성격

금金
쇠나 바위를 상징하며, 천간 중에서는 경庚과 신辛, 지지 중에서는 신申과 유酉가 금이다.

금은 바위, 돌, 금속, 광물을 상징한다. 물(水)은 액체이지만 온도에 따라 수증기가 되기도 하고 얼음처럼 고체가 되기도 한다. 또한 불은 쉽게 꺼지는가 하면 순식간에 활활 타오른다. 그러나 금은 쉽게 변화하지 않는다. 금을 변화시키기 위해서는 아주 뜨거운 고열로 오랫동안 녹여야만 하고, 녹았던 것이 식어 버리면 곧 다시 딱딱한 금속이 된다. 이렇게 해도 시간이 지나면 다시 딱딱한 금속으로 되돌아온다. 물론 뜨거운 쇳물 상태에서는 칼, 시계, 도끼 같은 작은 물질에서부터 비행기, 기차, 배처럼 커다란 물질로 변화할 수 있다. 그러나 이렇게 변화하더라도 쇳물이 식으면 원래의 차가운 금속으로 되돌아온다.

금은 겉과 속이 크게 다르지 않다. 금은 흐트러지지 않고 한번 생각한 것, 한번 정한 것을 끝까지 밀고 나간다. 그것이 자칫 고집으로 보일 수도 있지만, 대개는 의리로 평가받는다. 한번 맺은 인연은 쉽게 잊지 않는 성격으로서 의리가 강하다. 또한 금은 결단력 있고, 맺고 끊음이 정확하다. 오행 중에 가장 단단하고 가장 강하고 가장 날카로운 것이 금이다.

● **금金**

천간	경庚 · 신辛	양토	경庚 · 신申
지지	신申 · 유酉	음토	신辛 · 유酉

2 금의 발달

사주팔자에 금이 3개(월지를 포함하는 경우에는 2개) 있거나 점수가 30~40점이면 금이 발달했다고 본다.

3 금이 발달했을 때의 성격

금이 발달한 사람은 상황에 대처하는 판단력이 빠르다. 또한 맺고 끊음이 정확하고 결단력이 있다. 겉으로는 냉정해 보이지만 내면은 따뜻하고 정이 있다. 매사에 결단력이 있고, 과감하며, 시작한 일은 신속하게 추진하고 마무리가 확실하다. 대인관계에서도 맺고 끊음이 분명하고, 의협심이 강해 불의를 보면 참지 못하고, 의리가 있다. 자신의 속마음을 내보이지 않으면서도 남을 도와주고 봉사정신이 강하다.

4 금의 과다

금이 4개 이상이거나 점수로 50점 이상이면 과다하다고 본다. 금이 과다하면 사주팔자 내에서 금이 큰 작용을 하게 된다.

5 금이 과다할 때의 성격

금이 과다한 사람은 지나치게 날카롭고 매섭다. 또한 독불장군에 고집불통이다. 여기에 사주팔자의 격이 떨어지는 경우에는 성격이 난폭하고 폭력적인 면을 보일 수도 있다.

금이 과다하면 자신의 생각을 가족 또는 주변 사람들에게 강요하고, 자신의 뜻대로 되지 않으면 그들에게 계속 잔소리를 한다. 그 때문에 간섭이 심하다는 불만을 들어도, 정작 본인은 진리를 추구하면서 옳은 생각만 하고 도덕적인 말만 한다고 믿는다. 이들의 고집은 어느 누구도 바꿀 수 없다.

또한 이들은 칼날이나 송곳 같이 매서운 말투로 마음 약한 사람에게 상처를 준다. 가끔씩 던지는 농담으로 주변 사람들을 웃게 만들기도 하지만, 잠깐의 유머는 오래가지 못하고 본래의 날카로운 말투로 돌아온다.

자신만의 독창적인 생각을 갖고 있으며 그것을 실천하기 위해 노력하고, 비록 그것 때문에 손해를 보더라도 끈질기게 밀고 나간다. 이들은 비판정신이 강하기 때문에 상대의 잘못을 지적하거나 포착해내는 NGO, 경찰 등의 직업이 잘 어울린다.

6 금과 관련된 적성과 직업

- **학과** : 원리원칙을 중시하고 맺고 끊음이 명확한 직업과 관련된 학과, 기계공학과, 금속학과, 섬유공학과, 산업공학과, 항공공학과, 재료공학과, 자동차학과, 체육학과, 의예학과, 경찰학과, 육사, 공사, 해사, NGO학과.
- **직업** : 금속기술자, 기계기술자, 연구원, 연구소, 컴퓨터 그래픽디자이너, 과학자, 체육인, 의사, 연예인(탤런트·영화배우), 군인, 경찰, 재야운동단체, 노동단체.

5) 수

1 수의 성격

수水
물을 상징하며, 천간 중에서는 임壬과 계癸, 지지 중에서는 해亥와 자子가 수이다.

물(水)은 항상 땅 밑으로 숨어버리려는 성질이 있다. 물은 아래로 흘러가고 더불어 땅으로 스며들려고 한다. 그래서 땅 밑에는 수없이 많은 물들이 흐르는데, 이것이 바로 수맥이다. 바다 또한 육지 위로 솟아 있는 게 아니라 육지보다 낮게 자리잡고 있다. 여기에서 알 수 있듯 수는 자신을 낮추고 쉽게 드러내지 않는다. 배짱이나 추진력을 내세우기보다는, 보이지 않는 곳이나 아래 또는 대중보다는 작은 집단에 있기를 원한다. 자신의 생각과 감정이 있어도 물이 땅속으로 스며들듯이 쉽게 표현하지 않는다.

하지만 꿈과 희망, 욕망이 없는 것은 아니다. 물은 한곳에 머무르기보다는 항상 흘러가며 움직이기 좋아한다. 겉으로는 자신을 낮추고 아래로 숨어들지만 마음 속에는 항상 욕망과 희망과 꿈을 갖고 있다. 매사에 심사숙고하고 생각이 끊이지 않다 보니 지혜가 발달한다. 화가 생각에 앞서 행동하는 타입이라면 수는 생각을 먼저 하고 상대방을 먼저 배려하다 보니 지혜가 발달하는 것이다.

한편 물은 조용히 아래로 흘러가거나 땅속으로 스며들어 수맥이 되고 땅속을 흐르지만, 어느 순간 증발하여 하늘로 올라가 가랑비가 되어 내리기도 하고 폭우가 되어 쏟아지기도 하고 매서운 태풍이 되는 등 변화가 심하다. 평소에는 얌전한 사람이 어느 순간 폭발하는 경우와 비슷하다. 단, 순간적인 폭발이 자주 있는 일은 아니다.

물은 어느 정도 규격화된 틀대로 움직여야 한다. 그래서 원래의 물길에서 벗어나면 태양열에 의해 말라버리거나 반대로 넘쳐나서 주변에 피해를 주게 된다. 하지만 물처럼 유연한 것도 없다. 물은 기꺼이 자신을 낮추고 구불구불한 계곡에도 잘 적응하고 상황에 따라 스스로를 잘 변화시키는 등 생각의 자유로움과 사고의 융통성을 갖추고 있다. 둥근 그릇에 담으면 둥글게, 세모난 그릇에 담으면 세모로, 긴 병에 담으면 길게 변하는데, 그 유연함과 융통성은 어떤 것도 따라올 수 없다. 이렇게 유연한 모습이 자칫 줏대 없이 보일 수 있지만 모험을 하지 않는 안정적인 성향과 깊은 사고력은 세상을 차분하게 발전시켜 나가는 원동력이 된다. 어떠한 모습으로도 변화하는 액체처럼 스스로 상황에 따라 변화하고 어떠한 의견이나 생각도 받아들인다.

하지만 자신의 생각이나 마음을 겉으로 드러내지 않고 오랫동안 속으로 감추다 보면, 그것이 스트레스가 되어 고체처럼 굳어버려서 그 누구도 만나기 싫어하고 스스로 위축되어버리는 우울증이나 자폐증을 부를 수도 있다.

● 수水

천간	임壬 · 계癸	양토	임壬 · 해亥
지지	해亥 · 자子	음토	계癸 · 자子

2 수의 발달

수가 3개(월지를 포함하는 경우는 2개)이거나 점수가 30~40점이면 발달한 것으로 본다.

3 수가 발달했을 때의 성격

수가 발달한 사람은 지혜롭고, 총명하며, 두뇌회선이 빠르다. 기획력이 뛰어나고 계획적이며, 도량이 넓고 매사에 치밀하다. 또한 식견이 높고 배움에 대한 의욕이 강하다. 이해가 빠르고, 순간적인 재치가 있어서 처세에도 능하며, 참신한 아이디어를 내놓는다. 한 분야에 전력하고 성실하게 자신의 타고난 재능과 성격을 잘 개발해 나간다면 성공할 가능성이 크다. 성격이 예민하고 침착하며 내성적이다.

4 수의 과다

사주팔자에 수가 4개 이상이거나 점수로 50점 이상이면 과다하다고 본다. 이 경우에는 사주팔자 내에서 수가 과도하게 작용하게 된다. 그러나 수가 50점 이상일지라도 균형 잡힌 사주라면 과다가 아닌 발달로 판단한다.

5 수가 과다할 때의 성격

수는 지혜와 노년기를 상징하므로 수가 발달할수록 총명하고 지혜롭다. 그러나 지혜와 총명함이 지나치면 오히려 머리를 너무 굴리고 잔재주가 넘치며, 과도한 상상력과 너무 많은 생각에 빠져서 헤어나오기 어렵다. 게다가 사주팔자의 격이 낮은 사람은 항상 음모를 품고 술수를 꾀하려고 한다.

생각이 많다 보니 자신감이 부족하고, 이 생각 저 생각에 사로잡혀서 허송세월하기도 한다. 주변 상황 때문에 자신의 생각이 반복적으로 거부당하면 자신감을 크게 잃고 우울증이나 자폐증으로 발전할 수 있다. 냉정해 보이고, 계산이 빠르며, 자존심이 너무 강하며 지는 것을 싫어한다. 자기 주관대로 움직이는 것을 좋아하며, 과도한 욕심이나 지나치게 자신을 내세우다 구설수가 따를 수 있다.

6 수와 관련된 적성 및 직업

- **학과** : 지혜가 필요한 직업과 관련된 학과, 연구 관련 학과, 정확성이 필요한

직업 관련 학과, 경제학과, 경영학과, 회계학과, 무역학과, 물리학과, 수학과, 생물학과, 미생물학과, 전자계산학과, 정보처리학과, 전산통계학과, 전자과, 전자공학과, 정보관리학과.
- **직업** : 공인회계사, 경영지도사, 은행원, 물리학자, 수학자, 생물학자, 컴퓨터프로그래머, 시스템엔지니어, 시스템분석가, 컴퓨터그래픽디자이너, 음악가.

4. 육친 분석

육친六親은 사주팔자에서 부모, 형제, 배우자, 자식 등의 가족관계를 통틀어 일컫는 말로, 육신六神이라고도 한다. 인간은 사회적 동물로서 자신을 둘러싼 주위 사람들과 다양한 인간관계와 사회적 관계를 맺으며 살아간다. 사주팔자의 일간이 바로 '나'이다. 육친은 일간과 다른 음양오행의 상생관계와 상극관계(이 둘을 합쳐 생극관계라고 한다)를 바탕으로 정해진다. 이 육친을 통해서 사주팔자 당사자가 인생을 살아가면서 만나게 되는 가족이나 친구 등 다양한 인간관계와 학교 및 직장 등의 사회관계를 이해할 수 있다.

육친

음양오행의 상생작용과 상극작용을 바탕으로 사주팔자 주인공의 인간관계와 사회관계를 나타낸 것이다. 부모, 형제, 자매, 부인, 남편, 자식 등을 통틀어서 일컫는다. 육친에는 비견, 겁재, 식신, 상관, 편재, 정재, 편관, 정관, 편인, 정인 등이 있다.

육친에는 육친은 비견比肩, 겁재劫財, 식신食神, 상관傷官, 편재偏財, 정재正財, 편관偏官, 정관正官, 편인偏印, 정인正印의 10개로 구분된다. 비견과 겁재를 묶어서 비겁比劫, 식신과 상관을 묶어서 식상食傷, 편재와 정재를 묶어서 재성財星, 편관과 정관을 묶어서 관성官星, 편인과 정인을 묶어서 인성印星이라고 한다.

사주팔자 여덟 글자의 음양오행이 서로 같은지, 서로 상생하는지, 서로 상극하는지에 따라 육친관계가 정해진다. 각각의 육친에는 가족관계와 사회적 의미가 숨겨져 있으며, 육친의 과다와 발달을 통해 그 사람의 성격이나 직업 적성을 판단할 수 있다. 그래서 사주팔자로 사람의 심리를 판단할 때는 음양, 오행, 육친을 모두 분석하는 것이다.

● 육친의 종류

종류	의미
비견	나(일간)와 오행이 같고 음양도 같은 것
겁재	나(일간)와 오행이 같고 음양이 다른 것
식신	내가(일간이) 생하고 음양이 같은 것
상관	내가(일간이) 생하고 음양이 다른 것
편재	내가(일간이) 극하고 음양이 같은 것
정재	내가(일간이) 극하고 음양이 다른 것
편관	나(일간)를 극하고 음양이 같은 것
정관	나(일간)를 극하고 음양이 다른 것
편인	나(일간)를 생하고 음양이 같은 것
정인	나(일간)를 생하고 음양이 다른 것

육친의 관계도

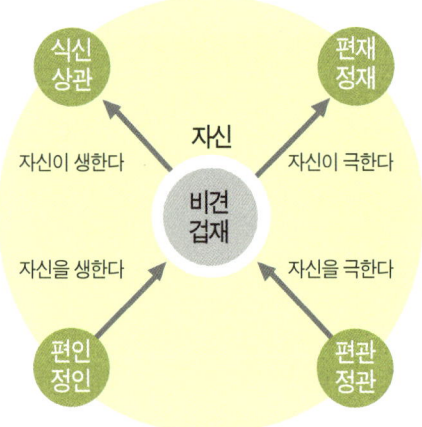

1) 비견

비견은 견줄 비比 어깨 견肩, 즉 어깨를 나란히 한다는 뜻을 가지고 있다. 나(일간)와 오행도 같고 음양도 같은 경우로서, 음양오행이 서로 상비관계를 맺고 있다. 일간이 갑甲일 때 갑甲·인寅, 일간이 을乙일 때 을乙·묘卯, 일간이 병丙일 때 병丙·사巳, 일간이 정丁일 때 정丁·오午, 일간이 무戊일 때 무戊·진辰·술戌, 일간이 기己일 때 기己·축丑·미未, 일간이 경庚일 때 경庚·신申, 일간이 신辛일 때 신辛·유酉, 일간이 임壬일 때 임壬·해亥, 일간이 계癸일 때 계癸·자子가 비견이 된다.

 비견

나와 음양오행이 같으며 육친으로는 형제자매, 사회적으로는 친구, 선후배, 동료, 동업자 등을 의미한다.

1 비견의 의미

비견은 육친으로는 형제자매를 상징한다. 남성의 육친은 친구, 선후배, 형제자매, 동업자, 경쟁자, 부하직원, 동료직원 등을 나타내고, 여성의 육친으로는 친구, 선후배, 형제자매, 시댁식구, 남편의 여자, 동업자, 경쟁자, 부하직원, 동료직원 등을 나타낸다.

한편 사회적으로는 사람과 대인관계를 상징한다. 비견은 사람과 사람의 만남에서 시작된다. 한마디로 사람과 대인관계를 주관한다고 할 수 있다.

2 비견의 발달

비견의 개수가 3개(월지를 포함하는 경우에는 2개)이면 발달로 본다. 점수로는 30~40점이면 발달로 본다. 육친의 점수 분석은 오행의 점수 분석과 방법이 같다.

3 비견이 발달했을 때의 성격

사주팔자의 비견이 발달한 사람은 다른 사람과의 관계가 무난하고 대인관계가 원만하므로 사람을 상대로 하는 직업이 어울린다. 또한 자립심이 강하고 어느 정도 리더십을 갖추고 있다. 자존심이 강하고 새로운 일에 대한 의욕이 강하다.

4 비견의 과다

사주팔자에 비견이 4개 이상 있거나 점수가 50점 이상이면 비견 과다로 본다. 다만, 50점이라도 내 편(비견·겁재·편인·정인)과 다른 편(식신·상관·편재·정재·편관·정관)이 균형을 이룬 상태라면 비견 발달로 보아야 한다.

5 비견이 과다할 때의 성격

사주팔자에 비견이 과다한 사람은 지배받기 싫어하지만, 주위 사람들에게서 지속적인 관심을 받고 싶어하는 성격이다. 본인은 아니라고 하지만, 사람들의 관심과 칭찬에 민감하여 인심을 후하게 쓰기 때문에 자칫 실속이 없다고 오해받을 수 있다. 특히 주위 사람을 너무 믿어 금전적 손실을 당하기 쉬우므로 보증이나 돈거래를 조심해야 한다.

비견이 과다한 사람은 독립적이고 자유스러운 것을 좋아하기 때문에 여유 없는 빡빡한 직장생활은 견디기 힘들다. 일단 회사에 들어가더라도 오래 견디지 못하고 그만두고, 또 다시 들어가도 그만두는 것을 반복한다. 정 직장생활을 하려면 자신에게 책임을 맡겨주거나 아주 자유로운 곳이어야 한다. 그렇다면 이들에게 가장 잘 어울리는 직업은 무엇일까? 돈은 만지지 않으면서 자유로운 직장이 가장 좋다. 공장장, 연구원, 공무원, 교사, 교수, 연예인 등의 직업에는 그런대로 잘 적응하는 편이다.

6 비견과 직업

비견이 발달한 사람은 감각적이고 감수성이 발달되어 있으며, 기획력과 아이디어가 매우 탁월하다. 독립적인 사고방식을 갖고 있지만 분위기에 쉽게 좌우된다. 자신의 능력을 남들이 인정해주길 바라고 자존심이 강하여 일단 자신에게 맡겨진 일은 능력껏 최선을 다한다. 대인관계를 최대한 발휘하는 직업, 사람을 상대하는 직업이 잘 어울린다.

- **1순위 직업** : 아나운서, MC, 리포터, 예술가(성악가·음악가·화가·무용가), 연예인(영화배우·탤런트·가수·패션모델), 연구원, 디자이너, 발명가, 기획, 편집, 작가, 정치인, 사업가, PD.
- **2순위 직업** : 교수, 교사, 공무원, 공장장.

비견이 과다한 사람은 자유롭고 독립적인 성격이 두드러지게 나타난다. 따라서 규칙적인 생활, 억압된 생활, 간섭받는 생활을 거부하며 자신을 과시하거나 자신의 능력을 보여줄 수 있는 직업이 잘 맞는다. 다만, 주변사람들에게 과시하고 싶어서 돈거래나 씀씀이가 헤퍼질 수 있고 자칫 보증을 잘못 서 큰 손해를 볼 수 있으므로 재물(금전)을 직접 벌어들이는 사업 등은 조심해야 한다.

남녀 모두 비견이 발달했을 때의 직업과 비슷하다. 단, 사업을 지나치게 확장하다가 실패할 확률이 높으므로 자신의 능력에 맞게 해야 하고, 융통성을 발휘하며, 돈 관리에 주의해야 한다.

2) 겁재

겁재는 나(일간)와 오행은 같고 음양은 다른 것을 말한다. 일간이 갑甲일 때 을乙·묘卯, 일간이 을乙일 때 갑甲·인寅, 일간이 병丙일 때 정丁·오午, 일간이 정丁일 때 병丙·사巳, 일간이 무戊일 때 기己·축丑·미未, 일간이 기己일 때 무戊·진辰·술戌, 일간이 경庚일 때 신辛·유酉, 일간이 신辛일 때 경庚·신申, 일간이 임壬일 때 계癸·자子, 일간이 계癸일 때 임壬·해亥가 각각 겁재에 해당한다.

겁재
나와 오행이 같고 음양이 다르며 육친으로는 형제자매, 사회적으로는 친구, 선후배, 동료, 동업자 등을 의미한다.

1 겁재의 의미

비견과 거의 같지만, 음양 즉 성별이 다르다는 이유로 남성의 경우에는 친구와 선후배, 형제를 나타내고 여성의 경우에는 시댁식구를 나타낸다고 보았다. 그런데 시대가 변화하면서 여성의 경우에도 남성과 마찬가지로 친구와 형제를 의미하는 경향이 늘어나고 있다.

겁재 역시 비견과 마찬가지로 사회적으로 사람과 대인관계를 주관한다.

2 겁재의 발달

사주팔자에 겁재가 개수로 3개(월지를 포함하는 경우에는 2개)이고 점수로 30~40점 정도이면 발달로 본다.

3 겁재가 발달했을 때의 성격

비견이 발달한 경우와 거의 비슷한 작용을 한다.

4 겁재의 과다

사주팔자에 겁재가 4개 이상 있거나 점수가 50점 이상이면 겁재 과다로 본다. 다만, 50점이라도 내 편과 다른 편이 균형을 이룬 상태라면 겁재 발달로 보아야 한다.

5 겁재가 과다할 때의 성격

비견이 과다할 때의 성격 유형을 참고하면 된다. 겁재는 비견과 거의 비슷한 작용을 한다.

6 비견과 직업

겁재가 발달한 경우에는 대인관계가 원만하고 부드러운 성격의 소유자이지만, 동시에 의지 또한 강하고, 활동성이 강하며, 자존심과 명예욕이 있어서 어떤 일이든 꾸준하게 끌고 나간다. 목표의식이 있어서 은근한 추진력과 노력으로 일정한 결과를 이끌어낸다. 안정적이면서도 직장이 보장되는 직업 또는 사실적이면서 체계적인 직업, 안정적이면서도 대인관계를 활용하는 직업 또는 이과적인 직업도 좋다. 1순위 직업과 2순위 직업은 비견의 경우와 같다.

- **남성** : 사업(남성을 상대로 하는 사업), 군인, 경찰, 정치인, 교사(남학교 교사), 연예인, 예술가, 패션모델, 아나운서, MC, 회사원, 공무원, 연구원, 영업사원, 행정, 관리, 제조, 생산, 건설.
- **여성** : 사업(화장품 판매나 미용실 등 여성을 상대로 하는 사업), 교사(여학교 교사), 패션모델, 연예인, 예술가, 회사원, 공무원, 가정주부, 연구원, 영업사원, 행정, 관리, 제조, 생산, 건설.

비견이 과다할 때와 마찬가지로 겁재가 과다할 때에는 자존심이 강하고 자기 보호 본능이 강하게 나타난다. 가정에서는 자존심을 지키기 위해 고집을 피우거나 과격해질 수 있지만, 밖에서는 자존심을 지키기 위해 반대로 매우 착한 사람이 된다. 똑같은 자존심인데도 극단적으로 표출되는 독특한 타입이다.

겁재가 과다한 사람은 사업을 지나치게 확장하다 실패할 확률이 높으므로 능력에 맞게 하고, 되도록 삼가는 것이 좋다. 융통성을 발휘하고 돈 관리를 조심해야 한다.

- **남성** : 군인, 경찰, 정치인, 교사(남학교 교사), 연예인, 예술가, 패션모델, 아나운서.
- **여성** : 교사(여학교 교사), 패션모델, 연예인, 예술가, MC, 아나운서.

3) 식신

식신은 내(일간)가 생하면서 음양이 같은 경우를 말한다. 일간이 갑甲일 때 병丙·사巳, 일간이 을乙일 때 정丁·오午, 일간이 병丙일 때 무戊·진辰·술戌, 일간이 정丁

식신

내가 생하고 음양이 같은 것으로, 남성에게는 장모나 할머니를 의미하고 여성에게는 자식을 의미한다. 언어와 의식주를 주관한다.

일 때 기己·축丑·미未, 일간이 무戊일 때 경庚·신申, 일간이 기己일 때 신辛·유酉, 일간이 경庚일 때 임壬·해亥, 일간이 신辛일 때 계癸·자子, 일간이 임壬일 때 갑甲·인寅, 일간이 계癸일 때 을乙·묘卯가 각각 식신에 해당한다.

1 식신의 의미

육친으로는 남성에게는 장모나 할머니를 의미하고, 여성에게는 자식을 의미한다. 사회적으로는 언어와 의식주를 주관하며, 안정적이고 보수적인 특징이 있다.

2 식신의 발달

식신의 개수가 3개(월지를 포함하는 경우에는 2개)이면 발달로 본다. 점수로는 30~40점이면 발달로 본다.

3 식신이 발달했을 때의 성격

식신은 언어능력, 말과 관련된다. 따라서 식신이 발달한 사람은 말로 하는 직업 즉 말하는 직업이 잘 어울리고 이 분야로 진출하면 성공 가능성이 높다. 특히 TV 등의 영상매체나 언론 매체가 발달한 현대사회에서는 식신이 발달한 사람이 가장 유망하다.

여기서 언어능력이란 말재주가 있다는 뜻이 아니라 말하는 적성, 언어적 적성이 있다는 뜻이다. 말을 많이 하는 사람 하면 교사나 교수가 있다. 이들이 말을 잘해서 이런 직업을 가지게 된 걸까? 아니다. 언어능력이 탁월해서 그러한 직업을 가지게 되었다고 생각하면 오산이다. 조금은 어눌해도 말하는 직업이 잘 맞는 사람이 있고, 말을 잘 해도 말하는 직업이 싫은 사람도 있다. 식신이란 말하는 적성, 언어적 적성이 어울린다는 이야기이지 언어능력이 탁월하다는 뜻은 아니다.

또한 식신은 의식주를 의미하므로 식신이 발달한 사람은 의식주가 풍족하다. 어디를 가든지 먹을 복이 있고, 평생 동안 의식주로 인한 어려움은 없다. 그리고 안정적인 성격에 자신을 낮추면서 상대를 배려하므로 다른 사람들의 호감을 얻는다.

4 식신의 과다

사주팔자에 식신이 4개 이상 있거나 점수가 50점 이상이면 식신 과다로 본다. 다만, 50점이라도 내 편과 다른 편이 힘의 균형을 이룬다면 발달로 본다.

5 식신이 과다할 때의 성격

사주팔자에 식신이 많으면 언어능력이 지나치게 발달하여 말이 많다. 말이 많은 사람이 어떤가? 행동보다 말이 앞서고, 과대포장하거나 자기 주장을 고집하는 경향이 있다. 뻥쟁이라고 놀림 받을 정도로 사실을 부풀려서 이야기하는 것이 특징이다. 사실 이들은 속마음이 매우 순수하고 단순하다. 그렇기 때문에 자신의 감정을 쉽게 타인들에게 과장하여 드러내는 것이다.

또한 마음은 앞서서 일을 잘 벌이는데 추진력이나 배짱이 부족하여 뒷마무리를 하지 못한다. 표현력과 사교술이 뛰어나 대인관계에서 처음에는 상대방을 압도하지만, 시간이 지날수록 지나친 표현력과 자기 고집, 자만심, 예민한 감정 기복으로 인해 좋았던 인간관계를 허물어뜨리는 경우가 많다. 감각이 탁월하고 아이디어가 반짝이며 총명하지만, 다른 사람의 이야기를 들어주는 연습과 자신감을 드러내 보이지 않고 감추는 연습 등이 반드시 필요하다. 구속받는 것을 싫어하고 끈기가 부족한 것을 얼마나 보완하는가에 이들의 성공 여부가 달려 있다.

6 식신과 직업

식신이 발달한 사람은 안정적이고 보수적이며 근엄하고 중후한 타입으로서, 모험을 하기보다는 현실에 안주하며, 기획력이 필요하고 계획적인 분야에서 탁월한 능력을 발휘한다. 따라서 안정적이면서도 경험이 크게 중요하지 않은 직업 또는 논리적이고 체계적인 분야의 직업이 어울린다. 현실적이고 사실적인 직업 역시 어울린다.

- **1순위 직업** : 회계, 토목, 법, 생산, 건축, 보건, 사무직, 회사원, 교사, 공무원, 경찰, 판매, 통계, 서비스, 가정주부, 교수, 판사, 아나운서, 말하는 직업, 학원사업, 의사, 어린이집.
- **2순위 직업** : 변호사, 검사, MC, 연예인(탤런트 · 영화배우 · 가수 · 연극배우), 학원강사, 목사, 신부, 스님, 음식장사 등 요식업 분야.

식신이 과다한 사람은 교사, 교수, 판사, 아나운서, MC, 연예인, 목사, 신부, 스님, 음식점, 음식장사, 재야운동가, NGO 관련 직업이 어울린다.

단, 식신 과다인 사주는 사업을 너무 벌리려다 실패할 확률이 높으니 자신의 능력에 알맞은 규모로 해야 한다. 융통성을 발휘하고 돈 관리에 힘써야 한다.

4) 상관

상관
내가 생하고 음양이 다른 것으로, 남성에게는 장모나 할머니를 의미하고 여성에게는 자식을 의미한다. 사회적으로는 의식주, 말하는 직업, 먹는 직업과 관련된다.

상관은 내(일간)가 생하고 음양이 다른 경우를 말한다. 일간이 갑甲일 때 정丁·오午, 일간이 을乙일 때 병丙·사巳, 일간이 병丙일 때 기己·축丑·미未, 일간이 정丁일 때 무戊·진辰·술戌, 일간이 무戊일 때 신辛·유酉, 일간이 기己일 때 경庚·신申, 일간이 경庚일 때 계癸·자子, 일간이 신辛일 때 임壬·해亥, 일간이 임壬일 때 을乙·묘卯, 일간이 계癸일 때 갑甲·인寅이 각각 상관에 해당한다.

1 상관의 의미

식신과 마찬가지로 남성에게 상관은 장모나 할머니 등을 상징하고, 여성에게는 자식을 상징한다. 사회적으로는 남녀 모두에게 언어능력, 의식주, 말 등을 상징한다.

2 상관의 발달

상관의 개수가 3개(월지를 포함하는 경우에는 2개)이거나 점수가 30~40점이면 발달로 본다.

3 상관이 발달했을 때의 성격

상관이 발달한 사람은 활동적이고 적극적이며, 구조화된 틀을 선호하는 타입이다. 개방적이고 머리가 총명하며 뛰어난 재능을 가지고 있다. 언어능력이 탁월하거나 문장력이 있으며, 뜻이 높고 그 뜻을 이루기 위해 부단히 노력한다. 목표가 생기면 그것을 성취하기 위해 노력하며, 강한 것을 겁내지 않고 약한 자를 도와주는 미덕을 가지고 있다.

4 상관의 과다

사주팔자에 상관이 4개 이상 있거나 점수가 50점 이상이면 상관 과다로 본다. 단, 식신과 상관을 합했을 때 개수가 4개 이상이거나 점수로 50점 이상일 때도 역시 과다로 본다.

5 상관이 과다할 때의 성격

사주팔자에 상관이 과다한 사람(식신이 과다한 사람 역시 마찬가지)은 허영심이 강하고, 어떤 상황이든 이야기하고 싶어하기 때문에 비밀을 잘 지키지 못한다. 반항적인 기질이 있으며 남에게 베풀기를 좋아하지만 베풀고 나서 생색을 내기 때문에 오히려 상대에게 반감을 산다. 구속받기 싫어하고 자유롭고 싶어하며, 자신의 생각이나 감정에 몰입해서 살아가는 타입이다.

6 상관과 직업

상관이 발달한 사람은 기획력과 계획성이 뛰어나고, 말하는 능력 또한 탁월하다.

식신과 비교해 더 활동적이고 적극적이지만 배짱이나 돌파력은 약하다. 온정적이며 헌신적인 직업, 재치가 있으며 다른 사람에게 관심을 쏟고 인화를 도모하는 직업이 어울린다.

- **1순위 직업** : 검사, 변호사, 연예인(탤런트 · 영화배우 · 가수 · 연극배우), 목사, 신부, 스님, 의사, 학원사업, 어린이집, 언론인, 교사, 사무직, 서비스, 과학, 엔지니어링, 발명, 수학, 순수과학, 법학, 토목, 건축, 회계, 연구소, 판매, 사무총장, 기획실장, 경제학, 통계.
- **2순위 직업** : 교사, 교수, 아나운서, 판사, 음식점 등 먹는 장사, 학원강사.

상관이 과다한 사람은 재야운동가, NGO 관련 직업, 강사, 교사, 언론인 등이 잘 어울린다. 단, 사업을 무리해서 확장하면 실패할 확률이 높으니 자신의 능력에 알맞은 규모로 해야 한다. 융통성을 발휘하고 돈 관리에 힘써야 한다.

5) 편재

편재
내가 극하고 음양이 같은 것으로, 남성에게는 아버지와 배우자를 의미하고 여성에게는 아버지를 의미한다. 사회적으로는 뭉칫돈을 의미한다.

편재는 내(일간)가 극하고 음양이 같은 경우를 말한다. 일간이 갑甲일 때 무戊 · 진辰 · 술戌, 일간이 을乙일 때 기己 · 축丑 · 미未, 일간이 병丙일 때 경庚 · 신申, 일간이 정丁일 때 신辛 · 유酉, 일간이 무戊일 때 임壬 · 해亥, 일간이 기己일 때 계癸 · 자子, 일간이 경庚일 때 갑甲 · 인寅, 일간이 신辛일 때 을乙 · 묘卯, 일간이 임壬일 때 병丙 · 사巳, 일간이 계癸일 때 정丁 · 오午가 각각 편재에 해당한다.

1 편재의 의미

남성에게 편재는 아내(애인)와 아버지를 의미하고, 여성에게는 아버지를 의미한다. 사회적으로는 비정기적인 돈 또는 뭉칫돈을 상징한다.

2 편재의 발달

편재의 개수가 3개(월지를 포함하는 경우에는 2개)이고 점수로는 30~40점이면 발달로 본다.

3 편재가 발달했을 때의 성격

편재가 적당하게 발달한 경우에는 다른 사람들과 편안한 대인관계를 이루어 나가므로 누구하고든 쉽게 어울린다. 평소에는 부드럽고 안정적이지만, 일단 자리가 주어지면 신바람이 나고 숨겨져 있던 끼가 드러나며 분위기를 이끈다. 상대를 배려하는 마음을 가지고 있고, 먼저 앞장서서 솔선수범하려는 봉사정신이 투철하다. 이렇게 따뜻하고 부드러운 마음이 동성이든 이성이든 남녀 불문하고 인기를 불러들인다고 볼 수 있다.

재물도 꾸준히 들어오기 때문에 경제적으로 큰 어려움이 없다. 순박하면서도 은근한 고집이 있으며 꾸준히 노력한다. 또한 유머감각이 뛰어나 사람들을 사로잡는다. 웬만한 억압이나 힘든 상황에서도 쉽게 화를 내지 않지만, 한번 화를 내면 꽤 오래 간다.

4 편재의 과다

사주팔자에 편재가 4개 이상 있거나 점수가 50점 이상이면 과다로 본다. 편재뿐만 아니라 정재가 많거나 둘을 합해서 많은 경우도 과다로 본다.

5 편재가 과다할 때의 성격

사주팔자에 내가 극하는 것(정재와 편재)은 많고 나와 같은 것(비견과 겁재)과 나를 생하는 것(정인과 편인)은 적은 경우를 재다신약 사주라고 한다. 이런 사주팔자인 사람은 배짱과 추진력이 부족하고 맺고 끊음이 약하며, 선비나 학자 스타일이다. 남성은 동성끼리 모인 자리에서는 융통성이 부족하고 꽉 막힌 사람처럼 행동하며 고

지식해 보이지만, 이성과 함께 있는 자리에서는 융통성이 있고 유머감각도 탁월하다. 그러나 결정적인 순간에는 고지식한 성격이 그대로 나타난다.

적극적인 배짱이나 추진력은 없지만, 새로운 것에 대한 탐구심은 뛰어나다. 순간적인 재치가 넘치고 농담이나 유머를 잘 하며, 사람들을 즐겁고 기쁘게 해주는 것을 좋아한다. 자칫 가벼운 행동처럼 보이고 철없는 사람처럼 보이기도 한다. 때때로 투기를 좋아하고 모험을 즐기며 승부에 집착한다.

6 편재와 직업

친절하고 수용하는 성격이 필요한 현실적이고 실제적인 직업, 무엇이 필요한지 바로 파악해내는 뛰어난 순간 판단력이 요구되는 직업이 잘 어울린다.

- 1순위 직업 : 연예인, 비정기적인 수입을 올리는 직업(사업가·세일즈맨·운동선수), 의사, 변호사, 경제학과 교수, 경영학과 교수, 회계사, 변리사, 경제부처 공무원, 유흥업, 감독, 분쟁조정가, 레크레이션 지도, 외교관, 학자, 유흥업, 비서, 사무직, 서비스, 간호, 경찰, 요식업, 신용조사, 마케팅.
- 2순위 직업 : 남성은 여성을 상대로 하는 직업, 예를 들어 여학교 교사가 어울린다. 남녀 모두 자영업, 보험영업, 자동차 판매업 등 세일즈 분야가 좋다.

편재가 과다한 사람은 금융 계통(증권업·은행업·보험업), 회계사, 공직이나 직장에서 경리부서, 회계부서가 가장 잘 어울린다. 단, 융통성을 발휘하고 돈 관리에 힘써야 한다.

6) 정재

정재는 내(일간)가 극하면서 음양이 다른 경우를 말한다. 일간이 갑甲일 때 기己·축丑·미未, 일간이 을乙일 때 무戊·진辰·술戌, 일간이 병丙일 때 신辛·유酉, 일간이 정丁일 때 경庚·신申, 일간이 무戊일 때 계癸·자子, 일간이 기己일 때 임壬·해亥, 일간이 경庚일 때 을乙·묘卯, 일간이 신辛일 때 갑甲·인寅, 일간이 임壬일 때 정丁·오午, 일간이 계癸일 때 병丙·사巳가 각각 정재에 해당한다.

 정재

내가 극하고 음양이 다른 것으로, 남성에게는 아버지와 배우자를 의미하고 여성에게는 아버지를 의미한다. 남녀 모두 재물을 의미한다.

1 정재의 의미

편재와 마찬가지로 남성에게 정재는 아내(애인)와 아버지를 의미하고, 여성에게는 아버지를 의미한다. 사회적으로는 정기적으로 들어오는 돈, 고정적인 수입을 상징한다.

2 정재의 발달

정재의 개수가 3개(월지를 포함하는 경우에는 2개)이고 점수로 30~40점이면 발달로 본다.

3 정재가 발달했을 때의 성격

정재가 발달한 사람은 은근한 고집이 있고, 안정적이며, 객관적인 판단을 내리고 자신의 생각과 행동을 꾸준히 하나씩 실천해가는 타입이다. 현실적이고, 무리한 모험을 하지 않으면서 자신의 생각이나 행동을 주위 상황과 조화시켜 나가면서 원만한 대인관계를 유지하며 삶을 영위해 나간다.

선비의 기질과 학자적인 인품을 가지고 있고, 섬세하고 치밀하게 생각하며, 감성보다는 이성이 발달되어 있어서 합리적인 면이 강하다. 명예를 중시하고 통찰력이 뛰어나며, 타인의 평가나 관심에 크게 흔들리지 않고, 자신의 인생을 스스로 단계별로 구축해 나간다.

한번 정을 주면 쉽게 배신하지 않는다. 그러나 새로운 사람에게 적응하기가 쉽지 않고, 한번 싫어지면 안색이 쉽게 변하며, 인간성이 나쁘다고(객관적인 판단은 아님)

생각되면 절대로 그 사람과는 친해지지 못한다.

4 정재의 과다

사주팔자에 정재가 4개 이상 있거나 점수가 50점 이상이면 과다로 본다. 정재뿐만 아니라 편재가 많거나 둘을 합해서 많은 경우도 과다로 본다.

5 정재가 과다할 때의 성격

편재 과다 사주와 마찬가지로 재다신약의 성격이 그대로 나타난다. 편재 과다 사주의 성격 유형을 참고한다.

6 정재와 직업

어떤 일에 깊이 관심을 가지며 창의력과 통찰력이 요구되는 직업, 독창적이고 개인적인 독립심이 강하면서 열정적으로 일을 추진하는 직업이 어울린다.

- **1순위 직업** : 회사원, 공무원, 교사, 교수 등 고정적인 월급을 받는 직업, 금융업, 순수과학 분야, 연구, 철학, 심리학, 프로듀서, 감독, 비서, 철학, 개발 분야.
- **2순위 직업** : 자영업, 세일즈맨, 여학교 교사(남성의 경우).

정재가 과다한 사람은 금융 계통(증권업·은행업·보험업), 회계사, 공직이나 직장에서 경리부서, 회계부서가 적합하다. 다만, 사업을 하는 경우 굴곡이 심하기 때문에 과욕을 부리면 안 된다. 융통성을 발휘하고 돈 관리에 힘써야 한다.

7) 편관

편관은 나(일간)를 극하고 음양이 같은 경우를 말한다. 일간이 갑甲일 때 경庚·신申, 일간이 을乙일 때 신辛·유酉, 일간이 병丙일 때 임壬·해亥, 일간이 정丁일 때 계

癸·자子, 일간이 무戊일 때 갑甲·인寅, 일간이 기己일 때 을乙·묘卯, 일간이 경庚일 때 병丙·사巳, 일간이 신辛일 때 정丁·오午, 일간이 임壬일 때 무戊·진辰·술戌, 일간이 계癸일 때 기己·축丑·미未가 편관에 해당한다.

☺ 편관

나를 극하고 음양이 같은 것으로, 남성에게는 자식을 의미하고 여성에게는 배우자를 의미한다. 사회적으로는 명예, 관직, 자유를 상징한다.

1 편관의 의미

육친상 남성에게는 자식을 나타내고, 여성에게는 배우자를 나타낸다. 한편 사회적으로는 남녀 모두 명예, 관직, 리더십 등을 상징한다.

2 편관의 발달

편관의 개수가 3개(월지를 포함하는 경우에는 2개)이고 점수로는 30~40점이면 발달로 본다.

3 편관이 발달했을 때의 성격

사주팔자의 편관이 발달한 사람은 대인관계가 좋고 명예욕이 있다. 따라서 자신을 믿어주고 책임과 권한이 주어지는 곳에서는 더 큰 능력을 발휘한다. 큰 것을 얻기 위해서는 작은 자존심이나 명예 손상을 감수하면서도 끝까지 밀고 나가며, 목표를 이루기 위해 꾸준히 노력한다. 또한 순간적인 판단력과 재치가 뛰어나다.

이들은 도전할 대상이 생기면 힘이 솟아나는 타입이다. 고집이 매우 세고, 다른 사람과 비교 당하는 것을 싫어하며, 누군가에게 명령을 받을 경우에는 남보다 더 큰 스트레스를 받는다. 일과 조직 내에서 뛰어난 행정능력을 발휘하는 타입이므로 책임자의 위치에 오르는 경우가 많다.

4 편관의 과다

사주팔자에 편관이 4개 이상 있거나 점수가 50점 이상이면 편관 과다로 본다.

5 편관이 과다할 때의 성격

사주팔자에 편관이 과다한 사람은 사람을 좋아하고, 시간과 장소에 구애받지 않고 사람들에게 잘 적응하며, 사교성이 뛰어나다. 적극적이고 용맹성과 돌진하는 태도는 타의 추종을 불허할 정도이다.

그러나 자신감이 지나치고 쉽게 분노하며 상대의 감정을 무시하거나 과격한 면을 드러낸다는 단점이 있다. 작은 것을 싫어하고 큰 것을 좋아하며, 누구 앞에서든 자신감이 넘치고 씀씀이가 크다. 지나친 추진력은 자신의 능력보다 큰 일들을 벌이게 만들고 그로 인하여 인생의 굴곡이 따르게 된다. 시간이 걸리는 일이나 타인에게 지배받고 간섭받는 일에는 스트레스가 심하고, 타인과 비교를 당하면 스트레스가 두 배로 심해진다. 고집이 매우 강하고 고집불통의 성격이다.

6 편관과 직업

사전준비를 철저히 하며, 계획적이고 체계적으로 목적을 이루어 나가는 직업, 일을 조직하고 계획하고 지휘해 나가는 지도자가 잘 어울린다.

- **1순위 직업** : 사업가, 정치인, 의사, 판사, 검사, 변호사, 자유로운 직장(공장장·전문경영인·공무원·교사·교수), 경제학자, 정치학자, 건축가, PD.
- **2순위 직업** : 자유로운 직장, 세일즈맨(보험영업·자동차 판매).

편관이 과다한 사람은 남에게 지배당하는 것을 싫어하고 자신이 책임지고 일하는 것을 좋아한다. 일을 너무 크게 벌이지 않는 직업이면서 명예를 얻는 직업이 잘 어울리는데, 예를 들어 사업가, 선출직 단체장, 연예인, 정치인, 운전사, NGO 간부 등이 있다. 단, 사업은 일의 성패가 크기 때문에 안정적으로 능력에 맞게 해야 한다. 융통성을 발휘하고 돈 관리를 조심해야 한다.

8) 정관

정관은 나(일간)를 극하면서 음양이 다른 것을 말한다. 일간이 갑甲일 때 신辛·유酉, 일간이 을乙일 때 경庚·신申, 일간이 병丙일 때 계癸·자子, 일간이 정丁일 때 임壬·해亥, 일간이 무戊일 때 을乙·묘卯, 일간이 기己일 때 갑甲·인寅, 일간이 경庚일 때 정丁·오午, 일간이 신辛일 때 병丙·사巳, 일간이 임壬일 때 기己·축丑·미未, 일간이 계癸일 때 무戊·진辰·술戌이 정관에 해당한다.

정관
나를 극하고 음양이 다른 것으로, 남성에게는 자식을 의미하고 여성에게는 배우자를 의미한다. 남녀 모두에게 명예, 관직, 리더십을 상징한다.

1 정관의 의미

편관과 마찬가지로 육친상 남성에게는 자식을 나타내고, 여성에게는 배우자를 나타낸다. 사회적으로는 남녀 모두 안정적인 직업, 명예, 자유를 상징한다.

2 정관의 발달

정관의 개수가 3개(월지를 포함하는 경우에는 2개)이고 점수로는 30~40점이면 발달로 본다.

3 정관이 발달했을 때의 성격

정관이 발달한 사람은 섬세한 감정의 소유자이다. 명예를 소중히 생각하며 진리와 정의 및 인간적인 면에 관심이 많다. 한번 정을 주면 쉽게 배신하지 않는 의리파이고 봉사정신이 투철하다.

선비적인 성품, 학자적인 성품을 지니고 있어서 은근한 끈기가 있고, 삶에 대한 희망을 꾸준히 키워 나간다. 다양한 사람들을 한꺼번에 만나는 것보다 일대일 만남을 즐기고, 서로 감정을 공유할 때 더욱 신바람이 나고 자신감이 생긴다. 자신이 가치 있게 생각하고 시작한 일에는 생명을 바칠 정도로 각오가 대단한 사람이다. 이해심이 많고 관대하며 개방적이다.

순박한 성격의 소유자이며 다양한 이론을 두루 섭렵하지만, 쓸데없는 걱정이 많은 것이 단점이다. 사업을 하면 인간관계에 얽매여 보증이나 돈거래로 인하여 어려움을 겪을 수 있다. 이들은 사려 깊고 온화한 성격으로 점잖고 착한 사람이란 평을 듣지만, 남의 지시를 따르기보다는 자신의 마음에 따라 자유롭게 행동하거나 자유로운 직업을 가지는 것이 좋다.

4 정관의 과다

사주팔자에 정관이 4개 이상 있거나 점수가 50점 이상이면 정관 과다로 본다. 다만, 50점이라도 내 편(비견·겁재·편인·정인)의 힘도 50점 정도이면 과다가 아닌 발달로 본다. 내 편의 힘과 나를 극하는 다른 편의 힘이 팽팽하게 균형을 이루고 있기 때문이다.

5 정관이 과다할 때의 성격

사주팔자에 정관이 과다한 사람은 타인에게 모범이 되려고 하고, 인간관계에 관심이 많으며, 인간성이 좋은가 나쁜가를 사람을 사귀는 가장 큰 기준으로 여긴다. 언제나 새로운 아이디어에 호기심을 갖고, 통찰력이 있으며 장기적인 안목을 가진 편이다.

그러나 겉으로는 멋지고 일이 잘 풀리는 것처럼 보이고 수익도 많지만, 쓸데없는 의리와 의협심 그리고 지나치게 다양한 인간관계로 인하여 의형제를 맺거나 그와 유사한 친구와 선후배가 많다. 그래서 이 사람들과 교류하느라 실제로는 재물이 보이지 않게 새어 나간다. 남들에게 보기 좋게 꾸미는 겉치레와 허례허식을 주의해야 한다.

6 정관과 직업

마음이 따뜻하지만 상대방을 잘 알기 전에는 표현하지 않는 성격이다. 친절하고 수용적이며, 감정을 나눌 수 있는 새로운 아이디어에 관심이 많고, 사람을 일대일로 돕는 직업이 잘 어울린다.

- **1순위 직업** : 심리학자, 상담학자, 정신과의사, 사회복지사, 자선사업가, 상담가, 문학가, 구성작가, 편집장, 목사, 성직자, 예술가, 학자(교수), 과학자, 공무원, 회사원, 교사, 내근직, 연구직, 소설가, 성격배우.
- **2순위 직업** : 사업, 자유로운 직장, 연예인.

편관 과다와 마찬가지로 사업가, 선출직 단체장, 선출직 지방의원, 연예인, NGO 간부, 택시 운전, 버스 운전, 포장마차 운영 등이 어울린다. 단, 매우 자유로운 직업을 선택하고 사업은 되도록 하지 않는 것이 좋다. 하더라도 욕심내지 말고 능력대로 하며, 돈 관리를 조심해야 한다.

9) 편인

편인은 나(일간)를 생하고 음양이 같은 경우를 말한다. 일간이 갑甲일 때 임壬·해亥, 일간이 을乙일 때 계癸·자子, 일간이 병丙일 때 갑甲·인寅, 일간이 정丁일 때 을乙·묘卯, 일간이 무戊일 때 병丙·사巳, 일간이 기己일 때 정丁·오午, 일간이 경庚일 때 무戊·진辰·술戌, 일간이 신辛일 때 기己·축丑·미未, 일간이 임壬일 때 경庚·신申, 일간이 계癸일 때 신辛·유酉가 편인에 해당한다.

😊 **편인**

나를 생하고 음양이 같은 것으로, 육친으로는 남녀 모두 어머니를 의미하고 사회적으로는 문서, 부동산, 공부 등을 의미한다. 단 공부는 예술 등의 끼가 필요한 분야이다.

1 편인의 의미

편인은 사회적으로 공부, 부동산, 문서, 도장을 상징한다. 여기서 공부란 끼가 필요한 직업, 예를 들어 예술, 연예, 기술, 발명 분야 등의 공부가 좋다. 육친상 남녀 모두에게 어머니를 상징한다.

2 편인의 발달

편인의 개수가 3개(월지를 포함하는 경우에는 2개)이고 점수로는 30~40점이면 발달로 본다.

3 편인이 발달했을 때의 성격

편인이 발달한 사람은 어떤 한 분야(여러 분야일 때도 있다)에 독특한 재능을 가지고 있는 경우가 많다. 한마디로 기氣 즉 끼가 있다. 사람들은 누구나 끼를 가지고 있지만 누가 그 끼를 더 잘 발휘하느냐에 따라 성패가 달라진다. 예술가, 연예인, 의료인, 기술자, 체육인, 종교인 등은 끼가 있을 때 자신의 능력을 발휘할 수 있다. 우리는 기동氣動차다, 기막힌다, 기절한다는 말을 자주 한다. 여기서 말하는 기가 곧 '끼'이다.

앞서 편인이 사회적으로 공부와 관련되어 있다고 했는데, 이 공부는 누구나 해야 하는 수학, 국어, 역사, 경제 등의 공부가 아니라 독특한 재능을 발휘하는 공부를 의미한다. 그렇다고 해서 수학이나 국어는 재능이 없는 사람이 하는 것이란 뜻은 아니다. 국어와 수학 등은 일반적으로 누구나 해야 하는 공부이고, 독특한 끼를 발휘하는 직업과 관련된 것은 아니란 의미이다.

편인이 발달한 사람은 성격이 온화하고 따뜻하며 포용력이 있다. 학자 스타일로 인자한 선비의 풍모를 지녔다. 남들 앞에서 자신의 감정을 잘 표현하지는 못하지만, 상황에 대처하는 능력이 탁월하다.

4 편인의 과다

사주팔자에 편인이 4개 이상 있거나 점수가 50점 이상이면 편인 과다로 본다.

5 편인이 과다할 때의 성격

사주팔자에 편인이 많은 것(정인도 마찬가지)은 쉽게 말해 어머니의 영향력이 강한 경우를 생각하면 된다. 물론 자녀 입장에서 어머니는 자기 편이지만, 지나친 애정이나 보호는 오히려 자녀를 나약하게 만들거나 반항적으로 만든다. 똑같은 내 편이라도 나를 생하는 편인보다는 나와 같은 비겁이나 겁재가 나를 더 강하게 만든다.

편인이 과다한 사람은 일관성이 부족하고 간섭받는 것을 싫어한다. 생각이 매우 자유롭고 마음 속에서는 하고 싶은 것이 많은데, 그것을 다 할 수는 없고 남에게 기대를 너무 많이 하기 때문에 이런 행동을 하게 된다. 그래서 일을 끝맺지 못하고 대충 대충 쉽게 하려다 실패하고 주위 사람들에게 책임을 떠넘기기도 한다.

하지만 이들은 행동과 생각하는 것이 매우 독창적이다. 신념이 강하고 자신의 미래에 대해 큰 희망을 가지고 있다. 자신의 영감이나 아이디어를 실현시키려는 의지와 결단력, 인내심이 강한 것 역시 장점이라고 할 수 있다.

이들은 또한 마마보이 또는 마마걸의 기질이 있다. 밖에 나가서는 인간성도 좋고 따뜻한 마음의 소유자로 인정받지만, 집안에 들어와서는 외동아들 특유의 기질을 발휘하여 고집을 부리고 가족들에게 기대려는 경향이 있다.

6 편인과 직업

창의력이 풍부하고 독창적인 아이디어가 넘쳐나는 이들은 항상 새로운 가능성을 찾아 탐색하고 도전하는 직업이 잘 어울린다. 복잡한 문제를 해결하는 능력이 요구되고 지칠 줄 모르는 에너지를 발산시키는 직업 역시 잘 어울린다.

- **1순위 직업** : 예술가(성악가 · 화가 무용가 · 사진작가), 연예인(탤런트 · 영화배우 · 개그맨 · 가수 · 연극배우), 체육인, 기술자, 의료인(의사 · 한의사), 건축가, 토목사업, 건설사업, 발명가, 컴퓨터분석가, 애널리스트, 펀드매니저, 컴퓨터그래픽, 과학자, 통역관.
- **2순위 직업** : 간호사, 부동산업.

10) 정인

정인
나를 생하고 음양이 다른 것으로, 육친으로는 남녀 모두 어머니를 의미하고 사회적으로는 문서, 부동산, 일반적인 공부 등을 의미한다.

정인은 나(일간)를 생하고 음양이 같은 경우를 말한다. 일간이 갑甲일 때 계癸·자子, 일간이 을乙일 때 임壬·해亥, 일간이 병丙일 때 을乙·묘卯, 일간이 정丁일 때 갑甲·인寅, 일간이 무戊일 때 정丁·오午, 일간이 기己일 때 병丙·사巳, 일간이 경庚일 때 기己·축丑·미未, 일간이 신辛일 때 무戊·진辰·술戌, 일간이 임壬일 때 신辛·유酉, 일간이 계癸일 때 경庚·신申이 각각 정인에 해당한다.

1 정인의 의미

편인과 마찬가지로 사회적으로 공부, 부동산, 문서, 도장을 상징하고, 육친상 남녀 모두에게 어머니를 상징한다. 여기서 공부는 편인과 달리 국문학, 역사학, 경영학 등 특별한 끼가 없어도 가능한 공부를 의미한다.

2 정인의 발달

정인의 개수가 3개(월지를 포함하는 경우에는 2개)이고 점수로 30~40점이면 발달로 본다.

3 정인이 발달했을 때의 성격

사주팔자의 정인이 발달한 사람은 마음이 따뜻하고, 덕망이 있으며, 자비롭고, 생각의 폭이 넓다. 품위 있고 인격이 고상한 선비 스타일을 생각하면 된다. 칭찬에 민감하여 누군가 자신을 인정해주고 칭찬해주면 두 배의 능력을 발휘한다. 타인의 마음을 쉽게 간파하는 능력이 탁월하여 상담가적 기질이 있다.

머리가 총명하고 감각적이다. 즉흥적이고 계획성이 부족한 듯 보이고 배짱이 부족한 것 같지만, 배움에 대한 끊임없는 열정을 가지고 있으며 상상력이 탁월하다.

다만, 어려운 상황에 처하면 어쩔 줄 몰라서 잘 대처하지 못하고, 스트레스를 많이 받으며, 주위 사람들의 비판적인 말에 쉽게 상처받는다. 사람들과 어울리기보다는 혼자 고독을 즐기거나 인원수가 적은 모임을 선호하는 경향이 있다.

4 정인의 과다

사주팔자에 정인이 4개 이상 있거나 점수가 50점 이상이면 정인 과다로 본다.

5 정인이 과다할 때의 성격

정인이 과다한 사람은 행동하는 것이 생각하는 것이 매우 안정적이다. 내적인 신념이 강한 반면 변화와 모험은 싫어한다. 책임감이 강하고 온정적이며 헌신적이다. 인내심이 강해서 세밀하고 반복적인 일을 끝까지 해낸다. 무슨 일을 하든지 다른 사람의 사정을 고려하여 결정하며, 자신의 감정과 타인의 감정 변화에 매우 민감하다.

6 정인과 직업

직관력과 사람 중심의 가치를 중시하는 직업, 다양하지는 않지만 사람들을 좋아하며, 인화를 중요하게 생각하는 직업이 잘 어울린다.

- **1순위 직업** : 교수, 판사, 검사, 교사, 의사, 연구원, 성직자, 시인, 작가, 저널리스트, 상담, 광고, 예술, 문학, 외교, 판매.
- **2순위 직업** : 예술가, 연예인, 체육인, 발명가, 연구원, 부동산업, 건축, 토목, 건설사업.

정인이 과다한 사람은 군인, 경찰, 교도관 등과 같이 자신의 권위를 유지하면서 삶을 이끌어가는 직업이 좋다. 단, 자유로운 직장에서 일하는 것이 좋다. 군인, 경찰, 교도관 역시 적합하지만 사업은 되도록 하지 말아야 하고, 하더라도 자신의 능력에 맞게 규모를 유지해야 한다. 특히 돈 관리에 힘써야 한다.

천간별 육친 조견표

천간\일간	甲	乙	丙	丁	戊	己	庚	辛	壬	癸
甲	비견	겁재	편인	정인	편관	정관	편재	정재	식신	상관
乙	겁재	비견	정인	편인	정관	편관	정재	편재	상관	식신
丙	식신	상관	비견	겁재	편인	정인	편관	정관	편재	정재
丁	상관	식신	겁재	비견	정인	편인	정관	편관	정재	편재
戊	편재	정재	식신	상관	비견	겁재	편인	정인	편관	정관
己	정재	편재	상관	식신	겁재	비견	정인	편인	정관	편관
庚	편관	정관	편재	정재	식신	상관	비견	겁재	편인	정인
辛	정관	편관	정재	편재	상관	식신	겁재	비견	정인	편인
壬	편인	정인	편관	정관	편재	정재	식신	상관	비견	겁재
癸	정인	편인	정관	편관	정재	편재	상관	식신	겁재	비견

지지별 육친 조견표

지지\일간	甲	乙	丙	丁	戊	己	庚	辛	壬	癸
子	정인	편인	정관	편관	정재	편재	상관	식신	겁재	비견
丑	정재	편재	상관	식신	겁재	비견	정인	편인	정관	편관
寅	비견	겁재	편인	정인	편관	정관	편재	정재	식신	상관
卯	겁재	비견	정인	편인	정관	편관	정재	편재	상관	식신
辰	편재	정재	식신	상관	비견	겁재	편인	정인	편관	정관
巳	식신	상관	비견	겁재	편인	정인	편관	정관	편재	정재
午	상관	식신	겁재	비견	정인	편인	정관	편관	정재	편재
未	정재	편재	상관	식신	겁재	비견	정인	편인	정관	편관
申	편관	정관	편재	정재	식신	상관	비견	겁재	편인	정인
酉	정관	편관	정재	편재	상관	식신	겁재	비견	정인	편인
戌	편재	정재	식신	상관	비견	겁재	편인	정인	편관	정관
亥	편인	정인	편관	정관	편재	정재	식신	상관	비견	겁재

● 육친으로 본 성격

1 비견

장점
- 자존감이 있다
- 인정이 있다
- 섬세하다
- 분위기를 주도한다
- 자기 만족이 있다
- 집념이 강하다
- 독립적이다
- 판단력이 있다
- 개척적이다
- 의지적이다

단점
- 경솔하다
- 독선적이다
- 과시적이다
- 자기 위주로 생각한다
- 쓸데없는 잔걱정이 많다
- 고독하다
- 자존심이 강하다
- 의지력이 부족하다
- 현실감각이 떨어진다
- 감정적이다

2 겁재

비견과 비슷한 장단점을 가지고 있다.

3 식신

장점
- 안정적이다
- 보수적이다
- 겸손하다
- 현실적이다
- 중후하다
- 묵묵히 일한다.
- 실리적이다
- 원칙적이다
- 양보한다
- 침묵한다

단점
- 소극적이다
- 진보성이 부족하다
- 배짱이 부족하다
- 미래에 대한 안목이 부족하다
- 대인관계가 미숙하다
- 자신감이 부족하다
- 사람보다 일을 중시한다
- 융통성이 부족하다
- 결단력이 부족하다
- 자기 의견이 부족하다

4 상관

장점	단점
참모 기질이 있다	사람을 구분한다
조직적이다	실속이 없다
기획력이 있다	적극성이 부족하다
원칙적이다	융통성이 부족하다
표현력이 있다	지나치게 과시한다
추리력이 있다	배짱이 부족하다
총명하다	잔재주를 부린다
희생정신과 봉사정신이 있다	실속이 부족하다
의리가 있다	추진력이 부족하다
승부사의 기질이 있다	순간적 판단능력이 부족하다

5 편재

장점	단점
대인관계가 원만하다	낭비한다
활동적이다	풍류를 좋아한다
적극적이다	일확천금을 꿈꾼다
부드럽다	말이 많다
밝다	요령을 부린다
명랑하다	체면을 생각하지 않는다
사교적이다	너무 많은 사람들과 교류한다
외교적이다	쓸데없이 정을 베푼다
다정다감하다	집중력이 부족하다
다양한 지식이 있다	안정감이 부족하다

6 정재

장점	단점
근검절약한다	적극성이 부족하다
건실하다	융통성이 부족하다
성실하다	자기 가족 위주이다
안정감이 있다	대인관계가 부족하다
섬세하다	추진력이 부족하다
합리적이다	인색하다
규칙적이다	결단력이 부족하다
보수적이다	감정이 예민하다
자상하다	마음에 담아둔다
믿음직스럽다	감정이 얼굴에 바로 드러난다

7 편관

장점
- 배짱이 있다
- 적극적이다
- 행동으로 보여준다
- 통솔력이 있다
- 대장의 기질이 있다
- 사교적이다
- 솔직하다
- 결단성이 있다
- 판단력이 뛰어나다
- 희생적이다

단점
- 투쟁적이다
- 즉흥적이다
- 명예욕이 강하다
- 반항적이다
- 공명심이 강하다
- 자만심이 강하다
- 자존심이 강하다
- 독선적이다
- 고집이 지나치다
- 성급하다

8 정관

장점
- 순박하다
- 모성본능이 있다
- 정직하다
- 따뜻하다
- 희생적이다
- 온정적이다
- 안정적이다
- 의지가 강하다
- 개척정신이 강하다
- 섬세하다

단점
- 순종적이다
- 우유부단하다
- 집념이 부족하다
- 박력이 부족하다
- 애착이 부족하다
- 배짱이 부족하다
- 마음에 담아둔다
- 이타심이 너무 강하다
- 결단력이 부족하다
- 감정표현이 서툴다

9 편인

장점
- 행동이 자연스럽다
- 자율적이다
- 생각이 독특하다
- 즉흥적이다
- 솔직하다
- 파격적이다
- 이상적이다
- 다양성이 있다
- 다재다능하다
- 창조적이다

단점
- 경솔하다
- 통솔력이 부족하다
- 무질서하다
- 원만하지 못하다
- 날카롭다
- 몰상식하다
- 현실감각이 떨어진다
- 체계적인 면이 부족하다
- 일관성이 부족하다
- 자아도취적이다

10 정인

장점	단점
선비의 품격이 있다	보수적이다
안정적이다	모험심이 부족하다
모성본능이 있다	사람에 대한 집착이 강하다
따뜻하다	다양성이 부족하다
온정적이다	끈기가 부족하다
사람 중심이다	추진력이 부족하다
감수성이 있다	생각이 너무 많다
감각적이다	현실감각이 떨어진다
교육자의 기질이 있다	자신의 생각에 집착한다
지식이 많다	행동력이 떨어진다

5. 성격 형성과 이름의 관계

성은 원래부터 정해진 것이니 이름자 두 글자만 고르면 되겠다고 웃으면서 도전했지만, 막상 시작하고 보면 뭘 어떻게 해야 할지 막막할 것이다. 그래서 성명학 이론 서적을 공부한 다음에 지어야지 하고 책을 펼쳐 보면 처음 보는 이론들이 너무도 복잡하고 어렵게만 다가온다. 이것은 성명학 이론이 매우 복잡하고 다양하기 때문일 것이다. 게다가 성명학자나 작명가들은 서로 자신의 이론이 맞다고 주장하니 혼란만 커져간다. 오랫동안 이름을 지으면서 수많은 이론들을 검토하고 임상을 거친 입장에서 단언하자면 아기의 성격을 파악하여 장점은 살려주고 단점을 보완해 줄 수 있는 이름이 가장 좋은 이름이다.

어릴 때는 부모가 아이의 성격 형성에 큰 영향을 미친다고 할 수 있다. 보고 듣고 배우는 것이 모두 부모한테서 오기 때문이다. 하지만 이러한 외부환경만이 성격을 형성하는 요소는 아니다. 놀랍게도 이름이 어떻게 불려지는가 즉 아이의 이름이 무엇인가가 아이의 성격 형성에 중요한 역할을 한다.

서양 학문이 동양 학문보다 과학적이고 체계적이며, 사주명리학 같은 운명학은 사이비 학문이라고 생각하는 사람들이 많다. 하지만 융 같은 세계적인 심리학자는 동양의 음양오행을 연구하고 발전시켜 서양심리학의 뿌리를 튼튼하게 하였고 심리유형론을 발표하며 심리학을 한 단계 업그레이드하였다. 음양에서 설명한 아니마와 아니무스가 바로 그것이다. 우리가 우리의 문화나 학문에서 점점 멀어지고 있을 때 오히려 서양의 학자는 낯선 학문이지만 기꺼이 배우고 익혀서 자신의 것으로 만든 것이다. 어쩌면 융은 자신의 것은 내버려두고 서양의 것을 배우기에 바빴던 동양인들을 안타깝게 여겼는지 모른다. 심지어 융은 자신의 자서전에 "내가 동양 학문을 하는 것은 동양 사람들을 위한 것도 아니요 동양 학문을 이해하기 위한 것도 아니요 우리 즉 서양 사람들을 위한 것입니다"라고 밝히기까지 하였다.

이후 브릭스Briggs와 마이어Myers 모녀가 융의 심리유형론을 근거로 마이어브릭스 유형지표(흔히 MBTI라고 한다)를 개발하였다. 간단한 문항을 통해 사람들이 자신의 심리 유형을 판단할 수 있는 검사도구로 세계에서 가장 널리 사용되는 심리 검사의 한 가지다. 우리나라에도 1990년에 도입되어 성격 유형을 판단할 수 있는 방법으로 많은 관심을 끌고 있다. 이러한 사례들을 보며 음양오행 이론을 사이비나 미신으로 매도할 수 없음을 잘 알 수 있을 것이다.

성격성명학은 쉽게 말해 이름이 어떻게 불리는가 즉 이름을 어떻게 짓는가에 따라 성격 유형이 결정되고, 사람의 운명에 영향을 미치게 된다는 것이다. 그렇다면 성격이 인생에 어떤 영향을 미치는가?

필자는 오랫동안 대학에서 사주명리학을 강의하고 역학과 성명학을 연구해오면서, 이름을 통해 만들어진 성격이 인생의 흐름을 수없이 바꾸어주는 것을 보아왔다. 직장생활을 해야만 하는 사주팔자를 가진 사람에게 남에게 간섭받지 않고 우두머리가 되는 이름을 지어 사업을 하게 만들었다면 반드시 사업이 실패하고 어려운 인생을 살게 된다는 것이다. 반대로 사업을 하면 많은 돈을 버는 사주팔자인데 소심하고 우유부단한 성격에 어울리는 이름을 지어준다면 그 사람은 타고난 운명을 제대로 누리지 못하게 되는 것이다.

성격은 아이들의 진로나 적성, 취미를 정확하게 분류해주고, 어릴 적부터 자신의 특성을 개발시켜 어른이 되었을 때 자신에게 맞는 직업을 선택함으로써 즐겁게 일할 수 있게 해주고, 결과적으로 즐겁고 행복한 삶을 누리게 해준다. 자신에게 맞는 직업을 선택한다는 것이 얼마나 행복한 일인가. 어른이 되어서도 직업에 적응하지 못하고 방황하는 사람들이 부지기수인 것을 보면 성격이 직업과 인생에 미치는 영향이 매우 크다 하겠다.

부모님이나 선생님이 나름대로 성장기의 아이들에게 올바른 적성과 취미를 선택하게 해주려고 노력한다지만, 서로 다른 아이들의 성격을 분석하여 적성을 지도해준다는 것이 쉽지 않다. 서양의 심리학으로 성격 분석을 하더라도 정확한 진로 적성을 탐색하기에는 어려움이 있다고 본다. 이런 상황에서 성명학 즉 이름을 연구하게 되었고, 이름이 어떻게 불리는가에 따라 성격이 형성되어 간다는 것을 알게 되었다. 또한 이름 때문에 어릴 때의 성격이 커 가면서 변화하고 그로 인해 어릴 때와 성인이 되었을 때의 성격이 서로 달라진다는 것도 밝혀내게 되었다.

만약 부모님이나 선생님 그리고 본인이 성격성명학을 통해 정확하게 적성을 판단할 수 있다면 진로 선택에 큰 도움이 될 것이다. 성격 판단의 효용은 여기서 그치지 않는다. 부부간에도 상대의 성격을 이해할 수 있다면 서로 양보하고 인정할 수 있게 되고, 부모자식 사이에도 서로를 이해함으로써 애정을 돈독하게 해줄 것이다.

6. 성격성명학의 원칙

사주명리학에서는 사주팔자의 일간(태어난 날의 천간)이 내가 되지만, 성격성명학에서는 이름이 나 곧 운명의 주인공이 된다. 두 가지 나를 서로 비교하여 어울리게 하는 것이 성격성명학의 요점이다.

성격성명학을 알려면 먼저 음양오행을 알아야 하고, 음양오행의 상생작용과 상극작용 그리고 음양오행의 상생·상극작용으로 생겨난 육친을 알아야 한다. 이것은 앞서 설명한 음양 분석, 오행 분석, 육친 분석을 보면 된다. 그 다음에 획수 음양과 발음 오행 등 성명학 이론을 적용한다.

1) 출생년도의 간지를 음양오행으로 분석한다

가장 먼저 태어난 해의 천간(연간)과 지지(연지)를 찾아 음양오행을 분석한다. 이 때 양력 1월 1일을 한 해의 시작으로 본다는 것을 기억해야 한다. 흔히 생각하듯 음력 생일도 아니고 사주명리학처럼 입춘을 기준으로 하지도 않는다. 이것은 오랜 기간의 임상을 통해서 확인한 내용이다.

한 해의 시작

사주명리학에서는 봄이 들어오는 입춘을 한 해의 시작으로 삼고, 성격성명학에서는 양력 1월 1일을 한 해의 시작으로 삼는다.

만약 양의 해에 태어났으면 성격 유형이 양비견, 양겁재, 양식신, 양상관, 양편재, 양정재, 양편관, 양정관, 양편인, 양정인이 되고, 음의 해에 태어났으면 음비견, 음겁재, 음식신, 음상관, 음편재, 음정재, 음편관, 음정관, 음편인, 음정인이 된다.

● **천간의 음양**

양의 해	음의 해
갑甲·병丙·무戊·경庚·임壬	을乙·정丁·기己·신辛·계癸

● **지지의 음양**

양의 해	음의 해
인寅·진辰·사巳·신申·술戌·해亥	자子·축丑·묘卯·오午·미未·유酉

2) 성과 이름자의 음양오행을 판단한다

성과 이름자의 초성과 종성으로 발음 오행을 판단한 다음, 성과 이름자의 획수 음양을 분석하여 음양오행을 정한다. 여기서 발음 오행은 한글 자음, 획수 음양은 한자의 획수 기준이다. 이렇게 정해진 음양오행을 천간으로 바꾼다. 예를 들어 양목은 갑甲이고 음목은 을乙이다. 나머지 음양오행도 이와 같이 천간과 연결시키면 된다. 천간의 음양오행 배정표를 보면 쉽다.

● 발음 오행

오행	목	화	토	금	수
발음(소리)	ㄱ·ㅋ	ㄴ·ㄷ·ㅌ·ㄹ	ㅇ·ㅎ	ㅅ·ㅈ·ㅊ	ㅁ·ㅂ·ㅍ

● 획수 음양

음	획수가 짝수(2·4·6·8·10·12·14……)
양	획수가 홀수(1·3·5·7·9·11·13……)

● 천간의 음양오행 배정

천간	갑甲	을乙	병丙	정丁	무戊	기己	경庚	신辛	임壬	계癸
음양	양	음	양	음	양	음	양	음	양	음
오행	목		화		토		금		수	

● 지지의 음양오행 배정

지지	자子	축丑	인寅	묘卯	진辰	사巳	오午	미未	신申	유酉	술戌	해亥
음양	음	음	양	음	양	양	음	음	양	음	양	양
오행	수	토	목	목	토	화	화	토	금	금	토	수

예를 들어 김영수金榮秀라는 이름은 다음과 같이 분석할 수 있다.

- **김金 8획** : 초성 ㄱ은 발음 오행이 목이고 종성 ㅁ은 수이다. 또한 金은 8획으로 짝수이니 획수 음양이 음이다. 따라서 ㄱ은 음목이 되고, ㅁ은 음수가 된다. 이것을 천간으로 바꾸면 음목은 을乙, 음수는 계癸이다.
- **영榮 14획** : 초성과 종성 모두 발음 오행이 토이다. 또한 榮은 14획으로 짝수이니 획수 음양이 음이다. 따라서 초성과 종성의 ㅇ은 모두 음토가 된다. 음토를 천간으로 바꾸면 기己이다.
- **수秀 7획** : ㅅ은 발음 오행이 금이고, 秀는 7획으로 홀수이니 양이다. 따라서 ㅅ은 양금이 된다. 양금을 천간으로 바꾸면 경庚이다.

3) 변환시킨 천간과 생년 간지의 육친관계를 분석한다

위의 방법으로 변환시킨 천간과 생년 간지의 육친관계를 분석한다. 즉 이름자의 천간이 연간(태어난 해의 천간) 및 연지(태어난 해의 지지)와 각각 어떤 육친관계인지 분석한다(156쪽의 천간과 지지의 육친 조견표를 참고하면 쉽다). 이렇게 해서 20가지 성격 유형이 나오는데, 그것을 통해 이름자가 아기의 성격과 적성 등에 어떤 영향을 미치는지 확인할 수 있다.

이제까지 설명한 원칙에 따라 양력으로 1964년 5월 1일에 태어난 김성호金成浩의 성격 유형을 알아보자.

연간과 연지

천간과 지지가 결합한 것이 육십갑자이다. 사주팔자는 태어난 생년월일시를 이 육십갑자로 나타낸 것이다. 성격성명학에서는 연간(생년 천간)과 연지(생년 지지)만을 따진다.

먼저 태어난 해의 간지를 확인하면 1964년은 갑진甲辰년이다. 김金은 8획, 성成은 7획, 호浩는 11획이다. 金은 8획(음)이니 ㄱ은 음목, ㅁ은 음수가 된다. 음목을 천간으로 바꾸면 을乙, 음수를 천간으로 바꾸면 계癸가 된다. 성호成浩도 이와 같이 천간으로 바꾼다.

이렇게 성명을 음양오행으로 바꾸고 이것을 다시 천간으로 바꾸어 을乙, 계癸, 경

庚, 무戊, 무戊가 나왔다. 마지막으로 이것을 '나'라고 생각하고 1964년의 간지인 갑진甲辰과 비교하여 육친을 뽑아내면 된다.

먼저 성명의 음양오행과 연간 갑甲의 음양오행이 상생관계인지 상극관계인지를 따져 육친을 알아낸다. 김金에서는 겁재와 상관, 성成에서는 편재와 편관, 호浩에서는 편관이 나왔다. 또한 연지 진辰과 비교한 결과 김金에서는 정재와 정관, 성成에서는 편인과 비견, 호浩에서 비견이 나왔다. 갑甲에서 겁재, 상관, 편재, 편관, 편관이 나왔고, 진辰에서 정재, 정관, 편인, 비견, 비견이 나왔다. 갑甲이 양이니 양(겁재·상관·편재·편관·편관)이 되고, 진辰 또한 양이니 양(정재·정관·편인·비견·비견)이 된다.

예)

김金 성成 호浩
8획 7획 11획
ㄱ·ㅁ ㅅ·ㅇ ㅎ
음목 음수 양금 양토 양토
을乙 계癸 경庚 무戊 무戊

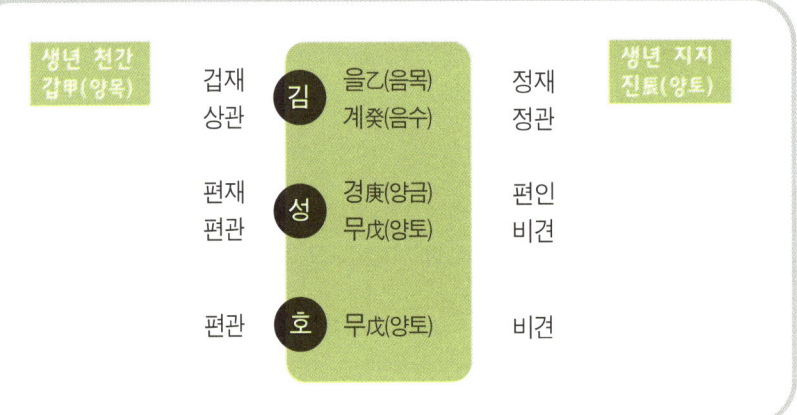

위의 내용을 간단하게 정리한 것이 다음의 성격유형 조건표이다. 태어난 해의 천간과 지지만 알면 이 표만으로 중심성격과 부중심성격까지 쉽게 알아낼 수 있다. 중심성격과 부중심성격에 대해서는 이어지는 내용에서 자세하게 설명한다.

● 성격유형 조견표

육친의 음양	양	음	양	음	양	음	양	음	양	음
생년 천간	甲	乙	丙	丁	戊	己	庚	辛	壬	癸
생년 지지	寅	卯	巳	午	辰戌	丑未	申	酉	亥	子
이름자의 발음 오행과 획수(홀짝)	육친									
ㄱㅋ 홀수	비견	겁재	식신	상관	편재	정재	편관	정관	편인	정인
ㄱㅋ 짝수	겁재	비견	상관	식신	정재	편재	정관	편관	정인	편인
ㄴㄷㄹㅌ 홀수	편인	정인	비견	겁재	식신	상관	편재	정재	편관	정관
ㄴㄷㄹㅌ 짝수	정인	편인	겁재	비견	상관	식신	정재	편재	정관	편관
ㅇㅎ 홀수	편관	정관	편인	정인	비견	겁재	식신	상관	편재	정재
ㅇㅎ 짝수	정관	편관	정인	편인	겁재	비견	상관	식신	정재	편재
ㅅㅈㅊ 홀수	편재	정재	편관	정관	편인	정인	비견	겁재	식신	상관
ㅅㅈㅊ 짝수	정재	편재	정관	편관	정인	편인	겁재	비견	상관	식신
ㅁㅂㅍ 홀수	식신	상관	편재	정재	편관	정관	편인	정인	비견	겁재
ㅁㅂㅍ 짝수	상관	식신	정재	편재	정관	편관	정인	편인	겁재	비견

● 성격유형 조견표 보는 법

1. 태어난 해의 천간과 지지를 본다(양력 기준).
2. 이름자의 한자 획수가 짝수인지 홀수인지 확인하고, 한글 발음의 소리를 확인한다.
3. 1과 2가 만나는 지점의 육친이 성격 유형이 된다. 생년 천간을 기준으로 하면 중심성격이 되고, 생년 지지를 기준으로 하면 부중심성격이 된다.
4. 예를 들어 1972년에 태어난 김명민金明珉을 찾아보자. 1972년은 임자壬子년으로 생년 천간은 임壬, 생년 지지는 자子이다. 김명민은 보통 '명민아'라고 부르기 때문에 발음 오행은 ㅁ이 기준이 되고, 명明은 8획이므로 짝수가 된다. 생년 천간 임壬과 이름자의 발음 오

행과 획수(홀짝) 구분에서 ㅁㅂㅍ 짝수가 만나는 지점을 보면 겁재가 나온다. 임壬이 양이 므로 양겁재가 된다. 이 양겁재가 바로 중심성격이 된다.

부중심성격은 생년 지지인 자子를 기준으로 하며 음비견이다.

7. 성격 유형별 기본 성격

이제까지 성과 이름자의 획수 음양과 발음 오행을 천간으로 변환시킨 뒤 태어난 해의 천간과 지지의 육친관계를 따져 기본 성향을 찾아냈다. 각각의 육친 유형은 타고난 기본 성격이 있다. 똑같은 육친이라도 양은 활동적이고 음은 내성적이다.

1 양비견

남성은 온순하고 여성은 활달하다. 감각적이고 감수성이 예민하며 총명하다. 강건함, 고집, 대범함, 독자적, 여유, 은근한 뚝심, 인정이 특징이다. 자유주의자이고 정력적인 노력가, 정보수집가 타입이다. 흥미가 다양하고 자존심을 위해 재물을 포기한다. 타인의 시선과 타인의 감정을 중시한다.

2 음비견

감각적이고 감수성이 예민하며 성격이 온순하다. 다양한 분야에 흥미를 갖고 정보를 수집한다. 매사에 심사숙고하며 스트레스를 많이 받는다. 자존심이 강하고 규정을 거부하는 자유주의자이다. 끈기가 부족하고 남의 시선을 중요하게 생각하며, 감정 기복이 심하고 잘 삐진다.

3 양겁재

외유내강에 자기의 것을 지키려는 방어본능이 강하다. 구조적이고 계획적이며 집단의 소속감을 중시한다. 보수적이고 안정적이며 생각과 행동이 일치하는 타입이다. 고집이 있고 원칙을 중시하며 뚝심과 끈기가 있다. 그러나 자기 중심적이고 융통성이 부족하며 구두쇠 기질이 있다.

4 음겁재

내성적이고 안정적이며 보수적인 타입이다. 성격이 소심하고 주위의 눈치를 본다. 계획대로 원칙을 지켜 나가며 구체적인 것을 좋아한다. 추상적인 것 말고 답이 나오는 것을 좋아한다. 눈에 보이는 것이나 실현 가능한 것만 실천한다. 고집이 있고 융통성이 부족하며 작은 것 또는 가까운 것에 집착한다.

5 양식신

선비 기질이 있으며 중후하면서도 여유롭고 온순한 타입이다. 원리원칙을 중시하고 체계적이다. 섬세하고 꼼꼼하며 작은 일에도 흥미를 갖는다. 보수적이며 안정적이고 계획적인 것을 좋아하는 대신 모험을 두려워한다.

6 음식신

온순하고 안정적이지만 모험을 하기보다는 현실에 집착하고 현실에 안주하고 싶어한다. 새로운 일에 대한 두려움이 강하다. 보수적이고 단계적이며 원칙을 중시한다. 단기적인 목표에 집착한다.

7 양상관

음상관에 비해 배짱과 추진력이 있고 조직적이다. 어려서부터 재능이 많고 총명하며 통솔력이 있다. 한마디로 수재형이다. 자신이 주도적으로 이끌어 나가는 것을 좋아하고 체계적인 동시에 반항적이고 자유를 좋아하는 이중성이 있다. 자신의 뜻대로 안 되면 염세적으로 변하고 나이 들수록 안정적이고 보수적인 성향을 띤다.

8 음상관

양상관에 비해 안정적이며 감수성이 발달하였다. 기획력이 있고 구조적이며 계획적이지만 보수적이고 염세적인 성향이 있다.

9 양편재

부드럽고 친절하며 인정이 있다. 적응력이 뛰어나 대인관계가 원만하다. 남성은 여성적 기질이 강하고 여성은 남성적 기질이 강하다. 안정적이고 계산적이며 이기적인 면도 있다. 부드러운 듯 강단이 있고 고집이 있다. 다방면에 재능이 있다.

10 음편재

안정적이고 보수적인 타입이다. 사람들과의 관계를 중시하고 영업능력이 뛰어나다. 인정이 있고 성실하며 절약정신이 있다. 은근한 고집과 끈기가 있으며 매사에 조심한다. 다양한 재능이 있고 이기적인 면이 있다. 안정기에 힘을 발휘한다.

11 양정재

안정감과 책임감이 있으며, 관찰력이 뛰어나고 예민하다. 신중하고 절제력이 있으며 가정적이다. 그러나 이기적이고 사고방식이 수동적이다.

12 음정재

성실하고 책임감이 있다. 내성적이고 온후하며 신중하다. 절제력이 있고 안정적이며 가정적이다. 명예를 중시하고 절약한다. 그러나 소심하고 과단성이 부족하며 고지식하다.

13 양편관

배짱이 있고 추진력이 강하다. 모험심과 의협심이 있고 매사에 적극적이다. 책임감이 있고 정확한 목표가 있다. 권력지향적이며 통솔력이 있고 미래를 보는 안목이 탁월하다. 일을 신속하게 처리하며 공격적이다.

14 음편관

의지가 강하고 은근한 끈기와 고집이 있다. 판단능력이 빠르고 정확하며 총명하다. 추진력과 결단성이 있고 성공에 대한 관심이 높다. 명예를 소중하게 생각하고 의리가 있으며 기분파이다.

15 양정관

명예를 중시하고 인간 중심적이다. 도덕적이고 중용의 미덕이 있다. 성실하지만 모험심과 배짱이 부족하다. 감수성이 있고 감각적이며 예민하다. 타인을 배려하는 자상한 성격이다. 강함과 부드러움을 모두 갖추고 있다.

16 음정관

꼼꼼하고 신중하며 내성적이다. 돈보다 명예가 우선이며 인간중심적이다. 자존심이 강하고 자율성을 중시한다. 하지만 끈기와 책임감이 부족하고 불리한 상황은 회피하려고 한다.

17 양편인

집중력과 결단력이 있어서 일을 빨리 시작한다. 개척정신과 모험심이 있어서 새롭게 시작하는 것을 좋아한다. 활동적인 모험가 또는 자유주의자 타입이다. 그러나 인내심과 끈기가 부족하고 인색하며 임기응변에 능하다.

18 음편인

집중력이 강하고 머리가 총명하다. 재능이 많고 섬세하다. 그러나 성격이 급하고 인내심이 부족하다. 배짱이 없고 절약하는 만큼 인색하다는 말을 듣는다.

19 양정인

지혜롭고 자상하며 학문적이다. 명예를 중시하는 선비 타입이다. 이론적이고 안정적이며 온후하다. 좋아하는 사람에게 집착하는 경향이 강하고 인색하고 이기적인 면이 있다.

20 음정인

섬세하고 예민하며 내성적이다. 이론적이고 생각이 많다. 감각이 발달하고 예민하다. 자녀에 집착하고 사람을 가려 사귄다. 학문적이고 선비의 기질이 있다. 절약이 지나쳐 인색하다.

8. 성격 유형별 추구성향

 추구성향

성격 유형별로 나타나는 단점을 보완하기 위해 나타나는 성향을 말한다. 지향하는 성향이라고 하여 지향성향이라고도 한다.

자신의 성격에 만족하는 사람이 있을까? 사람은 누구나 성격상 단점을 가지고 있고 스스로도 그것을 잘 알고 있다. 그래서 그 단점을 보완해줄 반대의 성격을 원하게 된다. 성격성명학에도 기본 성향이 있다면 추구하는 성향 즉 추구성향이 있다. 지향하는 성향이라고 하여 지향성향이라고도 한다.

성격 유형별로 살아가면서 나타나는 자신의 단점이나 두드러진 성향 때문에 스트레스를 받거나 대인관계에 문제가 생길 때가 많다. 이렇게 기본 성격 때문에 어쩔 수 없이 생겨나는 어려움을 극복하기 위한 성향이 바로 추구성향이다.

이름이 반복적으로 불리면서 그 사람의 성격 유형이 강화되고, 동시에 성격의 단점을 보완해줄 수 있는 추구성향을 갖추기 위해 노력하게 된다. 성격 유형별 장점만 있다면 좋겠지만 누구나 한두 개 유형이 크게 자리잡게 되고, 그 결과 성격 유형에 단점이 나타나게 된다. 이 단점을 추구성향으로 보완하면 좋을 것이다. 여기서는 음양 구분 없이 성향을 구분한다. 양이 활동적이라면 음은 그보다 덜 활동적이다. 여러 성향 중에 우선적으로 바라는 것이 제1추구성향이다.

1 비견

비견은 자기중심적이고, 칭찬이나 관심을 받고 싶어서 타인을 배려하지만 속마음은 늘 외롭고 쓸쓸하다. 이 때 나타나는 것이 추구성향이다.

비견의 제1추구성향은 편관이고, 제2추구성향은 편재다. 편관은 자신의 감정을 직접 표현하고, 편재는 다른 사람을 배려하면서도 실속과 실리를 챙기는 타입이므로 이 둘을 추구하며 비견의 단점을 보완하려고 한다.

2 겁재

겁재는 구조적이고 체계적이고 이론적이고 계획적이어서 융통성이 부족하다. 또한 사람보다는 일이 우선이고, 정해진 틀을 깨지 못하는 타입이다.

겁재의 제1추구성향은 정관이고, 제2추구성향은 정재다. 정관으로는 타인에 대한 배려가 부족하고 사람보다는 일이 우선인 겁재시 단점을 보완하고, 정재로는 목표를 향해 단계별로 꾸준히 성장해가기 위해서이다.

3 식신

식신은 안정적이고 체계적이지만 소심하고 현실안주형이어서 배짱과 추진력이 약하다. 또한 융통성이 부족하고 모험심이 약하고 열정도 부족하다. 이러한 단점을 보강하기 위해 추구성향이 나타나게 된다.

식신의 제1추구성향은 편인이고, 제2추구성향은 편관이다. 편인으로는 자신의 부족한 열정과 모험심을 북돋우며 일을 이끌어가는 능력을 키우고, 편관으로는 추진력과 배짱 그리고 리더십을 키우고자 한다.

4 상관

　상관은 고집이 매우 세고 자기중심적이며, 계획적이고 체계적이어서 리더십이 있다. 그러나 까다롭고 사람보다는 일이 우선인 타입이다.

　상관의 제1추구성향은 정인이고, 제2추구성향은 정관이다. 돌파력과 고집 그리고 계획성은 있지만 인간적 면모나 따뜻한 포용력이 부족한 것을 정인과 정관으로 보완하려고 한다.

5 편재

　편재는 부드럽고 느긋하면서도 은근한 고집과 끈기가 있다. 그러나 손해 보는 일은 되도록 하지 않으려 하고 배짱이 부족하다.

　편재의 제1추구성향은 비견이고, 제2추구성향은 편인이다. 남에게 베풀면서 관심과 칭찬을 받고 싶은 것은 비견으로, 저돌적인 태도와 모험심 그리고 열정은 편인을 통해 보완하고자 한다.

6 정재

　정재는 중후한 멋, 꾸준한 발전과 목표의식, 맡은 바 최선을 다하고 완벽을 추구하는 타입이다. 그러나 주변을 넓게 보지 못하는 경향이 있고 계획적이지 못하며 따뜻한 인간미가 부족하다.

　정재의 제1추구성향은 겁재이고, 제2추구성향은 정인이다. 감각은 발달되었지만 좀더 꼼꼼하고 계획적인 것은 비겁으로 보완하고, 따뜻한 인간미와 모성본능은 정인으로 보완하고자 한다.

7 편관

편관은 배짱과 돌파력, 리더십이 있고 모험을 좋아한다. 그러나 안정감이 없고 자기 자신과 다른 사람에 대한 배려가 부족하기 때문에 추구성향이 나타나게 된다.

편관의 제1추구성향은 식신이고, 제2추구성향은 비견이다. 안정감이 부족하고 자신과 타인에 대한 배려가 부족한 점, 욕망과 명예만 추구하는 현재의 모습을 식신과 비견을 통해 보완하고자 한다.

8 정관

정관은 다른 사람 특히 힘들고 괴로운 사람들은 배려하는 온정적이며 가슴 따뜻한 타입이다. 다만 남을 먼저 배려하다 보니 스스로를 챙기지 못하고 계획적이지 못하며 늘 상처를 받는다. 이런 점을 보완해주는 것이 추구성향이다.

정관의 제1추구성향은 상관, 제2추구성향은 겁재이다. 상관과 겁재를 통해 계획성이 부족하고 자기중심적이지 못하며 남들에게 상처받는 것을 보완하려고 한다.

9 편인

편인은 모험과 도전을 좋아하고 열정적이며 다방면에 재능이 있다. 목표를 정한 후에는 열정적으로 일한다. 다만 다혈질적이고 타인에 대한 배려가 부족하며 안정적이지 못하다. 이것을 보완하기 위해 추구성향이 나타나게 된다.

편인의 제1추구성향은 편재이고, 제2추구성향은 식신이다. 편재로는 타인에게 부드럽게 대할 수 있게 되고, 식신으로는 쉽게 흥분하지 않고 안정적으로 자신을 다스릴 수 있게 된다.

10 정인

정인은 감수성이 있고 감각적이며 모성본능이 강하다. 또한 머리가 총명하고 마음이 따뜻한 타입이다. 다만 자신이 좋아하는 대상 또는 모성본능이 느껴지는 사람에게는 끝없는 사랑을 베풀지만 그렇지 않은 사람과는 관계를 거부한다. 또한 자신이 좋아하는 일이나 사람에게 집착하느라 자신의 일은 제대로 처리하지 못한다. 이러한 단점을 보완하기 위해 추구성향이 나타나게 된다.

정인의 제1추구성향은 정재이고, 제2추구성향은 상관이다. 정재로는 자신의 실속을 챙기고 꾸준한 발전을 추구하며, 상관으로는 계획적이고 구체적으로 목표를 향해 나아가고자 한다.

● 유형별 육친별 추구성향

자신의 성향	제1추구성향	제2추구성향
비견	편관	편재
겁재	정관	정재
식신	편인	편관
상관	정인	정관
편재	비견	편인
정재	겁재	정인
편관	식신	비견
정관	상관	겁재
편인	편재	식신
정인	정재	상관

9. 중심성격과 부중심성격

1) 중심성격과 부중심성격의 의미

성격성명학의 성격 유형을 보면 이름은 첫 글자의 기운이 가장 강하고, 천간의 기운이 지지보다 강하다. 따라서 '김성호'라는 이름을 주위 사람들이 '성호야'로 부른다면 '성'의 기운이 강하게 나타나고, '김성호'로 부른다면 '김'의 기운이 강하게 나타난다. 또한 천간에서 나오는 성격 유형이 60% 정도 작용하고, 지지에서 나오는 성격 유형이 나머지 40% 정도로 작용한다. 이 때 소리의 기운이 가장 강하게 나타나는 것을 중심성격이라고 하고, 그 다음으로 강하게 나타나는 것을 부중심성격이라고 한다.

중심성격과 부중심성격

소리의 기운이 가장 강하게 나타나는 것을 중심성격, 그 다음으로 강하게 나타나는 것을 부중심성격이라고 한다. 이름을 부를 때 이름의 첫 글자가 가장 기운이 강하고, 지지보다는 천간의 기운이 강하다.

그런데 사주팔자가 같고 중심성격이 같더라도 주변 육친에 따라 성격이 전혀 달라지는 경우가 있다. 예를 들어 출생연월일이 1964년 6월 8일 오전 4시로 같은 두 사람이 있다. 한 사람은 이름이 박동선이고, 한 사람은 이동영인데 각각 '동선아', '동영아'로 불렸다면 둘 다 이름의 첫 글자가 '동'이므로 발음 오행이 화火가 되고, 중심성격과 부중심성격이 정인과 상관으로 서로 같다.

그러나 사주팔자가 같고 이름 첫 자가 '동'으로 같다고 해서 성격이 같지는 않다. 동선과 동영은 다른 성격을 가지고 있다. 동선은 천간 육친이 정인, 정관, 정재, 정인이고 동영은 정인, 정관, 정관, 정관이다. 즉 동선은 정인의 성격 유형이 가장 강하게 나타나고 그 다음으로 정재와 정관의 성격이 섞여서 나타나지만, 동영은 정인의 성격과 정관의 성격이 비슷하게 섞여 나타난다.

2) 호칭에 따른 중심성격의 변화

우리는 어릴 적부터 이름이나 별명으로 불려왔다. 이름을 부를 때는 성은 빼고 이름만 부르기도 하고 성과 이름을 함께 부르기도 한다. 이 경우 첫 음절이 달라지기 때문에 같은 이름임에도 불구하고 중심성격이 달라지게 된다.

예를 들어 김민석이란 사람이 '민석아'로 불릴 때와 '김민석'으로 불릴 때 중심성격이 어떻게 달라지는지 보자. 중심성격은 이름의 첫 음절에 나타나기 때문에 '민석아'는 '민'의 ㅁ에서 나타나고, '김민석'은 '김'의 ㄱ에서 나타난다. ㅁ은 발음 오행이 수水이고 ㄱ은 발음 오행이 목木이다. 만약 '민석아'와 '김민석'을 함께 부른다면 중심성격으로 두 가지 성격 유형이 혼합되어 나타난다.

또한 성인이 되어 사회생활을 하면 이름을 생략하고 직위나 직급으로 부르기 때문에 성격 유형이 변화되어 간다. 예를 들어 1968년에 출생한 이현주라는 여성이 교사가 되었다고 치자. 어려서는 '현주야'라고 부르기 때문에 중심성격이 '현'의 ㅎ이지만, 교사가 되면서 학생들이 '선생님'이라고 부르기 때문에 '선'의 ㅅ이 중심성격으로 바뀌고 성격도 바뀌게 된다. 즉 ㅎ은 발음오행이 토土이지만 ㅅ은 발음오행이 금金이므로 성격 유형이 바뀌는 것이다.

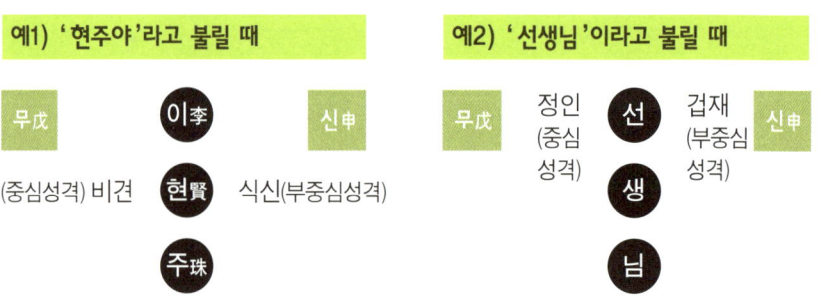

성격성명학에서는 서류상의 이름이 아닌 실제로 불리는 이름을 중시한다. 앞에서 본 것처럼 이름이 따로 있지만 만약 많은 사람들이 부르는 호칭이 따로 있다면 그 호칭을 이름으로 보아야 한다. 자신의 본명 대신 직업 때문에 '선생님'이라고 불린다면 선생님이 이름이 된다. 마찬가지로 '엄마'라고 반복적으로 불린다면 원래의 이름이 아닌 엄마가 이름이 되는 것이다. 전업주부로서 이름이나 직위가 아닌 엄마로 불린다면 이 엄마에서 나타나는 성격이 이 사람의 성격 유형이 된다.

10. 성격 유형에 따른 시기별 특징

1) 음비견

1 성장기(20세 이전)
- 남의 말에 잘 속아 넘어간다.
- 착하고 내성적이다.
- 타인의 지배를 받기 싫어한다.
- 칭찬 받기를 좋아한다. 따라서 칭찬을 반복하면 고집도 쉽게 풀어진다.
- 맡겨주고 칭찬해줄 때 완벽하게 일처리를 한다.
- 누르고 억압하면 잘하던 일에도 쉽게 싫증을 낸다.
- 공주병이나 왕자병 증세가 있다.
- 단순하고 소심하다.
- 끈기가 부족하다.
- 욱하는 성질이 있다.
- 어린 나이에 영감 소리를 듣는다.
- 규칙적인 생활에는 흥미를 느끼지 못한다.
- 좋은 평가를 받기 위해 자신을 포장하거나 과시하는 경향이 있다.
- 자신의 모습을 있는 그대로 허용한다. 자신을 엄격하게 비판하지 못한다.
- 주변 사람들의 반응에 매우 민감하다.

2 중간기(21~34세)

중간기에는 성장기와 완성기의 성격이 혼재하므로 두 시기의 성격이 복합적으로 나타난다.

3 완성기(35세 이후)

- 500원에는 소심하고 500만원에는 대범하다.
- 타인의 지배나 간섭을 싫어한다.
- 여유없이 바쁜 직장생활은 힘들어한다. 자신의 사업도 힘들어한다.
- 상사가 맡겨주고 믿어주는 자유로운 직업이 좋다.
- 감각이 뛰어나다.
- 끈기가 부족하다.
- 배우자 등 가까운 가족이나 자신과 잘 아는 사람에게는 고집을 부리지만 가까운 친구나 선후배에게는 과도한 친절을 베푼다. 연애할 때도 상대에게 매우 잘한다.
- 기획력이나 아이디어가 뛰어나 최고의 참모가 될 수 있다.
- 자신이 하고 있는 일에 대해 다른 사람이 부정적으로 말하면 매우 싫어한다.
- 사람을 가려 사귄다.
- 격한 성격과 자기 위주의 사고방식, 분위기에 편승하는 기질, 과시하고 싶은 욕망 등을 절제해야 한다.

2) 양비견

1 성장기(20세 이전)

- 의지가 강하고 끈기가 있다.
- 마음 깊은 곳에 모성본능이 숨겨져 있다.
- 자존심이 아주 강하다.

- 다른 사람 말에 솔깃해진다.
- 시건방진 면이 있다.
- 남에게 보여주고 싶은 욕망이 크다.
- 돈을 우습게 여긴다.
- 여성은 명랑하고 밝은 성격이지만 남성은 내성적이다.
- 칭찬에 민감하다.
- 타인과 비교당하는 것을 싫어한다.
- 괄괄하면서 적극적이다.
- 쓸데없는 고집이 있다.
- 칭찬하고 인정해주면 능력을 발휘한다.
- 주변의 반응이 사라지면 의욕도 사라지고 끈기도 없어진다.
- 꼼꼼하고 치밀하며 맡은 일이나 마음먹은 일을 끝까지 처리하기 때문에 똑똑하다는 소리를 듣는다.
- 잘난 척한다는 소리를 듣는다.
- 모든 상황을 자신의 눈으로 본다.

2 중간기(21~34세)

중간기에는 성장기와 완성기의 성격이 혼재하므로 두 시기의 성격이 복합적으로 나타난다.

3 완성기(35세 이후)

- 통이 크고 돈이나 재물을 가볍게 여긴다.
- 500원에는 소심하고 500만원에는 대범하다.
- 자신의 단독사업을 하기 원한다. 공동사업공이나 동업을 꺼린다.
- 직장생활(특히 지배를 받고 자신의 활동영역이 없는)을 견디지 못하고 자주 이직한다.

- 한번 믿으면 쉽게 넘어가 보증이나 돈거래로 패가망신할 수 있다.
- 친구나 선후배에게는 잘하지만 배우자에게는 고집을 세우다 부부관계가 악화되기 쉽다.
- 극과 극으로 치달을 수 있다.
- 보수적이다.
- 규칙적인 생활에는 흥미가 없다.
- 목표가 크고 허황하기 쉽다.
- 자신만의 생각과 의지가 강하여 최고책임자가 되면 통솔력을 발휘한다.
- 자신에게 맡겨주고 책임이 주어지는 것을 좋아한다.
- 여성은 괄괄하고 남성적인 면이 강하다. 집안일도 열심히 하지만 사교성이 좋아서 바깥일에도 관심을 갖는다.
- 타인에게 호감을 주는 외교력이 있다.
- 극단적인 억압이나 구속을 받으면 자폐증이나 우울증이 나타난다.

3) 음겁재

1 성장기(20세 이전)

- 대인관계가 무난하다.
- 아무것도 하지 않는 것이 좋다.
- 내성적이고 아주 느긋한 성격이라서 흥분하는 일이 많지 않다.
- 타인의 말에 별 관심이 없다.
- 무슨 생각을 하고 있는지 쉽게 알 수 없다.
- 새로운 것에 대한 호기심이 있지만 모험은 하지 않는다.
- 사람들을 좋아하고 양보를 잘한다.
- 결정을 빨리 내리지 못하고 우유부단한 편이다.
- 수줍음이 많고 겁도 많다.

- 새로운 일을 하려고 덤비면 바보가 되기 십상이다.
- 자신의 단점들을 솔직하게 인정한다.
- 뚜렷한 목표의식이 부족하고 자신만의 독특한 지도력도 부족하다.
- 여성은 행동이 빠르고 일을 찾아나선다.
- 체계적이고 철저하며 과로할 정도로 일을 많이 한다.
- 일을 기어코 완성시키며 정해진 일정표에 맞춰 해낸다.

2 중간기(21~34세)

중간기에는 성장기와 완성기의 성격이 혼재하므로 두 시기의 성격이 복합적으로 나타난다.

3 완성기(35세 이후)

- 내일까지 기다릴 수 없다고 조급해하지 않는다.
- 무엇인가를 하려면 외부의 자극이 필요하다.
- 어떤 일을 복잡하게 만들어서 힘들게 하는 것을 싫어한다. 장애물이 없고 무난한 길을 선택한다.
- 자신이 침착한 사람임을 잘 알고 있다.
- 사람들의 흥분을 가라앉히기 위해 상대방에 맞추어 행동하려 한다.
- 자기 자신을 그렇게 중요한 사람이라고는 생각하지 않는다.
- 화를 잘 내지 않는 편이다.
- 무엇을 새롭게 시작하려면 생각을 많이 하는 편이다.
- 집에서나 직장에서 가까운 친구나 동료는 몇 명 되지 않는다.
- 가정이나 직장을 지키려는 방어본능이 강한 타입이다.
- 소심하여 작은 돈에 연연하다가 어느 순간 가까운 사람의 말에 현혹되어 큰 낭패를 보는 경우가 많다.

4) 양겁재

1 **성장기**(20세 이전)

- 언제나 명랑하고 적극적이어서 주변에 사람이 많이 모여든다.
- 사교성이 뛰어나고 대인관계가 원만하다.
- 강하지 않고 부드러운 성격이다.
- 성실하고 두뇌회전이 빠르며 행동이 민첩하다.
- 놀기 좋아하고 무엇이든 즐거운 것을 좋아한다.
- 누구를 만나든 적대감을 느끼지 않는다.
- 자신이 흥미를 갖는 것 이외에는 별 욕심이나 관심이 없다.
- 활동적인 운동을 취미로 한다.
- 책상 앞에 앉아 있기보다 변화하는 학습방법을 좋아한다.
- 주변사람들에게 재미있는 사람 또는 호감 주는 사람으로 여겨지지만 때때로 믿음이 부족해 보이기도 한다.

2 **중간기**(21~34세)

중간기에는 성장기와 완성기의 성격이 혼재하므로 두 시기의 성격이 복합적으로 나타난다.

3 **완성기**(35세 이후)

- 계획적인 성격으로 여성은 가정생활에 충실하고 남성 또한 가정을 벗어나지 않는다.
- 고집이 세고 보수적이다.
- 인덕이 별로 없다.
- 소심하고 의심이 많아 큰 사업은 하면 안 된다.
- 어느 순간 과욕으로 사업을 확장하다가 망하는 경우가 종종 있다.

- 원칙을 중요하게 생각한다.
- 인간적인 정과 일을 선택하라면 일을 우선으로 처리한다.
- 계획적이고 체계적인 일들이 어울린다.
- 남성은 내성적이며 주관적이며, 여성은 외향적이고 주관적이다.
- 진지한 면이 있고 주위 사람들도 진지하게 받아들인다.
- 현실에 기반을 두고 차분하고 착실하게 매사를 처리해 나간다.
- 자신의 의지나 감정을 밖으로 나타내지 않는다.
- 겉으로는 부드럽고 내성적으로 보이지만, 속으로는 자신이 생각한 것을 고집하는 보수적이고 자기방어적인 면이 있다.
- 임기응변과 처세술이 뛰어나다.
- 자신이 손해 보는 일은 쉽게 하지 않는다.
- 쓸데없는 잔걱정이 많지만 모든 일에 솔직하고 정직하려고 노력한다.
- 해야 할 일은 많은데 시간이 부족해 항상 조급해 한다.
- 꼼꼼하고 성실하고 정직하지만 완벽주의자 기질이 있다.
- 자기 자신만의 기준으로 자신과 남들을 평가하고 비판한다.
- 모든 것이 깔끔하게 정리되어 있지 않으면 짜증을 낼 때가 많다.

5) 음식신

1 성장기(20세 이전)
- 자신의 감정을 제대로 표현하지 못한다.
- 상황에 순응하는 편이다.
- 모든 일에 흘러가는 대로 따라가는 것이 좋다.
- 자신이 중요한 사람이라고 생각하지 않는다.
- 침착하고 조용하다.
- 활동적이고 불안정한 분위기를 어색해한다.

- 한꺼번에 여러 가지 일이 생기는 것을 싫어한다.
- 양보를 많이 한다.
- 다급한 상황에도 침착하게 행동한다.
- 현재에 만족한다.
- 결정을 빨리 내리지 못하고 우유부단하다.
- 재미있는 이야기를 해도 남들은 잘 듣지 않는다.
- 환경이 바뀌어도 참고 잘 적응한다.
- 힘든 상황을 극복해가는 데 시간이 걸린다.
- 상황 판단능력이 부족하다.
- 모험을 하지 않는 타입으로서 목표를 세워도 매우 조심스럽게 출발한다.
- 교사나 부모의 관심이 있을 때 자신감을 갖고 공부한다. 특히 부모의 간섭과 관심이 반드시 필요하다.

2 중간기(21~34세)

중간기에는 성장기와 완성기의 성격이 혼재하므로 두 시기의 성격이 복합적으로 나타난다.

3 완성기(35세 이후)

- 안정적이고 모험을 하지 않는다.
- 월급생활자로 만족한다. 특히 여성은 전업주부로 만족하는 사람이 많다.
- 사업이나 장사를 하다가는 십중팔구 실패한다.
- 자신이 우두머리가 아닌 곳에서는 잘 적응하고 무난하게 살아간다.
- 나쁜 짓은 도저히 용서할 수 없다고 생각한다.
- 정확한 것이 중요하다.
- 꼼꼼하고 성실하고 정직하지만 소심하다.

- 모든 것이 깔끔하게 정리되어 있지 않으면 짜증이 날 때가 있다.
- 사람들 앞에 나서는 것은 체질적으로 맞지 않는다.
- 장애물이 없고 무난한 길을 선택한다.
- 주위에서 성실하다는 평가를 받는다.
- 다투거나 싸우는 것을 싫어한다.
- 생각이 깊은 편이다.
- 여러 사람들과 같이 있는 것을 좋아하지 않는다.
- 조금이라도 실패할 가능성이 있으면 새로운 일을 회피한다.
- 타인과 우정이나 동료의식을 맺기가 매우 어렵다.

6) 양식신

1 성장기(20세 이전)

- 안정적이면서 자신의 몫을 지킨다.
- 자신의 감정을 드러내지 않는다.
- 인내심이 강하다.
- 환경 적응능력이 뛰어나다. 그러나 모험은 두려워한다.
- 자신의 몫이나 테두리를 지키려고 한다. 이 때문에 까다롭게 보일 수 있다.
- 어려운 상황을 혼자서 해결해 나가는 능력이 약하다.
- 부모가 관심을 가질 때 공부에 관심을 보인다.
- 공부나 일이나 다른 사람들로부터 인정받고 칭찬을 받으면 더욱 열심히 한다.
- 비판에 민감하고 마음이 약해서 작은 비판에도 상처받고 눈물 흘린다.
- 다른 사람의 요구나 의견을 쉽게 수용하고 양보를 잘한다.
- 불화나 갈등 상황에서는 당황하고 심난해 한다.
- 일에 싫증을 쉽게 느낀다.
- 꾸준히 공부하는 편이지만 집중을 못 하는 경우가 많으므로 누군가 항상 자신

을 지켜보고 있음을 상기시켜야 학습능률이 높아진다.
- 자신이 좋아하는 것에만 자신감이 생긴다.
- 친구들과 관계가 원만하지만, 어울리고 싶을 때 거부당하면 속상해한다.

2 중간기(21~34세)

중간기에는 성장기와 완성기의 성격이 혼재하므로 두 시기의 성격이 복합적으로 나타난다.

3 완성기(35세 이후)

- 낙천적이며 여유가 넘친다.
- 욕심이 없고 리더십이 부족하다.
- 주어진 범위 안에서는 독특한 능력을 발휘한다.
- 강한 자에게는 약하고 약한 자에게는 강하다. 그래서 자신보다 약자라고 생각하면 잔소리가 많아지고 억누르려고 한다.
- 현실적이고 모험을 싫어한다.
- 시간을 어떻게 활용했는지 하나 하나 확인하곤 한다.
- 특별한 사람이 되는 것을 오히려 부담스럽게 생각한다.
- 결정적인 극한 상황에서는 뒤로 물러난다.
- 남의 이야기를 잘 듣는 편이다. 특히 가족에게 의지하려고 한다.
- 귀가 얇아 보증이나 돈거래로 인한 손해를 볼 수 있다.
- 여성은 생활력과 가정을 지키려는 방어본능이 강하다.

7) 음상관

1 성장기(20세 이전)

- 계획을 세우면 잘 지키는 편이다.

- 자신의 감정을 밖으로 드러내지 않는다.
- 생각하던 일을 진전시키는 데 부모의 영향력이 필요하다.
- 위기상황에서는 누군가의 도움이 있어야 한다.
- 지속적인 보살핌과 관심 그리고 충고가 필요하다.
- 중요한 결정은 남(부모나 그 밖의 사람들)이 대신 내려주는 것이 편하다.
- 공부할 때 세부적인 내용을 잘 암기한다.
- 주변 사람들이 귀엽다고 말하거나 쓰다듬어주면 매우 어색해한다.
- 새로운 일보다는 항상 하는 익숙한 일을 하려고 한다.
- 꼼꼼하다는 말을 많이 듣는다.
- 자제력이 있고, 의지와 끈기가 강한 편이다.
- 손으로 직접 만지거나 조작하는 것을 좋아한다.

2 중간기(21~34세)

중간기에는 성장기와 완성기의 성격이 혼재하므로 두 시기의 성격이 복합적으로 나타난다.

3 완성기(35세 이후)

- 모든 일을 일관성 있게 추진한다.
- 자신의 감정을 억제하고 조절하는 능력이 뛰어나다.
- 사실적인 근거가 있는 것만 믿는다.
- 일을 완벽하게 마치지 않으면 잠을 이루지 못한다.
- 통계나 자료를 분석하기를 좋아한다.
- 세밀하고 꼼꼼하게 일을 처리한다.
- 계획대로 실천하는 편이다.
- 인내심과 자제력이 있다.

- 남들에게서 성실하다는 소리를 듣는다.
- 다른 사람과 부딪치는 것을 싫어한다.
- 언제나 가장 안전한 길을 택하는 것이 마음 편하다.
- 모험을 두려워한다.
- 체면을 중시하고 주위의 눈치를 많이 보는 편이다.
- 눈에 너무 띄지 않는 평범한 옷차림을 좋아한다.

8) 양상관

1 성장기(20세 이전)

- 처음 보는 아이들과도 쉽게 친해지는 편이다.
- 고집이 매우 세다.
- 리더십이 뛰어나다.
- 잔소리가 많다. 특히 "그게 정말이야?" 식의 질문을 많이 한다.
- 하고자 하는 것은 반드시 하고야 만다.
- 자신의 의견이 반복적으로 받아들여지지 않으면 자폐적인 증세가 나타난다.
- 재주가 뛰어나고 다방면에 소질이 있다.
- 모든 것이 깔끔하게 정리되어 있지 않으면 짜증이 날 때가 자주 있다.
- 시간낭비라고 생각하는 일이나 만남 등을 피한다.
- 더 잘할 수 있는데 왜 못 하느냐고 자기 자신이나 주위 사람들을 자주 다그친다.
- 자신이 필요한 것을 위해 싸우고 또한 단호하게 지켜낸다.
- 순응하기 어려운 사람이다. 신경질적인 성격이다.
- 책임진 분야에서는 꼼꼼하게 계획하고 마무리를 철저하게 한다.
- 다른 사람을 가르치기를 좋아한다.
- 방어본능이 강하고 섬세하여 한 분야에서 꾸준히 발전한다.

2 중간기(21~34세)

중간기에는 성장기와 완성기의 성격이 혼재하므로 두 시기의 성격이 복합적으로 나타난다.

3 완성기(35세 이후)
- 대단히 안정적인 타입이다.
- 나이 들면서 과거의 고집이 모두 사라진다.
- 내성적이고 보수적이며 자기 중심적이다.
- 자신의 것을 지키려는 본능이 강하다.
- 대인관계가 원만하지만 가끔 아랫사람이나 자신보다 약한 사람을 무시하고 멸시한다.
- 기획력이 뛰어나 참모나 기획실, 비서실 등에 잘 어울린다.
- 계획성이나 기획력은 타의 추종을 불허한다.
- 총명한 머리와 기획력으로 꾸준히 정진한다면 훌륭한 교수로 성장할 수 있다.
- 작은 실수나 결점에도 신경이 쓰인다.
- 정확한 것이 중요하다.
- 시간 활용에 치밀하다.
- 다른 사람 때문에 쓸데없이 귀찮아지는 것을 싫어한다.
- 여성은 감정 기복이 심하고, 자식 중에서도 좋고 싫은 자식을 구별한다.
- 학자나 참모형이니 사업은 되도록 삼가는 것이 좋다.

9) 음편재

1 성장기(20세 이전)
- 소심하고 안정적이며 무난한 성격이다.
- 자신의 감정을 쉽게 드러내지 않는다.

- 한 가지 일에 집중하기보다는 새로운 것에 호기심을 갖는다.
- 생각에 요점이 없다.
- 자연스러운 행동과 부드러운 표현력을 가지고 있다.
- 새로운 아이디어가 무궁무진하다.
- 적극성과 추진력은 없지만 새로운 것에 대한 탐구심은 뛰어나다.
- 힘든 일이나 슬픈 일이 있어도 금방 잊어버린다.
- 얼굴에서 악의가 느껴진다.

2 중간기(21~34세)

중간기에는 성장기와 완성기의 성격이 혼재하므로 두 시기의 성격이 복합적으로 나타난다.

3 완성기(35세 이후)

- 손해보는 일에는 절대 손대지 않고 인색한 편이다.
- 여성스러운 기운이 감돈다.
- 어디든지 잘 적응하고 이성에게 친절을 베푼다.
- 명랑하고 농담도 잘하며 대중의 기분을 맞출 줄 알고 놀 줄 안다. 모임 등에서 튀는 편이다.
- 남성은 마음씨가 좋고 인심이 후해 여성에게 인기가 많다.
- 스포츠, 오락, 춤, 노래 등 취미가 다양하여 대인관계가 원만하다.
- 만나는 사람에게 적대감을 느끼는 일이 없다.
- 농담이나 밝은 이야기를 좋아하고 어두운 이야기는 듣고 싶어하지 않는다. 슬픈 일이나 어두운 현실은 잊어버리고 즐겁게 지내고 싶어한다.
- 사람들을 즐겁고 기쁘게 해주는 것을 좋아한다.
- 눈가에 주름이 유난히 많다.

- 자칫 가벼워 보일 수 있으니 내적 충실을 쌓아야 한다.

10) 양편재

1 성장기(20세 이전)

- 생각하는 것을 좋아한다.
- 혼자 있는 것을 좋아한다.
- 어떤 일에 뛰어들기 전에 남들이 하는 것을 관찰하는 경향이 있다.
- 자신의 감정을 제대로 표현하기 어려워한다.
- 선비정신이 강하다.
- 융통성이 없고 생활의 틀이 정해져 있다.
- 부드럽고 온정적이다.
- 자신의 생각이나 의견을 다른 사람에게 강요하지 않는다.
- 조용하고 겸손하다.
- 인생의 소중한 순간을 즐기면서 자신만의 공간을 꾸민다.
- 사람들의 주목을 받는 것을 싫어한다.
- 재능이 뛰어나지만 쉽게 파악하기 어렵다.
- 만들기, 바둑, 그림, 음악, 컴퓨터 등 학교공부 외적인 것에 관심이 많다.
- 생활에 적용할 수 있고 실제적인 것 예를 들어 그림을 그리거나 모형을 만드는 것을 배우고 싶어한다.

2 중간기(21~34세)

중간기에는 성장기와 완성기의 성격이 혼재하므로 두 시기의 성격이 복합적으로 나타난다.

3 완성기(35세 이후)

- 검소하고 부지런하며 끈기가 있다.
- 간혹 투기를 좋아하고 모험을 즐기며 승부에 집착한다.
- 주식, 도박, 경마 등에 손을 대서 패가망신하는 사람도 있다.
- 부동산 투자로 재산을 증식하는 사람도 많다.
- 타인 특히 이성에게 친절하다.
- 계획적으로 준비하여 일을 추진한다.
- 큰 모험보다는 안정적인 삶을 추구하며 인색하다.
- 자신의 일을 조용히 즐기며, 융통성과 능력 있는 사람들이 도와주는 것을 좋아한다.
- 여가시간을 좋아하며 여가시간을 잘 활용한다.
- 갈등을 두려워하거나 그로 인해 일을 잘못 처리하는 것을 두려하다가 손해 보는 경우가 많다.
- 친구, 선후배와의 의리를 소중히 여긴다.

11) 음정재

1 성장기(20세 이전)

- 성격이 매우 착하고 온화하다.
- 섬세하고 세밀하게 생각하고 꼼꼼하게 일을 처리한다.
- 감성보다 이성이 발달되어 있다.
- 개인주의적 성향을 가진 것처럼 보일 수도 있다.
- 솔직하고 합리적인 면이 있다.
- 사소한 일도 정확하게 처리하고 양보다 질을 선호한다.
- 수줍음을 타고 겁이 많다.
- 예민하고 쉽게 친구를 사귀기 어렵다.

- 타인이 자기를 싫어하는 것을 금세 알아차린다.
- 끊임없이 자신감을 북돋아주지 않으면 제 구실을 못한다.
- 계획적인 생활을 하고 함부로 행동하지 않는다.
- 행동이 느리고 성실한 타입이다.

2 중간기(21~34세)

중간기에는 성장기와 완성기의 성격이 혼재하므로 두 시기의 성격이 복합적으로 나타난다.

3 완성기(35세 이후)

- 보수적이고 가정적이다.
- 명예나 권위를 중시하고 급격한 변화는 좋아하지 않는다.
- 자기 주장을 잘 못한다고 생각한다.
- 조용조용 이야기하는 편이라 좀 크게 말해 달라는 이야기를 많이 듣는다.
- 생각하는 것으로 문제를 해결하려 한다.
- 혼자 있는 시간을 좋아한다.
- 단계적인 일에 뛰어나다.
- 자신이 좋아하는 일에는 쉽게 감동받는다.
- 늘 정돈된 상황을 좋아한다.
- 서류 등은 꼼꼼하게 분류한다.
- 타인과의 충돌은 되도록 피한다.
- 고지식하고 융통성이 없다.
- 자신을 기분 좋게 대하지 않는 사람과 쉽게 어울리지 못한다.
- 사람들의 부탁이나 요구를 쉽게 거절하지 못한다.

12) 양정재

1 성장기(20세 이전)

- 내성적이고 착하다.
- 끝마무리가 철저하다.
- 이성적이고 판단력과 통찰력이 뛰어나다.
- 타인의 평가에 조금은 좌우되지만 자신의 인생을 스스로 이끌어 나간다.
- 감정을 자제하고 현실에 충실하려고 노력한다.
- 자신의 감정을 소중하게 생각한다.
- 충동적이지 않고 계획적이다.
- 맡겨진 분야에 희망을 불어넣어주면 의욕적으로 활동한다.
- 지구력과 인내심이 강하다.

2 중간기(21~34세)

중간기에는 성장기와 완성기의 성격이 혼재하므로 두 시기의 성격이 복합적으로 나타난다.

3 완성기(35세 이후)

- 보수적이며 독특한 고집이 있다.
- 한번 정을 주면 쉽게 배반하지 않는다.
- 한번 싫어하면 그 감정을 쉽게 드러낸다.
- 여성은 자기방어본능이 강하며 간혹 까다로운 성격으로 보인다. 부동산에 독특한 능력을 발휘한다.
- 너무 진지하게 생각한다.
- 무엇인가 잘못한 것이 없는지 항상 자문한다.
- 옷차림을 단정히 하고 주위를 깨끗이 정돈해두면 그만큼 자신의 생활을 스스

로 조절하고 있다고 느껴진다.
- 자만하는 사람이나 야심이 많은 사람을 싫어한다.
- 새로운 기획안을 만들거나 연구하는 데 능력이 있다.
- 책임진 분야에서는 과감하게 밀고 나가고 사리판단이 분명하다.

13) 음편관

1 성장기(20세 이전)
- 붙임성이 있고 대인관계가 좋다.
- 고집이 매우 세다.
- 칭찬에 민감한 성격이다.
- 내성적이지만 자신이 맡은 일에는 책임을 다한다.
- 교사가 개인적 관심을 보여주면 공부가 더욱 잘 되며, 관찰이나 독서 등 다양한 수단을 동원했을 때 학습효과가 높다.
- 과거나 현재보다는 미래에 대한 관심이 많다.
- 목표와 꿈이 매우 큰 편이다.

2 중간기(21~34세)
중간기에는 성장기와 완성기의 성격이 혼재하므로 두 시기의 성격이 복합적으로 나타난다.

3 완성기(35세 이후)
- 내성적인 성격이다.
- 명예를 소중히 생각한다.
- 고집불통이며 타인의 지배를 받기 싫어한다.
- 다른 사람들 뿐 아니라 자기 자신도 완전하지 못하다고 느끼고 욕구불만에 휩

싸인다.
- 다른 사람들에게 자신은 모든 일에 성공적으로 해내는 사람이라는 인상을 주고 싶어한다.
- 목표를 달성하기 위해 때로는 상대방에 맞추어 타협한다.
- 과거의 실패나 잘못보다는 성공한 일에 대해 생각하는 것이 좋다.
- 자신은 항상 성공적으로 해낸다고 생각한다.
- 항상 무엇인가 해야 즐겁다.
- 자신이 필요로 하는 것에 대해 싸우고 단호하게 지킨다.
- 도전할 대상이 있어야 힘이 솟는다.
- 모든 일을 흘러가는 대로 내버려두는 것은 싫다.
- 나는 순응하기 어려운 사람이라고 믿는다.

14) 양편관

1 성장기(20세 이전)
- 매우 내성적이지만 고집 또한 매우 세다.
- 반장이나 부장 등 간부가 되면 일을 더욱 열심히 한다.
- 인정해주면 두 배의 능력을 발휘한다.
- 누구와 비교당하는 것은 질색이다.
- 간섭하고 억제하면 잘하던 일도 그만두고 심한 스트레스를 받는다. 또한 남에게 명령받는 것을 참기 힘들어한다.
- 타인 앞에서 자신을 과시하는 것이 좋다.
- 여성스러움을 강요하는 것을 매우 싫어한다.
- 미래에 대한 열정이 있고 활동적이다.
- 힘이 있어야 하고 삶의 의미는 자기 추구에 있다고 믿는다.
- 시간이 걸리는 일이나 놀이는 금세 싫증을 내고 새로운 놀이나 활동을 찾는다.

- 항상 목표를 명확하게 정하고 목표를 이루기 위해 당장 해야 할 일이 무엇인지 잘 알고 있다.
- 기분이 잘 드러나기 때문에 보면 바로 기분 상태를 알 수 있다.
- 순간적인 재치가 있다.

2 중간기(21~34세)

중간기에는 성장기와 완성기의 성격이 혼재하므로 두 시기의 성격이 복합적으로 나타난다.

3 완성기(35세 이후)

- 돈보다는 명예를 소중히 한다.
- 적극적이고 추진력이 강하며, 자신이 결정한 일은 배짱으로 밀고 나간다.
- 융통성이 있어 대인관계가 좋다.
- 타인의 지배를 싫어한다. 간섭하면 하던 일도 그만두는 고집이 있다.
- 직장 내에서 믿고 맡기면 능력을 발휘한다.
- 타인에게 지기 싫어하는 성격이 강해서 적을 만드는 경우가 많다.
- 발전 욕구가 매우 강하여 자신을 더욱 발전시켜 나간다.
- 사람들과 대결하는 것을 두려워하지 않으며 실제로도 자주 대결한다.
- 조직에서 누가 권력을 잡고 있는지 금방 알아차린다.
- 공격적이고 자기 주장이 강하다. 순응하기 어려운 사람이다.
- 앉아서 하는 일은 금방 따분해지고 움직이는 것이 좋다.
- 자신감이 지나쳐 자칫 정치꾼처럼 느껴질 때도 있다.
- 흑백이 분명한 것을 좋아한다.
- 구멍가게라도 자기 사업을 하는 사업가 타입이다.
- 고집이 세지만, 아니라고 생각하면 쉽게 고집을 꺾는 순간 대처능력이 뛰어나다.

- 배우자가 도전적일 때는 다툼이 많이 일어난다.
- 일과 조직과 프로젝트에서 뛰어난 행정력을 발휘하는 타입이므로 책임자에 오르는 경우가 많다.

15) 음정관

1 성장기(20세 이전)

- 모성본능이 강하고 착하다.
- 칭찬과 관심에 민감하다. 관심을 보여주고 자주 칭찬해주면 무슨 일이든 최선을 다한다.
- 남에게 베풀기를 좋아하여 많은 사람에게 인정받는다.
- 학문에 남다른 관심이 있고 문장력이 뛰어나다. 단, 언어능력보다는 글쓰기에 강점이 있다.
- 계획성이 부족하여 계획을 짜놓고 제대로 지키는 경우가 거의 없다.
- 자유롭게 순간순간 적응해 나가는 것을 좋아하고 여유 없는 상황에서는 적응이 힘들다.
- 논리적이고 체계적이기보다는 감정적이고 감상적이다.
- 대담하지 못하고 자신감이 없어 보인다. 자기 표현이 약하고 부끄러움을 탄다.
- 먼저 신중히 생각한 후 행동한다.
- 생각에 빠질 때가 자주 있다.
- 낯선 곳에 혼자 심부름 가는 것을 매우 주저한다.
- 친한 사람이나 친구가 없는 모임에 가면 매우 불편해한다.
- 혼자 놀거나 조용히 책 읽는 것이 자주 눈에 뜨인다.
- 친구를 쉽게 사귀지 못하고 몇몇 아이들하고만 매우 친하게 지낸다.
- 침착하고 조용하다는 말을 많이 듣는다.
- 남의 말에 쉽게 넘어간다.

2 중간기(21~34세)

중간기에는 성장기와 완성기의 성격이 혼재하므로 두 시기의 성격이 복합적으로 나타난다.

3 완성기(35세 이후)

- 학자나 선비의 인자함이 있고 교사나 교수, 공무원이 잘 어울린다.
- 사려 깊고 온화한 성품이고, 논리적이며 이론에 밝다.
- 사업을 하면 인간관계에 얽매여 보증이나 돈거래를 하다 낭패를 당할 수 있다.
- 친족에 대한 애정이 깊어 부모형제에게 남다른 관심을 가지고 베풀기를 즐기며, 배우자의 작은 비판에도 쉽게 화를 낸다.
- 밖에 나가 친구, 선후배 등과 잘 어울리고 좋은 사람이란 소리를 듣는다.
- 가끔은 배우자에게 이유 없이 고집을 피워 가정에 파란이 생긴다.
- 무난하고 점잖하다는 말을 듣는 편이다.
- 순박하고 명예를 소중히 여긴다.
- 쓸데없는 걱정이 많다. 또한 자신의 것을 더 주장하고 고집하는 편이다.
- 자신이 완벽하지 못해서 불만이 많다.
- 해야 할 일이 많으면 시간이 부족해서 항상 조급해한다.
- 남의 지시에 따르기보다는 자기 마음대로 행동하는 것을 좋아한다.

16) 양정관

1 성장기(20세 이전)

- 정직하고 섬세한 감정의 소유자이다.
- 진리, 정의, 도덕, 질서 등을 중시하는 이상주의자이다.
- 공평무사하게 타인에 대한 깊은 애정을 가지고 있다.
- 불가능한 꿈들을 항상 가슴 속에 담고 있는 순수함이 있다.

- 외부 상황에 지나치게 신경 쓴다.
- 종종 상상의 세계를 만들고 그 속에서 깊이 빠져 산다.
- 종종 자신만의 생각이나 책 속에 빠져 있다.
- 다소 수줍은 경향이 있다.
- 새로운 상황에서는 더욱 수줍어한다.
- 자신의 이름을 기억해주면 상당히 호감을 느끼지만, 낯선 곳에서는 자신의 이름을 밝히기 꺼린다.

2 중간기(21~34세)

중간기에는 성장기와 완성기의 성격이 혼재하므로 두 시기의 성격이 복합적으로 나타난다.

3 완성기(35세 이후)

- 이해심과 적응력이 많고 대체로 관대하며 개방적이다.
- 사람들이 자신에게 조언을 듣거나 위안을 받으러 오는 것을 좋아한다. 그러나 다른 사람들이 자신을 의지하는 것이 기쁜 한편 무거운 짐으로 느껴질 때도 있다.
- 정작 자신의 일은 뒤로 미루는 경향이 있다.
- 남을 위해 열심히 일했는데도 고맙다는 소리를 못 듣는 경우가 종종 있다. 이럴 때는 자존심이 많이 상하고 자신을 희생한 듯 느껴진다.
- 사랑을 주고받는 것이야말로 인생에서 가장 중요한 일 중의 하나라고 생각한다.
- 주변 사람들과 감정을 공유할 때 기쁨을 느낀다.
- 자신의 도움으로 사람들이 성공했을 때 행복을 느낀다.
- 어렵고 힘든 사람을 만나면 가슴이 아프고 돕고 싶어진다.
- 자신에 대한 주변 사람들의 평가에 민감하다.

- 다자간의 만남보다는 소수의 만남을 좋아한다.
- 잘 알지 못하는 사람의 일에는 관여하기 싫어한다.
- 반복적이고 일상적인 일은 싫어한다.
- 조용하면서도 신념이 강하다. 가치 있다고 느끼는 일에는 생명을 바칠 각오까지 있다.
- 행동하기보다는 반성에 많은 시간을 소비한다.
- 타인의 요청 특히 친한 사람의 부탁은 싫으면서도 잘 거절하지 못한다.
- 애정 표현을 직접적으로 하지 못한다.

17) 음편인

1 성장기(20세 이전)

- 예술적인 감각이 있고 이 분야로 진출하는 사람이 많다.
- 머리가 아주 비상하고 지능지수가 높다.
- 다방면에 많은 능력을 발휘한다.
- 한 가지 일에 집중하기보다는 관심 분야가 다양하다.
- 성격이 매우 급한 편이다.
- 오랫동안 책상에 앉아 있기 힘들다.
- 고향을 일찍 떠나는 경우가 많다.
- 우주의 질서에 대한 탐구에도 관심을 가진다.
- 역마의 기운이 강하므로 새로운 흥미를 주어 학습 동기를 이끌어내야 한다.
- 관심 분야가 생기면 끈기 있게 집중한다.

2 중간기(21~34세)

중간기에는 성장기와 완성기의 성격이 혼재하므로 두 시기의 성격이 복합적으로 나타난다.

3 완성기(35세 이후)

- 마음을 쉽게 드러내지 않는다.
- 감정 기복이 심하고 예민하다.
- 안정적이고 소심하며 배짱과 리더십이 부족하다.
- 기획력이 탁월하여 기획 업무가 잘 맞는다.
- 아이디어가 넘쳐난다.
- 다방면에 재능을 보이며, 특히 연극인, 사진작가, 화가, 음악가 등 예술가가 되는 사람이 많다. 그러나 이런 직업을 제외하면 사물에 대한 관심이 너무 많아 직업이 자주 바뀐다.
- 한 가지 일을 지속하기보다는 새로운 일을 시작하는 것이 즐겁다.

18) 양편인

1 성장기(20세 이전)

- 감각이 아주 빠르고, 남들보다 지능지수가 높다.
- 외향적인 성격이고 활동량이 매우 많다.
- 개구쟁이 기질이 매우 강하다.
- 고집이 매우 세기 때문에 제어하기 어렵다.
- 운동과 예술적 감각이 뛰어나다. 음악, 미술, 사진, 운동, 연극에 취미를 붙여 주는 것도 좋다.
- 임기응변의 재능이 뛰어나다.
- 처음은 열심이나 쉽게 싫증을 낸다.
- 모험가적인 기질이 강하다.
- 성격이 아주 급하고 욱하는 경향이 있다.
- 책상 앞에 앉아 있으면 금세 따분해한다. 움직이는 것을 좋아한다.
- 공격적인 성향을 가지고 있다.

- 비효율적으로 시간 끄는 것을 싫어한다.

2 중간기(21~34세)

중간기에는 성장기와 완성기의 성격이 혼재하므로 두 시기의 성격이 복합적으로 나타난다.

3 완성기(35세 이후)

- 남성은 약간 보수적이면서 내성적이지만, 여성은 활동적이고 외향적이다.
- 다방면에 능력을 발휘하지만 하나를 집중적으로 파고드는 것이 약하고 적응력이 떨어진다.
- 감각이 뛰어나 화가, 소설가, 시인, 음악가, 사진가 등 예술 분야에서 크게 성공하는 경우가 많다.
- 새로운 분야를 개척하는 정신이 강하다.
- 성장기의 강한 성질은 많이 사라지지만 욱하는 기질이 여전하다.
- 일반 직장인은 직업 변동이 심하지만, 활동적인 직업(외판·영업·무역)에는 잘 적응한다.
- 대인관계에서 인간적인 면이 부족하여 자신의 능력을 인정받지 못하는 경우가 있다.
- 직관적 사고형이기 때문에 비사교적일 수 있다.
- 행동과 사고가 독창적이며 노력파이다.
- 직관과 논리로 받아들이기 때문에 분명한 것을 좋아한다.
- 객관적이고 통솔력과 분석력이 있으며 고집이 매우 세다.
- 옳지 않은 일이라면 상사의 말에도 승복하지 않고 독자적으로 일을 추진하기도 한다.
- 현재가 불편해도 미래에 대한 희망만으로 잘 견뎌낸다.

- 기획력이나 아이디어는 뛰어나지만, 리더십이나 카리스마는 부족하다.

19) 음정인

1 성장기(20세 이전)

- 모성본능이 강하고 여린 성격이다. 야단을 맞으면 이유를 설명하기보다 울기부터 하는 편이다.
- 칭찬에 민감하다.
- 머리가 좋고 감각이 빠르다.
- 부모의 관심과 사랑을 받으면 신이 난다. 부모가 관심을 기울이면 두 배의 능력을 발휘하고 순종한다.
- 부모의 가슴을 뭉클하게 하는 경우가 많다. 반면 부모에게 고집을 부리는 경우도 종종 있다.
- 소심하고 내성적이어서 두각을 나타내기에는 어려움이 있다.
- 착한 성품이라 참아낼 줄 안다.
- 타인에게 잘 베푼다. 정이 너무 많아 자신의 것을 지키는 데 약하다.
- 동정심이 많고 눈물이 많다. 불쌍한 장면을 보면 금방 눈물을 글썽인다.
- 가까운 사람들의 감정 변화에 민감하게 반응한다.

2 중간기(21~34세)

중간기에는 성장기와 완성기의 성격이 혼재하므로 두 시기의 성격이 복합적으로 나타난다.

3 완성기(35세 이후)

- 자신을 의지하고 기대는 사람과 친밀감을 느끼는 사람이 많다.
- 타인에게 봉사하는 것을 중요하게 생각한다. 항상 타인에게 필요한 존재가 되

고 싶다.
- 사람들이 즐거워할 만한 말을 자주 한다.
- 주변 사람들이 곤경에 빠지거나 고통스러워하면 도와주고 싶어한다.
- 어려운 상황이 닥치면 어쩔 줄 모른다.
- 극한 상황에서 스트레스를 많이 받는다.
- 타인의 말에 쉽게 상처받는다.
- 여성은 현모양처형이며 아이에 대한 모성본능이 강하다.
- 말이 없는 가운데 은밀히 따뜻한 정을 나누길 좋아한다.
- 상상력이 뛰어나다.

20) 양정인

1 성장기(20세 이전)

- 소심하고 내성적이며 눈물이 많다.
- 집안에서는 고집을 부린다.
- 칭찬에 매우 민감하다.
- 자신이 특별한 사람이라고 자부한다.
- 무엇보다 감동을 중시하고 평범한 것은 싫어한다.
- 감각이 빠르다. 다른 사람의 슬픔이나 고독 등을 쉽게 알아차린다.
- 계획적이지 못하고 즉흥적이다.
- 이따금 신기한 아이디어가 떠오른다.
- 동정심이 많은 편이다.
- 상상력이 뛰어나다.
- 여러 사람들과 같이 있는 것을 좋아하지 않는다.
- 원리원칙을 따지면 스트레스를 받는다.
- 친구들을 골라서 사귀고, 사귀는 데도 다소 어색해한다.

- 부모가 질문할 때 자신의 의견을 이야기한다.
- 가족과는 친하지만 처음 보는 사람은 경계한다. 그러나 일단 친해지면 아주 친밀하게 지낸다.
- 사람을 대체적으로 좋아하지만 어떤 조건에 미치지 못하면 크게 실망하고 더 이상 다가가지 않는다.
- 자신 있는 학습 분야에는 매우 의욕적으로 집중하지만 뒤떨어진 학습 분야에는 쉽게 흥미를 잃어버린다.

2 중간기(21~34세)

중간기에는 성장기와 완성기의 성격이 혼재하므로 두 시기의 성격이 복합적으로 나타난다.

3 완성기(35세 이후)

- 법과 질서를 지키는 준법정신이 뛰어나다.
- 별 일 아닌데 과장해서 주변을 웃기는 경우가 종종 있다.
- 품위가 넘치고 고상한 선비 스타일이다.
- 언어능력이 발달하여 연예인, 아나운서, 상담가, 교수, 선생 등이 잘 어울린다.
- 다른 사람보다 고독함을 많이 느낀다.
- 다른 사람의 마음을 쉽게 알아차린다.
- 표현력이 풍부하다.
- 순간적인 결단력은 늦지만 한번 시작하면 완벽하게 처리한다.
- 타인을 설득하는 능력이 뛰어나다.
- 항상 예의 바르고 품위를 유지하려고 한다.
- 좋아하는 사람에게 애정을 많이 주고 집착이 강할 수 있다.

11. 성격 유형별 장점과 단점

사람의 성격은 매우 복잡해서 성격 유형마다 장점과 단점이 함께 나타난다. 성장기의 어린 자녀를 둔 부모라면 아이가 어릴 때부터 성격의 장점은 살려주고 단점은 보완해주는 것이 현명하다. 여기서는 10가지 육친별 유형만 설명하고 음양은 구분하지 않았는데 양은 활동적이고 음은 소극적이다.

1) 비견

1 장점

- 주변의 시선이 많을수록 능력을 발휘한다.
- 착한 마음씨를 갖고 있다.
- 복잡하지 않은 단순한 성격이다.
- 윗사람이 믿고 맡겨주면(스스로 하도록 자유를 주면) 능력을 더욱 발휘한다.
- 기획력이나 아이디어가 뛰어나 최고의 참모가 될 수 있다.
- 마음 깊은 곳에 모성본능이 숨겨져 있다.
- 칭찬하고 인정해주면 능력을 발휘한다.
- 꼼꼼하고 치밀하여 맡은 일이나 마음먹은 일은 끝까지 해내며 똑똑하다는 소리를 듣는다.

2 단점

- 남의 말에 잘 속아 넘어간다.
- 타인에게 지배당하는 것을 싫어한다.
- 억압하면 하던 일에도 쉽게 흥미를 잃는다.
- 규칙적인 생활에는 흥미를 느끼지 못한다.
- 주위 사람들의 반응에 지나치게 신경 쓴다.

- 자존심이 아주 강하다.
- 타인에게 보여주고 싶은 욕망이 크다.
- 자신을 잘 아는 사람에게는 쓸데없는 고집이 세다.

2) 겁재

1 장점
- 체계적이고 철저하며 일을 꼼꼼하게 처리한다.
- 책임감 있게 일을 정해진 일정에 완성시킨다.
- 일을 복잡하게 만들어서 힘들게 하지 않는다.
- 대부분 장애물이 없는 성실하고 무난한 길을 택한다.
- 가정이나 직장을 지키려는 방어본능이 강하다.
- 원칙을 중요하게 생각한다.
- 인간적인 정 때문에 일을 등한시하는 일이 없다. 일을 우선 처리한다.
- 계획적이고 체계적인 일이 어울린다.

2 단점
- 특별한 목표의식이 없고 자신만의 독특한 지도력도 부족하다.
- 무엇인가를 하려면 외부의 자극이 필요하다.
- 자기 자신을 그다지 중요한 사람이라고 생각하지 않는다.
- 무엇을 새롭게 시작하려면 생각을 많이 하고 융통성과 배짱이 부족하다.
- 자신이 흥미를 가지는 것 이외에는 욕심이나 관심이 별로 없다.
- 꼼꼼하고 성실하고 정직하지만 완벽주의자 성향이 강하다.
- 자기 자신만의 평가 기준으로 자신과 남들을 평가하고 비판한다.
- 모든 것이 자신의 생각대로 정리되어 있지 않으면 짜증이 날 때가 많다.

3) 식신

1 장점

- 매우 조심스러운 성격으로 모험을 하지 않는 타입이다.
- 정확한 것이 중요하다.
- 꼼꼼하고 계획적이다.
- 구조화된 틀에서 능력을 발휘한다.
- 장애물이 없는 무난한 길을 선택한다.
- 주위 사람으로부터 성실하다는 소리를 듣는다.
- 깊게 생각하는 편이다.

2 단점

- 자신의 감정을 제대로 표현하지 못한다.
- 상황에 순응하는 편이지만 자신의 생각에 집착한다.
- 매사에 흘러가는 대로 따라가는 것이 좋다.
- 자신이 중요한 사람이라고 생각하지 않다.
- 동시에 여러 가지 일이 발생하는 것을 싫어하고 작은 것에 집착하는 경우가 많다.
- 결정을 빨리 내리지 못하고 우유부단하다.
- 작은 것에는 강하나 큰 것에서 배짱이 줄어든다.
- 조금이라도 실패할 가능성이 있으면 새로운 일을 회피한다.

4) 상관

1 장점

- 모든 일을 일관성 있게 추진한다.
- 일처리가 세밀하고 꼼꼼하며, 계획대로 실천하는 편이다.

- 남들에게서 성실하다는 소리를 듣는다.
- 하고자 하는 것은 반드시 하고야 만다.
- 모든 것이 깔끔하게 정리되어 있는 것을 좋아한다.
- 책임진 분야에서는 꼼꼼하게 계획하고 마무리를 철저하게 한다.
- 섬세하고 방어본능이 강하여 한 분야에서 꾸준히 발전한다.
- 정확한 것이 중요하다.
- 계획성이나 기획력이 매우 뛰어나다.

2 단점
- 새로운 일보다는 항상 하는 익숙한 일을 하려고 한다.
- 일이 완벽하게 마무리되지 않으면 잠을 못 이룬다.
- 잔소리가 많다. 특히 "그게 정말이야?" 식의 질문을 많이 한다.
- 자신의 의견이 반복적으로 거부당하면 자폐적인 증세가 나타난다.
- 더 잘할 수 있는데 왜 못하느냐며 자기 자신이나 주위 사람들을 자주 나무란다.
- 대인관계가 원만하지만 때때로 아랫사람이나 자신보다 약한 사람은 무시한다.
- 작은 실수나 결점에도 신경이 쓰인다.
- 여성은 감정 기복이 심하고 자식 중에서도 좋고 싫은 자식을 구분하려 든다.

5) 편재
1 장점
- 한 가지 일을 고집하기보다는 새로운 것에 호기심이 많다.
- 자연스러운 행동과 부드러운 표현력을 가지고 있다.
- 새로운 아이디어가 무궁무진하다.
- 힘든 일이나 슬픈 일이 있어도 금방 잊어버린다.
- 부드럽고 온정적이며 대중의 기분도 맞출 줄 안다.

- 자신의 생각이나 의견을 다른 사람에게 강요하지 않는다.
- 타인 특히 이성에게 친절하다.
- 융통성 있게 일을 처리하고 능력 있고 친절한 협조자와 일하는 것을 좋아한다.
- 여가 시간을 좋아하며 여가 활용을 추구하고 즐긴다.

2 단점
- 생각에 요점이 없다.
- 이성에게 지나치게 친절하다.
- 일이나 공부보다는 노는 데 치중하는 경우가 많다.
- 너무 인색하고 타인에게 베풀지 않는다.
- 자칫 가벼워 보일 수 있으니 내적 충실을 다져야 한다.
- 어떤 일에 뛰어들기 전에 남들이 하는 것을 관찰하는 경향이 있다.
- 자신의 감정을 제대로 표현하지 못한다.
- 재능이 뛰어나지만 잘 드러나지 않아 알아차리기 힘들다.
- 갈등을 두려워하거나 그로 인해 일처리가 잘못되는 것을 두려워하다 손해 보는 경우가 많다.

6) 정재
1 장점
- 섬세하고 세밀하게 생각하고 꼼꼼하게 일을 처리한다.
- 맡은 일을 철저하게 관리하고 감성보다 이성이 발달되어 있다.
- 솔직하고 합리적이고 자신의 인생을 스스로 구축해 나간다.
- 계획적인 생활을 하고 함부로 행동하지 않는다.
- 명예나 권위를 중시하고 급격한 변화는 좋아하지 않는다.
- 감정을 자제하고 현실에 충실하려고 노력한다.

- 통찰력과 판단력이 뛰어나다.

❷ 단점
- 자신과 가정 위주라서 손해 보는 일은 하지 않으려고 한다.
- 남이 자신을 싫어하는 눈치를 금세 알아차리고, 예민하여 쉽게 친구를 사귀기 어렵다.
- 끊임없이 자신감을 심어주지 않으면 제 구실을 못한다.
- 생각하는 것으로 문제를 해결하려 한다.
- 보수적이며 고지식하고 융통성이 없다.
- 자신을 기분 좋게 대하지 않는 사람과 쉽게 어울리지 않는다.
- 타인의 평가에 조금이나마 좌우되는 경향이 있다.

7) 편관
❶ 장점
- 활동적이고 붙임성이 있으며 칭찬받으면 두 배의 능력을 발휘한다.
- 명예를 소중하게 생각한다.
- 목표를 달성하기 위해 때로는 상대방에 맞추어 타협한다.
- 자신이 필요로 하는 것을 단호하게 지켜낸다.
- 도전할 대상이 있어야 힘이 솟는다.
- 모든 일을 흘러가는 대로 내버려두는 것은 싫다.
- 항상 목표를 명확하게 설정하고, 성과를 거두기 위해 해야 할 일이 무엇인지 알고 있으며, 순간적인 대처능력이 탁월하다.

❷ 단점
- 타인의 지배를 받기 싫어하며 고집불통의 성격이다.

- 다른 사람들뿐만 아니라 자기 자신도 완전하지 못해서 욕구불만에 휩싸인다.
- 자신이 순응하기 어려운 사람이라고 느낀다.
- 공격적이고 자기 주장이 강하다.
- 시간이 걸리는 일에 싫증을 내고 새로운 활동을 원한다.
- 기분이 잘 드러나기 때문에 남들이 이 사람의 기분을 금방 알게 된다.
- 사람들과 대결하는 것을 두려워하지 않으며 실제로도 자주 대결한다.

8) 정관

1 장점
- 모성본능이 강하고 착한 성품이며 남에게 베풀기를 좋아한다.
- 관심을 갖고 대하면 무슨 일이든 최선을 다한다.
- 신중하게 생각한 후 행동하고 진리와 정의, 도덕적 질서 등을 중시한다.
- 침착하고 조용하며 조용히 책 읽는 것을 좋아한다.
- 사려 깊고 온화한 성격이다. 순박하고 명예를 소중히 여긴다.
- 사랑을 주고받는 것이야말로 인생에서 가장 중요한 것 중에 하나라고 생각한다.
- 주변 사람들과 서로 감정을 공유할 때 기쁨을 느낀다.

2 단점
- 계획성이 부족하여 계획을 짜놓고 제대로 지키는 경우가 거의 없다.
- 자신감이 부족하고 자신의 감정을 제대로 표현하지 못한다.
- 외부 상황에 지나치게 신경 쓸 때가 많다.
- 자신이 잘 알지 못하는 사람의 일에 관여하기를 꺼린다. 다수보다는 소수의 만남을 좋아한다.
- 반복적이고 일상적인 일을 싫어한다.
- 행동하기보다는 반성에 많은 시간을 소비한다.

- 타인의 요청 특히 친한 사람의 부탁은 못마땅하게 여겨도 거절하지 못한다.

9) 편인

1 장점

- 감각이 예민하고 예술과 체육에 관심이 많다.
- 머리가 매우 뛰어나고 관심 분야가 다양하다.
- 생각하는 것을 예술적 감각으로 승화시켜 예술로 진출하는 사람이 많다.
- 기획력이 탁월하여 아이디어 뱅크라는 소리를 듣는다.
- 매우 활동적이고 모험가적인 기질이 있다.
- 행동과 사고가 독창적이다.
- 객관적이고 통솔력과 분석력이 있으며 분명한 것을 좋아한다.

2 단점

- 성격이 매우 급하고 어느 순간 폭발하는 경향이 있다.
- 오랫동안 책상에 앉아 있기 힘들다.
- 역마의 기운이 강하여 새로운 흥미를 주어 학습을 유도해야 한다.
- 기질이 대단히 강하여 쉽게 제어하기 어렵다.
- 처음은 열심이나 싫증을 잘 낸다.
- 공격적인 성향을 가지고 있다.

10) 정인

1 장점

- 동정심이 많아 타인에게 잘 베풀고 돌본다.
- 감각과 감수성이 발달되어 다른 사람의 슬픔이나 고독 등을 쉽게 알아차린다.
- 상상력이 뛰어나다.

- 처음 보는 사람은 일단 경계하지만 친해지면 아주 친하게 지낸다.
- 순간적인 결단력은 늦지만 한번 시작하면 완벽하게 처리한다.
- 항상 예의바르고 품위를 유지하려고 한다.

2 단점

- 가까운 사람의 감정 변화에 민감하게 반응하고 극한 상황에서 스트레스를 많이 받는다.
- 타인의 말에 쉽게 상처받고 소심하고 내성적이다.
- 집안에서는 고집이 매우 세다.
- 대체적으로 사람을 좋아하는 편이지만 어떤 조건에 미치지 못하면 크게 실망하고 더 이상 다가가지 않는다.
- 자신 있는 분야는 매우 의욕적으로 집중하지만 뒤떨어지는 분야는 쉽게 흥미를 잃어버린다.

12. 성격성명학으로 본 유명인들의 중심성격

1) 가수

● 김재중(영웅재중) 1986년 1월 26일생

丙　영　寅
　　웅
양정관　재　양정재
　　중

● 정윤호(유노윤호) 1986년 2월 6일생

丙　유　寅
　　노
양정인　윤　양정관
　　호

● 정지훈(비) 1982년 6월 25일생   ● 최동욱(세븐) 1984년 11월 9일생

壬 정 戊   甲 최 子
   양식신 지 양편인   양정인 동 음편관
        훈   욱

2) 연기자

● 공효진 1980년 4월 4일생   ● 김선아 1975년 10월 1일생

庚 공 申   乙 김 卯
   양식신 효 양식신   음정재 선 음정재
        진   아

● 김아중 1982년 10월 16일생   ● 김태희 1980년 3월 29일

壬 김 戊   庚 김 申
   양편재 아 양비견   양정재 태 양정재
        중   희

● 김현주(한가인) 1982년 2월 2일생   ● 김혜수 1970년 9월 5일생

壬 김 戊   庚 김 戊
   양편재 현 양비견   양상관 혜 양겁재
        주   수

3) 그 밖의 사람들

노무현 1946년 8월 6일생

丙 / 노 / 戌
양정재 / 무 / 양정관
/ 현 /

심형래 1958년 1월 3일생

戊 / 심 / 戌
양비견 / 형 / 양비견
/ 래 /

정형돈 1978년 2월 7일생

戊 / 정 / 午
양비견 / 형 / 음정인
/ 돈 /

주영훈 1969년 11월 6일생

己 / 주 / 酉
음비견 / 영 / 음식신
/ 훈 /

박태환(수영선수) 1989년 9월 27일생

己 / 박 / 巳
음상관 / 태 / 양비견
/ 환 /

박지성(축구선수) 1981년 2월 25일생

辛 / 박 / 酉
음비견 / 지 / 음비견
/ 성 /

---

13. 작명 실전

성명학자와 사주명리학자로 활동하며 많은 유명인들의 자녀 이름을 지어주었다. 다음 두 사례를 통해서 실제 작명은 어떻게 이루어지는지 참고하기 바란다.

1) 최민서崔珉瑞

탤런트 최수종과 하희라 부부의 아기 이름이 바로 최민서崔珉瑞이다. 민서는 양력으로 1999년 2월 27일 진辰시에 태어났다. 먼저 사주팔자를 뽑아보면 기묘己卯년 병인丙寅월 경술庚戌일 경진庚辰시가 된다. 아래 표의 왼쪽은 사주팔자이고 오른쪽은 사주팔자의 오행을 분석한 것이다.

시	일	월	연	시	일	월	연
庚	庚	丙	己	金	金	火	土
辰	戌	寅	卯	土	土	木	木

사주팔자의 일간인 경庚은 오행으로 금金에 해당한다. 사주팔자의 오행이 자신과 상극관계(다른 편)인 목화木火 그리고 자신과 같거나 상생관계인 토금土金으로 이루어져 있다. 오행의 개수만 보면 토土와 금金이 각각 2개로 이 두 오행을 합하면 다른 오행보다 많은 것 같지만 점수 분석을 해보면 그렇지 않다. 인寅월의 진辰시는 목木의 기운이 있는 아침이므로 원래는 토土임에도 불구하고 목木의 기운이 담겨 있다. 또한 지지의 묘卯와 진辰이 합하면 목木으로 변화하므로 강한 목木을 제어해줄 금金을 용신으로 보강해주는 것이 좋다.

그러면 이 사주팔자에 어울리는 이름을 작명해보자. 성씨인 최崔는 11획인데 부록의 〈성씨별 길한 수리 조건표〉를 보면 여러 가지 다양한 수리 조합이 나온다. 이 중에서 (11·10·14)의 조합을 선택하였다. 이 조합은 수리성명학으로도 좋을 뿐만 아니라 획수 음양이 양음음으로서 음양성명학으로도 길하다.

여기에 사주성명학상 필요한 금을 자원 오행으로 보강해야 하는데, 이것은 부록의 〈이름자로 쓰는 한자보기〉에서 획수가 각각 10획과 14획이고 자원 오행이 금인 글자 2개를 찾으면 된다. 첫 이름자인 珉(옥돌 민)은 10획이고 두 번째 이름자인 瑞(상서로울 서)는 14획으로서 모두 자원 오행이 금이다. 성씨까지 함께 보면 자원 오행이 토금금으로 길한 조합이다. 이렇게 수리성명학, 음양성명학, 사주성명학을 모두 만족시키는 이름이 나왔다.

예)

최崔	민珉	서瑞	
11획	10획	14획	
토	금	금	→ 자원 오행
양	음	음	→ 획수 음양

원격 24획 : 입신격 · 풍부격
형격 21획 : 두령격 · 자립격
이격 25획 : 건창격 · 안전격
정격 35획 : 태평격 · 평안격

마지막으로 성격성명학 입장에서는 어떤지 살펴보자. 먼저 이름자의 획수 음양과 이름자의 발음 오행이 결합한 음양오행을 천간으로 바꾼다. 이 천간들이 1999년의 간지인 기묘己卯와 어떤 육친관계인지를 분석하여 중심성격을 찾는다.

예)

최崔	민珉	서瑞
11획	10획	14획
ㅊ	ㅁ · ㄴ	ㅅ
양금	음수 음화	음금
경庚	계癸 정丁	신辛

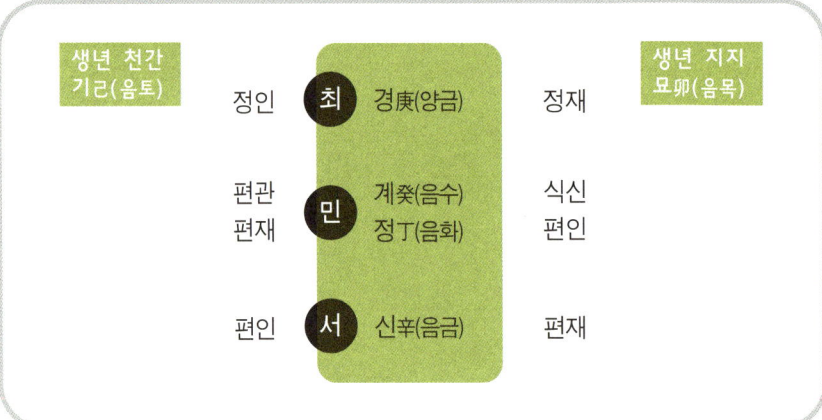

　최민서는 보통 '민서야'라고 부르므로 ㅁ에 중심성격이 나타난다. 167쪽의 성격 유형 조견표에서 생년 천간 기己와 이름자 ㅁ(짝수)이 만나는 지점을 보면 편관인데 생년 천간 기己가 음이므로 중심성격은 음편관이다. 부중심성격은 생년 지지 묘卯와 이름자 ㅁ(짝수)이 만나는 지점인 식신이다. 묘卯가 음이므로 역시 음식신이 된다. 즉 최민서라는 이름은 음편관이 중심성격으로 나타나고 음식신이 부중심성격으로 나타난다.

　음편관은 의지가 강하고 은근한 끈기가 있으며 판단능력이 빠르고 총명하다. 또한 명예를 소중하게 생각하고 의리가 있다. 또한 음식신은 온순하고 안정적이며 원칙을 중시한다. 한마디로 말해 학자적 성품과 은근한 고집이 있는 타입이다.

　이름을 지은 후 아버지인 최수종을 만나 민서의 이름을 풀이해주었다. 민서는 상서로울 서瑞에 옥돌 민珉으로서 '몇백 년에 한 번 나올 빛나는 보석'이란 뜻이다. 그런데 민서의 태몽과 이름의 뜻이 일치한다는 재미있는 사실을 알게 되었다. 즉 하희라가 다이아몬드가 촘촘히 박혀 있는 사탕을 빨아먹는 태몽을 꾸고 민서를 가졌다는 것이다.

　이름을 지을 때 부모의 바람에 따라 태몽을 참고할 수도 있지만, 민서의 경우에는 태몽에 대해 전혀 알지 못한 상태에서 이름을 지었다. 전혀 예상하지 못한 태몽과 이름의 일치가 기분 좋게 느껴졌고 아이의 장래가 밝음을 확신하게 해주었다.

2) 신지효申知曉

방송인 신동엽과 MBC PD 선혜윤의 아기 이름이 신지효申知曉이다. 지효는 양력으로 2007년 4월 4일 미未시에 태어났다. 사주팔자는 정해丁亥년 계묘癸卯월 기미己未시이다.

시	일	월	연	시	일	월	연
己	戊	癸	丁	土	土	水	火
未	辰	卯	亥	土	土	木	水

이 사주팔자를 바탕으로 첫째 음양성명학, 둘째 수리성명학, 셋째 사주성명학, 마지막으로 성격성명학의 관점에서 이름을 짓는다.

먼저 성씨 신申이 5획이므로 부록의 〈성씨별 길한 수리 조건표〉에서 마음에 드는 수리 조합을 찾는다. 그리고 그 획수의 한자를 찾으면 수리성명학과 음양성명학은 해결된다.

여기에 사주팔자에 필요한 용신을 보강하여 사주성명학의 관점에서도 만족스러워야 한다. 오행 분석을 해보면 목木이 30점, 화火가 10점, 토土가 50점, 금金이 없고 수水가 20점이다. 일간이 토土로서 같은 편인 화火와 토土의 점수가 60점, 다른 편인 수水와 목木의 점수가 50점으로 균형이 잘 잡혀 있는 아주 좋은 사주팔자이다. 다만 연간 정화丁火가 목木의 생을 강하게 받고 수水의 극을 받고 있어서 약간 고립된 느낌이 있다.

이렇게 균형이 잘 잡혀 있는 사주팔자는 발음 오행, 획수 오행, 자원 오행 중에서 어떤 오행이든 용신으로 사용할 수 있다. 그 중에서도 고립된 정화丁火를 도와줄 화火가 필요하다. 또한 지지의 해亥와 묘卯가 합해서 목木의 큰 기운으로 바뀌는 것을 대비하여 목木을 제어해줄 토土를 용신으로 써도 좋다.

먼저 수리성명학 관점에서 신申이 5획이므로 부록의 〈성씨별 길한 수리 조건표〉에서 마음에 드는 수리 조합을 찾는다. (5·8·16)의 조합을 선택하였는데 원격 24획, 형격 13획, 이격 21획, 정격 29획으로 수리성명학의 원형이정을 모두 만족시킨다. 또한 음양성명학으로도 양음음으로 음양의 조화를 이루었다.

여기에 사주성명학의 용신을 오행으로 넣으면 되는데 사주팔자가 균형을 이루고 있으므로 어떤 자원 오행을 넣어도 괜찮다. 知(알 지)는 자원 오행이 토이고 曉(새벽 효)는 자원 오행이 화로서 이름 끝 글자에서 성씨 순서대로 화생토火生土 → 토생금土生金으로 이어지며 상생하고 있어 매우 길하다.

마지막으로 성격성명학이 남았는데, 사실 성격성명학은 이름을 지어놓고 그 이름이 아이에게 잘 맞는가를 따지는 게 아니라 부모가 원하는 자녀의 성격을 미리 생각해보고 그것에 맞추어 이름을 짓는다. 부모가 자녀가 어떤 사람으로 성장했으면 좋을지, 어떤 성격에 어떤 적성을 가지고 있으며 어떤 일을 하게 될지 미리 생각

해보고 그 모습에 가장 가까운 성격 유형을 찾아 그에 맞는 소리(발음 오행)로 이름을 짓는 것이다.

  필자는 자신의 사주팔자를 아름답게 꽃 피울 수 있기를 바라는 마음에서 음편관에 양상관을 생각하였다. 2007년은 정해丁亥년이다. 따라서 성격유형 조건표에 맞추어 이름 첫 글자가 ㅅ, ㅈ, ㅊ이고 획수가 짝수인 한자를 찾으면 된다. 이렇게 해서 나온 이름이 신지효申知曉이다. 이름이 담고 있는 것처럼 일에 대한 목표의식이 뚜렷하고 지혜롭고 총명하게 성장할 것이라 믿는다.

역사로 읽는 이름 이야기

: 알에서 태어난 왕들

박혁거세朴赫居世

신라의 첫 왕이자 모든 박씨의 시조이다. 『삼국사기』에 따르면, 고조선의 유민이 지금의 경상도 지방 산곡간山谷間에 양산촌楊山村·고허촌高墟村·진지촌珍支村·대수촌大樹村·가리촌加利村·고야촌高耶村 등 여섯 마을을 형성하였다. 기원전 69년 3월 1일에 마을의 촌장들이 알천閼川 언덕 위에 모여서 나라를 세우고 임금을 모시고 도읍을 정할 것을 논의하고 있었다.

이 때 양산楊山 밑 나정蘿井이라는 우물 근처에서 신비한 빛이 하늘에서 땅으로 비추고 신령스러운 백마 한 마리가 꿇어 앉아 절하는 모습을 하고 있어 가 보니 큰 알이 하나 있었다. 말은 홀연히 하늘로 날아가고 큰 알을 깨고 어린 사내아이가 나왔는데 모습이 단정하고도 아름다웠다. 동천東泉에 목욕시키자 몸에서 환한 빛이 나는데 많은 새들과 짐승들이 와서 춤을 추었다. 알 크기가 박과 같다고 하여 성을 박朴이라 하였고, 찬란한 광채 때문에 이름을 혁거세赫居世 또는 광명하게 세상을 다스린다는 뜻으로 불구내弗矩內라고 하였다.

이 아이를 고허촌 촌장인 소벌공蘇伐公이 데리고 가 길렀다. 나이 13세가 되었을 때 매우 영특하여 여섯 마을의 촌장들이 왕으로 추대하니 신라의 첫 왕이 되었다.

석탈해昔脫解

신라의 네 번째 왕으로 석씨의 시조이다. 용성국龍城國의 왕과 적녀국積女國의 왕녀 사이에 커다란 알이 태어났는데 왕이 불길하게 여겨 버리도록 하였다. 보물과 함께 비단에 싸서 궤짝에 넣어 바다에 띄워 보내니 계림鷄林 동쪽 아진포阿珍浦에 이르렀다. 한 노파가 궤짝을 발견하여 열어보니 잘생긴 사내아이가 나왔다. 알에서 깨고 나왔다고 하여 이름을 탈해脫解라고 하였다.

이 아이는 고기잡이를 하며 양어머니인 노파를 봉양하였다. 아이가 보통이 아님을 알고 양어머니가 공부를 시키니 학문과 지리에 능통하게 되었다. 당시 이름난 신하인 호공瓠公의 집터가 명당터임을 알고 탈해가 몰래 숫돌과 숯을 묻어놓고는 자기 집이라고 우겼다. 황당한 호공이 무슨 소리냐고 따졌지만 탈해는 오히려 큰소리를 쳤다. 말씨름 끝에 관청에 갔는데 재판관이 네 집이란 근거가 무엇이냐고 물었다. 이에 탈해는 우리 조상이 본래 대장장이였는데 잠깐 이웃 마을에 간 사이에 호공이 빼앗아 산다면서 의심스러우면 땅을 파보라고 하였다. 이렇게 탈해는 잔꾀로 호공의 집을 차지하였다. 옛날 내 집이었다고 하여 다른 사람의 집을 빼앗았기 때문에 성을 석씨昔氏라 하였다고 전한다.

김수로왕金首露王

금관가야의 시조이자 김해 김씨金海金氏의 시조이다. 어느 날 김해 구지봉에서 이상한 소리가 들려왔다. "여기에 사람이 있는가?" 모여 있던 사람들이 "예, 여기에 저희들이 있습니다"라고 답하니 다시 "그럼 내가 있는 곳이 어디인가?"라고 물었다. 구지봉이라고 대답하니 다시 말하기를 "하늘이 내게 이 곳에 나라를 세워 왕이 되라고 하셨다. 너희들은 산꼭대기의 흙을 파면서 이렇게 노래를 불러라. '거북아 거북아 머리를 내밀어라. 그렇지 않으면 구워 먹으리.'"

사람들이 그 말대로 노래를 부르니 얼마 후 하늘에서 자주색 줄이 내려왔는데 줄 끝에 황금상자가 있었고 그 안에는 여섯 개의 알이 들어 있었다. 반나절 만에 여섯 개의 알은 모두 사람이 되었는데 모두 용모가 빼어나고 준수하였다. 그 중에서 가장 먼저 알에서 나온 아이를 수로首露라 하고 가락국의 왕으로 모셨다. 나머지 다섯 남자 사내아이들도 각각 다섯 가야국의 왕이 되었다.

재미로 읽는 이름 이야기 : 시대별 인기 있는 이름

패션에 유행이 있는 것처럼 이름에도 유행이 있다. 1945년부터 2005년까지 시대별로 우리나라 사람들이 가장 선호하는 이름을 보면 많은 변화가 있다. 재미있는 것은 1945년대와 1975년대에 유행했던 이름이 2005년도에는 더 이상 인기 있는 이름이 아니라는 사실이다.

예를 들어 남자이름 중에 가장 흔하고 인기를 끈 이름은 1945년도에는 영수, 1975년도에는 정훈, 2005년도에는 민준이다. 삼대를 거치며 아버지 세대에서는 영수라는 이름이, 아들 세대에선 정훈이라는 이름이, 손자 세대에선 민준이라는 이름이 인기를 얻은 셈이다.

또한 여자이름 중에서 가장 흔하고 인기를 끈 이름은 1945년도에는 영자, 1975년도에는 미영, 2005년도에 서연이다. 그래서 현재 60대 이상의 여성 중에는 영자라는 이름이 많고, 30대 이상의 여성 중에는 미영이란 이름이 많으며, 나이 서너 살 먹은 여자아이 중에는 서연이란 이름이 많다.

먼저 1945년대생 남성들의 이름을 보면 유난히 '길 영永' 자가 많이 들어 있다. 1945년에 유행한 10개의 이름 중에 영수, 영호, 영식, 영길, 영일 등 '길 영永' 자가 들어간 이름이 5개나 있는 것에서 당시 부모들이 자녀의 이름자로 '길 영永' 자를 얼마나 선호했는지 잘 알 수 있다. 그 이유는 무엇일까? 당시 1945년 전후 한국 남성의 평균수명은 35세 정도에 불과하였다. 그러다 보니 자녀가 오래 살기를 바라는 마음에서 '길 영永' 자를 사용하게 된 것이다.

그렇다면 1945년 전후 여성의 이름은 어떨까? 이 시기의 이름자로는 '아들 자子' 자가 압도적인 인기였다. 인기 있는 이름 10가지 가운데 무려 9개의 이름에 '아들 자子' 가 들어 있을 정도이다. 그 이유는 무엇일까? 다음 두 가지 이유를 생각해볼 수 있다.

첫째, 일제시대의 영향으로 일본식 이름을 그대로 사용하다 보니 아들 자子를 사용하게 된 것이다. 둘째, 아들 선호사상 때문이다. 여자아이 이름에 아들 자子를 넣으면 남동생을 본다는 속설 때문에 여자 이름에 아들 자子를 넣은 것이다.

이후 1975년 전후에 유행한 이름을 알아보자. 1975년 전후 우리나라는 6.25 전쟁의 폐허를 딛고 일어나 경제적으로 안정을 찾으며 고도성장의 길로 접어들기 시작하였다. 이 시기의 부모들은 자신들이 겪었던 가난의 고통을 자식들에게 물려주지 않겠다는 각오가 매우 강하였고, 자연스럽게 아들의 이름에 성공과 출세를 바라는 마음을 담게 되었던 것이다. 그러다 보니 '이룰 성成, 공 훈勳'을 이름자로 많이 쓰게 되었다.

또한 여자아이의 이름은 1945년대의 '아들 자子' 자에서 벗어나 튀는 이름은 아니지만 조금은 세련되고 여성적인 느낌을 주는 미영, 은정, 은영, 현주 등이 인기를 얻었다.

마지막으로 2005년도 이후 현대를 보자. 이 시기에 들어서면서 아들과 딸을 가리지 않고 한 자녀만 낳는 가정이 많이 늘어났다. 그래서인지 항렬 같은 돌림자를 사용하기보다는 자녀에게 가장 어울리는 이름을 원하는 부모가 많아졌다. 남자이름으로는 민준, 현우, 동현 등이, 여자이름으로는 서연, 민서, 서현 등 세련되고 예쁜 이름들이 인기를 끌고 있다.

또 한 가지 특징이라면 자녀의 수가 줄어들면서 남아선호사상이 사라지고 여성의 사회참여가 확대되기 시작하면서 남자이름인지 여자이름인지 구분하기 어려운 이름들이 나타나기 시작한 것이다. 중성적인 이름은 세련된 느낌을 주기도 하지만, 주변에서 흔히 볼 수 있는 이름이 아니기 때문에 개성적이고 독특한 느낌을 주어 신세대 부모 사이에서 인기가 많다.

부록

1. 만세력 2015~2035년
2. 이름자로 쓰는 한자보기
3. 성씨별 길한 수리 조견표

2015 을미乙未년 _단기 4348년

1 무인월_戊寅月　입춘_양력 4일 12시 58분

음력	12/16	17	18	19	20	21	22	23	24	25	26	27	28	29	30	1/1	2	3	4	5	6	7	8	9	10	11	12	13	14	15
양력	2/4	5	6	7	8	9	10	11	12	13	14	15	16	17	18	19	20	21	22	23	24	25	26	27	28	3/1	2	3	4	5
일주	신해	임자	계축	갑인	을묘	병진	정사	무오	기미	경신	신유	임술	계해	갑자	을축	병인	정묘	무진	기사	경오	신미	임신	계유	갑술	을해	병자	정축	무인	기묘	경진

2 기묘월_己卯月　경칩_양력 6일 06시 55분

음력	1/16	17	18	19	20	21	22	23	24	25	26	27	28	29	2/1	2	3	4	5	6	7	8	9	10	11	12	13	14	15	16
양력	3/6	7	8	9	10	11	12	13	14	15	16	17	18	19	20	21	22	23	24	25	26	27	28	29	30	31	4/1	2	3	4
일주	신사	임오	계미	갑신	을유	병술	정해	무자	기축	경인	신묘	임진	계사	갑오	을미	병신	정유	무술	기해	경자	신축	임인	계묘	갑진	을사	병오	정미	무신	기유	경술

3 경진월_庚辰月　청명_양력 5일 11시 38분

음력	2/17	18	19	20	21	22	23	24	25	26	27	28	29	30	3/1	2	3	4	5	6	7	8	9	10	11	12	13	14	15	16	17
양력	4/5	6	7	8	9	10	11	12	13	14	15	16	17	18	19	20	21	22	23	24	25	26	27	28	29	30	5/1	2	3	4	5
일주	신해	임자	계축	갑인	을묘	병진	정사	무오	기미	경신	신유	임술	계해	갑자	을축	병인	정묘	무진	기사	경오	신미	임신	계유	갑술	을해	병자	정축	무인	기묘	경진	신사

4 신사월_辛巳月　입하_양력 6일 04시 52분

음력	3/18	19	20	21	22	23	24	25	26	27	28	29	4/1	2	3	4	5	6	7	8	9	10	11	12	13	14	15	16	17	18	19
양력	5/6	7	8	9	10	11	12	13	14	15	16	17	18	19	20	21	22	23	24	25	26	27	28	29	30	31	6/1	2	3	4	5
일주	임오	계미	갑신	을유	병술	정해	무자	기축	경인	신묘	임진	계사	갑오	을미	병신	정유	무술	기해	경자	신축	임인	계묘	갑진	을사	병오	정미	무신	기유	경술	신해	임자

5 임오월_壬午月　망종_양력 6일 08시 57분

음력	4/20	21	22	23	24	25	26	27	28	29	5/1	2	3	4	5	6	7	8	9	10	11	12	13	14	15	16	17	18	19	20	21
양력	6/6	7	8	9	10	11	12	13	14	15	16	17	18	19	20	21	22	23	24	25	26	27	28	29	30	7/1	2	3	4	5	6
일주	계축	갑인	을묘	병진	정사	무오	기미	경신	신유	임술	계해	갑자	을축	병인	정묘	무진	기사	경오	신미	임신	계유	갑술	을해	병자	정축	무인	기묘	경진	신사	임오	계미

6 계미월_癸未月　소서_양력 7일 19시 11분

음력	5/22	23	24	25	26	27	28	29	30	6/1	2	3	4	5	6	7	8	9	10	11	12	13	14	15	16	17	18	19	20	21	22	23
양력	7/7	8	9	10	11	12	13	14	15	16	17	18	19	20	21	22	23	24	25	26	27	28	29	30	31	8/1	2	3	4	5	6	7
일주	갑신	을유	병술	정해	무자	기축	경인	신묘	임진	계사	갑오	을미	병신	정유	무술	기해	경자	신축	임인	계묘	갑진	을사	병오	정미	무신	기유	경술	신해	임자	계축	갑인	을묘

| 7 | 갑신월_甲申月 | 입추_양력 8일 05시 00분 |

음력	6/24	25	26	27	28	29	7/1	2	3	4	5	6	7	8	9	10	11	12	13	14	15	16	17	18	19	20	21	22	23	24	25
양력	8/8	9	10	11	12	13	14	15	16	17	18	19	20	21	22	23	24	25	26	27	28	29	30	31	9/1	2	3	4	5	6	7
일주	병진	정사	무오	기미	경신	신유	임술	계해	갑자	을축	병인	정묘	무진	기사	경오	신미	임신	계유	갑술	을해	병자	정축	무인	기묘	경진	신사	임오	계미	갑신	을유	병술

| 8 | 을유월_乙酉月 | 백로_양력 8일 07시 59분 |

음력	7/26	27	28	29	30	8/1	2	3	4	5	6	7	8	9	10	11	12	13	14	15	16	17	18	19	20	21	22	23	24	25
양력	9/8	9	10	11	12	13	14	15	16	17	18	19	20	21	22	23	24	25	26	27	28	29	30	10/1	2	3	4	5	6	7
일주	정해	무자	기축	경인	신묘	임진	계사	갑오	을미	병신	정유	무술	기해	경자	신축	임인	계묘	갑진	을사	병오	정미	무신	기유	경술	신해	임자	계축	갑인	을묘	병진

| 9 | 병술월_丙戌月 | 한로_양력 8일 23시 42분 |

음력	8/26	27	28	29	30	9/1	2	3	4	5	6	7	8	9	10	11	12	13	14	15	16	17	18	19	20	21	22	23	24	25	26
양력	10/8	9	10	11	12	13	14	15	16	17	18	19	20	21	22	23	24	25	26	27	28	29	30	31	11/1	2	3	4	5	6	7
일주	정사	무오	기미	경신	신유	임술	계해	갑자	을축	병인	정묘	무진	기사	경오	신미	임신	계유	갑술	을해	병자	정축	무인	기묘	경진	신사	임오	계미	갑신	을유	병술	정해

| 10 | 정해월_丁亥月 | 입동_양력 8일 02시 58분 |

음력	9/27	28	29	30	10/1	2	3	4	5	6	7	8	9	10	11	12	13	14	15	16	17	18	19	20	21	22	23	24	25
양력	11/8	9	10	11	12	13	14	15	16	17	18	19	20	21	22	23	24	25	26	27	28	29	30	12/1	2	3	4	5	6
일주	무자	기축	경인	신묘	임진	계사	갑오	을미	병신	정유	무술	기해	경자	신축	임인	계묘	갑진	을사	병오	정미	무신	기유	경술	신해	임자	계축	갑인	을묘	병진

| 11 | 무자월_戊子月 | 대설_양력 7일 19시 52분 |

음력	10/26	27	28	29	11/1	2	3	4	5	6	7	8	9	10	11	12	13	14	15	16	17	18	19	20	21	22	23	24	25	26
양력	12/7	8	9	10	11	12	13	14	15	16	17	18	19	20	21	22	23	24	25	26	27	28	29	30	31	1/1	2	3	4	5
일주	정사	무오	기미	경신	신유	임술	계해	갑자	을축	병인	정묘	무진	기사	경오	신미	임신	계유	갑술	을해	병자	정축	무인	기묘	경진	신사	임오	계미	갑신	을유	병술

| 12 | 기축월_己丑月 | 소한_양력 6일 07시 07분 |

음력	11/27	28	29	30	12/1	2	3	4	5	6	7	8	9	10	11	12	13	14	15	16	17	18	19	20	21	22	23	24	25
양력	1/6	7	8	9	10	11	12	13	14	15	16	17	18	19	20	21	22	23	24	25	26	27	28	29	30	31	2/1	2	3
일주	정해	무자	기축	경인	신묘	임진	계사	갑오	을미	병신	정유	무술	기해	경자	신축	임인	계묘	갑진	을사	병오	정미	무신	기유	경술	신해	임자	계축	갑인	을묘

2016 병신丙申년 _단기 4349년

1 경인월_庚寅月 입춘_양력 4일 18시 45분

음력 12/26 27 28 29 1/1 2 3 4 5 6 7 8 9 10 11 12 13 14 15 16 17 18 19 20 21 22 23 24 25 26

양력 2/4 5 6 7 8 9 10 11 12 13 14 15 16 17 18 19 20 21 22 23 24 25 26 27 28 29 3/1 2 3 4

일주 병진 정사 무오 기미 경신 신유 임술 계해 갑자 을축 병인 정묘 무진 기사 경오 신미 임신 계유 갑술 을해 병자 정축 무인 기묘 경진 신사 임오 계미 갑신 을유

2 신묘월_辛卯月 경칩_양력 5일 12시 43분

음력 1/27 28 29 30 2/1 2 3 4 5 6 7 8 9 10 11 12 13 14 15 16 17 18 19 20 21 22 23 24 25 26

양력 3/5 6 7 8 9 10 11 12 13 14 15 16 17 18 19 20 21 22 23 24 25 26 27 28 29 30 31 4/1 2 3

일주 병술 정해 무자 기축 경인 신묘 임진 계사 갑오 을미 병신 정유 무술 기해 경자 신축 임인 계묘 갑진 을사 병오 정미 무신 기유 경술 신해 임자 계축 갑인 을묘

3 임진월_壬辰月 청명_양력 4일 17시 27분

음력 2/27 28 29 3/1 2 3 4 5 6 7 8 9 10 11 12 13 14 15 16 17 18 19 20 21 22 23 24 25 26 27 28

양력 4/4 5 6 7 8 9 10 11 12 13 14 15 16 17 18 19 20 21 22 23 24 25 26 27 28 29 30 5/1 2 3 4

일주 병진 정사 무오 기미 경신 신유 임술 계해 갑자 을축 병인 정묘 무진 기사 경오 신미 임신 계유 갑술 을해 병자 정축 무인 기묘 경진 신사 임오 계미 갑신 을유 병술

4 계사월_癸巳月 입하_양력 5일 10시 41분

음력 3/29 30 4/1 2 3 4 5 6 7 8 9 10 11 12 13 14 15 16 17 18 19 20 21 22 23 24 25 26 27 28 29

양력 5/5 6 7 8 9 10 11 12 13 14 15 16 17 18 19 20 21 22 23 24 25 26 27 28 29 30 31 6/1 2 3 4

일주 정해 무자 기축 경인 신묘 임진 계사 갑오 을미 병신 정유 무술 기해 경자 신축 임인 계묘 갑진 을사 병오 정미 무신 기유 경술 신해 임자 계축 갑인 을묘 병진 정사

5 갑오월_甲午月 망종_양력 5일 14시 48분

음력 5/1 2 3 4 5 6 7 8 9 10 11 12 13 14 15 16 17 18 19 20 21 22 23 24 25 26 27 28 29 6/1 2 3

양력 6/5 6 7 8 9 10 11 12 13 14 15 16 17 18 19 20 21 22 23 24 25 26 27 28 29 30 7/1 2 3 4 5 6

일주 무오 기미 경신 신유 임술 계해 갑자 을축 병인 정묘 무진 기사 경오 신미 임신 계유 갑술 을해 병자 정축 무인 기묘 경진 신사 임오 계미 갑신 을유 병술 정해 무자 기축

6 을미월_乙未月 소서_양력 7일 01시 02분

음력 6/4 5 6 7 8 9 10 11 12 13 14 15 16 17 18 19 20 21 22 23 24 25 26 27 28 29 30 7/1 2 3 4

양력 7/7 8 9 10 11 12 13 14 15 16 17 18 19 20 21 22 23 24 25 26 27 28 29 30 31 8/1 2 3 4 5 6

일주 경인 신묘 임진 계사 갑오 을미 병신 정유 무술 기해 경자 신축 임인 계묘 갑진 을사 병오 정미 무신 기유 경술 신해 임자 계축 갑인 을묘 병진 정사 무오 기미 경신

| 7 | 병신월_丙申月 | 입추_양력 7일 10시 52분 |

음력	7/5	6	7	8	9	10	11	12	13	14	15	16	17	18	19	20	21	22	23	24	25	26	27	28	29	8/1	2	3	4	5	6
양력	8/7	8	9	10	11	12	13	14	15	16	17	18	19	20	21	22	23	24	25	26	27	28	29	30	31	9/1	2	3	4	5	6
일주	신유	임술	계해	갑자	을축	병인	정묘	무진	기사	경오	신미	임신	계유	갑술	을해	병자	정축	무인	기묘	경진	신사	임오	계미	갑신	을유	병술	정해	무자	기축	경인	신묘

| 8 | 정유월_丁酉月 | 백로_양력 7일 13시 50분 |

음력	8/7	8	9	10	11	12	13	14	15	16	17	18	19	20	21	22	23	24	25	26	27	28	29	30	9/1	2	3	4	5	6	7
양력	9/7	8	9	10	11	12	13	14	15	16	17	18	19	20	21	22	23	24	25	26	27	28	29	30	10/1	2	3	4	5	6	7
일주	임진	계사	갑오	을미	병신	정유	무술	기해	경자	신축	임인	계묘	갑진	을사	병오	정미	무신	기유	경술	신해	임자	계축	갑인	을묘	병진	정사	무오	기미	경신	신유	임술

| 9 | 무술월_戊戌月 | 한로_양력 8일 05시 32분 |

음력	9/8	9	10	11	12	13	14	15	16	17	18	19	20	21	22	23	24	25	26	27	28	29	30	10/1	2	3	4	5	6
양력	10/8	9	10	11	12	13	14	15	16	17	18	19	20	21	22	23	24	25	26	27	28	29	30	31	11/1	2	3	4	5
일주	계해	갑자	을축	병인	정묘	무진	기사	경오	신미	임신	계유	갑술	을해	병자	정축	무인	기묘	경진	신사	임오	계미	갑신	을유	병술	정해	무자	기축	경인	신묘

| 10 | 기해월_己亥月 | 입동_양력 6일 08시 47분 |

음력	10/7	8	9	10	11	12	13	14	15	16	17	18	19	20	21	22	23	24	25	26	27	28	29	11/1	2	3	4	5	6	7	8
양력	11/6	7	8	9	10	11	12	13	14	15	16	17	18	19	20	21	22	23	24	25	26	27	28	29	30	12/1	2	3	4	5	6
일주	임진	계사	갑오	을미	병신	정유	무술	기해	경자	신축	임인	계묘	갑진	을사	병오	정미	무신	기유	경술	신해	임자	계축	갑인	을묘	병진	정사	무오	기미	경신	신유	임술

| 11 | 경자월_庚子月 | 대설_양력 7일 01시 40분 |

음력	11/9	10	11	12	13	14	15	16	17	18	19	20	21	22	23	24	25	26	27	28	29	30	12/1	2	3	4	5	6	7
양력	12/7	8	9	10	11	12	13	14	15	16	17	18	19	20	21	22	23	24	25	26	27	28	29	30	31	1/1	2	3	4
일주	계해	갑자	을축	병인	정묘	무진	기사	경오	신미	임신	계유	갑술	을해	병자	정축	무인	기묘	경진	신사	임오	계미	갑신	을유	병술	정해	무자	기축	경인	신묘

| 12 | 신축월_辛丑月 | 소한_양력 5일 12시 55분 |

음력	12/8	9	10	11	12	13	14	15	16	17	18	19	20	21	22	23	24	25	26	27	28	29	30	1/1	2	3	4	5	6	7
양력	1/5	6	7	8	9	10	11	12	13	14	15	16	17	18	19	20	21	22	23	24	25	26	27	28	29	30	31	2/1	2	3
일주	임진	계사	갑오	을미	병신	정유	무술	기해	경자	신축	임인	계묘	갑진	을사	병오	정미	무신	기유	경술	신해	임자	계축	갑인	을묘	병진	정사	무오	기미	경신	신유

2017 정유丁酉년 _단기 4350년

1 임인월_壬寅月 입춘_양력 4일 00시 33분

음력	1/8 9 10 11 12 13 14 15 16 17 18 19 20 21 22 23 24 25 26 27 28 29 2/1 2 3 4 5 6 7
양력	2/4 5 6 7 8 9 10 11 12 13 14 15 16 17 18 19 20 21 22 23 24 25 26 27 28 3/1 2 3 4
일주	임 계 갑 을 병 정 무 기 경 신 임 계 갑 을 병 정 무 기 경 신 임 계 갑 을 병 정 무 기 경 술 해 자 축 인 묘 진 사 오 미 신 유 술 해 자 축 인 묘 진 사 오 미 신 유 술 해 자 축 인

2 계묘월_癸卯月 경칩_양력 5일 18시 32분

음력	2/8 9 10 11 12 13 14 15 16 17 18 19 20 21 22 23 24 25 26 27 28 29 30 3/1 2 3 4 5 6 7
양력	3/5 6 7 8 9 10 11 12 13 14 15 16 17 18 19 20 21 22 23 24 25 26 27 28 29 30 31 4/1 2 3
일주	신 임 계 갑 을 병 정 무 기 경 신 임 계 갑 을 병 정 무 기 경 신 임 계 갑 을 병 정 무 기 경 묘 진 사 오 미 신 유 술 해 자 축 인 묘 진 사 오 미 신 유 술 해 자 축 인 묘 진 사 오 미 신

3 갑진월_甲辰月 청명_양력 4일 23시 16분

음력	3/8 9 10 11 12 13 14 15 16 17 18 19 20 21 22 23 24 25 26 27 28 29 4/1 2 3 4 5 6 7 8 9
양력	4/4 5 6 7 8 9 10 11 12 13 14 15 16 17 18 19 20 21 22 23 24 25 26 27 28 29 30 5/1 2 3 4
일주	신 임 계 갑 을 병 정 무 기 경 신 임 계 갑 을 병 정 무 기 경 신 임 계 갑 을 병 정 무 기 경 신 유 술 해 자 축 인 묘 진 사 오 미 신 유 술 해 자 축 인 묘 진 사 오 미 신 유 술 해 자 축 인 묘

4 을사월_乙巳月 입하_양력 5일 16시 30분

음력	4/10 11 12 13 14 15 16 17 18 19 20 21 22 23 24 25 26 27 28 29 30 5/1 2 3 4 5 6 7 8 9 10
양력	5/5 6 7 8 9 10 11 12 13 14 15 16 17 18 19 20 21 22 23 24 25 26 27 28 29 30 31 6/1 2 3 4
일주	임 계 갑 을 병 정 무 기 경 신 임 계 갑 을 병 정 무 기 경 신 임 계 갑 을 병 정 무 기 경 신 임 진 사 오 미 신 유 술 해 자 축 인 묘 진 사 오 미 신 유 술 해 자 축 인 묘 진 사 오 미 신 유 술

5 병오월_丙午月 망종_양력 5일 20시 36분

음력	5/11 12 13 14 15 16 17 18 19 20 21 22 23 24 25 26 27 28 29 윤 5/2 3 4 5 6 7 8 9 10 11 12 13
양력	6/5 6 7 8 9 10 11 12 13 14 15 16 17 18 19 20 21 22 23 24 25 26 27 28 29 30 7/1 2 3 4 5 6
일주	계 갑 을 병 정 무 기 경 신 임 계 갑 을 병 정 무 기 경 신 임 계 갑 을 병 정 무 기 경 신 임 계 갑 해 자 축 인 묘 진 사 오 미 신 유 술 해 자 축 인 묘 진 사 오 미 신 유 술 해 자 축 인 묘 진 사 오

6 정미월_丁未月 소서_양력 7일 06시 50분

음력	5/14 15 16 17 18 19 20 21 22 23 24 25 26 27 28 29 6/1 2 3 4 5 6 7 8 9 10 11 12 13 14 15
양력	7/7 8 9 10 11 12 13 14 15 16 17 18 19 20 21 22 23 24 25 26 27 28 29 30 31 8/1 2 3 4 5 6
일주	을 병 정 무 기 경 신 임 계 갑 을 병 정 무 기 경 신 임 계 갑 을 병 정 무 기 경 신 임 계 갑 을 미 신 유 술 해 자 축 인 묘 진 사 오 미 신 유 술 해 자 축 인 묘 진 사 오 미 신 유 술 해 자 축

7 무신월_戊申月   입추_양력 7일 16시 39분

음력	6/16	17	18	19	20	21	22	23	24	25	26	27	28	29	30	7/1	2	3	4	5	6	7	8	9	10	11	12	13	14	15	16
양력	8/7	8	9	10	11	12	13	14	15	16	17	18	19	20	21	22	23	24	25	26	27	28	29	30	31	9/1	2	3	4	5	6
일주	병인	정묘	무진	기사	경오	신미	임신	계유	갑술	을해	병자	정축	무인	기묘	경진	신사	임오	계미	갑신	을유	병술	정해	무자	기축	경인	신묘	임진	계사	갑오	을미	병신

8 기유월_己酉月   백로_양력 7일 19시 38분

음력	7/17	18	19	20	21	22	23	24	25	26	27	28	29	8/1	2	3	4	5	6	7	8	9	10	11	12	13	14	15	16	17	18
양력	9/7	8	9	10	11	12	13	14	15	16	17	18	19	20	21	22	23	24	25	26	27	28	29	30	10/1	2	3	4	5	6	7
일주	정유	무술	기해	경자	신축	임인	계묘	갑진	을사	병오	정미	무신	기유	경술	신해	임자	계축	갑인	을묘	병진	정사	무오	기미	경신	신유	임술	계해	갑자	을축	병인	정묘

9 경술월_庚戌月   한로_양력 8일 11시 21분

음력	8/19	20	21	22	23	24	25	26	27	28	29	30	9/1	2	3	4	5	6	7	8	9	10	11	12	13	14	15	16	17	18	
양력	10/8	9	10	11	12	13	14	15	16	17	18	19	20	21	22	23	24	25	26	27	28	29	30	31	11/1	2	3	4	5	6	
일주	무진	기사	경오	신미	임신	계유	갑술	을해	병자	정축	무인	기묘	경진	신사	임오	계미	갑신	을유	병술	정해	무자	기축	경인	신묘	임진	계사	갑오	을미	병신	정유	

10 신해월_辛亥月   입동_양력 7일 14시 37분

음력	9/19	20	21	22	23	24	25	26	27	28	29	10/1	2	3	4	5	6	7	8	9	10	11	12	13	14	15	16	17	18	19	
양력	11/7	8	9	10	11	12	13	14	15	16	17	18	19	20	21	22	23	24	25	26	27	28	29	30	12/1	2	3	4	5	6	
일주	무술	기해	경자	신축	임인	계묘	갑진	을사	병오	정미	무신	기유	경술	신해	임자	계축	갑인	을묘	병진	정사	무오	기미	경신	신유	임술	계해	갑자	을축	병인	정묘	

11 임자월_壬子月   대설_양력 7일 07시 32분

음력	10/20	21	22	23	24	25	26	27	28	29	11/1	2	3	4	5	6	7	8	9	10	11	12	13	14	15	16	17	18			
양력	12/7	8	9	10	11	12	13	14	15	16	17	18	19	20	21	22	23	24	25	26	27	28	29	30	31	1/1	2	3	4		
일주	무진	기사	경오	신미	임신	계유	갑술	을해	병자	정축	무인	기묘	경진	신사	임오	계미	갑신	을유	병술	정해	무자	기축	경인	신묘	임진	계사	갑오	을미	병신		

12 계축월_癸丑月   소한_양력 5일 18시 48분

음력	11/19	20	21	22	23	24	25	26	27	28	29	30	12/1	2	3	4	5	6	7	8	9	10	11	12	13	14	15	16	17	18	
양력	1/5	6	7	8	9	10	11	12	13	14	15	16	17	18	19	20	21	22	23	24	25	26	27	28	29	30	31	2/1	2	3	
일주	정유	무술	기해	경자	신축	임인	계묘	갑진	을사	병오	정미	무신	기유	경술	신해	임자	계축	갑인	을묘	병진	정사	무오	기미	경신	신유	임술	계해	갑자	을축	병인	

2018 무술戊戌년 _단기 4351년

1 갑인월_甲寅月   입춘_양력 4일 06시 28분

음력	12/19	20	21	22	23	24	25	26	27	28	29	30	1/1	2	3	4	5	6	7	8	9	10	11	12	13	14	15	16	17	18
양력	2/4	5	6	7	8	9	10	11	12	13	14	15	16	17	18	19	20	21	22	23	24	25	26	27	28	3/1	2	3	4	5
일주	정묘	무진	기사	경오	신미	임신	계유	갑술	을해	병자	정축	무인	기묘	경진	신사	임오	계미	갑신	을유	병술	정해	무자	기축	경인	신묘	임진	계사	갑오	을미	병신

2 을묘월_乙卯月   경칩_양력 6일 00시 27분

음력	1/19	20	21	22	23	24	25	26	27	28	29	2/1	2	3	4	5	6	7	8	9	10	11	12	13	14	15	16	17	18	19
양력	3/6	7	8	9	10	11	12	13	14	15	16	17	18	19	20	21	22	23	24	25	26	27	28	29	30	31	4/1	2	3	4
일주	정유	무술	기해	경자	신축	임인	계묘	갑진	을사	병오	정미	무신	기유	경술	신해	임자	계축	갑인	을묘	병진	정사	무오	기미	경신	신유	임술	계해	갑자	을축	병인

3 병진월_丙辰月   청명_양력 5일 05시 12분

음력	2/20	21	22	23	24	25	26	27	28	29	30	3/1	2	3	4	5	6	7	8	9	10	11	12	13	14	15	16	17	18	19
양력	4/5	6	7	8	9	10	11	12	13	14	15	16	17	18	19	20	21	22	23	24	25	26	27	28	29	30	5/1	2	3	4
일주	정묘	무진	기사	경오	신미	임신	계유	갑술	을해	병자	정축	무인	기묘	경진	신사	임오	계미	갑신	을유	병술	정해	무자	기축	경인	신묘	임진	계사	갑오	을미	병신

4 정사월_丁巳月   입하_양력 5일 22시 24분

음력	3/20	21	22	23	24	25	26	27	28	29	4/1	2	3	4	5	6	7	8	9	10	11	12	13	14	15	16	17	18	19	20	21	22
양력	5/5	6	7	8	9	10	11	12	13	14	15	16	17	18	19	20	21	22	23	24	25	26	27	28	29	30	31	6/1	2	3	4	5
일주	정유	무술	기해	경자	신축	임인	계묘	갑진	을사	병오	정미	무신	기유	경술	신해	임자	계축	갑인	을묘	병진	정사	무오	기미	경신	신유	임술	계해	갑자	을축	병인	정묘	무진

5 무오월_戊午月   망종_양력 6일 02시 28분

음력	4/23	24	25	26	27	28	29	30	5/1	2	3	4	5	6	7	8	9	10	11	12	13	14	15	16	17	18	19	20	21	22	23
양력	6/6	7	8	9	10	11	12	13	14	15	16	17	18	19	20	21	22	23	24	25	26	27	28	29	30	7/1	2	3	4	5	6
일주	기사	경오	신미	임신	계유	갑술	을해	병자	정축	무인	기묘	경진	신사	임오	계미	갑신	을유	병술	정해	무자	기축	경인	신묘	임진	계사	갑오	을미	병신	정유	무술	기해

6 기미월_己未月   소서_양력 7일 12시 41분

음력	5/24	25	26	27	28	29	6/1	2	3	4	5	6	7	8	9	10	11	12	13	14	15	16	17	18	19	20	21	22	23	24	25
양력	7/7	8	9	10	11	12	13	14	15	16	17	18	19	20	21	22	23	24	25	26	27	28	29	30	31	8/1	2	3	4	5	6
일주	경자	신축	임인	계묘	갑진	을사	병오	정미	무신	기유	경술	신해	임자	계축	갑인	을묘	병진	정사	무오	기미	경신	신유	임술	계해	갑자	을축	병인	정묘	무진	기사	경오

7 경신월_庚申月 입추_양력 7일 22시 30분

음력	6/26	27	28	29	7/1	2	3	4	5	6	7	8	9	10	11	12	13	14	15	16	17	18	19	20	21	22	23	24	25	26	27	28
양력	8/7	8	9	10	11	12	13	14	15	16	17	18	19	20	21	22	23	24	25	26	27	28	29	30	31	9/1	2	3	4	5	6	7
일주	신미	임신	계유	갑술	을해	병자	정축	무인	기묘	경진	신사	임오	계미	갑신	을유	병술	정해	무자	기축	경인	신묘	임진	계사	갑오	을미	병신	정유	무술	기해	경자	신축	임인

8 신유월_辛酉月 백로_양력 8일 01시 29분

음력	7/29	30	8/1	2	3	4	5	6	7	8	9	10	11	12	13	14	15	16	17	18	19	20	21	22	23	24	25	26	27	28
양력	9/8	9	10	11	12	13	14	15	16	17	18	19	20	21	22	23	24	25	26	27	28	29	30	10/1	2	3	4	5	6	7
일주	계묘	갑진	을사	병오	정미	무신	기유	경술	신해	임자	계축	갑인	을묘	병진	정사	무오	기미	경신	신유	임술	계해	갑자	을축	병인	정묘	무진	기사	경오	신미	임신

9 임술월_壬戌月 한로_양력 8일 17시 14분

음력	8/29	9/1	2	3	4	5	6	7	8	9	10	11	12	13	14	15	16	17	18	19	20	21	22	23	24	25	26	27	28	29
양력	10/8	9	10	11	12	13	14	15	16	17	18	19	20	21	22	23	24	25	26	27	28	29	30	31	11/1	2	3	4	5	6
일주	계유	갑술	을해	병자	정축	무인	기묘	경진	신사	임오	계미	갑신	을유	병술	정해	무자	기축	경인	신묘	임진	계사	갑오	을미	병신	정유	무술	기해	경자	신축	임인

10 계해월_癸亥月 입동_양력 7일 20시 31분

음력	9/30	10/1	2	3	4	5	6	7	8	9	10	11	12	13	14	15	16	17	18	19	20	21	22	23	24	25	26	27	28	29
양력	11/7	8	9	10	11	12	13	14	15	16	17	18	19	20	21	22	23	24	25	26	27	28	29	30	12/1	2	3	4	5	6
일주	계묘	갑진	을사	병오	정미	무신	기유	경술	신해	임자	계축	갑인	을묘	병진	정사	무오	기미	경신	신유	임술	계해	갑자	을축	병인	정묘	무진	기사	경오	신미	임신

11 갑자월_甲子月 대설_양력 7일 13시 25분

음력	11/1	2	3	4	5	6	7	8	9	10	11	12	13	14	15	16	17	18	19	20	21	22	23	24	25	26	27	28	29	30
양력	12/7	8	9	10	11	12	13	14	15	16	17	18	19	20	21	22	23	24	25	26	27	28	29	30	31	1/1	2	3	4	5
일주	계유	갑술	을해	병자	정축	무인	기묘	경진	신사	임오	계미	갑신	을유	병술	정해	무자	기축	경인	신묘	임진	계사	갑오	을미	병신	정유	무술	기해	경자	신축	임인

12 을축월_乙丑月 소한_양력 6일 00시 38분

음력	12/1	2	3	4	5	6	7	8	9	10	11	12	13	14	15	16	17	18	19	20	21	22	23	24	25	26	27	28	29
양력	1/6	7	8	9	10	11	12	13	14	15	16	17	18	19	20	21	22	23	24	25	26	27	28	29	30	31	2/1	2	3
일주	계묘	갑진	을사	병오	정미	무신	기유	경술	신해	임자	계축	갑인	을묘	병진	정사	무오	기미	경신	신유	임술	계해	갑자	을축	병인	정묘	무진	기사	경오	신미

2019 기해己亥년 _단기 4352년

1 병인월_丙寅月 입춘_양력 4일 12시 13분

음력	12/30	1/1	2	3	4	5	6	7	8	9	10	11	12	13	14	15	16	17	18	19	20	21	22	23	24	25	26	27	28	29
양력	2/4	5	6	7	8	9	10	11	12	13	14	15	16	17	18	19	20	21	22	23	24	25	26	27	28	3/1	2	3	4	5
일주	임신	계유	갑술	을해	병자	정축	무인	기묘	경진	신사	임오	계미	갑신	을유	병술	정해	무자	기축	경인	신묘	임진	계사	갑오	을미	병신	정유	무술	기해	경자	신축

2 정묘월_丁卯月 경칩_양력 6일 06시 09분

음력	1/30	2/1	2	3	4	5	6	7	8	9	10	11	12	13	14	15	16	17	18	19	20	21	22	23	24	25	26	27	28	29
양력	3/6	7	8	9	10	11	12	13	14	15	16	17	18	19	20	21	22	23	24	25	26	27	28	29	30	31	4/1	2	3	4
일주	임인	계묘	갑진	을사	병오	정미	무신	기유	경술	신해	임자	계축	갑인	을묘	병진	정사	무오	기미	경신	신유	임술	계해	갑자	을축	병인	정묘	무진	기사	경오	신미

3 무진월_戊辰月 청명_양력 5일 10시 50분

음력	3/1	2	3	4	5	6	7	8	9	10	11	12	13	14	15	16	17	18	19	20	21	22	23	24	25	26	27	28	29	30	4/1
양력	4/5	6	7	8	9	10	11	12	13	14	15	16	17	18	19	20	21	22	23	24	25	26	27	28	29	30	5/1	2	3	4	5
일주	임신	계유	갑술	을해	병자	정축	무인	기묘	경진	신사	임오	계미	갑신	을유	병술	정해	무자	기축	경인	신묘	임진	계사	갑오	을미	병신	정유	무술	기해	경자	신축	임인

4 기사월_己巳月 입하_양력 6일 04시 02분

음력	4/2	3	4	5	6	7	8	9	10	11	12	13	14	15	16	17	18	19	20	21	22	23	24	25	26	27	28	29	5/1	2	3
양력	5/6	7	8	9	10	11	12	13	14	15	16	17	18	19	20	21	22	23	24	25	26	27	28	29	30	31	6/1	2	3	4	5
일주	계묘	갑진	을사	병오	정미	무신	기유	경술	신해	임자	계축	갑인	을묘	병진	정사	무오	기미	경신	신유	임술	계해	갑자	을축	병인	정묘	무진	기사	경오	신미	임신	계유

5 경오월_庚午月 망종_양력 6일 08시 05분

음력	5/4	5	6	7	8	9	10	11	12	13	14	15	16	17	18	19	20	21	22	23	24	25	26	27	28	29	30	6/1	2	3	4
양력	6/6	7	8	9	10	11	12	13	14	15	16	17	18	19	20	21	22	23	24	25	26	27	28	29	30	7/1	2	3	4	5	6
일주	갑술	을해	병자	정축	무인	기묘	경진	신사	임오	계미	갑신	을유	병술	정해	무자	기축	경인	신묘	임진	계사	갑오	을미	병신	정유	무술	기해	경자	신축	임인	계묘	갑진

6 신미월_辛未月 소서_양력 7일 18시 20분

음력	6/5	6	7	8	9	10	11	12	13	14	15	16	17	18	19	20	21	22	23	24	25	26	27	28	29	7/1	2	3	4	5	6	7
양력	7/7	8	9	10	11	12	13	14	15	16	17	18	19	20	21	22	23	24	25	26	27	28	29	30	31	8/1	2	3	4	5	6	7
일주	을사	병오	정미	무신	기유	경술	신해	임자	계축	갑인	을묘	병진	정사	무오	기미	경신	신유	임술	계해	갑자	을축	병인	정묘	무진	기사	경오	신미	임신	계유	갑술	을해	병자

7 임신월_壬申月　입추_양력 8일 04시 12분

음력	7/8	9	10	11	12	13	14	15	16	17	18	19	20	21	22	23	24	25	26	27	28	29	8/1	2	3	4	5	6	7	8	9
양력	8/8	9	10	11	12	13	14	15	16	17	18	19	20	21	22	23	24	25	26	27	28	29	30	31	9/1	2	3	4	5	6	7
일주	정축	무인	기묘	경진	신사	임오	계미	갑신	을유	병술	정해	무자	기축	경인	신묘	임진	계사	갑오	을미	병신	정유	무술	기해	경자	신축	임인	계묘	갑진	을사	병오	정미

8 계유월_癸酉月　백로_양력 8일 07시 16분

음력	8/10	11	12	13	14	15	16	17	18	19	20	21	22	23	24	25	26	27	28	29	30	9/1	2	3	4	5	6	7	8	9
양력	9/8	9	10	11	12	13	14	15	16	17	18	19	20	21	22	23	24	25	26	27	28	29	30	10/1	2	3	4	5	6	7
일주	무신	기유	경술	신해	임자	계축	갑인	을묘	병진	정사	무오	기미	경신	신유	임술	계해	갑자	을축	병인	정묘	무진	기사	경오	신미	임신	계유	갑술	을해	병자	정축

9 갑술월_甲戌月　한로_양력 8일 23시 05분

음력	9/10	11	12	13	14	15	16	17	18	19	20	21	22	23	24	25	26	27	28	29	10/1	2	3	4	5	6	7	8	9	10	11
양력	10/8	9	10	11	12	13	14	15	16	17	18	19	20	21	22	23	24	25	26	27	28	29	30	31	11/1	2	3	4	5	6	7
일주	무인	기묘	경진	신사	임오	계미	갑신	을유	병술	정해	무자	기축	경인	신묘	임진	계사	갑오	을미	병신	정유	무술	기해	경자	신축	임인	계묘	갑진	을사	병오	정미	무신

10 을해월_乙亥月　입동_양력 8일 02시 23분

음력	10/12	13	14	15	16	17	18	19	20	21	22	23	24	25	26	27	28	29	30	11/1	2	3	4	5	6	7	8	9	10
양력	11/8	9	10	11	12	13	14	15	16	17	18	19	20	21	22	23	24	25	26	27	28	29	30	12/1	2	3	4	5	6
일주	기유	경술	신해	임자	계축	갑인	을묘	병진	정사	무오	기미	경신	신유	임술	계해	갑자	을축	병인	정묘	무진	기사	경오	신미	임신	계유	갑술	을해	병자	정축

11 병자월_丙子月　대설_양력 7일 19시 17분

음력	11/11	12	13	14	15	16	17	18	19	20	21	22	23	24	25	26	27	28	29	12/1	2	3	4	5	6	7	8	9	10	11
양력	12/7	8	9	10	11	12	13	14	15	16	17	18	19	20	21	22	23	24	25	26	27	28	29	30	31	1/1	2	3	4	5
일주	무인	기묘	경진	신사	임오	계미	갑신	을유	병술	정해	무자	기축	경인	신묘	임진	계사	갑오	을미	병신	정유	무술	기해	경자	신축	임인	계묘	갑진	을사	병오	정미

12 정축월_丁丑月　소한_양력 6일 06시 29분

음력	12/12	13	14	15	16	17	18	19	20	21	22	23	24	25	26	27	28	29	30	1/1	2	3	4	5	6	7	8	9	10
양력	1/6	7	8	9	10	11	12	13	14	15	16	17	18	19	20	21	22	23	24	25	26	27	28	29	30	31	2/1	2	3
일주	무신	기유	경술	신해	임자	계축	갑인	을묘	병진	정사	무오	기미	경신	신유	임술	계해	갑자	을축	병인	정묘	무진	기사	경오	신미	임신	계유	갑술	을해	병자

2020 경자庚子년 _단기 4353년

1 무인월_戊寅月   입춘_양력 4일 18시 02분

음력	1/11	12	13	14	15	16	17	18	19	20	21	22	23	24	25	26	27	28	29	30	2/1	2	3	4	5	6	7	8	9	10
양력	2/4	5	6	7	8	9	10	11	12	13	14	15	16	17	18	19	20	21	22	23	24	25	26	27	28	29	3/1	2	3	4
일주	정축	무인	기묘	경진	신사	임오	계미	갑신	을유	병술	정해	무자	기축	경인	신묘	임진	계사	갑오	을미	병신	정유	무술	기해	경자	신축	임인	계묘	갑진	을사	병오

2 기묘월_己卯月   경칩_양력 5일 11시 56분

음력	2/11	12	13	14	15	16	17	18	19	20	21	22	23	24	25	26	27	28	29	3/1	2	3	4	5	6	7	8	9	10	11
양력	3/5	6	7	8	9	10	11	12	13	14	15	16	17	18	19	20	21	22	23	24	25	26	27	28	29	30	31	4/1	2	3
일주	정미	무신	기유	경술	신해	임자	계축	갑인	을묘	병진	정사	무오	기미	경신	신유	임술	계해	갑자	을축	병인	정묘	무진	기사	경오	신미	임신	계유	갑술	을해	병자

3 경진월_庚辰月   청명_양력 4일 16시 37분

음력	3/12	13	14	15	16	17	18	19	20	21	22	23	24	25	26	27	28	29	30	4/1	2	3	4	5	6	7	8	9	10	11	12
양력	4/4	5	6	7	8	9	10	11	12	13	14	15	16	17	18	19	20	21	22	23	24	25	26	27	28	29	30	5/1	2	3	4
일주	정축	무인	기묘	경진	신사	임오	계미	갑신	을유	병술	정해	무자	기축	경인	신묘	임진	계사	갑오	을미	병신	정유	무술	기해	경자	신축	임인	계묘	갑진	을사	병오	정미

4 신사월_辛巳月   입하_양력 5일 09시 50분

음력	4/13	14	15	16	17	18	19	20	21	22	23	24	25	26	27	28	29	30	윤 4/2	3	4	5	6	7	8	9	10	11	12	13
양력	5/5	6	7	8	9	10	11	12	13	14	15	16	17	18	19	20	21	22	23	24	25	26	27	28	29	30	31	6/1	2	3	4
일주	무신	기유	경술	신해	임자	계축	갑인	을묘	병진	정사	무오	기미	경신	신유	임술	계해	갑자	을축	병인	정묘	무진	기사	경오	신미	임신	계유	갑술	을해	병자	정축	무인

5 임오월_壬午月   망종_양력 5일 13시 57분

음력	4/14	15	16	17	18	19	20	21	22	23	24	25	26	27	28	29	5/1	2	3	4	5	6	7	8	9	10	11	12	13	14	15	16
양력	6/5	6	7	8	9	10	11	12	13	14	15	16	17	18	19	20	21	22	23	24	25	26	27	28	29	30	7/1	2	3	4	5	6
일주	기묘	경진	신사	임오	계미	갑신	을유	병술	정해	무자	기축	경인	신묘	임진	계사	갑오	을미	병신	정유	무술	기해	경자	신축	임인	계묘	갑진	을사	병오	정미	무신	기유	경술

6 계미월_癸未月   소서_양력 7일 00시 13분

음력	5/17	18	19	20	21	22	23	24	25	26	27	28	29	30	6/1	2	3	4	5	6	7	8	9	10	11	12	13	14	15	16	17
양력	7/7	8	9	10	11	12	13	14	15	16	17	18	19	20	21	22	23	24	25	26	27	28	29	30	31	8/1	2	3	4	5	6
일주	신해	임자	계축	갑인	을묘	병진	정사	무오	기미	경신	신유	임술	계해	갑자	을축	병인	정묘	무진	기사	경오	신미	임신	계유	갑술	을해	병자	정축	무인	기묘	경진	신사

7 갑신월_甲申月　입추_양력 7일 10시 05분

음력	6/18	19	20	21	22	23	24	25	26	27	28	29	7/1	2	3	4	5	6	7	8	9	10	11	12	13	14	15	16	17	18	19
양력	8/7	8	9	10	11	12	13	14	15	16	17	18	19	20	21	22	23	24	25	26	27	28	29	30	31	9/1	2	3	4	5	6
일주	임오	계미	갑신	을유	병술	정해	무자	기축	경인	신묘	임진	계사	갑오	을미	병신	정유	무술	기해	경자	신축	임인	계묘	갑진	을사	병오	정미	무신	기유	경술	신해	임자

8 을유월_乙酉月　백로_양력 7일 13시 07분

음력	7/20	21	22	23	24	25	26	27	28	29	8/1	2	3	4	5	6	7	8	9	10	11	12	13	14	15	16	17	18	19	20	21
양력	9/7	8	9	10	11	12	13	14	15	16	17	18	19	20	21	22	23	24	25	26	27	28	29	30	10/1	2	3	4	5	6	7
일주	계축	갑인	을묘	병진	정사	무오	기미	경신	신유	임술	계해	갑자	을축	병인	정묘	무진	기사	경오	신미	임신	계유	갑술	을해	병자	정축	무인	기묘	경진	신사	임오	계미

9 병술월_丙戌月　한로_양력 8일 04시 54분

음력	8/22	23	24	25	26	27	28	29	30	9/1	2	3	4	5	6	7	8	9	10	11	12	13	14	15	16	17	18	19	20	21
양력	10/8	9	10	11	12	13	14	15	16	17	18	19	20	21	22	23	24	25	26	27	28	29	30	31	11/1	2	3	4	5	6
일주	갑신	을유	병술	정해	무자	기축	경인	신묘	임진	계사	갑오	을미	병신	정유	무술	기해	경자	신축	임인	계묘	갑진	을사	병오	정미	무신	기유	경술	신해	임자	계축

10 정해월_丁亥月　입동_양력 7일 08시 13분

음력	9/22	23	24	25	26	27	28	29	10/1	2	3	4	5	6	7	8	9	10	11	12	13	14	15	16	17	18	19	20	21	22
양력	11/7	8	9	10	11	12	13	14	15	16	17	18	19	20	21	22	23	24	25	26	27	28	29	30	12/1	2	3	4	5	6
일주	갑인	을묘	병진	정사	무오	기미	경신	신유	임술	계해	갑자	을축	병인	정묘	무진	기사	경오	신미	임신	계유	갑술	을해	병자	정축	무인	기묘	경진	신사	임오	계미

11 무자월_戊子月　대설_양력 7일 01시 08분

음력	10/23	24	25	26	27	28	29	30	11/1	2	3	4	5	6	7	8	9	10	11	12	13	14	15	16	17	18	19	20	21
양력	12/7	8	9	10	11	12	13	14	15	16	17	18	19	20	21	22	23	24	25	26	27	28	29	30	31	1/1	2	3	4
일주	갑신	을유	병술	정해	무자	기축	경인	신묘	임진	계사	갑오	을미	병신	정유	무술	기해	경자	신축	임인	계묘	갑진	을사	병오	정미	무신	기유	경술	신해	임자

12 기축월_己丑月　소한_양력 5일 12시 22분

음력	11/22	23	24	25	26	27	28	29	12/1	2	3	4	5	6	7	8	9	10	11	12	13	14	15	16	17	18	19	20	21
양력	1/5	6	7	8	9	10	11	12	13	14	15	16	17	18	19	20	21	22	23	24	25	26	27	28	29	30	31	2/1	2
일주	계축	갑인	을묘	병진	정사	무오	기미	경신	신유	임술	계해	갑자	을축	병인	정묘	무진	기사	경오	신미	임신	계유	갑술	을해	병자	정축	무인	기묘	경진	신사

2021 신축辛丑년 _단기 4354년

1 경인월_庚寅月　입춘_양력 3일 23시 58분

음력	12/22	23	24	25	26	27	28	29	30	1/1	2	3	4	5	6	7	8	9	10	11	12	13	14	15	16	17	18	19	20	21
양력	2/3	4	5	6	7	8	9	10	11	12	13	14	15	16	17	18	19	20	21	22	23	24	25	26	27	28	3/1	2	3	4
일주	임오	계미	갑신	을유	병술	정해	무자	기축	경인	신묘	임진	계사	갑오	을미	병신	정유	무술	기해	경자	신축	임인	계묘	갑진	을사	병오	정미	무신	기유	경술	신해

2 신묘월_辛卯月　경칩_양력 5일 17시 53분

음력	1/22	23	24	25	26	27	28	29	2/1	2	3	4	5	6	7	8	9	10	11	12	13	14	15	16	17	18	19	20	21	22
양력	3/5	6	7	8	9	10	11	12	13	14	15	16	17	18	19	20	21	22	23	24	25	26	27	28	29	30	31	4/1	2	3
일주	임자	계축	갑인	을묘	병진	정사	무오	기미	경신	신유	임술	계해	갑자	을축	병인	정묘	무진	기사	경오	신미	임신	계유	갑술	을해	병자	정축	무인	기묘	경진	신사

3 임진월_壬辰月　청명_양력 4일 22시 34분

음력	2/23	24	25	26	27	28	29	30	3/1	2	3	4	5	6	7	8	9	10	11	12	13	14	15	16	17	18	19	20	21	22	23
양력	4/4	5	6	7	8	9	10	11	12	13	14	15	16	17	18	19	20	21	22	23	24	25	26	27	28	29	30	5/1	2	3	4
일주	임오	계미	갑신	을유	병술	정해	무자	기축	경인	신묘	임진	계사	갑오	을미	병신	정유	무술	기해	경자	신축	임인	계묘	갑진	을사	병오	정미	무신	기유	경술	신해	임자

4 계사월_癸巳月　입하_양력 5일 15시 46분

음력	3/24	25	26	27	28	29	30	4/1	2	3	4	5	6	7	8	9	10	11	12	13	14	15	16	17	18	19	20	21	22	23	24
양력	5/5	6	7	8	9	10	11	12	13	14	15	16	17	18	19	20	21	22	23	24	25	26	27	28	29	30	31	6/1	2	3	4
일주	계축	갑인	을묘	병진	정사	무오	기미	경신	신유	임술	계해	갑자	을축	병인	정묘	무진	기사	경오	신미	임신	계유	갑술	을해	병자	정축	무인	기묘	경진	신사	임오	계미

5 갑오월_甲午月　망종_양력 5일 19시 51분

음력	4/25	26	27	28	29	5/1	2	3	4	5	6	7	8	9	10	11	12	13	14	15	16	17	18	19	20	21	22	23	24	25	26	27
양력	6/5	6	7	8	9	10	11	12	13	14	15	16	17	18	19	20	21	22	23	24	25	26	27	28	29	30	7/1	2	3	4	5	6
일주	갑신	을유	병술	정해	무자	기축	경인	신묘	임진	계사	갑오	을미	병신	정유	무술	기해	경자	신축	임인	계묘	갑진	을사	병오	정미	무신	기유	경술	신해	임자	계축	갑인	을묘

6 을미월_乙未月　소서_양력 7일 06시 04분

음력	5/28	29	30	6/1	2	3	4	5	6	7	8	9	10	11	12	13	14	15	16	17	18	19	20	21	22	23	24	25	26	27	28
양력	7/7	8	9	10	11	12	13	14	15	16	17	18	19	20	21	22	23	24	25	26	27	28	29	30	31	8/1	2	3	4	5	6
일주	병진	정사	무오	기미	경신	신유	임술	계해	갑자	을축	병인	정묘	무진	기사	경오	신미	임신	계유	갑술	을해	병자	정축	무인	기묘	경진	신사	임오	계미	갑신	을유	병술

7 병신월_丙申月 입추_양력 7일 15시 53분

음력	6/29	7/1	2	3	4	5	6	7	8	9	10	11	12	13	14	15	16	17	18	19	20	21	22	23	24	25	26	27	28	29	30
양력	8/7	8	9	10	11	12	13	14	15	16	17	18	19	20	21	22	23	24	25	26	27	28	29	30	31	9/1	2	3	4	5	6
일주	정해	무자	기축	경인	신묘	임진	계사	갑오	을미	병신	정유	무술	기해	경자	신축	임인	계묘	갑진	을사	병오	정미	무신	기유	경술	신해	임자	계축	갑인	을묘	병진	정사

8 정유월_丁酉月 백로_양력 7일 18시 52분

음력	8/1	2	3	4	5	6	7	8	9	10	11	12	13	14	15	16	17	18	19	20	21	22	23	24	25	26	27	28	29	9/1	2
양력	9/7	8	9	10	11	12	13	14	15	16	17	18	19	20	21	22	23	24	25	26	27	28	29	30	10/1	2	3	4	5	6	7
일주	무오	기미	경신	신유	임술	계해	갑자	을축	병인	정묘	무진	기사	경오	신미	임신	계유	갑술	을해	병자	정축	무인	기묘	경진	신사	임오	계미	갑신	을유	병술	정해	무자

9 무술월_戊戌月 한로_양력 8일 10시 38분

음력	9/3	4	5	6	7	8	9	10	11	12	13	14	15	16	17	18	19	20	21	22	23	24	25	26	27	28	29	30	10/1	2
양력	10/8	9	10	11	12	13	14	15	16	17	18	19	20	21	22	23	24	25	26	27	28	29	30	31	11/1	2	3	4	5	6
일주	기축	경인	신묘	임진	계사	갑오	을미	병신	정유	무술	기해	경자	신축	임인	계묘	갑진	을사	병오	정미	무신	기유	경술	신해	임자	계축	갑인	을묘	병진	정사	무오

10 기해월_己亥月 입동_양력 7일 13시 58분

음력	10/3	4	5	6	7	8	9	10	11	12	13	14	15	16	17	18	19	20	21	22	23	24	25	26	27	28	29	11/1	2	3
양력	11/7	8	9	10	11	12	13	14	15	16	17	18	19	20	21	22	23	24	25	26	27	28	29	30	12/1	2	3	4	5	6
일주	기미	경신	신유	임술	계해	갑자	을축	병인	정묘	무진	기사	경오	신미	임신	계유	갑술	을해	병자	정축	무인	기묘	경진	신사	임오	계미	갑신	을유	병술	정해	무자

11 경자월_庚子月 대설_양력 7일 06시 56분

음력	11/4	5	6	7	8	9	10	11	12	13	14	15	16	17	18	19	20	21	22	23	24	25	26	27	28	29	30	12/1	2
양력	12/7	8	9	10	11	12	13	14	15	16	17	18	19	20	21	22	23	24	25	26	27	28	29	30	31	1/1	2	3	4
일주	기축	경인	신묘	임진	계사	갑오	을미	병신	정유	무술	기해	경자	신축	임인	계묘	갑진	을사	병오	정미	무신	기유	경술	신해	임자	계축	갑인	을묘	병진	정사

12 신축월_辛丑月 소한_양력 5일 18시 13분

음력	12/3	4	5	6	7	8	9	10	11	12	13	14	15	16	17	18	19	20	21	22	23	24	25	26	27	28	29	1/1	2	3
양력	1/5	6	7	8	9	10	11	12	13	14	15	16	17	18	19	20	21	22	23	24	25	26	27	28	29	30	31	2/1	2	3
일주	무오	기미	경신	신유	임술	계해	갑자	을축	병인	정묘	무진	기사	경오	신미	임신	계유	갑술	을해	병자	정축	무인	기묘	경진	신사	임오	계미	갑신	을유	병술	정해

2022 임인壬寅년 _단기 4355년

1 임인월_壬寅月 입춘_양력 4일 05시 50분

음력	1/4	5	6	7	8	9	10	11	12	13	14	15	16	17	18	19	20	21	22	23	24	25	26	27	28	29	30	2/1	2
양력	2/4	5	6	7	8	9	10	11	12	13	14	15	16	17	18	19	20	21	22	23	24	25	26	27	28	3/1	2	3	4
일주	무자	기축	경인	신묘	임진	계사	갑오	을미	병신	정유	무술	기해	경자	신축	임인	계묘	갑진	을사	병오	정미	무신	기유	경술	신해	임자	계축	갑인	을묘	병진

2 계묘월_癸卯月 경칩_양력 5일 23시 43분

음력	2/3	4	5	6	7	8	9	10	11	12	13	14	15	16	17	18	19	20	21	22	23	24	25	26	27	28	29	3/1	2	3	4
양력	3/5	6	7	8	9	10	11	12	13	14	15	16	17	18	19	20	21	22	23	24	25	26	27	28	29	30	31	4/1	2	3	4
일주	정사	무오	기미	경신	신유	임술	계해	갑자	을축	병인	정묘	무진	기사	경오	신미	임신	계유	갑술	을해	병자	정축	무인	기묘	경진	신사	임오	계미	갑신	을유	병술	정해

3 갑진월_甲辰月 청명_양력 5일 04시 19분

음력	3/5	6	7	8	9	10	11	12	13	14	15	16	17	18	19	20	21	22	23	24	25	26	27	28	29	30	4/1	2	3	4
양력	4/5	6	7	8	9	10	11	12	13	14	15	16	17	18	19	20	21	22	23	24	25	26	27	28	29	30	5/1	2	3	4
일주	무자	기축	경인	신묘	임진	계사	갑오	을미	병신	정유	무술	기해	경자	신축	임인	계묘	갑진	을사	병오	정미	무신	기유	경술	신해	임자	계축	갑인	을묘	병진	정사

4 을사월_乙巳月 입하_양력 5일 21시 25분

음력	4/5	6	7	8	9	10	11	12	13	14	15	16	17	18	19	20	21	22	23	24	25	26	27	28	29	5/1	2	3	4	5	6	7
양력	5/5	6	7	8	9	10	11	12	13	14	15	16	17	18	19	20	21	22	23	24	25	26	27	28	29	30	31	6/1	2	3	4	5
일주	무오	기미	경신	신유	임술	계해	갑자	을축	병인	정묘	무진	기사	경오	신미	임신	계유	갑술	을해	병자	정축	무인	기묘	경진	신사	임오	계미	갑신	을유	병술	정해	무자	기축	경인

5 병오월_丙午月 망종_양력 6일 01시 25분

음력	5/8	9	10	11	12	13	14	15	16	17	18	19	20	21	22	23	24	25	26	27	28	29	30	6/1	2	3	4	5	6	7	8
양력	6/6	7	8	9	10	11	12	13	14	15	16	17	18	19	20	21	22	23	24	25	26	27	28	29	30	7/1	2	3	4	5	6
일주	경인	신묘	임진	계사	갑오	을미	병신	정유	무술	기해	경자	신축	임인	계묘	갑진	을사	병오	정미	무신	기유	경술	신해	임자	계축	갑인	을묘	병진	정사	무오	기미	경신

6 정미월_丁未月 소서_양력 7일 11시 37분

음력	6/9	10	11	12	13	14	15	16	17	18	19	20	21	22	23	24	25	26	27	28	29	30	7/1	2	3	4	5	6	7	8	9
양력	7/7	8	9	10	11	12	13	14	15	16	17	18	19	20	21	22	23	24	25	26	27	28	29	30	31	8/1	2	3	4	5	6
일주	신유	임술	계해	갑자	을축	병인	정묘	무진	기사	경오	신미	임신	계유	갑술	을해	병자	정축	무인	기묘	경진	신사	임오	계미	갑신	을유	병술	정해	무자	기축	경인	신묘

| 7 | 무신월_戊申月 | 입추_양력 7일 21시 28분 |

음력	7/10	11	12	13	14	15	16	17	18	19	20	21	22	23	24	25	26	27	28	29	8/1	2	3	4	5	6	7	8	9	10	11	12
양력	8/7	8	9	10	11	12	13	14	15	16	17	18	19	20	21	22	23	24	25	26	27	28	29	30	31	9/1	2	3	4	5	6	7
일주	임진	계사	갑오	을미	병신	정유	무술	기해	경자	신축	임인	계묘	갑진	을사	병오	정미	무신	기유	경술	신해	임자	계축	갑인	을묘	병진	정사	무오	기미	경신	신유	임술	계해

| 8 | 기유월_己酉月 | 백로_양력 8일 00시 31분 |

음력	8/13	14	15	16	17	18	19	20	21	22	23	24	25	26	27	28	29	30	9/1	2	3	4	5	6	7	8	9	10	11	12
양력	9/8	9	10	11	12	13	14	15	16	17	18	19	20	21	22	23	24	25	26	27	28	29	30	10/1	2	3	4	5	6	7
일주	갑자	을축	병인	정묘	무진	기사	경오	신미	임신	계유	갑술	을해	병자	정축	무인	기묘	경진	신사	임오	계미	갑신	을유	병술	정해	무자	기축	경인	신묘	임진	계사

| 9 | 경술월_庚戌月 | 한로_양력 8일 16시 21분 |

음력	9/13	14	15	16	17	18	19	20	21	22	23	24	25	26	27	28	29	10/1	2	3	4	5	6	7	8	9	10	11	12	13
양력	10/8	9	10	11	12	13	14	15	16	17	18	19	20	21	22	23	24	25	26	27	28	29	30	31	11/1	2	3	4	5	6
일주	갑오	을미	병신	정유	무술	기해	경자	신축	임인	계묘	갑진	을사	병오	정미	무신	기유	경술	신해	임자	계축	갑인	을묘	병진	정사	무오	기미	경신	신유	임술	계해

| 10 | 신해월_辛亥月 | 입동_양력 7일 19시 44분 |

음력	10/14	15	16	17	18	19	20	21	22	23	24	25	26	27	28	29	30	11/1	2	3	4	5	6	7	8	9	10	11	12	13
양력	11/7	8	9	10	11	12	13	14	15	16	17	18	19	20	21	22	23	24	25	26	27	28	29	30	12/1	2	3	4	5	6
일주	갑자	을축	병인	정묘	무진	기사	경오	신미	임신	계유	갑술	을해	병자	정축	무인	기묘	경진	신사	임오	계미	갑신	을유	병술	정해	무자	기축	경인	신묘	임진	계사

| 11 | 임자월_壬子月 | 대설_양력 7일 12시 45분 |

음력	11/14	15	16	17	18	19	20	21	22	23	24	25	26	27	28	29	12/1	2	3	4	5	6	7	8	9	10	11	12	13	14
양력	12/7	8	9	10	11	12	13	14	15	16	17	18	19	20	21	22	23	24	25	26	27	28	29	30	31	1/1	2	3	4	5
일주	갑오	을미	병신	정유	무술	기해	경자	신축	임인	계묘	갑진	을사	병오	정미	무신	기유	경술	신해	임자	계축	갑인	을묘	병진	정사	무오	기미	경신	신유	임술	계해

| 12 | 계축월_癸丑月 | 소한_양력 6일 00시 04분 |

음력	12/15	16	17	18	19	20	21	22	23	24	25	26	27	28	29	30	1/1	2	3	4	5	6	7	8	9	10	11	12	13
양력	1/6	7	8	9	10	11	12	13	14	15	16	17	18	19	20	21	22	23	24	25	26	27	28	29	30	31	2/1	2	3
일주	갑자	을축	병인	정묘	무진	기사	경오	신미	임신	계유	갑술	을해	병자	정축	무인	기묘	경진	신사	임오	계미	갑신	을유	병술	정해	무자	기축	경인	신묘	임진

2023 계묘癸卯년 _단기 4356년

1 갑인월_甲寅月 입춘_양력 4일 11시 41분

음력	1/14	15	16	17	18	19	20	21	22	23	24	25	26	27	28	29	2/1	2	3	4	5	6	7	8	9	10	11	12	13	14
양력	2/4	5	6	7	8	9	10	11	12	13	14	15	16	17	18	19	20	21	22	23	24	25	26	27	28	3/1	2	3	4	5
일주	계사	갑오	을미	병신	정유	무술	기해	경자	신축	임인	계묘	갑진	을사	병오	정미	무신	기유	경술	신해	임자	계축	갑인	을묘	병진	정사	무오	기미	경신	신유	임술

2 을묘월_乙卯月 경칩_양력 6일 05시 35분

음력	2/15	16	17	18	19	20	21	22	23	24	25	26	27	28	29	30	윤2/2	3	4	5	6	7	8	9	10	11	12	13	14
양력	3/6	7	8	9	10	11	12	13	14	15	16	17	18	19	20	21	22	23	24	25	26	27	28	29	30	31	4/1	2	3	4
일주	계해	갑자	을축	병인	정묘	무진	기사	경오	신미	임신	계유	갑술	을해	병자	정축	무인	기묘	경진	신사	임오	계미	갑신	을유	병술	정해	무자	기축	경인	신묘	임진

3 병진월_丙辰月 청명_양력 5일 10시 12분

음력	2/15	16	17	18	19	20	21	22	23	24	25	26	27	28	29	3/1	2	3	4	5	6	7	8	9	10	11	12	13	14	15	16
양력	4/5	6	7	8	9	10	11	12	13	14	15	16	17	18	19	20	21	22	23	24	25	26	27	28	29	30	5/1	2	3	4	5
일주	계사	갑오	을미	병신	정유	무술	기해	경자	신축	임인	계묘	갑진	을사	병오	정미	무신	기유	경술	신해	임자	계축	갑인	을묘	병진	정사	무오	기미	경신	신유	임술	계해

4 정사월_丁巳月 입하_양력 6일 03시 18분

음력	3/17	18	19	20	21	22	23	24	25	26	27	28	29	30	4/1	2	3	4	5	6	7	8	9	10	11	12	13	14	15	16	17
양력	5/6	7	8	9	10	11	12	13	14	15	16	17	18	19	20	21	22	23	24	25	26	27	28	29	30	31	6/1	2	3	4	5
일주	갑자	을축	병인	정묘	무진	기사	경오	신미	임신	계유	갑술	을해	병자	정축	무인	기묘	경진	신사	임오	계미	갑신	을유	병술	정해	무자	기축	경인	신묘	임진	계사	갑오

5 무오월_戊午月 망종_양력 6일 07시 17분

음력	4/18	19	20	21	22	23	24	25	26	27	28	29	5/1	2	3	4	5	6	7	8	9	10	11	12	13	14	15	16	17	18	19
양력	6/6	7	8	9	10	11	12	13	14	15	16	17	18	19	20	21	22	23	24	25	26	27	28	29	30	7/1	2	3	4	5	6
일주	갑자	병신	정유	무술	기해	경자	신축	임인	계묘	갑진	을사	병오	정미	무신	기유	경술	신해	임자	계축	갑인	을묘	병진	정사	무오	기미	경신	신유	임술	계해	갑자	을축

6 기미월_己未月 소서_양력 7일 17시 30분

음력	5/20	21	22	23	24	25	26	27	28	29	30	6/1	2	3	4	5	6	7	8	9	10	11	12	13	14	15	16	17	18	19	20	21
양력	7/7	8	9	10	11	12	13	14	15	16	17	18	19	20	21	22	23	24	25	26	27	28	29	30	31	8/1	2	3	4	5	6	7
일주	병인	정묘	무진	기사	경오	신미	임신	계유	갑술	을해	병자	정축	무인	기묘	경진	신사	임오	계미	갑신	을유	병술	정해	무자	기축	경인	신묘	임진	계사	갑오	을미	병신	정유

| 7 | 경신월_庚申月 | 입추_양력 8일 03시 22분 |

음력	6/22	23	24	25	26	27	28	29	7/1	2	3	4	5	6	7	8	9	10	11	12	13	14	15	16	17	18	19	20	21	22	23
양력	8/8	9	10	11	12	13	14	15	16	17	18	19	20	21	22	23	24	25	26	27	28	29	30	31	9/1	2	3	4	5	6	7
일주	무술	기해	경자	신축	임인	계묘	갑진	을사	병오	정미	무신	기유	경술	신해	임자	계축	갑인	을묘	병진	정사	무오	기미	경신	신유	임술	계해	갑자	을축	병인	정묘	무진

| 8 | 신유월_辛酉月 | 백로_양력 8일 06시 26분 |

음력	7/24	25	26	27	28	29	30	8/1	2	3	4	5	6	7	8	9	10	11	12	13	14	15	16	17	18	19	20	21	22	23
양력	9/8	9	10	11	12	13	14	15	16	17	18	19	20	21	22	23	24	25	26	27	28	29	30	10/1	2	3	4	5	6	7
일주	기사	경오	신미	임신	계유	갑술	을해	병자	정축	무인	기묘	경진	신사	임오	계미	갑신	을유	병술	정해	무자	기축	경인	신묘	임진	계사	갑오	을미	병신	정유	무술

| 9 | 임술월_壬戌月 | 한로_양력 8일 22시 14분 |

음력	8/24	25	26	27	28	29	30	9/1	2	3	4	5	6	7	8	9	10	11	12	13	14	15	16	17	18	19	20	21	22	23	24
양력	10/8	9	10	11	12	13	14	15	16	17	18	19	20	21	22	23	24	25	26	27	28	29	30	31	11/1	2	3	4	5	6	7
일주	기해	경자	신축	임인	계묘	갑진	을사	병오	정미	무신	기유	경술	신해	임자	계축	갑인	을묘	병진	정사	무오	기미	경신	신유	임술	계해	갑자	을축	병인	정묘	무진	기사

| 10 | 계해월_癸亥月 | 입동_양력 8일 01시 35분 |

음력	9/25	26	27	28	29	10/1	2	3	4	5	6	7	8	9	10	11	12	13	14	15	16	17	18	19	20	21	22	23	24
양력	11/8	9	10	11	12	13	14	15	16	17	18	19	20	21	22	23	24	25	26	27	28	29	30	12/1	2	3	4	5	6
일주	경오	신미	임신	계유	갑술	을해	병자	정축	무인	기묘	경진	신사	임오	계미	갑신	을유	병술	정해	무자	기축	경인	신묘	임진	계사	갑오	을미	병신	정유	무술

| 11 | 갑자월_甲子月 | 대설_양력 7일 18시 32분 |

음력	12/25	26	27	28	29	30	11/1	2	3	4	5	6	7	8	9	10	11	12	13	14	15	16	17	18	19	20	21	22	23	24
양력	12/7	8	9	10	11	12	13	14	15	16	17	18	19	20	21	22	23	24	25	26	27	28	29	30	31	1/1	2	3	4	5
일주	기해	경자	신축	임인	계묘	갑진	을사	병오	정미	무신	기유	경술	신해	임자	계축	갑인	을묘	병진	정사	무오	기미	경신	신유	임술	계해	갑자	을축	병인	정묘	무진

| 12 | 을축월_乙丑月 | 소한_양력 6일 05시 48분 |

음력	11/25	26	27	28	29	12/1	2	3	4	5	6	7	8	9	10	11	12	13	14	15	16	17	18	19	20	21	22	23	24
양력	1/6	7	8	9	10	11	12	13	14	15	16	17	18	19	20	21	22	23	24	25	26	27	28	29	30	31	2/1	2	3
일주	기사	경오	신미	임신	계유	갑술	을해	병자	정축	무인	기묘	경진	신사	임오	계미	갑신	을유	병술	정해	무자	기축	경인	신묘	임진	계사	갑오	을미	병신	정유

2024 갑진甲辰년 _단기 4357년

1 병인월_丙寅月　입춘_양력 4일 17시 26분

음력	12/25	26	27	28	29	30	1/1	2	3	4	5	6	7	8	9	10	11	12	13	14	15	16	17	18	19	20	21	22	23	24
양력	2/4	5	6	7	8	9	10	11	12	13	14	15	16	17	18	19	20	21	22	23	24	25	26	27	28	29	3/1	2	3	4
일주	무술	기해	경자	신축	임인	계묘	갑진	을사	병오	정미	무신	기유	경술	신해	임자	계축	갑인	을묘	병진	정사	무오	기미	경신	신유	임술	계해	갑자	을축	병인	정묘

2 정묘월_丁卯月　경칩_양력 5일 11시 22분

음력	1/25	26	27	28	29	2/1	2	3	4	5	6	7	8	9	10	11	12	13	14	15	16	17	18	19	20	21	22	23	24	25
양력	3/5	6	7	8	9	10	11	12	13	14	15	16	17	18	19	20	21	22	23	24	25	26	27	28	29	30	31	4/1	2	3
일주	무진	기사	경오	신미	임신	계유	갑술	을해	병자	정축	무인	기묘	경진	신사	임오	계미	갑신	을유	병술	정해	무자	기축	경인	신묘	임진	계사	갑오	을미	병신	정유

3 무진월_戊辰月　청명_양력 4일 16시 01분

음력	2/26	27	28	29	30	3/1	2	3	4	5	6	7	8	9	10	11	12	13	14	15	16	17	18	19	20	21	22	23	24	25	26
양력	4/4	5	6	7	8	9	10	11	12	13	14	15	16	17	18	19	20	21	22	23	24	25	26	27	28	29	30	5/1	2	3	4
일주	무술	기해	경자	신축	임인	계묘	갑진	을사	병오	정미	무신	기유	경술	신해	임자	계축	갑인	을묘	병진	정사	무오	기미	경신	신유	임술	계해	갑자	을축	병인	정묘	무진

4 기사월_己巳月　입하_양력 5일 09시 09분

음력	3/27	28	29	4/1	2	3	4	5	6	7	8	9	10	11	12	13	14	15	16	17	18	19	20	21	22	23	24	25	26	27	28
양력	5/5	6	7	8	9	10	11	12	13	14	15	16	17	18	19	20	21	22	23	24	25	26	27	28	29	30	31	6/1	2	3	4
일주	기사	경오	신미	임신	계유	갑술	을해	병자	정축	무인	기묘	경진	신사	임오	계미	갑신	을유	병술	정해	무자	기축	경인	신묘	임진	계사	갑오	을미	병신	정유	무술	기해

5 경오월_庚午月　망종_양력 5일 13시 09분

음력	4/29	5/1	2	3	4	5	6	7	8	9	10	11	12	13	14	15	16	17	18	19	20	21	22	23	24	25	26	27	28	29	30
양력	6/5	6	7	8	9	10	11	12	13	14	15	16	17	18	19	20	21	22	23	24	25	26	27	28	29	30	7/1	2	3	4	5
일주	경자	신축	임인	계묘	갑진	을사	병오	정미	무신	기유	경술	신해	임자	계축	갑인	을묘	병진	정사	무오	기미	경신	신유	임술	계해	갑자	을축	병인	정묘	무진	기사	경오

6 신미월_辛未月　소서_양력 6일 23시 19분

음력	6/1	2	3	4	5	6	7	8	9	10	11	12	13	14	15	16	17	18	19	20	21	22	23	24	25	26	27	28	29	7/1	2	3
양력	7/6	7	8	9	10	11	12	13	14	15	16	17	18	19	20	21	22	23	24	25	26	27	28	29	30	31	8/1	2	3	4	5	6
일주	신미	임신	계유	갑술	을해	병자	정축	무인	기묘	경진	신사	임오	계미	갑신	을유	병술	정해	무자	기축	경인	신묘	임진	계사	갑오	을미	병신	정유	무술	기해	경자	신축	임인

| 7 | **임신월_壬申月** | 입추_양력 7일 09시 08분 |

음력	7/4	5	6	7	8	9	10	11	12	13	14	15	16	17	18	19	20	21	22	23	24	25	26	27	28	29	30	8/1	2	3	4
양력	8/7	8	9	10	11	12	13	14	15	16	17	18	19	20	21	22	23	24	25	26	27	28	29	30	31	9/1	2	3	4	5	6
일주	계묘	갑진	을사	병오	정미	무신	기유	경술	신해	임자	계축	갑인	을묘	병진	정사	무오	기미	경신	신유	임술	계해	갑자	을축	병인	정묘	무진	기사	경오	신미	임신	계유

| 8 | **계유월_癸酉月** | 백로_양력 7일 12시 10분 |

음력	8/5	6	7	8	9	10	11	12	13	14	15	16	17	18	19	20	21	22	23	24	25	26	27	28	29	30	9/1	2	3	4	5
양력	9/7	8	9	10	11	12	13	14	15	16	17	18	19	20	21	22	23	24	25	26	27	28	29	30	10/1	2	3	4	5	6	7
일주	갑술	을해	병자	정축	무인	기묘	경진	신사	임오	계미	갑신	을유	병술	정해	무자	기축	경인	신묘	임진	계사	갑오	을미	병신	정유	무술	기해	경자	신축	임인	계묘	갑진

| 9 | **갑술월_甲戌月** | 한로_양력 8일 03시 59분 |

음력	9/6	7	8	9	10	11	12	13	14	15	16	17	18	19	20	21	22	23	24	25	26	27	28	29	10/1	2	3	4	5	6
양력	10/8	9	10	11	12	13	14	15	16	17	18	19	20	21	22	23	24	25	26	27	28	29	30	31	11/1	2	3	4	5	6
일주	을사	병오	정미	무신	기유	경술	신해	임자	계축	갑인	을묘	병진	정사	무오	기미	경신	신유	임술	계해	갑자	을축	병인	정묘	무진	기사	경오	신미	임신	계유	갑술

| 10 | **을해월_乙亥月** | 입동_양력 7일 07시 19분 |

음력	10/7	8	9	10	11	12	13	14	15	16	17	18	19	20	21	22	23	24	25	26	27	28	29	30	11/1	2	3	4	5	6
양력	11/7	8	9	10	11	12	13	14	15	16	17	18	19	20	21	22	23	24	25	26	27	28	29	30	12/1	2	3	4	5
일주	을해	병자	정축	무인	기묘	경진	신사	임오	계미	갑신	을유	병술	정해	무자	기축	경인	신묘	임진	계사	갑오	을미	병신	정유	무술	기해	경자	신축	임인	계묘	갑진

| 11 | **병자월_丙子月** | 대설_양력 7일 00시 16분 |

음력	11/7	8	9	10	11	12	13	14	15	16	17	18	19	20	21	22	23	24	25	26	27	28	29	30	12/1	2	3	4	5
양력	12/7	8	9	10	11	12	13	14	15	16	17	18	19	20	21	22	23	24	25	26	27	28	29	30	31	1/1	2	3	4
일주	을사	병오	정미	무신	기유	경술	신해	임자	계축	갑인	을묘	병진	정사	무오	기미	경신	신유	임술	계해	갑자	을축	병인	정묘	무진	기사	경오	신미	임신	계유

| 12 | **정축월_丁丑月** | 소한_양력 5일 11시 32분 |

음력	12/6	7	8	9	10	11	12	13	14	15	16	17	18	19	20	21	22	23	24	25	26	27	28	29	1/1	2	3	4	5
양력	1/5	6	7	8	9	10	11	12	13	14	15	16	17	18	19	20	21	22	23	24	25	26	27	28	29	30	31	2/1	2
일주	갑술	을해	병자	정축	무인	기묘	경진	신사	임오	계미	갑신	을유	병술	정해	무자	기축	경인	신묘	임진	계사	갑오	을미	병신	정유	무술	기해	경자	신축	임인

2025 을사乙巳년 _단기 4358년

1 무인월_戊寅月 입춘_양력 3일 23시 09분

음력	1/6	7	8	9	10	11	12	13	14	15	16	17	18	19	20	21	22	23	24	25	26	27	28	29	30	2/1	2	3	4	5
양력	2/3	4	5	6	7	8	9	10	11	12	13	14	15	16	17	18	19	20	21	22	23	24	25	26	27	28	3/1	2	3	4
일주	계묘	갑진	을사	병오	정미	무신	기유	경술	신해	임자	계축	갑인	을묘	병진	정사	무오	기미	경신	신유	임술	계해	갑자	을축	병인	정묘	무진	기사	경오	신미	임신

2 기묘월_己卯月 경칩_양력 5일 17시 06분

음력	2/6	7	8	9	10	11	12	13	14	15	16	17	18	19	20	21	22	23	24	25	26	27	28	29	3/1	2	3	4	5	6
양력	3/5	6	7	8	9	10	11	12	13	14	15	16	17	18	19	20	21	22	23	24	25	26	27	28	29	30	31	4/1	2	3
일주	계유	갑술	을해	병자	정축	무인	기묘	경진	신사	임오	계미	갑신	을유	병술	정해	무자	기축	경인	신묘	임진	계사	갑오	을미	병신	정유	무술	기해	경자	신축	임인

3 경진월_庚辰月 청명_양력 4일 21시 47분

음력	3/7	8	9	10	11	12	13	14	15	16	17	18	19	20	21	22	23	24	25	26	27	28	29	30	4/1	2	3	4	5	6	7
양력	4/4	5	6	7	8	9	10	11	12	13	14	15	16	17	18	19	20	21	22	23	24	25	26	27	28	29	30	5/1	2	3	4
일주	계묘	갑진	을사	병오	정미	무신	기유	경술	신해	임자	계축	갑인	을묘	병진	정사	무오	기미	경신	신유	임술	계해	갑자	을축	병인	정묘	무진	기사	경오	신미	임신	계유

4 신사월_辛巳月 입하_양력 5일 14시 56분

음력	4/8	9	10	11	12	13	14	15	16	17	18	19	20	21	22	23	24	25	26	27	28	29	5/1	2	3	4	5	6	7	8	9
양력	5/5	6	7	8	9	10	11	12	13	14	15	16	17	18	19	20	21	22	23	24	25	26	27	28	29	30	31	6/1	2	3	4
일주	갑술	을해	병자	정축	무인	기묘	경진	신사	임오	계미	갑신	을유	병술	정해	무자	기축	경인	신묘	임진	계사	갑오	을미	병신	정유	무술	기해	경자	신축	임인	계묘	갑진

5 임오월_壬午月 망종_양력 5일 18시 55분

음력	5/10	11	12	13	14	15	16	17	18	19	20	21	22	23	24	25	26	27	28	29	6/1	2	3	4	5	6	7	8	9	10	11	12
양력	6/5	6	7	8	9	10	11	12	13	14	15	16	17	18	19	20	21	22	23	24	25	26	27	28	29	30	7/1	2	3	4	5	6
일주	을사	병오	정미	무신	기유	경술	신해	임자	계축	갑인	을묘	병진	정사	무오	기미	경신	신유	임술	계해	갑자	을축	병인	정묘	무진	기사	경오	신미	임신	계유	갑술	을해	병자

6 계미월_癸未月 소서_양력 7일 05시 04분

음력	6/13	14	15	16	17	18	19	20	21	22	23	24	25	26	27	28	29	30	윤6/1	2	3	4	5	6	7	8	9	10	11	12	13
양력	7/7	8	9	10	11	12	13	14	15	16	17	18	19	20	21	22	23	24	25	26	27	28	29	30	31	8/1	2	3	4	5	6
일주	정축	무인	기묘	경진	신사	임오	계미	갑신	을유	병술	정해	무자	기축	경인	신묘	임진	계사	갑오	을미	병신	정유	무술	기해	경자	신축	임인	계묘	갑진	을사	병오	정미

7 갑신월_甲申月　입추_양력 7일 14시 50분

음력	6/14	15	16	17	18	19	20	21	22	23	24	25	26	27	28	29	7/1	2	3	4	5	6	7	8	9	10	11	12	13	14	15
양력	8/7	8	9	10	11	12	13	14	15	16	17	18	19	20	21	22	23	24	25	26	27	28	29	30	31	9/1	2	3	4	5	6
일주	무신	기유	경술	신해	임자	계축	갑인	을묘	병진	정사	무오	기미	경신	신유	임술	계해	갑자	을축	병인	정묘	무진	기사	경오	신미	임신	계유	갑술	을해	병자	정축	무인

8 을유월_乙酉月　백로_양력 7일 17시 51분

음력	7/16	17	18	19	20	21	22	23	24	25	26	27	28	29	30	8/1	2	3	4	5	6	7	8	9	10	11	12	13	14	15	16
양력	9/7	8	9	10	11	12	13	14	15	16	17	18	19	20	21	22	23	24	25	26	27	28	29	30	10/1	2	3	4	5	6	7
일주	기묘	경진	신사	임오	계미	갑신	을유	병술	정해	무자	기축	경인	신묘	임진	계사	갑오	을미	병신	정유	무술	기해	경자	신축	임인	계묘	갑진	을사	병오	정미	무신	기유

9 병술월_丙戌月　한로_양력 8일 09시 40분

음력	8/17	18	19	20	21	22	23	24	25	26	27	28	29	9/1	2	3	4	5	6	7	8	9	10	11	12	13	14	15	16	17
양력	10/8	9	10	11	12	13	14	15	16	17	18	19	20	21	22	23	24	25	26	27	28	29	30	31	11/1	2	3	4	5	6
일주	경술	신해	임자	계축	갑인	을묘	병진	정사	무오	기미	경신	신유	임술	계해	갑자	을축	병인	정묘	무진	기사	경오	신미	임신	계유	갑술	을해	병자	정축	무인	기묘

10 정해월_丁亥月　입동_양력 7일 13시 03분

음력	9/18	19	20	21	22	23	24	25	26	27	28	29	30	10/1	2	3	4	5	6	7	8	9	10	11	12	13	14	15	16	17
양력	11/7	8	9	10	11	12	13	14	15	16	17	18	19	20	21	22	23	24	25	26	27	28	29	30	12/1	2	3	4	5	6
일주	경진	신사	임오	계미	갑신	을유	병술	정해	무자	기축	경인	신묘	임진	계사	갑오	을미	병신	정유	무술	기해	경자	신축	임인	계묘	갑진	을사	병오	정미	무신	기유

11 무자월_戊子月　대설_양력 7일 06시 03분

음력	10/18	19	20	21	22	23	24	25	26	27	28	29	30	11/1	2	3	4	5	6	7	8	9	10	11	12	13	14	15	16
양력	12/7	8	9	10	11	12	13	14	15	16	17	18	19	20	21	22	23	24	25	26	27	28	29	30	31	1/1	2	3	4
일주	경술	신해	임자	계축	갑인	을묘	병진	정사	무오	기미	경신	신유	임술	계해	갑자	을축	병인	정묘	무진	기사	경오	신미	임신	계유	갑술	을해	병자	정축	무인

12 기축월_己丑月　소한_양력 5일 17시 22분

음력	11/17	18	19	20	21	22	23	24	25	26	27	28	29	30	12/1	2	3	4	5	6	7	8	9	10	11	12	13	14	15	16
양력	1/5	6	7	8	9	10	11	12	13	14	15	16	17	18	19	20	21	22	23	24	25	26	27	28	29	30	31	2/1	2	3
일주	기묘	경진	신사	임오	계미	갑신	을유	병술	정해	무자	기축	경인	신묘	임진	계사	갑오	을미	병신	정유	무술	기해	경자	신축	임인	계묘	갑진	을사	병오	정미	무신	기유

2026 병오丙午년 _단기 4359년

1 경인월_庚寅月   입춘_양력 4일 05시 01분

음력	12/17	18	19	20	21	22	23	24	25	26	27	28	29	1/1	2	3	4	5	6	7	8	9	10	11	12	13	14	15	16
양력	2/4	5	6	7	8	9	10	11	12	13	14	15	16	17	18	19	20	21	22	23	24	25	26	27	28	3/1	2	3	4
일주	기유	경술	신해	임자	계축	갑인	을묘	병진	정사	무오	기미	경신	신유	임술	계해	갑자	을축	병인	정묘	무진	기사	경오	신미	임신	계유	갑술	을해	병자	정축

2 신묘월_辛卯月   경칩_양력 5일 22시 58분

음력	1/17	18	19	20	21	22	23	24	25	26	27	28	29	30	2/1	2	3	4	5	6	7	8	9	10	11	12	13	14	15	16	17
양력	3/5	6	7	8	9	10	11	12	13	14	15	16	17	18	19	20	21	22	23	24	25	26	27	28	29	30	31	4/1	2	3	4
일주	무인	기묘	경진	신사	임오	계미	갑신	을유	병술	정해	무자	기축	경인	신묘	임진	계사	갑오	을미	병신	정유	무술	기해	경자	신축	임인	계묘	갑진	을사	병오	정미	무신

3 임진월_壬辰月   청명_양력 5일 03시 39분

음력	2/18	19	20	21	22	23	24	25	26	27	28	29	3/1	2	3	4	5	6	7	8	9	10	11	12	13	14	15	16	17	18
양력	4/5	6	7	8	9	10	11	12	13	14	15	16	17	18	19	20	21	22	23	24	25	26	27	28	29	30	5/1	2	3	4
일주	기유	경술	신해	임자	계축	갑인	을묘	병진	정사	무오	기미	경신	신유	임술	계해	갑자	을축	병인	정묘	무진	기사	경오	신미	임신	계유	갑술	을해	병자	정축	무인

4 계사월_癸巳月   입하_양력 5일 20시 48분

음력	3/19	20	21	22	23	24	25	26	27	28	29	30	4/1	2	3	4	5	6	7	8	9	10	11	12	13	14	15	16	17	18	19	20
양력	5/5	6	7	8	9	10	11	12	13	14	15	16	17	18	19	20	21	22	23	24	25	26	27	28	29	30	31	6/1	2	3	4	5
일주	기묘	경진	신사	임오	계미	갑신	을유	병술	정해	무자	기축	경인	신묘	임진	계사	갑오	을미	병신	정유	무술	기해	경자	신축	임인	계묘	갑진	을사	병오	정미	무신	기유	경술

5 갑오월_甲午月   망종_양력 6일 00시 47분

음력	4/21	22	23	24	25	26	27	28	29	5/1	2	3	4	5	6	7	8	9	10	11	12	13	14	15	16	17	18	19	20	21	22
양력	6/6	7	8	9	10	11	12	13	14	15	16	17	18	19	20	21	22	23	24	25	26	27	28	29	30	7/1	2	3	4	5	6
일주	신해	임자	계축	갑인	을묘	병진	정사	무오	기미	경신	신유	임술	계해	갑자	을축	병인	정묘	무진	기사	경오	신미	임신	계유	갑술	을해	병자	정축	무인	기묘	경진	신사

6 을미월_乙未月   소서_양력 7일 10시 56분

음력	5/23	24	25	26	27	28	29	6/1	2	3	4	5	6	7	8	9	10	11	12	13	14	15	16	17	18	19	20	21	22	23	24
양력	7/7	8	9	10	11	12	13	14	15	16	17	18	19	20	21	22	23	24	25	26	27	28	29	30	31	8/1	2	3	4	5	6
일주	임오	계미	갑신	을유	병술	정해	무자	기축	경인	신묘	임진	계사	갑오	을미	병신	정유	무술	기해	경자	신축	임인	계묘	갑진	을사	병오	정미	무신	기유	경술	신해	임자

7 병신월_丙申月 입추_양력 7일 20시 42분

음력	6/25	26	27	28	29	30	7/1	2	3	4	5	6	7	8	9	10	11	12	13	14	15	16	17	18	19	20	21	22	23	24	25
양력	8/7	8	9	10	11	12	13	14	15	16	17	18	19	20	21	22	23	24	25	26	27	28	29	30	31	9/1	2	3	4	5	6
일주	계축	갑인	을묘	병진	정사	무오	기미	경신	신유	임술	계해	갑자	을축	병인	정묘	무진	기사	경오	신미	임신	계유	갑술	을해	병자	정축	무인	기묘	경진	신사	임오	계미

8 정유월_丁酉月 백로_양력 7일 23시 40분

음력	7/26	27	28	29	8/1	2	3	4	5	6	7	8	9	10	11	12	13	14	15	16	17	18	19	20	21	22	23	24	25	26	27
양력	9/7	8	9	10	11	12	13	14	15	16	17	18	19	20	21	22	23	24	25	26	27	28	29	30	10/1	2	3	4	5	6	7
일주	갑신	을유	병술	정해	무자	기축	경인	신묘	임진	계사	갑오	을미	병신	정유	무술	기해	경자	신축	임인	계묘	갑진	을사	병오	정미	무신	기유	경술	신해	임자	계축	갑인

9 무술월_戊戌月 한로_양력 8일 15시 28분

음력	8/28	29	30	9/1	2	3	4	5	6	7	8	9	10	11	12	13	14	15	16	17	18	19	20	21	22	23	24	25	26	27
양력	10/8	9	10	11	12	13	14	15	16	17	18	19	20	21	22	23	24	25	26	27	28	29	30	31	11/1	2	3	4	5	6
일주	을묘	병진	정사	무오	기미	경신	신유	임술	계해	갑자	을축	병인	정묘	무진	기사	경오	신미	임신	계유	갑술	을해	병자	정축	무인	기묘	경진	신사	임오	계미	갑신

10 기해월_己亥月 입동_양력 7일 18시 51분

음력	9/28	29	10/1	2	3	4	5	6	7	8	9	10	11	12	13	14	15	16	17	18	19	20	21	22	23	24	25	26	27	28
양력	12/7	8	9	10	11	12	13	14	15	16	17	18	19	20	21	22	23	24	25	26	27	28	29	30	12/1	2	3	4	5	6
일주	을유	병술	정해	무자	기축	경인	신묘	임진	계사	갑오	을미	병신	정유	무술	기해	경자	신축	임인	계묘	갑진	을사	병오	정미	무신	기유	경술	신해	임자	계축	갑인

11 경자월_庚子月 대설_양력 7일 11시 51분

음력	10/29	30	11/1	2	3	4	5	6	7	8	9	10	11	12	13	14	15	16	17	18	19	20	21	22	23	24	25	26	27
양력	12/7	8	9	10	11	12	13	14	15	16	17	18	19	20	21	22	23	24	25	26	27	28	29	30	31	1/1	2	3	4
일주	을묘	병진	정사	무오	기미	경신	신유	임술	계해	갑자	을축	병인	정묘	무진	기사	경오	신미	임신	계유	갑술	을해	병자	정축	무인	기묘	경진	신사	임오	계미

12 신축월_辛丑月 소한_양력 5일 23시 09분

음력	11/28	29	30	12/1	2	3	4	5	6	7	8	9	10	11	12	13	14	15	16	17	18	19	20	21	22	23	24	25	26	27
양력	1/5	6	7	8	9	10	11	12	13	14	15	16	17	18	19	20	21	22	23	24	25	26	27	28	29	30	31	2/1	2	3
일주	갑신	을유	병술	정해	무자	기축	경인	신묘	임진	계사	갑오	을미	병신	정유	무술	기해	경자	신축	임인	계묘	갑진	을사	병오	정미	무신	기유	경술	신해	임자	계축

2027 정미丁未년 _단기 4360년

1 임인월_壬寅月 입춘_양력 4일 10시 45분

음력	12/28	29	30	1/1	2	3	4	5	6	7	8	9	10	11	12	13	14	15	16	17	18	19	20	21	22	23	24	25	26	27
양력	2/4	5	6	7	8	9	10	11	12	13	14	15	16	17	18	19	20	21	22	23	24	25	26	27	28	3/1	2	3	4	5
일주	갑인	을묘	병진	정사	무오	기미	경신	신유	임술	계해	갑자	을축	병인	정묘	무진	기사	경오	신미	임신	계유	갑술	을해	병자	정축	무인	기묘	경진	신사	임오	계미

2 계묘월_癸卯月 경칩_양력 6일 04시 38분

음력	1/28	29	2/1	2	3	4	5	6	7	8	9	10	11	12	13	14	15	16	17	18	19	20	21	22	23	24	25	26	27	28
양력	3/6	7	8	9	10	11	12	13	14	15	16	17	18	19	20	21	22	23	24	25	26	27	28	29	30	31	4/1	2	3	4
일주	갑신	을유	병술	정해	무자	기축	경인	신묘	임진	계사	갑오	을미	병신	정유	무술	기해	경자	신축	임인	계묘	갑진	을사	병오	정미	무신	기유	경술	신해	임자	계축

3 갑진월_甲辰月 청명_양력 5일 09시 16분

음력	2/29	30	3/1	2	3	4	5	6	7	8	9	10	11	12	13	14	15	16	17	18	19	20	21	22	23	24	25	26	27	28	29
양력	4/5	6	7	8	9	10	11	12	13	14	15	16	17	18	19	20	21	22	23	24	25	26	27	28	29	30	5/1	2	3	4	5
일주	갑인	을묘	병진	정사	무오	기미	경신	신유	임술	계해	갑자	을축	병인	정묘	무진	기사	경오	신미	임신	계유	갑술	을해	병자	정축	무인	기묘	경진	신사	임오	계미	갑신

4 을사월_乙巳月 입하_양력 6일 02시 24분

음력	4/1	2	3	4	5	6	7	8	9	10	11	12	13	14	15	16	17	18	19	20	21	22	23	24	25	26	27	28	29	30	5/1
양력	5/6	7	8	9	10	11	12	13	14	15	16	17	18	19	20	21	22	23	24	25	26	27	28	29	30	31	6/1	2	3	4	5
일주	을유	병술	정해	무자	기축	경인	신묘	임진	계사	갑오	을미	병신	정유	무술	기해	경자	신축	임인	계묘	갑진	을사	병오	정미	무신	기유	경술	신해	임자	계축	갑인	을묘

5 병오월_丙午月 망종_양력 6일 06시 25분

음력	5/2	3	4	5	6	7	8	9	10	11	12	13	14	15	16	17	18	19	20	21	22	23	24	25	26	27	28	29	6/1	2	3
양력	6/6	7	8	9	10	11	12	13	14	15	16	17	18	19	20	21	22	23	24	25	26	27	28	29	30	7/1	2	3	4	5	6
일주	병진	정사	무오	기미	경신	신유	임술	계해	갑자	을축	병인	정묘	무진	기사	경오	신미	임신	계유	갑술	을해	병자	정축	무인	기묘	경진	신사	임오	계미	갑신	을유	병술

6 정미월_丁未月 소서_양력 7일 16시 36분

음력	6/4	5	6	7	8	9	10	11	12	13	14	15	16	17	18	19	20	21	22	23	24	25	26	27	28	29	7/1	2	3	4	5	6
양력	7/7	8	9	10	11	12	13	14	15	16	17	18	19	20	21	22	23	24	25	26	27	28	29	30	31	8/1	2	3	4	5	6	7
일주	정해	무자	기축	경인	신묘	임진	계사	갑오	을미	병신	정유	무술	기해	경자	신축	임인	계묘	갑진	을사	병오	정미	무신	기유	경술	신해	임자	계축	갑인	을묘	병진	정사	무오

7 무신월_戊申月   입추_양력 8일 02시 26분

음력	7/7	8	9	10	11	12	13	14	15	16	17	18	19	20	21	22	23	24	25	26	27	28	29	30	8/1	2	3	4	5	6	7
양력	8/8	9	10	11	12	13	14	15	16	17	18	19	20	21	22	23	24	25	26	27	28	29	30	31	9/1	2	3	4	5	6	7
일주	기미	경신	신유	임술	계해	갑자	을축	병인	정묘	무진	기사	경오	신미	임신	계유	갑술	을해	병자	정축	무인	기묘	경진	신사	임오	계미	갑신	을유	병술	정해	무자	기축

8 기유월_己酉月   백로_양력 8일 05시 27분

음력	8/8	9	10	11	12	13	14	15	16	17	18	19	20	21	22	23	24	25	26	27	28	29	9/1	2	3	4	5	6	7	8
양력	9/8	9	10	11	12	13	14	15	16	17	18	19	20	21	22	23	24	25	26	27	28	29	30	10/1	2	3	4	5	6	7
일주	경인	신묘	임진	계사	갑오	을미	병신	정유	무술	기해	경자	신축	임인	계묘	갑진	을사	병오	정미	무신	기유	경술	신해	임자	계축	갑인	을묘	병진	정사	무오	기미

9 경술월_庚戌月   한로_양력 8일 21시 16분

음력	9/9	10	11	12	13	14	15	16	17	18	19	20	21	22	23	24	25	26	27	28	29	10/1	2	3	4	5	6	7	8	9	10
양력	10/8	9	10	11	12	13	14	15	16	17	18	19	20	21	22	23	24	25	26	27	28	29	30	31	11/1	2	3	4	5	6	7
일주	경신	신유	임술	계해	갑자	을축	병인	정묘	무진	기사	경오	신미	임신	계유	갑술	을해	병자	정축	무인	기묘	경진	신사	임오	계미	갑신	을유	병술	정해	무자	기축	경인

10 신해월_辛亥月   입동_양력 8일 00시 37분

음력	10/11	12	13	14	15	16	17	18	19	20	21	22	23	24	25	26	27	28	29	30	11/1	2	3	4	5	6	7	8	9
양력	11/8	9	10	11	12	13	14	15	16	17	18	19	20	21	22	23	24	25	26	27	28	29	30	12/1	2	3	4	5	6
일주	신묘	임진	계사	갑오	을미	병신	정유	무술	기해	경자	신축	임인	계묘	갑진	을사	병오	정미	무신	기유	경술	신해	임자	계축	갑인	을묘	병진	정사	무오	기미

11 임자월_壬子月   대설_양력 7일 17시 36분

음력	11/10	11	12	13	14	15	16	17	18	19	20	21	22	23	24	25	26	27	28	29	30	12/1	2	3	4	5	6	7	8	9
양력	12/7	8	9	10	11	12	13	14	15	16	17	18	19	20	21	22	23	24	25	26	27	28	29	30	31	1/1	2	3	4	5
일주	경신	신유	임술	계해	갑자	을축	병인	정묘	무진	기사	경오	신미	임신	계유	갑술	을해	병자	정축	무인	기묘	경진	신사	임오	계미	갑신	을유	병술	정해	무자	기축

12 계축월_癸丑月   소한_양력 6일 04시 53분

음력	12/10	11	12	13	14	15	16	17	18	19	20	21	22	23	24	25	26	27	28	29	30	1/1	2	3	4	5	6	7	8
양력	1/6	7	8	9	10	11	12	13	14	15	16	17	18	19	20	21	22	23	24	25	26	27	28	29	30	31	2/1	2	3
일주	경인	신묘	임진	계사	갑오	을미	병신	정유	무술	기해	경자	신축	임인	계묘	갑진	을사	병오	정미	무신	기유	경술	신해	임자	계축	갑인	을묘	병진	정사	무오

2028 무신戊申년 _단기 4361년

1 갑인월_甲寅月　입춘_양력 4일 16시 30분

음력	1/9	10	11	12	13	14	15	16	17	18	19	20	21	22	23	24	25	26	27	28	29	2/1	2	3	4	5	6	7	8	9
양력	2/4	5	6	7	8	9	10	11	12	13	14	15	16	17	18	19	20	21	22	23	24	25	26	27	28	29	3/1	2	3	4
일주	기미	경신	신유	임술	계해	갑자	을축	병인	정묘	무진	기사	경오	신미	임신	계유	갑술	을해	병자	정축	무인	기묘	경진	신사	임오	계미	갑신	을유	병술	정해	무자

2 을묘월_乙卯月　경칩_양력 5일 10시 24분

음력	2/10	11	12	13	14	15	16	17	18	19	20	21	22	23	24	25	26	27	28	29	30	3/1	2	3	4	5	6	7	8	9
양력	3/5	6	7	8	9	10	11	12	13	14	15	16	17	18	19	20	21	22	23	24	25	26	27	28	29	30	31	4/1	2	3
일주	기축	경인	신묘	임진	계사	갑오	을미	병신	정유	무술	기해	경자	신축	임인	계묘	갑진	을사	병오	정미	무신	기유	경술	신해	임자	계축	갑인	을묘	병진	정사	무오

3 병진월_丙辰月　청명_양력 4일 15시 02분

음력	3/10	11	12	13	14	15	16	17	18	19	20	21	22	23	24	25	26	27	28	29	30	4/1	2	3	4	5	6	7	8	9	10
양력	4/4	5	6	7	8	9	10	11	12	13	14	15	16	17	18	19	20	21	22	23	24	25	26	27	28	29	30	5/1	2	3	4
일주	기미	경신	신유	임술	계해	갑자	을축	병인	정묘	무진	기사	경오	신미	임신	계유	갑술	을해	병자	정축	무인	기묘	경진	신사	임오	계미	갑신	을유	병술	정해	무자	기축

4 정사월_丁巳月　입하_양력 5일 08시 11분

음력	4/11	12	13	14	15	16	17	18	19	20	21	22	23	24	25	26	27	28	29	5/1	2	3	4	5	6	7	8	9	10	11	12
양력	5/5	6	7	8	9	10	11	12	13	14	15	16	17	18	19	20	21	22	23	24	25	26	27	28	29	30	31	6/1	2	3	4
일주	경인	신묘	임진	계사	갑오	을미	병신	정유	무술	기해	경자	신축	임인	계묘	갑진	을사	병오	정미	무신	기유	경술	신해	임자	계축	갑인	을묘	병진	정사	무오	기미	경신

5 무오월_戊午月　망종_양력 5일 12시 15분

음력	5/13	14	15	16	17	18	19	20	21	22	23	24	25	26	27	28	29	30	윤5/2	3	4	5	6	7	8	9	10	11	12	13
양력	6/5	6	7	8	9	10	11	12	13	14	15	16	17	18	19	20	21	22	23	24	25	26	27	28	29	30	7/1	2	3	4	5
일주	신유	임술	계해	갑자	을축	병인	정묘	무진	기사	경오	신미	임신	계유	갑술	을해	병자	정축	무인	기묘	경진	신사	임오	계미	갑신	을유	병술	정해	무자	기축	경인	신묘

6 기미월_己未月　소서_양력 6일 22시 29분

음력	5/14	15	16	17	18	19	20	21	22	23	24	25	26	27	28	29	6/1	2	3	4	5	6	7	8	9	10	11	12	13	14	15	16
양력	7/6	7	8	9	10	11	12	13	14	15	16	17	18	19	20	21	22	23	24	25	26	27	28	29	30	31	8/1	2	3	4	5	6
일주	임진	계사	갑오	을미	병신	정유	무술	기해	경자	신축	임인	계묘	갑진	을사	병오	정미	무신	기유	경술	신해	임자	계축	갑인	을묘	병진	정사	무오	기미	경신	신유	임술	계해

| **7** | **경신월_庚申月** | 입추_양력 7일 08시 20분 |

음력	6/17	18	19	20	21	22	23	24	25	26	27	28	29	7/1	2	3	4	5	6	7	8	9	10	11	12	13	14	15	16	17	18
양력	8/7	8	9	10	11	12	13	14	15	16	17	18	19	20	21	22	23	24	25	26	27	28	29	30	31	9/1	2	3	4	5	6
일주	갑자	을축	병인	정묘	무진	기사	경오	신미	임신	계유	갑술	을해	병자	정축	무인	기묘	경진	신사	임오	계미	갑신	을유	병술	정해	무자	기축	경인	신묘	임진	계사	갑오

| **8** | **신유월_辛酉月** | 백로_양력 7일 11시 21분 |

음력	7/19	20	21	22	23	24	25	26	27	28	29	30	8/1	2	3	4	5	6	7	8	9	10	11	12	13	14	15	16	17	18	19
양력	9/7	8	9	10	11	12	13	14	15	16	17	18	19	20	21	22	23	24	25	26	27	28	29	30	10/1	2	3	4	5	6	7
일주	을미	병신	정유	무술	기해	경자	신축	임인	계묘	갑진	을사	병오	정미	무신	기유	경술	신해	임자	계축	갑인	을묘	병진	정사	무오	기미	경신	신유	임술	계해	갑자	을축

| **9** | **임술월_壬戌月** | 한로_양력 8일 03시 07분 |

음력	8/20	21	22	23	24	25	26	27	28	29	9/1	2	3	4	5	6	7	8	9	10	11	12	13	14	15	16	17	18	19	20
양력	10/8	9	10	11	12	13	14	15	16	17	18	19	20	21	22	23	24	25	26	27	28	29	30	31	11/1	2	3	4	5	6
일주	병인	정묘	무진	기사	경오	신미	임신	계유	갑술	을해	병자	정축	무인	기묘	경진	신사	임오	계미	갑신	을유	병술	정해	무자	기축	경인	신묘	임진	계사	갑오	을미

| **10** | **계해월_癸亥月** | 입동_양력 7일 06시 26분 |

음력	9/21	22	23	24	25	26	27	28	29	10/1	2	3	4	5	6	7	8	9	10	11	12	13	14	15	16	17	18	19	20
양력	11/7	8	9	10	11	12	13	14	15	16	17	18	19	20	21	22	23	24	25	26	27	28	29	30	12/1	2	3	4	5
일주	병신	정유	무술	기해	경자	신축	임인	계묘	갑진	을사	병오	정미	무신	기유	경술	신해	임자	계축	갑인	을묘	병진	정사	무오	기미	경신	신유	임술	계해	갑자

| **11** | **갑자월_甲子月** | 대설_양력 6일 23시 23분 |

음력	10/21	22	23	24	25	26	27	28	29	30	11/1	2	3	4	5	6	7	8	9	10	11	12	13	14	15	16	17	18	19	20
양력	12/6	7	8	9	10	11	12	13	14	15	16	17	18	19	20	21	22	23	24	25	26	27	28	29	30	31	1/1	2	3	4
일주	을축	병인	정묘	무진	기사	경오	신미	임신	계유	갑술	을해	병자	정축	무인	기묘	경진	신사	임오	계미	갑신	을유	병술	정해	무자	기축	경인	신묘	임진	계사	갑오

| **12** | **을축월_乙丑月** | 소한_양력 5일 10시 41분 |

음력	11/21	22	23	24	25	26	27	28	29	30	12/1	2	3	4	5	6	7	8	9	10	11	12	13	14	15	16	17	18	19
양력	1/5	6	7	8	9	10	11	12	13	14	15	16	17	18	19	20	21	22	23	24	25	26	27	28	29	30	31	2/1	2
일주	을미	병신	정유	무술	기해	경자	신축	임인	계묘	갑진	을사	병오	정미	무신	기유	경술	신해	임자	계축	갑인	을묘	병진	정사	무오	기미	경신	신유	임술	계해

2029 기유己酉년 _ 단기 4362년

1 병인월_丙寅月 입춘_양력 3일 22시 20분

음력	12/20	21	22	23	24	25	26	27	28	29	1/1	2	3	4	5	6	7	8	9	10	11	12	13	14	15	16	17	18	19	20
양력	2/3	4	5	6	7	8	9	10	11	12	13	14	15	16	17	18	19	20	21	22	23	24	25	26	27	28	3/1	2	3	4
일주	갑자	을축	병인	정묘	무진	기사	경오	신미	임신	계유	갑술	을해	병자	정축	무인	기묘	경진	신사	임오	계미	갑신	을유	병술	정해	무자	기축	경인	신묘	임진	계사

2 정묘월_丁卯月 경칩_양력 5일 16시 16분

음력	1/21	22	23	24	25	26	27	28	29	30	2/1	2	3	4	5	6	7	8	9	10	11	12	13	14	15	16	17	18	19	20
양력	3/5	6	7	8	9	10	11	12	13	14	15	16	17	18	19	20	21	22	23	24	25	26	27	28	29	30	31	4/1	2	3
일주	갑오	을미	병신	정유	무술	기해	경자	신축	임인	계묘	갑진	을사	병오	정미	무신	기유	경술	신해	임자	계축	갑인	을묘	병진	정사	무오	기미	경신	신유	임술	계해

3 무진월_戊辰月 청명_양력 4일 20시 57분

음력	2/21	22	23	24	25	26	27	28	29	30	3/1	2	3	4	5	6	7	8	9	10	11	12	13	14	15	16	17	18	19	20	21
양력	4/4	5	6	7	8	9	10	11	12	13	14	15	16	17	18	19	20	21	22	23	24	25	26	27	28	29	30	5/1	2	3	4
일주	갑자	을축	병인	정묘	무진	기사	경오	신미	임신	계유	갑술	을해	병자	정축	무인	기묘	경진	신사	임오	계미	갑신	을유	병술	정해	무자	기축	경인	신묘	임진	계사	갑오

4 기사월_己巳月 입하_양력 5일 14시 07분

음력	3/22	23	24	25	26	27	28	29	4/1	2	3	4	5	6	7	8	9	10	11	12	13	14	15	16	17	18	19	20	21	22	23
양력	5/5	6	7	8	9	10	11	12	13	14	15	16	17	18	19	20	21	22	23	24	25	26	27	28	29	30	31	6/1	2	3	4
일주	을미	병신	정유	무술	기해	경자	신축	임인	계묘	갑진	을사	병오	정미	무신	기유	경술	신해	임자	계축	갑인	을묘	병진	정사	무오	기미	경신	신유	임술	계해	갑자	을축

5 경오월_庚午月 망종_양력 5일 18시 09분

음력	4/24	25	26	27	28	29	30	5/1	2	3	4	5	6	7	8	9	10	11	12	13	14	15	16	17	18	19	20	21	22	23	24	25
양력	6/5	6	7	8	9	10	11	12	13	14	15	16	17	18	19	20	21	22	23	24	25	26	27	28	29	30	7/1	2	3	4	5	6
일주	병인	정묘	무진	기사	경오	신미	임신	계유	갑술	을해	병자	정축	무인	기묘	경진	신사	임오	계미	갑신	을유	병술	정해	무자	기축	경인	신묘	임진	계사	갑오	을미	병신	정유

6 신미월_辛未月 소서_양력 7일 04시 21분

음력	5/26	27	28	29	30	6/1	2	3	4	5	6	7	8	9	10	11	12	13	14	15	16	17	18	19	20	21	22	23	24	25	26
양력	7/7	8	9	10	11	12	13	14	15	16	17	18	19	20	21	22	23	24	25	26	27	28	29	30	31	8/1	2	3	4	5	6
일주	무술	기해	경자	신축	임인	계묘	갑진	을사	병오	정미	무신	기유	경술	신해	임자	계축	갑인	을묘	병진	정사	무오	기미	경신	신유	임술	계해	갑자	을축	병인	정묘	무진

| 7 | **임신월_壬申月** | 입추_양력 7일 14시 11분 |

음력	6/27	28	29	7/1	2	3	4	5	6	7	8	9	10	11	12	13	14	15	16	17	18	19	20	21	22	23	24	25	26	27	28
양력	8/7	8	9	10	11	12	13	14	15	16	17	18	19	20	21	22	23	24	25	26	27	28	29	30	31	9/1	2	3	4	5	6
일주	기사	경오	신미	임신	계유	갑술	을해	병자	정축	무인	기묘	경진	신사	임오	계미	갑신	을유	병술	정해	무자	기축	경인	신묘	임진	계사	갑오	을미	병신	정유	무술	기해

| 8 | **계유월_癸酉月** | 백로_양력 7일 17시 11분 |

음력	7/29	8/1	2	3	4	5	6	7	8	9	10	11	12	13	14	15	16	17	18	19	20	21	22	23	24	25	26	27	28	29	30
양력	9/7	8	9	10	11	12	13	14	15	16	17	18	19	20	21	22	23	24	25	26	27	28	29	30	10/1	2	3	4	5	6	7
일주	경자	신축	임인	계묘	갑진	을사	병오	정미	무신	기유	경술	신해	임자	계축	갑인	을묘	병진	정사	무오	기미	경신	신유	임술	계해	갑자	을축	병인	정묘	무진	기사	경오

| 9 | **갑술월_甲戌月** | 한로_양력 8일 08시 57분 |

음력	9/1	2	3	4	5	6	7	8	9	10	11	12	13	14	15	16	17	18	19	20	21	22	23	24	25	26	27	28	29	10/1
양력	10/8	9	10	11	12	13	14	15	16	17	18	19	20	21	22	23	24	25	26	27	28	29	30	31	11/1	2	3	4	5	6
일주	신미	임신	계유	갑술	을해	병자	정축	무인	기묘	경진	신사	임오	계미	갑신	을유	병술	정해	무자	기축	경인	신묘	임진	계사	갑오	을미	병신	정유	무술	기해	경자

| 10 | **을해월_乙亥月** | 입동_양력 7일 12시 16분 |

음력	10/2	3	4	5	6	7	8	9	10	11	12	13	14	15	16	17	18	19	20	21	22	23	24	25	26	27	28	29	11/1	2
양력	11/7	8	9	10	11	12	13	14	15	16	17	18	19	20	21	22	23	24	25	26	27	28	29	30	12/1	2	3	4	5	6
일주	신축	임인	계묘	갑진	을사	병오	정미	무신	기유	경술	신해	임자	계축	갑인	을묘	병진	정사	무오	기미	경신	신유	임술	계해	갑자	을축	병인	정묘	무진	기사	경오

| 11 | **병자월_丙子月** | 대설_양력 7일 05시 13분 |

음력	11/3	4	5	6	7	8	9	10	11	12	13	14	15	16	17	18	19	20	21	22	23	24	25	26	27	28	29	30	12/1
양력	12/7	8	9	10	11	12	13	14	15	16	17	18	19	20	21	22	23	24	25	26	27	28	29	30	31	1/1	2	3	4
일주	신미	임신	계유	갑술	을해	병자	정축	무인	기묘	경진	신사	임오	계미	갑신	을유	병술	정해	무자	기축	경인	신묘	임진	계사	갑오	을미	병신	정유	무술	기해

| 12 | **정축월_丁丑月** | 소한_양력 5일 16시 29분 |

음력	12/2	3	4	5	6	7	8	9	10	11	12	13	14	15	16	17	18	19	20	21	22	23	24	25	26	27	28	29	30	1/1
양력	1/5	6	7	8	9	10	11	12	13	14	15	16	17	18	19	20	21	22	23	24	25	26	27	28	29	30	31	2/1	2	3
일주	경자	신축	임인	계묘	갑진	을사	병오	정미	무신	기유	경술	신해	임자	계축	갑인	을묘	병진	정사	무오	기미	경신	신유	임술	계해	갑자	을축	병인	정묘	무진	기사

2030 경술庚戌년 _단기| 4363년

1 무인월 戊寅月 입춘_양력 4일 04시 07분

음력	1/2	3	4	5	6	7	8	9	10	11	12	13	14	15	16	17	18	19	20	21	22	23	24	25	26	27	28	29	2/1
양력	2/4	5	6	7	8	9	10	11	12	13	14	15	16	17	18	19	20	21	22	23	24	25	26	27	28	3/1	2	3	4
일주	경오	신미	임신	계유	갑술	을해	병자	정축	무인	기묘	경진	신사	임오	계미	갑신	을유	병술	정해	무자	기축	경인	신묘	임진	계사	갑오	을미	병신	정유	무술

2 기묘월 己卯月 경칩_양력 5일 22시 02분

음력	2/2	3	4	5	6	7	8	9	10	11	12	13	14	15	16	17	18	19	20	21	22	23	24	25	26	27	28	29	30	3/1	2
양력	3/5	6	7	8	9	10	11	12	13	14	15	16	17	18	19	20	21	22	23	24	25	26	27	28	29	30	31	4/1	2	3	4
일주	기해	경자	신축	임인	계묘	갑진	을사	병오	정미	무신	기유	경술	신해	임자	계축	갑인	을묘	병진	정사	무오	기미	경신	신유	임술	계해	갑자	을축	병인	정묘	무진	기사

3 경진월 庚辰月 청명_양력 5일 02시 40분

음력	3/3	4	5	6	7	8	9	10	11	12	13	14	15	16	17	18	19	20	21	22	23	24	25	26	27	28	29	4/1	2	3
양력	4/5	6	7	8	9	10	11	12	13	14	15	16	17	18	19	20	21	22	23	24	25	26	27	28	29	30	5/1	2	3	4
일주	경오	신미	임신	계유	갑술	을해	병자	정축	무인	기묘	경진	신사	임오	계미	갑신	을유	병술	정해	무자	기축	경인	신묘	임진	계사	갑오	을미	병신	정유	무술	기해

4 신사월 辛巳月 입하_양력 5일 19시 45분

음력	4/4	5	6	7	8	9	10	11	12	13	14	15	16	17	18	19	20	21	22	23	24	25	26	27	28	29	30	5/1	2	3	4
양력	5/5	6	7	8	9	10	11	12	13	14	15	16	17	18	19	20	21	22	23	24	25	26	27	28	29	30	31	6/1	2	3	4
일주	경자	신축	임인	계묘	갑진	을사	병오	정미	무신	기유	경술	신해	임자	계축	갑인	을묘	병진	정사	무오	기미	경신	신유	임술	계해	갑자	을축	병인	정묘	무진	기사	경오

5 임오월 壬午月 망종_양력 5일 23시 43분

음력	5/5	6	7	8	9	10	11	12	13	14	15	16	17	18	19	20	21	22	23	24	25	26	27	28	29	30	6/1	2	3	4	5	6
양력	6/5	6	7	8	9	10	11	12	13	14	15	16	17	18	19	20	21	22	23	24	25	26	27	28	29	30	7/1	2	3	4	5	6
일주	신미	임신	계유	갑술	을해	병자	정축	무인	기묘	경진	신사	임오	계미	갑신	을유	병술	정해	무자	기축	경인	신묘	임진	계사	갑오	을미	병신	정유	무술	기해	경자	신축	임인

6 계미월 癸未月 소서_양력 7일 09시 54분

음력	6/7	8	9	10	11	12	13	14	15	16	17	18	19	20	21	22	23	24	25	26	27	28	29	7/1	2	3	4	5	6	7	8
양력	7/7	8	9	10	11	12	13	14	15	16	17	18	19	20	21	22	23	24	25	26	27	28	29	30	31	8/1	2	3	4	5	6
일주	계묘	갑진	을사	병오	정미	무신	기유	경술	신해	임자	계축	갑인	을묘	병진	정사	무오	기미	경신	신유	임술	계해	갑자	을축	병인	정묘	무진	기사	경오	신미	임신	계유

| 7 | 갑신월_甲申月 | 입추_양력 7일 19시 46분 |

음력	7/9	10	11	12	13	14	15	16	17	18	19	20	21	22	23	24	25	26	27	28	29	30	8/1	2	3	4	5	6	7	8	9
양력	8/7	8	9	10	11	12	13	14	15	16	17	18	19	20	21	22	23	24	25	26	27	28	29	30	31	9/1	2	3	4	5	6
일주	갑술	을해	병자	정축	무인	기묘	경진	신사	임오	계미	갑신	을유	병술	정해	무자	기축	경인	신묘	임진	계사	갑오	을미	병신	정유	무술	기해	경자	신축	임인	계묘	갑진

| 8 | 을유월_乙酉月 | 백로_양력 7일 22시 52분 |

음력	8/10	11	12	13	14	15	16	17	18	19	20	21	22	23	24	25	26	27	28	29	9/1	2	3	4	5	6	7	8	9	10	11
양력	9/7	8	9	10	11	12	13	14	15	16	17	18	19	20	21	22	23	24	25	26	27	28	29	30	10/1	2	3	4	5	6	7
일주	을사	병오	정미	무신	기유	경술	신해	임자	계축	갑인	을묘	병진	정사	무오	기미	경신	신유	임술	계해	갑자	을축	병인	정묘	무진	기사	경오	신미	임신	계유	갑술	을해

| 9 | 병술월_丙戌月 | 한로_양력 8일 14시 44분 |

음력	9/12	13	14	15	16	17	18	19	20	21	22	23	24	25	26	27	28	29	30	10/1	2	3	4	5	6	7	8	9	10	11
양력	10/8	9	10	11	12	13	14	15	16	17	18	19	20	21	22	23	24	25	26	27	28	29	30	31	11/1	2	3	4	5	6
일주	병자	정축	무인	기묘	경진	신사	임오	계미	갑신	을유	병술	정해	무자	기축	경인	신묘	임진	계사	갑오	을미	병신	정유	무술	기해	경자	신축	임인	계묘	갑진	을사

| 10 | 정해월_丁亥月 | 입동_양력 7일 18시 07분 |

음력	10/12	13	14	15	16	17	18	19	20	21	22	23	24	25	26	27	28	29	11/1	2	3	4	5	6	7	8	9	10	11	12
양력	11/7	8	9	10	11	12	13	14	15	16	17	18	19	20	21	22	23	24	25	26	27	28	29	30	12/1	2	3	4	5	6
일주	병오	정미	무신	기유	경술	신해	임자	계축	갑인	을묘	병진	정사	무오	기미	경신	신유	임술	계해	갑자	을축	병인	정묘	무진	기사	경오	신미	임신	계유	갑술	을해

| 11 | 무자월_戊子月 | 대설_양력 7일 11시 06분 |

음력	11/13	14	15	16	17	18	19	20	21	22	23	24	25	26	27	28	29	30	12/1	2	3	4	5	6	7	8	9	10	11
양력	12/7	8	9	10	11	12	13	14	15	16	17	18	19	20	21	22	23	24	25	26	27	28	29	30	31	1/1	2	3	4
일주	병자	정축	무인	기묘	경진	신사	임오	계미	갑신	을유	병술	정해	무자	기축	경인	신묘	임진	계사	갑오	을미	병신	정유	무술	기해	경자	신축	임인	계묘	갑진

| 12 | 기축월_己丑月 | 소한_양력 5일 22시 22분 |

음력	12/12	13	14	15	16	17	18	19	20	21	22	23	24	25	26	27	28	29	1/1	2	3	4	5	6	7	8	9	10	11	12
양력	1/5	6	7	8	9	10	11	12	13	14	15	16	17	18	19	20	21	22	23	24	25	26	27	28	29	30	31	2/1	2	3
일주	을사	병오	정미	무신	기유	경술	신해	임자	계축	갑인	을묘	병진	정사	무오	기미	경신	신유	임술	계해	갑자	을축	병인	정묘	무진	기사	경오	신미	임신	계유	갑술

2031 신해辛亥년 _단기 4364년

1 | 경인월_庚寅月 | 입춘_양력 4일 09시 57분

음력	1/13	14	15	16	17	18	19	20	21	22	23	24	25	26	27	28	29	30	2/1	2	3	4	5	6	7	8	9	10	11	12
양력	2/4	5	6	7	8	9	10	11	12	13	14	15	16	17	18	19	20	21	22	23	24	25	26	27	28	3/1	2	3	4	5
일주	을해	병자	정축	무인	기묘	경진	신사	임오	계미	갑신	을유	병술	정해	무자	기축	경인	신묘	임진	계사	갑오	을미	병신	정유	무술	기해	경자	신축	임인	계묘	갑진

2 | 신묘월_辛卯月 | 경칩_양력 6일 03시 50분

음력	2/13	14	15	16	17	18	19	20	21	22	23	24	25	26	27	28	29	3/1	2	3	4	5	6	7	8	9	10	11	12	13
양력	3/6	7	8	9	10	11	12	13	14	15	16	17	18	19	20	21	22	23	24	25	26	27	28	29	30	31	4/1	2	3	4
일주	을사	병오	정미	무신	기유	경술	신해	임자	계축	갑인	을묘	병진	정사	무오	기미	경신	신유	임술	계해	갑자	을축	병인	정묘	무진	기사	경오	신미	임신	계유	갑술

3 | 임진월_壬辰月 | 청명_양력 5일 08시 27분

음력	3/14	15	16	17	18	19	20	21	22	23	24	25	26	27	28	29	30	윤3/2	3	4	5	6	7	8	9	10	11	12	13	14
양력	4/5	6	7	8	9	10	11	12	13	14	15	16	17	18	19	20	21	22	23	24	25	26	27	28	29	30	5/1	2	3	4	5
일주	을해	병자	정축	무인	기묘	경진	신사	임오	계미	갑신	을유	병술	정해	무자	기축	경인	신묘	임진	계사	갑오	을미	병신	정유	무술	기해	경자	신축	임인	계묘	갑진	을사

4 | 계사월_癸巳月 | 입하_양력 6일 01시 34분

음력	3/15	16	17	18	19	20	21	22	23	24	25	26	27	28	29	4/1	2	3	4	5	6	7	8	9	10	11	12	13	14	15	16
양력	5/6	7	8	9	10	11	12	13	14	15	16	17	18	19	20	21	22	23	24	25	26	27	28	29	30	31	6/1	2	3	4	5
일주	병오	정미	무신	기유	경술	신해	임자	계축	갑인	을묘	병진	정사	무오	기미	경신	신유	임술	계해	갑자	을축	병인	정묘	무진	기사	경오	신미	임신	계유	갑술	을해	병자

5 | 갑오월_甲午月 | 망종_양력 6일 05시 34분

음력	4/17	18	19	20	21	22	23	24	25	26	27	28	29	30	5/1	2	3	4	5	6	7	8	9	10	11	12	13	14	15	16	17
양력	6/6	7	8	9	10	11	12	13	14	15	16	17	18	19	20	21	22	23	24	25	26	27	28	29	30	7/1	2	3	4	5	6
일주	정축	무인	기묘	경진	신사	임오	계미	갑신	을유	병술	정해	무자	기축	경인	신묘	임진	계사	갑오	을미	병신	정유	무술	기해	경자	신축	임인	계묘	갑진	을사	병오	정미

6 | 을미월_乙未月 | 소서_양력 7일 15시 48분

음력	5/18	19	20	21	22	23	24	25	26	27	28	29	6/1	2	3	4	5	6	7	8	9	10	11	12	13	14	15	16	17	18	19	20
양력	7/7	8	9	10	11	12	13	14	15	16	17	18	19	20	21	22	23	24	25	26	27	28	29	30	31	8/1	2	3	4	5	6	7
일주	무신	기유	경술	신해	임자	계축	갑인	을묘	병진	정사	무오	기미	경신	신유	임술	계해	갑자	을축	병인	정묘	무진	기사	경오	신미	임신	계유	갑술	을해	병자	정축	무인	기묘

| 7 | 병신월_丙申月 | 입추_양력 8일 01시 42분 |

음력	6/21	22	23	24	25	26	27	28	29	30	7/1	2	3	4	5	6	7	8	9	10	11	12	13	14	15	16	17	18	19	20	21
양력	8/8	9	10	11	12	13	14	15	16	17	18	19	20	21	22	23	24	25	26	27	28	29	30	31	9/1	2	3	4	5	6	7
일주	경진	신사	임오	계미	갑신	을유	병술	정해	무자	기축	경인	신묘	임진	계사	갑오	을미	병신	정유	무술	기해	경자	신축	임인	계묘	갑진	을사	병오	정미	무신	기유	경술

| 8 | 정유월_丁酉月 | 백로_양력 8일 04시 49분 |

음력	7/22	23	24	25	26	27	28	29	30	8/1	2	3	4	5	6	7	8	9	10	11	12	13	14	15	16	17	18	19	20	21
양력	9/8	9	10	11	12	13	14	15	16	17	18	19	20	21	22	23	24	25	26	27	28	29	30	10/1	2	3	4	5	6	7
일주	신해	임자	계축	갑인	을묘	병진	정사	무오	기미	경신	신유	임술	계해	갑자	을축	병인	정묘	무진	기사	경오	신미	임신	계유	갑술	을해	병자	정축	무인	기묘	경진

| 9 | 무술월_戊戌月 | 한로_양력 8일 20시 42분 |

음력	8/22	23	24	25	26	27	28	29	9/1	2	3	4	5	6	7	8	9	10	11	12	13	14	15	16	17	18	19	20	21	22	23
양력	10/8	9	10	11	12	13	14	15	16	17	18	19	20	21	22	23	24	25	26	27	28	29	30	31	11/1	2	3	4	5	6	7
일주	신사	임오	계미	갑신	을유	병술	정해	무자	기축	경인	신묘	임진	계사	갑오	을미	병신	정유	무술	기해	경자	신축	임인	계묘	갑진	을사	병오	정미	무신	기유	경술	신해

| 10 | 기해월_己亥月 | 입동_양력 8일 00시 04분 |

음력	9/24	25	26	27	28	29	30	10/1	2	3	4	5	6	7	8	9	10	11	12	13	14	15	16	17	18	19	20	21	22
양력	11/8	9	10	11	12	13	14	15	16	17	18	19	20	21	22	23	24	25	26	27	28	29	30	12/1	2	3	4	5	6
일주	임자	계축	갑인	을묘	병진	정사	무오	기미	경신	신유	임술	계해	갑자	을축	병인	정묘	무진	기사	경오	신미	임신	계유	갑술	을해	병자	정축	무인	기묘	경진

| 11 | 경자월_庚子月 | 대설_양력 7일 17시 02분 |

음력	10/23	24	25	26	27	28	29	11/1	2	3	4	5	6	7	8	9	10	11	12	13	14	15	16	17	18	19	20	21	22	23
양력	12/7	8	9	10	11	12	13	14	15	16	17	18	19	20	21	22	23	24	25	26	27	28	29	30	31	1/1	2	3	4	5
일주	신사	임오	계미	갑신	을유	병술	정해	무자	기축	경인	신묘	임진	계사	갑오	을미	병신	정유	무술	기해	경자	신축	임인	계묘	갑진	을사	병오	정미	무신	기유	경술

| 12 | 신축월_辛丑月 | 소한_양력 6일 04시 15분 |

음력	11/24	25	26	27	28	29	30	12/1	2	3	4	5	6	7	8	9	10	11	12	13	14	15	16	17	18	19	20	21	22
양력	1/6	7	8	9	10	11	12	13	14	15	16	17	18	19	20	21	22	23	24	25	26	27	28	29	30	31	2/1	2	3
일주	신해	임자	계축	갑인	을묘	병진	정사	무오	기미	경신	신유	임술	계해	갑자	을축	병인	정묘	무진	기사	경오	신미	임신	계유	갑술	을해	병자	정축	무인	기묘

2032 임자壬子년 _단기 | 4365년

1 임인월_壬寅月   입춘_양력 4일 15시 48분

음력 12/23 24 25 26 27 28 29 1/1 2 3 4 5 6 7 8 9 10 11 12 13 14 15 16 17 18 19 20 21 22 23

양력 2/4 5 6 7 8 9 10 11 12 13 14 15 16 17 18 19 20 21 22 23 24 25 26 27 28 29 3/1 2 3 4

일주 경진 신사 임오 계미 갑신 을유 병술 정해 무자 기축 경인 신묘 임진 계사 갑오 을미 병신 정유 무술 기해 경자 신축 임인 계묘 갑진 을사 병오 정미 무신 기유

2 계묘월_癸卯月   경칩_양력 5일 09시 39분

음력 1/24 25 26 27 28 29 30 2/1 2 3 4 5 6 7 8 9 10 11 12 13 14 15 16 17 18 19 20 21 22 23

양력 3/5 6 7 8 9 10 11 12 13 14 15 16 17 18 19 20 21 22 23 24 25 26 27 28 29 30 31 4/1 2 3

일주 경술 신해 임자 계축 갑인 을묘 병진 정사 무오 기미 경신 신유 임술 계해 갑자 을축 병인 정묘 무진 기사 경오 신미 임신 계유 갑술 을해 병자 정축 무인 기묘

3 갑진월_甲辰月   청명_양력 4일 14시 16분

음력 2/24 25 26 27 28 29 3/1 2 3 4 5 6 7 8 9 10 11 12 13 14 15 16 17 18 19 20 21 22 23 24 25

양력 4/4 5 6 7 8 9 10 11 12 13 14 15 16 17 18 19 20 21 22 23 24 25 26 27 28 29 30 5/1 2 3 4

일주 경진 신사 임오 계미 갑신 을유 병술 정해 무자 기축 경인 신묘 임진 계사 갑오 을미 병신 정유 무술 기해 경자 신축 임인 계묘 갑진 을사 병오 정미 무신 기유 경술

4 을사월_乙巳月   입하_양력 5일 07시 25분

음력 3/26 27 28 29 4/1 2 3 4 5 6 7 8 9 10 11 12 13 14 15 16 17 18 19 20 21 22 23 24 25 26 27

양력 5/5 6 7 8 9 10 11 12 13 14 15 16 17 18 19 20 21 22 23 24 25 26 27 28 29 30 31 6/1 2 3 4

일주 신해 임자 계축 갑인 을묘 병진 정사 무오 기미 경신 신유 임술 계해 갑자 을축 병인 정묘 무진 기사 경오 신미 임신 계유 갑술 을해 병자 정축 무인 기묘 경진 신사

5 병오월_丙午月   망종_양력 5일 11시 27분

음력 4/28 29 30 5/1 2 3 4 5 6 7 8 9 10 11 12 13 14 15 16 17 18 19 20 21 22 23 24 25 26 27 28

양력 6/5 6 7 8 9 10 11 12 13 14 15 16 17 18 19 20 21 22 23 24 25 26 27 28 29 30 7/1 2 3 4 5

일주 임오 계미 갑신 을유 병술 정해 무자 기축 경인 신묘 임진 계사 갑오 을미 병신 정유 무술 기해 경자 신축 임인 계묘 갑진 을사 병오 정미 무신 기유 경술 신해 임자

6 정미월_丁未月   소서_양력 6일 21시 40분

음력 5/29 6/1 2 3 4 5 6 7 8 9 10 11 12 13 14 15 16 17 18 19 20 21 22 23 24 25 26 27 28 29 30 7/1

양력 7/6 7 8 9 10 11 12 13 14 15 16 17 18 19 20 21 22 23 24 25 26 27 28 29 30 31 8/1 2 3 4 5 6

일주 계축 갑인 을묘 병진 정사 무오 기미 경신 신유 임술 계해 갑자 을축 병인 정묘 무진 기사 경오 신미 임신 계유 갑술 을해 병자 정축 무인 기묘 경진 신사 임오 계미 갑신

| 7 | 무신월_戊申月 | 입추_양력 7일 07시 31분 |

음력	7/2	3	4	5	6	7	8	9	10	11	12	13	14	15	16	17	18	19	20	21	22	23	24	25	26	27	28	29	30	8/1	2
양력	8/7	8	9	10	11	12	13	14	15	16	17	18	19	20	21	22	23	24	25	26	27	28	29	30	31	9/1	2	3	4	5	6
일주	을유	병술	정해	무자	기축	경인	신묘	임진	계사	갑오	을미	병신	정유	무술	기해	경자	신축	임인	계묘	갑진	을사	병오	정미	무신	기유	경술	신해	임자	계축	갑인	을묘

| 8 | 기유월_己酉月 | 백로_양력 7일 10시 37분 |

음력	8/3	4	5	6	7	8	9	10	11	12	13	14	15	16	17	18	19	20	21	22	23	24	25	26	27	28	29	9/1	2	3	4
양력	9/7	8	9	10	11	12	13	14	15	16	17	18	19	20	21	22	23	24	25	26	27	28	29	30	10/1	2	3	4	5	6	7
일주	병진	정사	무오	기미	경신	신유	임술	계해	갑자	을축	병인	정묘	무진	기사	경오	신미	임신	계유	갑술	을해	병자	정축	무인	기묘	경진	신사	임오	계미	갑신	을유	병술

| 9 | 경술월_庚戌月 | 한로_양력 8일 02시 29분 |

음력	9/5	6	7	8	9	10	11	12	13	14	15	16	17	18	19	20	21	22	23	24	25	26	27	28	29	30	10/1	2	3	4
양력	10/8	9	10	11	12	13	14	15	16	17	18	19	20	21	22	23	24	25	26	27	28	29	30	31	11/1	2	3	4	5	6
일주	정해	무자	기축	경인	신묘	임진	계사	갑오	을미	병신	정유	무술	기해	경자	신축	임인	계묘	갑진	을사	병오	정미	무신	기유	경술	신해	임자	계축	갑인	을묘	병진

| 10 | 신해월_辛亥月 | 입동_양력 7일 05시 53분 |

음력	10/5	6	7	8	9	10	11	12	13	14	15	16	17	18	19	20	21	22	23	24	25	26	27	28	29	30	11/1	2	3
양력	11/7	8	9	10	11	12	13	14	15	16	17	18	19	20	21	22	23	24	25	26	27	28	29	30	12/1	2	3	4	5
일주	정사	무오	기미	경신	신유	임술	계해	갑자	을축	병인	정묘	무진	기사	경오	신미	임신	계유	갑술	을해	병자	정축	무인	기묘	경진	신사	임오	계미	갑신	을유

| 11 | 임자월_壬子月 | 대설_양력 6일 22시 52분 |

음력	11/4	5	6	7	8	9	10	11	12	13	14	15	16	17	18	19	20	21	22	23	24	25	26	27	28	29	12/1	2	3	4
양력	12/6	7	8	9	10	11	12	13	14	15	16	17	18	19	20	21	22	23	24	25	26	27	28	29	30	31	1/1	2	3	4
일주	병술	정해	무자	기축	경인	신묘	임진	계사	갑오	을미	병신	정유	무술	기해	경자	신축	임인	계묘	갑진	을사	병오	정미	무신	기유	경술	신해	임자	계축	갑인	을묘

| 12 | 계축월_癸丑月 | 소한_양력 5일 10시 07분 |

음력	12/5	6	7	8	9	10	11	12	13	14	15	16	17	18	19	20	21	22	23	24	25	26	27	28	29	30	1/1	2	3
양력	1/5	6	7	8	9	10	11	12	13	14	15	16	17	18	19	20	21	22	23	24	25	26	27	28	29	30	31	2/1	2
일주	병진	정사	무오	기미	경신	신유	임술	계해	갑자	을축	병인	정묘	무진	기사	경오	신미	임신	계유	갑술	을해	병자	정축	무인	기묘	경진	신사	임오	계미	갑신

2033 계축癸丑년 _단기 4366년

1 갑인월_甲寅月 입춘_양력 3일 21시 40분

음력	1/4	5	6	7	8	9	10	11	12	13	14	15	16	17	18	19	20	21	22	23	24	25	26	27	28	29	2/1	2	3	4
양력	2/3	4	5	6	7	8	9	10	11	12	13	14	15	16	17	18	19	20	21	22	23	24	25	26	27	28	3/1	2	3	4
일주	을유	병술	정해	무자	기축	경인	신묘	임진	계사	갑오	을미	병신	정유	무술	기해	경자	신축	임인	계묘	갑진	을사	병오	정미	무신	기유	경술	신해	임자	계축	갑인

2 을묘월_乙卯月 경칩_양력 5일 15시 31분

음력	2/5	6	7	8	9	10	11	12	13	14	15	16	17	18	19	20	21	22	23	24	25	26	27	28	29	30	3/1	2	3	4
양력	3/5	6	7	8	9	10	11	12	13	14	15	16	17	18	19	20	21	22	23	24	25	26	27	28	29	30	31	4/1	2	3
일주	을묘	병진	정사	무오	기미	경신	신유	임술	계해	갑자	을축	병인	정묘	무진	기사	경오	신미	임신	계유	갑술	을해	병자	정축	무인	기묘	경진	신사	임오	계미	갑신

3 병진월_丙辰月 청명_양력 4일 20시 07분

음력	3/5	6	7	8	9	10	11	12	13	14	15	16	17	18	19	20	21	22	23	24	25	26	27	28	29	4/1	2	3	4	5	6
양력	4/4	5	6	7	8	9	10	11	12	13	14	15	16	17	18	19	20	21	22	23	24	25	26	27	28	29	30	5/1	2	3	4
일주	을유	병술	정해	무자	기축	경인	신묘	임진	계사	갑오	을미	병신	정유	무술	기해	경자	신축	임인	계묘	갑진	을사	병오	정미	무신	기유	경술	신해	임자	계축	갑인	을묘

4 정사월_丁巳月 입하_양력 5일 13시 12분

음력	4/7	8	9	10	11	12	13	14	15	16	17	18	19	20	21	22	23	24	25	26	27	28	29	5/1	2	3	4	5	6	7	8
양력	5/5	6	7	8	9	10	11	12	13	14	15	16	17	18	19	20	21	22	23	24	25	26	27	28	29	30	31	6/1	2	3	4
일주	병진	정사	무오	기미	경신	신유	임술	계해	갑자	을축	병인	정묘	무진	기사	경오	신미	임신	계유	갑술	을해	병자	정축	무인	기묘	경진	신사	임오	계미	갑신	을유	병술

5 무오월_戊午月 망종_양력 5일 17시 12분

음력	5/9	10	11	12	13	14	15	16	17	18	19	20	21	22	23	24	25	26	27	28	29	30	6/1	2	3	4	5	6	7	8	9	10
양력	6/5	6	7	8	9	10	11	12	13	14	15	16	17	18	19	20	21	22	23	24	25	26	27	28	29	30	7/1	2	3	4	5	6
일주	정해	무자	기축	경인	신묘	임진	계사	갑오	을미	병신	정유	무술	기해	경자	신축	임인	계묘	갑진	을사	병오	정미	무신	기유	경술	신해	임자	계축	갑인	을묘	병진	정사	무오

6 기미월_己未月 소서_양력 7일 03시 24분

음력	6/11	12	13	14	15	16	17	18	19	20	21	22	23	24	25	26	27	28	29	7/1	2	3	4	5	6	7	8	9	10	11	12
양력	7/7	8	9	10	11	12	13	14	15	16	17	18	19	20	21	22	23	24	25	26	27	28	29	30	31	8/1	2	3	4	5	6
일주	기미	경신	신유	임술	계해	갑자	을축	병인	정묘	무진	기사	경오	신미	임신	계유	갑술	을해	병자	정축	무인	기묘	경진	신사	임오	계미	갑신	을유	병술	정해	무자	기축

| 7 | 경신월_庚申月 | 입추_양력 7일 13시 14분 |

음력	7/13	14	15	16	17	18	19	20	21	22	23	24	25	26	27	28	29	30	8/1	2	3	4	5	6	7	8	9	10	11	12	13
양력	8/7	8	9	10	11	12	13	14	15	16	17	18	19	20	21	22	23	24	25	26	27	28	29	30	31	9/1	2	3	4	5	6
일주	경인	신묘	임진	계사	갑오	을미	병신	정유	무술	기해	경자	신축	임인	계묘	갑진	을사	병오	정미	무신	기유	경술	신해	임자	계축	갑인	을묘	병진	정사	무오	기미	경신

| 8 | 신유월_辛酉月 | 백로_양력 7일 16시 19분 |

음력	8/14	15	16	17	18	19	20	21	22	23	24	25	26	27	28	29	9/1	2	3	4	5	6	7	8	9	10	11	12	13	14	15
양력	9/7	8	9	10	11	12	13	14	15	16	17	18	19	20	21	22	23	24	25	26	27	28	29	30	10/1	2	3	4	5	6	7
일주	신유	임술	계해	갑자	을축	병인	정묘	무진	기사	경오	신미	임신	계유	갑술	을해	병자	정축	무인	기묘	경진	신사	임오	계미	갑신	을유	병술	정해	무자	기축	경인	신묘

| 9 | 임술월_壬戌月 | 한로_양력 8일 08시 13분 |

음력	9/16	17	18	19	20	21	22	23	24	25	26	27	28	29	30	10/1	2	3	4	5	6	7	8	9	10	11	12	13	14	15
양력	10/8	9	10	11	12	13	14	15	16	17	18	19	20	21	22	23	24	25	26	27	28	29	30	31	11/1	2	3	4	5	6
일주	임진	계사	갑오	을미	병신	정유	무술	기해	경자	신축	임인	계묘	갑진	을사	병오	정미	무신	기유	경술	신해	임자	계축	갑인	을묘	병진	정사	무오	기미	경신	신유

| 10 | 계해월_癸亥月 | 입동_양력 7일 11시 40분 |

음력	10/16	17	18	19	20	21	22	23	24	25	26	27	28	29	30	11/1	2	3	4	5	6	7	8	9	10	11	12	13	14	15
양력	11/7	8	9	10	11	12	13	14	15	16	17	18	19	20	21	22	23	24	25	26	27	28	29	30	12/1	2	3	4	5	6
일주	임술	계해	갑자	을축	병인	정묘	무진	기사	경오	신미	임신	계유	갑술	을해	병자	정축	무인	기묘	경진	신사	임오	계미	갑신	을유	병술	정해	무자	기축	경인	신묘

| 11 | 갑자월_甲子月 | 대설_양력 7일 04시 44분 |

음력	11/16	17	18	19	20	21	22	23	24	25	26	27	28	29	30	윤 11/2	3	4	5	6	7	8	9	10	11	12	13	14
양력	12/7	8	9	10	11	12	13	14	15	16	17	18	19	20	21	22	23	24	25	26	27	28	29	30	31	1/1	2	3	4
일주	임진	계사	갑오	을미	병신	정유	무술	기해	경자	신축	임인	계묘	갑진	을사	병오	정미	무신	기유	경술	신해	임자	계축	갑인	을묘	병진	정사	무오	기미	경신

| 12 | 을축월_乙丑月 | 소한_양력 5일 16시 03분 |

음력	11/15	16	17	18	19	20	21	22	23	24	25	26	27	28	29	12/1	2	3	4	5	6	7	8	9	10	11	12	13	14	15
양력	1/5	6	7	8	9	10	11	12	13	14	15	16	17	18	19	20	21	22	23	24	25	26	27	28	29	30	31	2/1	2	3
일주	신유	임술	계해	갑자	을축	병인	정묘	무진	기사	경오	신미	임신	계유	갑술	을해	병자	정축	무인	기묘	경진	신사	임오	계미	갑신	을유	병술	정해	무자	기축	경인

2034 갑인甲寅년 _단기 | 4367년

1 병인월_丙寅月   입춘_양력 4일 03시 40분

음력	12/16	17	18	19	20	21	22	23	24	25	26	27	28	29	30	1/1	2	3	4	5	6	7	8	9	10	11	12	13	14
양력	2/4	5	6	7	8	9	10	11	12	13	14	15	16	17	18	19	20	21	22	23	24	25	26	27	28	3/1	2	3	4
일주	신묘	임진	계사	갑오	을미	병신	정유	무술	기해	경자	신축	임인	계묘	갑진	을사	병오	정미	무신	기유	경술	신해	임자	계축	갑인	을묘	병진	정사	무오	기미

2 정묘월_丁卯月   경칩_양력 5일 21시 31분

음력	1/15	16	17	18	19	20	21	22	23	24	25	26	27	28	29	2/1	2	3	4	5	6	7	8	9	10	11	12	13	14	15	16
양력	3/5	6	7	8	9	10	11	12	13	14	15	16	17	18	19	20	21	22	23	24	25	26	27	28	29	30	31	4/1	2	3	4
일주	경신	신유	임술	계해	갑자	을축	병인	정묘	무진	기사	경오	신미	임신	계유	갑술	을해	병자	정축	무인	기묘	경진	신사	임오	계미	갑신	을유	병술	정해	무자	기축	경인

3 무진월_戊辰月   청명_양력 5일 02시 05분

음력	2/17	18	19	20	21	22	23	24	25	26	27	28	29	30	3/1	2	3	4	5	6	7	8	9	10	11	12	13	14	15	16	
양력	4/5	6	7	8	9	10	11	12	13	14	15	16	17	18	19	20	21	22	23	24	25	26	27	28	29	30	5/1	2	3	4	
일주	신묘	임진	계사	갑오	을미	병신	정유	무술	기해	경자	신축	임인	계묘	갑진	을사	병오	정미	무신	기유	경술	신해	임자	계축	갑인	을묘	병진	정사	무오	기미	경신	

4 기사월_己巳月   입하_양력 5일 19시 08분

음력	3/17	18	19	20	21	22	23	24	25	26	27	28	29	4/1	2	3	4	5	6	7	8	9	10	11	12	13	14	15	16	17	18
양력	5/5	6	7	8	9	10	11	12	13	14	15	16	17	18	19	20	21	22	23	24	25	26	27	28	29	30	31	6/1	2	3	4
일주	신유	임술	계해	갑자	을축	병인	정묘	무진	기사	경오	신미	임신	계유	갑술	을해	병자	정축	무인	기묘	경진	신사	임오	계미	갑신	을유	병술	정해	무자	기축	경인	신묘

5 경오월_庚午月   망종_양력 5일 23시 05분

음력	4/19	20	21	22	23	24	25	26	27	28	29	5/1	2	3	4	5	6	7	8	9	10	11	12	13	14	15	16	17	18	19	20	21
양력	6/5	6	7	8	9	10	11	12	13	14	15	16	17	18	19	20	21	22	23	24	25	26	27	28	29	30	7/1	2	3	4	5	6
일주	임진	계사	갑오	을미	병신	정유	무술	기해	경자	신축	임인	계묘	갑진	을사	병오	정미	무신	기유	경술	신해	임자	계축	갑인	을묘	병진	정사	무오	기미	경신	신유	임술	계해

6 신미월_辛未月   소서_양력 7일 09시 16분

음력	5/22	23	24	25	26	27	28	29	30	6/1	2	3	4	5	6	7	8	9	10	11	12	13	14	15	16	17	18	19	20	21	22
양력	7/7	8	9	10	11	12	13	14	15	16	17	18	19	20	21	22	23	24	25	26	27	28	29	30	31	8/1	2	3	4	5	6
일주	갑자	을축	병인	정묘	무진	기사	경오	신미	임신	계유	갑술	을해	병자	정축	무인	기묘	경진	신사	임오	계미	갑신	을유	병술	정해	무자	기축	경인	신묘	임진	계사	갑오

| 7 | 임신월_壬申月 | 입추_양력 7일 19시 08분 |

음력	6/23	24	25	26	27	28	29	7/1	2	3	4	5	6	7	8	9	10	11	12	13	14	15	16	17	18	19	20	21	22	23	24
양력	8/7	8	9	10	11	12	13	14	15	16	17	18	19	20	21	22	23	24	25	26	27	28	29	30	31	9/1	2	3	4	5	6
일주	을미	병신	정유	무술	기해	경자	신축	임인	계묘	갑진	을사	병오	정미	무신	기유	경술	신해	임자	계축	갑인	을묘	병진	정사	무오	기미	경신	신유	임술	계해	갑자	을축

| 8 | 계유월_癸酉月 | 백로_양력 7일 22시 13분 |

음력	7/25	26	27	28	29	30	8/1	2	3	4	5	6	7	8	9	10	11	12	13	14	15	16	17	18	19	20	21	22	23	24	25
양력	9/7	8	9	10	11	12	13	14	15	16	17	18	19	20	21	22	23	24	25	26	27	28	29	30	10/1	2	3	4	5	6	7
일주	병인	정묘	무진	기사	경오	신미	임신	계유	갑술	을해	병자	정축	무인	기묘	경진	신사	임오	계미	갑신	을유	병술	정해	무자	기축	경인	신묘	임진	계사	갑오	을미	병신

| 9 | 갑술월_甲戌月 | 한로_양력 8일 14시 06분 |

음력	8/26	27	28	29	9/1	2	3	4	5	6	7	8	9	10	11	12	13	14	15	16	17	18	19	20	21	22	23	24	25	26
양력	10/8	9	10	11	12	13	14	15	16	17	18	19	20	21	22	23	24	25	26	27	28	29	30	31	11/1	2	3	4	5	6
일주	정유	무술	기해	경자	신축	임인	계묘	갑진	을사	병오	정미	무신	기유	경술	신해	임자	계축	갑인	을묘	병진	정사	무오	기미	경신	신유	임술	계해	갑자	을축	병인

| 10 | 을해월_乙亥月 | 입동_양력 7일 17시 32분 |

음력	9/27	28	29	30	10/1	2	3	4	5	6	7	8	9	10	11	12	13	14	15	16	17	18	19	20	21	22	23	24	25	26
양력	11/7	8	9	10	11	12	13	14	15	16	17	18	19	20	21	22	23	24	25	26	27	28	29	30	12/1	2	3	4	5	6
일주	정묘	무진	기사	경오	신미	임신	계유	갑술	을해	병자	정축	무인	기묘	경진	신사	임오	계미	갑신	을유	병술	정해	무자	기축	경인	신묘	임진	계사	갑오	을미	병신

| 11 | 병자월_丙子月 | 대설_양력 7일 10시 35분 |

음력	10/27	28	29	30	11/1	2	3	4	5	6	7	8	9	10	11	12	13	14	15	16	17	18	19	20	21	22	23	24	25
양력	12/7	8	9	10	11	12	13	14	15	16	17	18	19	20	21	22	23	24	25	26	27	28	29	30	31	1/1	2	3	4
일주	정유	무술	기해	경자	신축	임인	계묘	갑진	을사	병오	정미	무신	기유	경술	신해	임자	계축	갑인	을묘	병진	정사	무오	기미	경신	신유	임술	계해	갑자	을축

| 12 | 정축월_丁丑月 | 소한_양력 5일 21시 54분 |

음력	11/26	27	28	29	30	12/1	2	3	4	5	6	7	8	9	10	11	12	13	14	15	16	17	18	19	20	21	22	23	24	25
양력	1/5	6	7	8	9	10	11	12	13	14	15	16	17	18	19	20	21	22	23	24	25	26	27	28	29	30	31	2/1	2	3
일주	병인	정묘	무진	기사	경오	신미	임신	계유	갑술	을해	병자	정축	무인	기묘	경진	신사	임오	계미	갑신	을유	병술	정해	무자	기축	경인	신묘	임진	계사	갑오	을미

2035 을묘乙卯년 _단기 4368년

1 무인월_戊寅月   입춘_양력 4일 09시 30분

음력	12/26	27	28	29	1/1	2	3	4	5	6	7	8	9	10	11	12	13	14	15	16	17	18	19	20	21	22	23	24	25	26
양력	2/4	5	6	7	8	9	10	11	12	13	14	15	16	17	18	19	20	21	22	23	24	25	26	27	28	3/1	2	3	4	5

일주: 병신 정유 무술 기해 경자 신축 임인 계묘 갑진 을사 병오 정미 무신 기유 경술 신해 임자 계축 갑인 을묘 병진 정사 무오 기미 경신 신유 임술 계해 갑자 을축

2 기묘월_己卯月   경칩_양력 6일 03시 20분

음력	1/27	28	29	30	2/1	2	3	4	5	6	7	8	9	10	11	12	13	14	15	16	17	18	19	20	21	22	23	24	25	26
양력	3/6	7	8	9	10	11	12	13	14	15	16	17	18	19	20	21	22	23	24	25	26	27	28	29	30	31	4/1	2	3	4

일주: 병인 정묘 무진 기사 경오 신미 임신 계유 갑술 을해 병자 정축 무인 기묘 경진 신사 임오 계미 갑신 을유 병술 정해 무자 기축 경인 신묘 임진 계사 갑오 을미

3 경진월_庚辰月   청명_양력 5일 07시 52분

음력	2/27	28	29	3/1	2	3	4	5	6	7	8	9	10	11	12	13	14	15	16	17	18	19	20	21	22	23	24	25	26	27	28
양력	4/5	6	7	8	9	10	11	12	13	14	15	16	17	18	19	20	21	22	23	24	25	26	27	28	29	30	5/1	2	3	4	5

일주: 병신 정유 무술 기해 경자 신축 임인 계묘 갑진 을사 병오 정미 무신 기유 경술 신해 임자 계축 갑인 을묘 병진 정사 무오 기미 경신 신유 임술 계해 갑자 을축 병인

4 신사월_辛巳月   입하_양력 6일 00시 54분

음력	3/29	30	4/1	2	3	4	5	6	7	8	9	10	11	12	13	14	15	16	17	18	19	20	21	22	23	24	25	26	27	28	29
양력	5/6	7	8	9	10	11	12	13	14	15	16	17	18	19	20	21	22	23	24	25	26	27	28	29	30	31	6/1	2	3	4	5

일주: 정묘 무진 기사 경오 신미 임신 계유 갑술 을해 병자 정축 무인 기묘 경진 신사 임오 계미 갑신 을유 병술 정해 무자 기축 경인 신묘 임진 계사 갑오 을미 병신 정유

5 임오월_壬午月   망종_양력 6일 04시 49분

음력	5/1	2	3	4	5	6	7	8	9	10	11	12	13	14	15	16	17	18	19	20	21	22	23	24	25	26	27	28	29	6/1	2
양력	6/6	7	8	9	10	11	12	13	14	15	16	17	18	19	20	21	22	23	24	25	26	27	28	29	30	7/1	2	3	4	5	6

일주: 무술 기해 경자 신축 임인 계묘 갑진 을사 병오 정미 무신 기유 경술 신해 임자 계축 갑인 을묘 병진 정사 무오 기미 경신 신유 임술 계해 갑자 을축 병인 정묘 무진

6 계미월_癸未月   소서_양력 7일 15시 00분

음력	6/3	4	5	6	7	8	9	10	11	12	13	14	15	16	17	18	19	20	21	22	23	24	25	26	27	28	29	30	7/1	2	3	4
양력	7/7	8	9	10	11	12	13	14	15	16	17	18	19	20	21	22	23	24	25	26	27	28	29	30	31	8/1	2	3	4	5	6	7

일주: 기사 경오 신미 임신 계유 갑술 을해 병자 정축 무인 기묘 경진 신사 임오 계미 갑신 을유 병술 정해 무자 기축 경인 신묘 임진 계사 갑오 을미 병신 정유 무술 기해

7 갑신월_甲申月　입추_양력 8일 00시 53분

음력	7/5	6	7	8	9	10	11	12	13	14	15	16	17	18	19	20	21	22	23	24	25	26	27	28	29	8/1	2	3	4	5	6
양력	8/8	9	10	11	12	13	14	15	16	17	18	19	20	21	22	23	24	25	26	27	28	29	30	31	9/1	2	3	4	5	6	7
일주	신축	임인	계묘	갑진	을사	병오	정미	무신	기유	경술	신해	임자	계축	갑인	을묘	병진	정사	무오	기미	경신	신유	임술	계해	갑자	을축	병인	정묘	무진	기사	경오	신미

8 을유월_乙酉月　백로_양력 8일 04시 01분

음력	8/7	8	9	10	11	12	13	14	15	16	17	18	19	20	21	22	23	24	25	26	27	28	29	9/1	2	3	4	5	6	7	
양력	9/8	9	10	11	12	13	14	15	16	17	18	19	20	21	22	23	24	25	26	27	28	29	30	10/1	2	3	4	5	6	7	
일주	임신	계유	갑술	을해	병자	정축	무인	기묘	경진	신사	임오	계미	갑신	을유	병술	정해	무자	기축	경인	신묘	임진	계사	갑오	을미	병신	정유	무술	기해	경자	신축	

9 병술월_丙戌月　한로_양력 8일 19시 56분

음력	9/8	9	10	11	12	13	14	15	16	17	18	19	20	21	22	23	24	25	26	27	28	29	30	10/1	2	3	4	5	6	7	
양력	10/8	9	10	11	12	13	14	15	16	17	18	19	20	21	22	23	24	25	26	27	28	29	30	31	11/1	2	3	4	5	6	
일주	임인	계묘	갑진	을사	병오	정미	무신	기유	경술	신해	임자	계축	갑인	을묘	병진	정사	무오	기미	경신	신유	임술	계해	갑자	을축	병인	정묘	무진	기사	경오	신미	

10 정해월_丁亥月　입동_양력 7일 23시 22분

음력	10/8	9	10	11	12	13	14	15	16	17	18	19	20	21	22	23	24	25	26	27	28	29	30	11/1	2	3	4	5	6	7	
양력	11/7	8	9	10	11	12	13	14	15	16	17	18	19	20	21	22	23	24	25	26	27	28	29	30	12/1	2	3	4	5	6	
일주	임신	계유	갑술	을해	병자	정축	무인	기묘	경진	신사	임오	계미	갑신	을유	병술	정해	무자	기축	경인	신묘	임진	계사	갑오	을미	병신	정유	무술	기해	경자	신축	

11 무자월_戊子月　대설_양력 7일 16시 24분

음력	11/8	9	10	11	12	13	14	15	16	17	18	19	20	21	22	23	24	25	26	27	28	29	12/1	2	3	4	5	6	7	8	
양력	12/7	8	9	10	11	12	13	14	15	16	17	18	19	20	21	22	23	24	25	26	27	28	29	30	31	1/1	2	3	4	5	
일주	임인	계묘	갑진	을사	병오	정미	무신	기유	경술	신해	임자	계축	갑인	을묘	병진	정사	무오	기미	경신	신유	임술	계해	갑자	을축	병인	정묘	무진	기사	경오	신미	

12 기축월_己丑月　소한_양력 6일 03시 42분

음력	12/9	10	11	12	13	14	15	16	17	18	19	20	21	22	23	24	25	26	27	28	29	30	1/1	2	3	4	5	6	7		
양력	1/6	7	8	9	10	11	12	13	14	15	16	17	18	19	20	21	22	23	24	25	26	27	28	29	30	31	2/1	2	3		
일주	임신	계유	갑술	을해	병자	정축	무인	기묘	경진	신사	임오	계미	갑신	을유	병술	정해	무자	기축	경인	신묘	임진	계사	갑오	을미	병신	정유	무술	기해	경자		

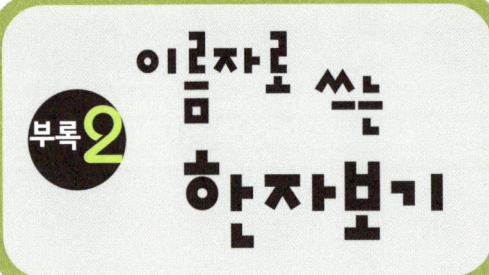

음	뜻	획수	발음 오행	자원 오행
가				
加	더할	5	木	水
	있을			
可	옳을	5	木	水
伽	절	7	木	火
呵	껄껄웃을	8	木	水
	꾸짖을			
佳	아름다울	8	木	火
	좋을			
柯	나뭇가지	9	木	木
架	시렁	9	木	木
枷	도리깨	9	木	木
	칼			
痂	딱지	10	木	水
哥	노래	10	木	水
	형兄			
珂	옥이름	10	木	金
家	집	10	木	木
袈	가사(승려의 옷)	11	木	木
茄	연줄기	11	木	木
假	거짓	11	木	火
	빌릴			
苛	매울	11	木	木
	사나울			
軻	가기힘들	12	木	火
	높을			
街	거리	12	木	火
迦	막을	12	木	土
賈	값	13	木	金
暇	겨를	13	木	火
	여유있을			
嫁	시집갈	13	木	土
歌	노래	14	木	金
嘉	아름다울	14	木	水
價	값	15	木	火
稼	곡식	15	木	木
	심을			
駕	멍에	15	木	火
	탈것			

음	뜻	획수	발음 오행	자원 오행
각				
各	각각	6	木	水
却	물리칠	7	木	火
角	뿔	7	木	木
刻	새길	8	木	金
恪	법	10	木	火
	삼갈			
珏	쌍옥	10	木	金
殼	껍질	12	木	金
	씨			
	내리칠			

	뜻	획수	발음 오행	자원 오행
脚	다리	13	木	水
閣	누각	14	木	木
慤	성실할	15	木	火
覺	깨달을	20	木	火

음		뜻	획수	발음 오행	자원 오행
간	干	구할	3	木	木
		방패			
	刊	깎을	5	木	金
		책펴낼			
	艮	괘이름	6	木	土
		어긋날			
	杆	나무이름	7	木	木
		방패			
	侃	강직할	8	木	火
	肝	간	9	木	水
		정성			
	姦	간사할	9	木	土
	看	볼	9	木	木
		지킬			
	竿	장대	9	木	木
	柬	가릴	9	木	木
		편지			
	秆	볏짚	12	木	木
	間	사이	12	木	土
	揀	가릴	13	木	木
		분별할			
	幹	줄기	13	木	木
	諫	충고할	16	木	金
	墾	개간할	16	木	土
	澗	시내	16	木	水
	艱	어려울	17	木	土
	懇	정성	17	木	火
	癎	간질	17	木	水
	簡	대쪽	18	木	木

음		뜻	획수	발음 오행	자원 오행
갈	坖	땅이름	6	木	木
	曷	어찌	9	木	火
	喝	꾸짖을	12	木	水
	渴	목마를	13	木	水
	竭	다할	14	木	火
	碣	비석	14	木	金
	葛	칡	15	木	木
	蝎	전갈	15	木	木
	褐	털옷	15	木	木
	鞨	말갈	18	木	金

음		뜻	획수	발음 오행	자원 오행
감	甘	달	5	木	土
	坎	구덩이	7	木	土
	柑	감귤	9	木	木
	疳	감질	10	木	水
	勘	헤아릴	11	木	土
	紺	감색	12	木	木
	敢	감히	12	木	金
		굳셀			
	堪	견딜	12	木	土

음		뜻	획수	발음 오행	자원 오행
		뛰어날			
		하늘			
	邯	땅이름	12	木	土
	嵌	산골짜기	12	木	土
	感	느낄	13	木	火
	減	덜	13	木	水
	戡	이길	13	木	金
	監	볼	14	木	金
		살필			
	橄	감람나무	16	木	木
	鑑	거울	17	木	金
		볼			
	瞰	굽어볼	17	木	木
	憾	근심할	17	木	火
		서운할			
	龕	감실	22	木	木
		이길			

음		뜻	획수	발음 오행	자원 오행
갑	甲	갑옷	5	木	火
		껍질			
		첫째천간			
	匣	갑	7	木	木
		우리			
	岬	산기슭	8	木	土
	胛	어깨뼈	11	木	水
	鉀	갑옷	13	木	金
	閘	닫을	13	木	木
		수문			

음		뜻	획수	발음 오행	자원 오행
강	江	강	7	木	水
	杠	깃대	7	木	木
		다리			
	羌	굳셀	8	木	金
		빛날			
	岡	산등성이	8	木	土
	姜	강할	9	木	土
		성姓			
	舡	오나라배	9	木	木
	剛	굳셀	10	木	金
	崗	산등성이	11	木	土
	堈	언덕	11	木	土
	康	즐거울	11	木	木
		편안할			
	強	강할	12	木	金
	絳	진홍	12	木	木
	畺	지경	13	木	土
	降	내릴	14	木	土
		항복할			
	綱	벼리	14	木	木
	腔	속빌	14	木	水
	嫝	편안할	14	木	土
	慷	강개할	15	木	火
	鋼	강철	16	木	金
	彊	굳셀	16	木	金
	橿	감탕나무	17	木	木
	講	강론할	17	木	金
	糠	겨	17	木	木

		획수	발음 오행	자원 오행
襁	업을	17	木	木
薑	생강	19	木	木
疆	지경	19	木	土
	끝			
	한계			

음		뜻	획수	발음 오행	자원 오행
개	介	도울	4	木	火
		낄			
		클			
	价	착할	6	木	火
		클			
	改	고칠	7	木	金
	皆	모두	9	木	火
	疥	옴	9	木	水
	玠	큰홀	9	木	金
	芥	겨자	10	木	木
	個	낱	10	木	火
	豈	어찌	10	木	水
	開	열	12	木	火
		통할			
	凱	이길	12	木	木
	塏	높은땅	13	木	土
	愾	성낼	14	木	火
	愷	즐거울	14	木	火
	概	대개	15	木	木
	漑	물댈	15	木	水
		씻을			
	慨	분개할	15	木	火

		획수	발음 오행	자원 오행
蓋	덮을	16	木	木
鎧	갑옷	18	木	金

음		뜻	획수	발음 오행	자원 오행
객	客	나그네	9	木	木
	喀	기침할	12	木	水

음		뜻	획수	발음 오행	자원 오행
갱	坑	구덩이	7	木	土
	更	다시	7	木	金
	粳	메벼	13	木	木
	羹	국	19	木	土

음		뜻	획수	발음 오행	자원 오행
갹	醵	술잔치	20	木	金

음		뜻	획수	발음 오행	자원 오행
거	去	갈	5	木	水
	巨	많을	5	木	火
		클			
	車	수레	7	木	火
	居	살	8	木	木
	拒	막을	9	木	木
	炬	횃불	9	木	火
	倨	거만할	10	木	火
	祛	떨어없앨	10	木	木
	据	일할	12	木	木
	距	떨어질	12	木	土
	渠	개천	13	木	水

	음	뜻	획수	발음 오행	자원 오행
		클			
	鉅	클	13	木	金
	踞	걸터앉을	15	木	土
	鋸	톱	16	木	金
	據	의거할	17	木	木
	擧	들	18	木	土
	遽	갑자기	20	木	土

	음	뜻	획수	발음 오행	자원 오행
검	鈐	비녀장	12	木	金
	儉	검소할	15	木	火
	劍	칼	15	木	金
	黔	검을	16	木	水
	檢	검사할	17	木	木
	瞼	눈시울	18	木	木

	음	뜻	획수	발음 오행	자원 오행
건	巾	수건	3	木	木
	件	사건	6	木	火
		구별할			
	建	세울	9	木	木
	虔	정성	10	木	木
	健	건강할	11	木	火
	乾	괘이름	11	木	金
		하늘			
	楗	문빗장	13	木	木
	愆	허물	13	木	火
	腱	힘줄	15	木	木
	蹇	절	17	木	土
	鍵	열쇠	17	木	金
	騫	이지러질	20	木	火

	음	뜻	획수	발음 오행	자원 오행
게	偈	쉴	11	木	火
	揭	높이들	13	木	木
	憩	쉴	16	木	火

	음	뜻	획수	발음 오행	자원 오행
격	格	격식	10	木	木
	覡	박수	14	木	火
	膈	흉격	16	木	水
	檄	격문	17	木	木
		빼어날			
	激	물결이부딪칠	17	木	水
		빠를			
	擊	부딪칠	17	木	木
	隔	가슴	18	木	土

	음	뜻	획수	발음 오행	자원 오행
걸	乞	구걸할	3	木	木
	杰	뛰어날	8	木	木
	桀	사나울	11	木	木
	傑	준걸	12	木	火

	음	뜻	획수	발음 오행	자원 오행
견	犬	개	4	木	土
	見	볼	7	木	火
	肩	어깨	10	木	水
		이겨낼			

	堅	굳을	11	木	土
	牽	끌	11	木	土
	絹	비단	13	木	木
	甄	밝을	14	木	土
	遣	보낼	17	木	土
	鵑	두견새	18	木	火
	繭	누에고치	19	木	木
	譴	꾸짖을	21	木	金

	음	뜻	획수	발음 오행	자원 오행
결	決	결단할	8	木	水
		정할			
	抉	도려낼	8	木	木
	缺	이지러질	10	木	土
		이빠질			
	訣	이별할	11	木	金
		비결			
	結	맺을	12	木	木
		마칠			
	潔	맑을	16	木	水
		깨끗할			

	음	뜻	획수	발음 오행	자원 오행
겸	兼	겸할	10	木	金
		모을			
	鉗	재갈	13	木	金
	慊	앙심먹을	14	木	火
	箝	재갈	14	木	木
	謙	겸손할	17	木	金

	鎌	모서리	18	木	金

	음	뜻	획수	발음 오행	자원 오행
경	更	고칠	7	木	金
	冏	빛날	7	木	火
	庚	나이	8	木	金
		일곱째천간			
	坰	들	8	木	土
	炅	빛날	8	木	火
	京	서울	8	木	土
		클			
	俓	곧을	9	木	火
	勁	굳셀	9	木	金
	徑	곧을	10	木	火
		지름길			
	倞	굳셀	10	木	火
	勍	굳셀	10	木	金
	耕	밭갈	10	木	土
	耿	빛날	10	木	火
	竟	마침내	11	木	金
	梗	곧을	11	木	木
	頃	기울	11	木	火
		이랑			
	絅	바짝죌	11	木	木
	涇	통할	11	木	水
	硬	굳을	12	木	金
	卿	벼슬	12	木	木
	景	볕	12	木	火
	敬	공경할	13	木	金

한자	뜻	획수	발음 오행	자원 오행
傾	기울	13	木	火
經	날	13	木	木
脛	정강이	13	木	水
莖	줄기	13	木	木
輕	가벼울	14	木	火
境	경계 지경	14	木	土
逕	좁은 길 지름길	14	木	火
儆	경계할	15	木	火
慶	경사	15	木	火
熲	빛날	15	木	火
磬	경쇠	16	木	金
憬	깨달을	16	木	火
頸	목	16	木	火
暻	밝을	16	木	火
擎	높이들 받들	17	木	木
檠	등불 바로잡을	17	木	木
璟	옥빛	17	木	金
璥	옥이름	18	木	金
鏡	거울 살필	19	木	金
鯨	고래	19	木	水
鶊	꾀꼬리	19	木	火
競	겨룰	20	木	金
警	경계할	20	木	金
瓊	아름다운옥	20	木	金
驚	놀랄	23	木	火

음	한자	뜻	획수	발음 오행	자원 오행
계	系	이을	7	木	木
	戒	경계할 타이를	7	木	金
	季	막내	8	木	水
	届	이를	8	木	木
	癸	열째천간 헤아릴	9	木	水
	界	지경	9	木	土
	計	셀	9	木	金
	契	맺을 약속	9	木	木
	係	이을	9	木	火
	烓	환할	10	木	火
	桂	계수나무 성姓	10	木	木
	械	기계	11	木	木
	啓	열	11	木	水
	悸	가슴두근거릴	12	木	火
	棨	창	12	木	木
	溪	시내	14	木	水
	誡	경계할	14	木	火
	磎	시내	15	木	金
	稽	머무를	15	木	木
	階	섬돌	17	木	土
	谿	시내	17	木	水
	繫	맬	19	木	木

	한자	뜻	획수	발음 오행	자원 오행
	繼	이을	20	木	木
	鷄	닭	21	木	火

음	한자	뜻	획수	발음 오행	자원 오행
고	叩	두드릴	5	木	水
	古	옛	5	木	水
	尻	자리잡을	5	木	水
	告	알릴	7	木	水
	固	굳을	8	木	水
	杲	밝을	8	木	木
	考	상고할	8	木	土
	姑	시어미	8	木	土
	孤	외로울	8	木	水
	呱	울	8	木	水
	枯	마를	9	木	木
	故	옛	9	木	金
	沽	팔	9	木	水
	庫	창고	10	木	木
	股	넓적다리	10	木	水
	高	높을	10	木	火
	羔	새끼양	10	木	土
	拷	칠	10	木	木
	皐	느릴	11	木	水
		늪			
	苦	쓸	11	木	木
	菰	줄	11	木	木
	袴	바지	12	木	木
	雇	품을 팔	12	木	火
	辜	허물	12	木	金
	鼓	북	13	木	金
	賈	장사	13	木	金
	誥	고할	14	木	金
	敲	두드릴	14	木	金
	暠	흴	14	木	火
	稿	볏집	15	木	木
	錮	땜질할	16	木	金
	膏	살찔	16	木	水
	顧	돌아볼	21	木	火

음	한자	뜻	획수	발음 오행	자원 오행
곡	曲	굽을	6	木	土
	谷	골	7	木	水
	哭	울	10	木	水
	斛	열말들이	11	木	火
	穀	곡식	15	木	木
		기를			
	鵠	고니	18	木	火

음	한자	뜻	획수	발음 오행	자원 오행
곤	困	괴로울	7	木	水
	坤	땅	8	木	土
		이름			
	昆	맏	8	木	火
	袞	곤룡포	11	木	木
	梱	문지방	11	木	木
	崑	산이름	11	木	土
	琨	옥돌	13	木	金
	滾	흐를	15	木	水

음		뜻	획수	발음 오행	자원 오행
	鯤	곤이	19	木	水

음		뜻	획수	발음 오행	자원 오행
골	汨	빠질	8	木	水
	骨	뼈골	10	木	金
	滑	어지러울	14	木	水

음		뜻	획수	발음 오행	자원 오행
공	工	장인	3	木	火
	公	공평할	4	木	金
	孔	구멍	4	木	水
	功	클 공 일할	5	木	木
	共	함께	6	木	金
	攻	칠	7	木	金
	空	빌	8	木	水
	供	이바지할	8	木	火
	恭	공손할	10	木	火
	拱	껴안을	10	木	木
	恐	두려울	10	木	火
	貢	바칠	10	木	金
	珙	큰옥	11	木	金
	控	당길	12	木	木
	鞏	묶을	15	木	金

음		뜻	획수	발음 오행	자원 오행
과	戈	창	4	木	金
	瓜	오이	5	木	木
	果	열매	8	木	木
	科	과정	9	木	木
	誇	자랑할	13	木	金
	跨	타넘을	13	木	土
	菓	과일	14	木	木
	寡	적을	14	木	木
	課	매길	15	木	金
	過	지날	16	木	土
	顆	낟알	17	木	火
	鍋	노구솥	17	木	金

음		뜻	획수	발음 오행	자원 오행
곽	廓	둘레	14	木	木
	郭	바깥성	15	木	土
	藿	콩잎	22	木	木

음		뜻	획수	발음 오행	자원 오행
관	串	익힐	7	木	金
	官	벼슬	8	木	木
	冠	갓	9	木	木
	貫	꿸	11	木	金
	款	정성	12	木	金
	琯	옥피리	13	木	金
	管	피리	14	木	木
	菅	골풀	14	木	木
	慣	버릇	15	木	火
	寬	너그러울	15	木	木
	館	객사	17	木	水
	關	빗장	19	木	木

	음	뜻	획수	발음 오행	자원 오행
	灌	물댈	22	木	水
	瓘	옥이름	23	木	金
	罐	두레박	24	木	土
	觀	볼	25	木	火

	음	뜻	획수	발음 오행	자원 오행
괄	刮	깎을	8	木	金
	括	쌀	10	木	木
	恝	걱정없을	11	木	火
	适	빠를	13	木	土

	음	뜻	획수	발음 오행	자원 오행
광	匡	바를	6	木	土
	光	빛	6	木	火
	昖	비칠	8	木	火
	侊	클	8	木	火
	桄	광랑나무	10	木	木
	洸	물솟을	10	木	水
	珖	옥이름	11	木	金
	筐	광주리	12	木	木
	廣	넓을	15	木	木
	壙	광	18	木	土
	曠	밝을	19	木	火
	鑛	쇳돌	23	木	金

	음	뜻	획수	발음 오행	자원 오행
괘	卦	걸	8	木	木
	掛	걸	12	木	木
	罫	줄	14	木	木

	음	뜻	획수	발음 오행	자원 오행
괴	乖	어지러질	8	木	火
	怪	기이할	9	木	火
	拐	속일	9	木	木
	傀	클	12	木	火
	塊	덩어리	13	木	土
	愧	부끄러워할	14	木	火
	魁	으뜸	14	木	火
	槐	홰나무	14	木	木
	壞	무너질	19	木	土

	음	뜻	획수	발음 오행	자원 오행
굉	宏	클	7	木	木
	紘	갓끈	10	木	木
	肱	팔뚝	10	木	水
	轟	울릴	21	木	火

	음	뜻	획수	발음 오행	자원 오행
교	巧	공교로울	5	木	火
	交	사귈	6	木	火
	咬	새소리	9	木	水
	校	가르칠	10	木	木
		본받을			
		학교			
	敎	가르칠	11	木	金
	晈	달빛	11	木	金
	喬	높을	12	木	木
	郊	들	13	木	土
	較	비교할	13	木	火

		획수	발음오행	자원오행
僑	높을	14	木	火
餃	경단	15	木	水
嶠	뽀족하게높을	15	木	土
嬌	아리따울	15	木	土
橋	다리	16	木	木
矯	바로잡을	17	木	金
鮫	상어	17	木	水
膠	아교	17	木	水
翹	꼬리긴깃털	18	木	火
蕎	메밀	18	木	木
轎	가마	19	木	金
攪	어지러울	24	木	木

구

음	뜻	획수	발음 오행	자원 오행
九	아홉	2	木	水
久	오랠	3	木	水
口	입	3	木	水
勾	굽을	4	木	水
句	글귀	5	木	水
丘	언덕	5	木	土
臼	절구	6	木	土
求	구할	7	木	水
究	궁구할	7	木	水
灸	뜸	7	木	火
具	갖출	8	木	金
	성姓			
坵	언덕	8	木	土
玖	옥돌	8	木	金
狗	개	9	木	土
拘	거리낄	9	木	木
垢	때	9	木	土
枸	호깨나무	9	木	木
矩	법	10	木	金
俱	함께	10	木	火
區	구역	11	木	土
毬	공	11	木	火
救	구원할	11	木	金
苟	진실로	11	木	木
球	구슬	12	木	金
邱	언덕	12	木	土
鉤	갈고랑이	13	木	金
絿	구할	13	木	木
	급박할			
鳩	모을	13	木	火
	비둘기			
舅	시아비	13	木	土
溝	도랑	14	木	水
廐	마구간	14	木	木
駒	망아지	14	木	火
	젊은이			
嶇	산험준할	14	木	土
構	얽을	14	木	木
逑	짝	14	木	土
銶	끌	15	木	金
龜	거북	16	木	水
購	살	17	木	金
謳	노래할	18	木	金
軀	몸	18	木	土

		획수	발음 오행	자원 오행
瞿	볼	18	木	木
舊	옛적	18	木	土
驅	몰	21	木	火
鷗	갈매기	22	木	火
懼	두려워할	22	木	火
衢	네거리	24	木	火

음		뜻	획수	발음 오행	자원 오행
국	國	나라	7	木	水
	局	판	7	木	木
	菊	국화	14	木	木
	鞠	기를	17	木	金
	鞫	공	18	木	金

음		뜻	획수	발음 오행	자원 오행
군	君	임금	7	木	水
	軍	군사	9	木	火
	群	무리	13	木	土
	郡	고을	14	木	土

음		뜻	획수	발음 오행	자원 오행
굴	屈	굽을	8	木	土
	堀	굴	11	木	土
	掘	팔	12	木	木
	窟	굴	13	木	水

음		뜻	획수	발음 오행	자원 오행
궁	弓	활	3	木	火
		성姓			
	穹	하늘	8	木	水
	芎	궁궁이	9	木	木
	宮	집	10	木	木
	躬	몸소	10	木	水
	窮	궁할	15	木	水

음		뜻	획수	발음 오행	자원 오행
권	券	문서	8	木	金
	卷	책	8	木	木
	拳	주먹	10	木	木
	眷	돌아볼	11	木	木
	圈	우리	11	木	水
	捲	걷을	12	木	木
	淃	물돌아흐를	12	木	水
	勸	권할	20	木	土
	權	권세	22	木	木
		성姓			

음		뜻	획수	발음 오행	자원 오행
궐	厥	그	12	木	土
	蕨	고사리	18	木	木
	闕	대궐	18	木	木
	蹶	쓰러질	19	木	土

음		뜻	획수	발음 오행	자원 오행
궤	机	책상	6	木	木
	軌	길	9	木	火
	潰	무너질	16	木	水
	櫃	함	18	木	木

음		뜻	획수	발음 오행	자원 오행
	饋	먹일	21	木	水

음		뜻	획수	발음 오행	자원 오행
귀	貴	귀할	12	木	金
	晷	그림자	12	木	火
	龜	거북	16	木	水
	歸	돌아갈	18	木	土

음		뜻	획수	발음 오행	자원 오행
규	叫	부르짖을	5	木	水
	圭	홀	6	木	土
	糾	꼴	8	木	木
	奎	별이름	9	木	土
	赳	용맹스러울	9	木	土
	規	법	11	木	火
	珪	서옥	11	木	金
	硅	흙	11	木	金
	邽	고을이름	13	木	土
	揆	헤아릴	13	木	木
	槻	가는허리	14	木	木
	閨	안방	14	木	木
	槻	물푸레나무	15	木	木
	逵	큰길	15	木	土
	葵	해바라기	15	木	木
	窺	엿볼	16	木	水
	竅	구멍	18	木	水

음		뜻	획수	발음 오행	자원 오행
균	勻	적을	4	木	金
	均	고를	7	木	土
	畇	밭일굴	9	木	土
	鈞	고를	12	木	金
	筠	대나무	13	木	木
	菌	버섯	14	木	木

음		뜻	획수	발음 오행	자원 오행
귤	橘	귤나무	16	木	木

음		뜻	획수	발음 오행	자원 오행
극	克	이길	7	木	木
	剋	이길	9	木	金
	棘	멧대추나무	12	木	木
	戟	창	12	木	金
	極	지극할	13	木	木
	劇	심할	15	木	金
	隙	틈	18	木	土

음		뜻	획수	발음 오행	자원 오행
근	斤	도끼	4	木	金
	劤	강할	6	木	金
	芹	미나리	10	木	木
	根	뿌리	10	木	木
	近	가까울	11	木	土
	筋	힘줄	12	木	木
	僅	겨우	13	木	火
	墐	매흙질할	13	木	土
	勤	부지런할	13	木	土
	菫	제비꽃	14	木	木

음		뜻	획수	발음 오행	자원 오행
	堇	진흙	14	木	土
	漌	맑을	15	木	水
	槿	무궁화나무	15	木	木
	瑾	아름다운옥	16	木	金
	懃	은근할	17	木	火
	覲	보일	18	木	火
	謹	삼갈	18	木	金
	饉	흉년들	20	木	水

음		뜻	획수	발음 오행	자원 오행
글	契	부족이름	9	木	木

음		뜻	획수	발음 오행	자원 오행
금	今	이제	4	木	火
	昑	밝을	8	木	火
	金	쇠	8	木	金
	衾	이불	10	木	木
	芩	풀이름	10	木	木
	琴	거문고	13	木	金
	禁	금할	13	木	木
	錦	비단	16	木	金
	檎	능금나무	17	木	木
	擒	사로잡을	17	木	木
	襟	옷깃	19	木	木

음		뜻	획수	발음 오행	자원 오행
급	及	미칠	4	木	水
	汲	물길을	8	木	水
	扱	미칠	8	木	木
	急	급할	9	木	火
	級	등급	10	木	水
	給	줄	12	木	木

음		뜻	획수	발음 오행	자원 오행
긍	亘	뻗칠	6	木	火
	矜	자랑할	9	木	金
	肯	즐길	10	木	水
	兢	삼갈	14	木	水

음		뜻	획수	발음 오행	자원 오행
기	己	몸	3	木	土
	企	꾀할	6	木	火
	伎	재주	6	木	火
	岐	갈림길	7	木	土
	杞	구기자	7	木	木
	忌	꺼릴	7	木	火
	圻	지경	7	木	土
	其	그	8	木	金
	奇	기이할	8	木	土
	沂	물이름	8	木	水
	祁	성할	8	木	木
	技	재주	8	木	土
	玘	패옥	8	木	金
	紀	규율	9	木	木
	祈	빌	9	木	木
	祇	토지의신	9	木	水
	氣	기운	10	木	水
	豈	어찌	10	木	水

	한자	뜻	획수	발음오행	자원오행
	起	일어날	10	木	火
	記	적을	10	木	金
	寄	부칠	11	木	木
	埼	언덕머리	11	木	土
	旣	이미	11	木	水
	基	터	11	木	土
	崎	험할	11	木	土
	棋	바둑	12	木	木
	期	기약할	12	木	水
	琪	옥	12	木	金
	朞	1주년	12	木	水
	幾	기미	12	木	火
	淇	강이름	12	木	水
	祺	복	13	木	木
	琦	옥이름	13	木	金
	嗜	즐길	13	木	水
	暣	볕기운	14	木	火
	綺	비단	14	木	木
	旗	표지	14	木	木
	畿	경기	15	木	土
	器	그릇	16	木	水
	冀	바랄	16	木	土
	機	베틀	16	木	木
	璂	옥꾸미개	16	木	金
	璣	구슬	17	木	金
	磯	물가	17	木	金
	騎	말탈	18	木	火
	耭	밭갈	18	木	木
	譏	나무랄	19	木	金
	夔	조심할	20	木	土
	饑	주릴	21	木	水
	驥	천리마	27	木	火

음	한자	뜻	획수	발음오행	자원오행
긴	緊	긴요할	14	木	木

음	한자	뜻	획수	발음오행	자원오행
길	吉	길할	6	木	水
	佶	건장할	8	木	火
	姞	삼갈	9	木	土
	桔	도라지	10	木	木
	拮	일할	10	木	木

음	한자	뜻	획수	발음오행	자원오행
김	金	쇠	8	木	金
		성姓			

음	한자	뜻	획수	발음오행	자원오행
나	奈	어찌	8	火	火
	拏	잡을	9	火	木
	娜	아름다울	10	火	土
	拿	붙잡을	10	火	木
	那	어찌	11	火	土

음	한자	뜻	획수	발음오행	자원오행
낙	諾	대답할	16	火	金

음		뜻	획수	발음 오행	자원 오행
난	暖	따뜻할	13	火	火
	煖	따뜻할	13	火	火
	難	어려울	19	火	火

음		뜻	획수	발음 오행	자원 오행
날	捏	이길	11	火	木
	捺	누를	12	火	木

음		뜻	획수	발음 오행	자원 오행
남	男	사내	7	火	土
	枏	녹나무	8	火	木
	南	남녘	9	火	火
		성姓			
	楠	녹나무	13	火	木
	湳	물이름	13	火	水

음		뜻	획수	발음 오행	자원 오행
납	衲	기울	10	火	木
	納	들일	10	火	木

음		뜻	획수	발음 오행	자원 오행
낭	娘	아가씨	10	火	土
	囊	주머니	22	火	水

음		뜻	획수	발음 오행	자원 오행
내	乃	이에	2	火	金
	內	안	4	火	木
	奈	어찌	8	火	火
	耐	견딜	9	火	水
	柰	능금	9	火	木

음		뜻	획수	발음 오행	자원 오행
녀	女	계집	3	火	土

음		뜻	획수	발음 오행	자원 오행
년	年	해	6	火	木
	撚	비틀	16	火	木

음		뜻	획수	발음 오행	자원 오행
념	念	생각	8	火	火
	拈	집을	9	火	木
	恬	편안할	10	火	火
	捻	비틀	12	火	木

음		뜻	획수	발음 오행	자원 오행
녕	寗	차라리	13	火	火
	寧	편안할	14	火	火

음		뜻	획수	발음 오행	자원 오행
노	奴	종	5	火	土
	努	힘쓸	7	火	土
	弩	쇠뇌	8	火	火
	怒	성낼	9	火	火
	瑙	마노	14	火	金

음		뜻	획수	발음 오행	자원 오행
농	農	농사	13	火	土

이름자로 쓰는 한자보기

| | | 濃 | 짙을 | 17 | 火 | 水 |

음		뜻	획수	발음 오행	자원 오행
눈	嫩	어릴	14	火	土

음		뜻	획수	발음 오행	자원 오행
뉴	杻	감탕나무	8	火	木
	紐	맬	10	火	木

음		뜻	획수	발음 오행	자원 오행
능	能	능할	12	火	水

음		뜻	획수	발음 오행	자원 오행
니	尼	여승	5	火	水
	泥	진흙	9	火	水
	柅	무성할	9	火	木
	濔	많을	18	火	水
	膩	미끄러울	18	火	水

음		뜻	획수	발음 오행	자원 오행
다	多	많을	6	火	水
	爹	아비	10	火	木
	茶	차	12	火	木

음		뜻	획수	발음 오행	자원 오행
단	丹	붉을	4	火	火
	旦	아침	5	火	火
	但	다만	7	火	火
	段	층계	9	火	金
	彖	단	10	火	火
	蛋	새알	11	火	水
	短	짧을	12	火	金
	單	홑	12	火	金
	亶	믿음	13	火	土
	煓	불꽃성할	13	火	火
	湍	여울	13	火	水
	團	둥글	14	火	水
	端	바를	14	火	金
	緞	비단	15	火	木
	壇	제단	16	火	土
	鍛	단련할	17	火	金
	檀	박달나무	17	火	木
	斷	끊을	18	火	金

음		뜻	획수	발음 오행	자원 오행
달	達	통달할	16	火	土

음		뜻	획수	발음 오행	자원 오행
담	坍	무너질	7	火	土
	倓	편안할	10	火	火
	淡	묽을	12	火	水
	覃	미칠	12	火	金
	湛	즐길	13	火	水
	談	말씀	15	火	金
	潭	못	16	火	水
	錟	창	16	火	金
	曇	흐릴	16	火	火
	澹	담박할	17	火	水

擔	멜	17	火	木
憺	편안할	17	火	火
蕁	지모	18	火	木
膽	쓸개	19	火	水
譚	클	19	火	金

답

음	뜻	획수	발음 오행	자원 오행
沓	유창할	8	火	水
畓	논	9	火	土
答	대답할	12	火	木
踏	밟을	15	火	土
遝	뒤섞일	17	火	土

당

음	뜻	획수	발음 오행	자원 오행
唐	당나라	10	火	水
堂	집	11	火	土
當	마땅할	13	火	土
塘	못	13	火	土
幢	기	15	火	木
糖	사탕	16	火	木
撞	칠	16	火	木
黨	무리	20	火	水

대

음	뜻	획수	발음 오행	자원 오행
大	큰	3	火	木
代	대신할	5	火	火
昊	햇빛	7	火	火
岱	대산	8	火	土
垈	터	8	火	土
待	기다릴	9	火	火
坮	대	9	火	土
玳	대모	10	火	金
帶	띠	11	火	木
袋	자루	11	火	木
貸	빌릴	12	火	金
臺	누각	14	火	土
對	대답할	14	火	木
隊	떼	17	火	土
擡	들	18	火	木
戴	받을	18	火	金

덕

음	뜻	획수	발음 오행	자원 오행
德	큰	15	火	火

도

음	뜻	획수	발음 오행	자원 오행
刀	칼	2	火	金
到	이를	8	火	金
度	법도	9	火	木
倒	넘어질	10	火	火
挑	돋울	10	火	木
徒	무리	10	火	火
桃	복숭아	10	火	木
島	섬	10	火	土
淘	쌀일	11	火	水
盜	도적	12	火	金
棹	노	12	火	木
渡	건널	13	火	水
逃	달아날	13	火	土

		획수	발음 오행	자원 오행
跳	뛸	13	火	土
塗	마를	13	火	土
圖	그림	14	火	水
途	길	14	火	土
滔	물넘칠	14	火	水
睹	볼	14	火	木
搗	찧을	14	火	木
萄	포도나무	14	火	木
稻	벼	15	火	木
道	길	16	火	土
賭	내기	16	火	金
都	도읍	16	火	土
覩	볼	16	火	火
導	이끌	16	火	木
陶	질그릇	16	火	土
鍍	도금할	17	火	金
蹈	밟을	17	火	土
濤	물결	18	火	水
燾	비칠	18	火	火
禱	빌	19	火	木

음	뜻	획수	발음 오행	자원 오행
독 毒	독	8	火	土
督	감독할	13	火	木
篤	두터울	16	火	木
獨	홀로	17	火	土
讀	읽을	22	火	金

음	뜻	획수	발음 오행	자원 오행
돈 旽	밝을	8	火	火
沌	어두울	8	火	水
豚	돼지	11	火	水
敦	도타울	12	火	金
惇	도타울	12	火	金
頓	조아릴	13	火	火
墩	돈대	15	火	土
燉	불빛	16	火	火
暾	아침해	16	火	火

음	뜻	획수	발음 오행	자원 오행
돌 乭	이름	6	火	金
突	갑자기	9	火	水

음	뜻	획수	발음 오행	자원 오행
동 冬	겨울	5	火	水
同	한가지	6	火	水
彤	붉을	7	火	火
東	동녘	8	火	木
垌	항아리	9	火	土
烔	뜨거운모양	10	火	火
洞	마을	10	火	水
疼	아플	10	火	水
凍	얼	10	火	水
桐	오동나무	10	火	木
動	움직일	11	火	水
棟	마룻대	12	火	木
童	아이	12	火	金

음	뜻	획수	발음 오행	자원 오행
銅	구리	14	火	金
蝀	무지개	14	火	水
董	바로잡을	15	火	木
潼	강이름	16	火	水
膧	달뜰	16	火	水
憧	마음동할	16	火	水
瞳	눈동자	17	火	木

음	뜻	획수	발음 오행	자원 오행
두				
斗	말	4	火	火
豆	콩	7	火	木
杜	막을, 팥배나무	7	火	木
枓	주두	8	火	木
荳	콩	13	火	木
逗	머무를	14	火	土
頭	머리	16	火	火
竇	구멍	20	火	水
讀	구절	22	火	金

음	뜻	획수	발음 오행	자원 오행
둔				
屯	진칠	4	火	木
芚	채소이름	10	火	木
鈍	둔할	12	火	金
遁	달아날	16	火	土
遯	도망할	18	火	土
臀	볼기	19	火	水

음	뜻	획수	발음 오행	자원 오행
득				
得	얻을	11	火	火

음	뜻	획수	발음 오행	자원 오행
등				
等	무리	12	火	木
登	오를	12	火	火
嶝	비탈	15	火	土
橙	등자나무	16	火	木
燈	등잔	16	火	火
謄	베낄	17	火	金
鄧	등나라	19	火	土
騰	오를	20	火	火
藤	등나무	21	火	木

음	뜻	획수	발음 오행	자원 오행
라				
剆	칠	9	火	金
摞	정돈할	15	火	木
螺	소라	17	火	水
覶	자세할	19	火	火
羅	새그물, 성姓	20	火	木
邏	순행할	27	火	土

음	뜻	획수	발음 오행	자원 오행
락				
洛	강이름	10	火	水
烙	지질	10	火	火
珞	구슬목걸이	11	火	金
絡	맥	12	火	木
酪	타락	13	火	金

음	뜻	획수	발음 오행	자원 오행
落	떨어질	15	火	木
樂	즐길	15	火	木

음		뜻	획수	발음 오행	자원 오행
란	丹	붉을	4	火	火
	卵	알	7	火	水
	亂	어지러울	13	火	木
	欄	난간	21	火	木
	爛	빛날	21	火	火
	瓓	옥광채	21	火	金
	瀾	큰물결	21	火	水
	欒	나무이름	23	火	木
	蘭	난초	23	火	木
	鸞	난새	30	火	火

음		뜻	획수	발음 오행	자원 오행
랄	剌	어지러질	9	火	金
	辣	매울	14	火	金

음		뜻	획수	발음 오행	자원 오행
람	婪	예쁜모양	11	火	火
	嵐	산이름	12	火	土
	濫	넘칠	18	火	水
	擥	잡을	18	火	水
	藍	쪽	20	火	木
	覽	볼	21	火	火
	攬	잡을	24	火	木
	欖	감람나무	25	火	木
	纜	닻줄	27	火	木

음		뜻	획수	발음 오행	자원 오행
랍	拉	꺾을	9	火	木
	臘	납향	19	火	水
	蠟	밀랍	21	火	水

음		뜻	획수	발음 오행	자원 오행
랑	浪	물결	11	火	水
	朗	밝을	11	火	水
	烺	빛밝을	11	火	火
	狼	이리	11	火	土
	琅	옥이름	12	火	金
	廊	행랑	13	火	木
	郎	사내	14	火	土
	瑯	옥이름	15	火	金

음		뜻	획수	발음 오행	자원 오행
래	來	올	8	火	火
	徠	올	11	火	火
		위로할			
	崍	산이름	11	火	土
	萊	명아주	14	火	木

음		뜻	획수	발음 오행	자원 오행
랭	冷	찰	7	火	水

음		뜻	획수	발음 오행	자원 오행
략	略	간략할	11	火	土
	掠	노략질할	12	火	木

음		뜻	획수	발음 오행	자원 오행
량	良	어질	7	火	土
	兩	두	8	火	土
	亮	밝을	9	火	火
	倆	재주	10	火	火
	梁	들보	11	火	木
	涼	서늘할	12	火	水
	量	헤아릴	12	火	火
	粮	곡식	13	火	木
	粱	기장	13	火	木
	樑	대들보	15	火	木
	諒	믿을	15	火	金
	輛	수레	15	火	火
	糧	양식	18	火	木

음		뜻	획수	발음 오행	자원 오행
려	呂	음률	7	火	水
	戾	어그러질	8	火	金
	侶	짝	9	火	火
	旅	나그네	10	火	土
	黎	검을	15	火	木
	慮	생각할	15	火	火
	閭	이문	15	火	木
	勵	힘쓸	17	火	土
	濾	거를	19	火	水
	麗	고울	19	火	土
	欐	종려나무	19	火	木
	廬	주막	19	火	木
	礪	거친숫돌	20	火	金

	蠣	굴	21	火	水
	儷	나란히할	21	火	火
	驢	나귀	26	火	火
	驪	가라말	29	火	火
		검을			

음		뜻	획수	발음 오행	자원 오행
력	力	힘	2	火	土
	歷	지낼	16	火	土
	曆	책력	16	火	火
	瀝	스밀	20	火	水
	礫	자갈	20	火	金
	轢	수레바퀴	22	火	火
	靂	벼락	24	火	水

음		뜻	획수	발음 오행	자원 오행
련	煉	쇠불릴	13	火	火
	連	연할	14	火	土
	練	익힐	14	火	木
	漣	물놀이	15	火	水
	輦	손수레	15	火	火
	憐	불쌍히여길	16	火	火
	璉	호련	16	火	金
	鍊	단련할	17	火	金
	蓮	연밥	17	火	木
	聯	잇닿을	17	火	火
	變	아름다울	22	火	土
	攣	걸릴	23	火	木
	戀	사모할	23	火	火

음		뜻	획수	발음 오행	자원 오행
렬	劣	못할	6	火	土
	列	벌어질	6	火	金
	洌	맑을	10	火	水
	烈	매울	10	火	火
	裂	찢어질	12	火	木

음		뜻	획수	발음 오행	자원 오행
렴	廉	청렴할	13	火	木
	斂	거둘	17	火	金
	濂	엷을	17	火	水
	簾	발	19	火	木

음		뜻	획수	발음 오행	자원 오행
렵	獵	사냥할	19	火	土

음		뜻	획수	발음 오행	자원 오행
령	令	시킬	5	火	火
	伶	영리할	7	火	火
	岺	산이름	8	火	土
	姈	슬기로운여자	8	火	土
	怜	영리할	8	火	火
	泠	깨우칠	9	火	水
	昤	날빛이영롱할	9	火	火
	玲	옥소리	10	火	金
	翎	깃	11	火	火
	聆	들을	11	火	火
	羚	큰양	11	火	土
	鈴	방울	13	火	金

음		뜻	획수	발음 오행	자원 오행
	零	조용히오는비	13	火	水
	逞	굳셀	14	火	土
	領	다스릴	14	火	火
	澪	강이름	17	火	水
	嶺	고개	17	火	土
	齡	나이	20	火	金
	靈	신령	24	火	水

음		뜻	획수	발음 오행	자원 오행
례	例	법식	8	火	火
	澧	물이름	17	火	水
	禮	예도	18	火	木

음		뜻	획수	발음 오행	자원 오행
로	老	늙을	6	火	土
	虜	사로잡을	12	火	木
	勞	수고로울	12	火	火
	路	길	13	火	土
	潞	강이름	16	火	水
	撈	건져낼	16	火	木
	盧	밥그릇	16	火	水
	擄	사로잡을	17	火	木
	櫓	노	19	火	木
	嚧	웃을	19	火	木
	瀘	물이름	20	火	水
	露	이슬	20	火	水
	爐	화로	20	火	火
	蘆	갈대	22	火	木
	鷺	해오라기	23	火	火

음		뜻	획수	발음 오행	자원 오행
록	彔	나무새길	8	火	火
	鹿	사슴	11	火	土
	碌	돌모양	13	火	金
	祿	복	13	火	木
	菉	조개풀	14	火	木
	綠	초록빛	14	火	木
	錄	기록할	16	火	金
	麓	산기슭	19	火	土

음		뜻	획수	발음 오행	자원 오행
론	論	논의할	15	火	金

음		뜻	획수	발음 오행	자원 오행
롱	弄	희롱할	7	火	金
	瀧	젖을	20	火	水
	朧	흐릿할	20	火	水
	瓏	옥소리	21	火	金
	籠	대그릇	22	火	木

음		뜻	획수	발음 오행	자원 오행
뢰	雷	우레	13	火	水
	磊	줄	15	火	金
	賴	힘입을	16	火	金
	瀨	여울	20	火	水

음		뜻	획수	발음 오행	자원 오행
료	了	마칠	2	火	金
	料	헤아릴	10	火	火
	聊	힘입을	11	火	火
	僚	동료	14	火	火
	瞭	눈밝을	17	火	木
	燎	밝을	17	火	火
	療	병고칠	17	火	水
	遼	멀	19	火	土

음		뜻	획수	발음 오행	자원 오행
룡	龍	용	16	火	土

음		뜻	획수	발음 오행	자원 오행
루	累	묶을 여러	11	火	木
	婁	별이름	11	火	土
	淚	눈물	12	火	水
	屢	여러	14	火	水
	樓	다락	15	火	木
	漏	샐	15	火	水
	縷	실	17	火	木
	蔞	쑥	17	火	木
	褸	옷해질	17	火	木
	壘	집터토석	18	火	土
	鏤	새길	19	火	金

음		뜻	획수	발음 오행	자원 오행
류	柳	버들	9	火	木
	留	머무를	10	火	土
	流	흐를	11	火	水
	琉	유리	12	火	金

	음	뜻	획수	발음 오행	자원 오행
	硫	유황	12	火	金
	旒	깃발	13	火	金
	溜	방울져떨어질	14	火	水
	榴	석류	14	火	木
	瑠	유리	14	火	金
	劉	이길	15	火	金
	謬	어긋날	18	火	金
	瀏	물맑을	19	火	水
	類	무리	19	火	火

	음	뜻	획수	발음 오행	자원 오행
륙	六	여섯	6	火	土
	陸	육지	16	火	土

	음	뜻	획수	발음 오행	자원 오행
륜	侖	조리세울	8	火	火
	倫	인륜	10	火	火
	崙	산이름	11	火	土
	淪	잠길	12	火	水
	綸	실	14	火	木
	輪	바퀴	15	火	火
	錀	금	16	火	金

	음	뜻	획수	발음 오행	자원 오행
률	律	법	9	火	火
	栗	밤	10	火	木
	率	비율	11	火	火
	嵂	가파를	12	火	土
	慄	두려워할	14	火	火

	음	뜻	획수	발음 오행	자원 오행
륭	隆	클	17	火	土

	음	뜻	획수	발음 오행	자원 오행
륵	肋	갈빗대	8	火	水
	勒	굴레	11	火	金

	음	뜻	획수	발음 오행	자원 오행
름	廩	곳집	16	火	木
	凜	찰	17	火	水

	음	뜻	획수	발음 오행	자원 오행
릉	楞	네모질	13	火	木
	稜	서슬	13	火	木
	菱	마름	14	火	木
	綾	비단	14	火	木
	陵	높을	16	火	土

	음	뜻	획수	발음 오행	자원 오행
리	吏	관리	6	火	水
	里	마을	7	火	土
	李	오얏	7	火	木
	利	이로울	7	火	金
	俐	영리할	9	火	火
	唎	가는소리	10	火	水
	浬	다다를	11	火	水
	梨	배나무	11	火	木
	离	산신	11	火	火
		흩어질			

음		뜻	획수	발음 오행	자원 오행
리	悧	영리할	11	火	火
	浬	해리	11	火	水
	理	다스릴	12	火	金
	莉	말리꽃	13	火	木
	裏	속	13	火	木
	履	가죽신	15	火	木
	璃	유리	16	火	金
	釐	다스릴	18	火	土
	鯉	잉어	18	火	水
	離	떼놓을	19	火	火
	籬	울타리	25	火	木

음		뜻	획수	발음 오행	자원 오행
린	吝	아낄	7	火	水
	鄰	이웃	15	火	土
	潾	물맑을	16	火	水
	燐	반딧불	16	火	火
	璘	옥빛	17	火	金
	隣	이웃	20	火	土
	麟	기린	23	火	土
	鱗	비늘	23	火	水

음		뜻	획수	발음 오행	자원 오행
림	林	수풀	8	火	木
	棽	무성할	12	火	火
	淋	물뿌릴	12	火	水
	琳	아름다운옥	13	火	金
	霖	장마	16	火	水
	臨	임할	17	火	火

음		뜻	획수	발음 오행	자원 오행
립	立	설	5	火	金
	笠	삿갓	11	火	木
	粒	낟알	11	火	木

음		뜻	획수	발음 오행	자원 오행
마	馬	말	10	水	火
	麻	삼	11	水	木
	摩	갈	15	水	金
	瑪	마노	15	水	金
	磨	갈	16	水	金

음		뜻	획수	발음 오행	자원 오행
막	莫	없을	13	水	木
	幕	장막	14	水	木
	寞	적막할	14	水	木
	漠	사막	15	水	水
	邈	멀	21	水	土

음		뜻	획수	발음 오행	자원 오행
만	万	일만	3	水	木
	卍	만자	6	水	火
	晚	늦을	11	水	火
	滿	가득할	15	水	水
	萬	일만	15	水	木
	蔓	덩굴	17	水	木
	彎	굽을	22	水	火
	巒	산봉우리	22	水	土
	灣	물굽이	26	水	水

음		뜻	획수	발음 오행	자원 오행
말	末	끝	5	水	木
	沫	거품	9	水	水
	抹	바를	9	水	木
	秣	끝	10	水	水
	茉	말리꽃	11	水	木
	靺	버선	14	水	金
	襪	버선	20	水	木

음		뜻	획수	발음 오행	자원 오행
망	忙	바쁠	7	水	火
	忘	잊을	8	水	火
	望	바랄	11	水	水
	茫	아득할	12	水	木
	莽	풀우거질	12	水	木
	網	그물	14	水	木
	輞	바퀴테	15	水	火

음		뜻	획수	발음 오행	자원 오행
매	每	매양	7	水	土
	妹	손아래누이	8	水	土
	枚	줄기	8	水	木
	昧	새벽	9	水	火
	埋	묻을	10	水	土
	梅	매화	11	水	木
	買	살	12	水	金
	媒	중매	12	水	土
	煤	그을음	14	水	火
	罵	꾸짖을	15	水	火

음		뜻	획수	발음 오행	자원 오행
	賣	팔	15	水	金
	邁	멀리갈	20	水	土

음		뜻	획수	발음 오행	자원 오행
맥	麥	보리	11	水	木
	脈	맥	12	水	水
	陌	두렁	14	水	土
	驀	말탈	21	水	火

음		뜻	획수	발음 오행	자원 오행
맹	孟	맏	8	水	水
	氓	백성	8	水	火
	猛	날랠	12	水	土
		엄할			
	盟	맹세	13	水	土
	萌	싹	14	水	木

음		뜻	획수	발음 오행	자원 오행
멱	覓	찾을	11	水	火
	冪	덮을	16	水	土

음		뜻	획수	발음 오행	자원 오행
면	免	면할	7	水	木
	沔	물흐를	8	水	水
	面	얼굴	9	水	火
	勉	힘쓸	9	水	金
	眠	잘	10	水	木
	冕	면류관	11	水	木
	棉	목화	12	水	木

綿	솜	14	水	木
緬	가는실	15	水	木
麵	밀가루	20	水	木

명	음	뜻	획수	발음 오행	자원 오행
	皿	그릇	5	水	金
	名	이름	6	水	水
	命	목숨	8	水	水
	明	밝을	8	水	火
	冥	어두울	10	水	木
	茗	차싹	12	水	木
	鳴	울	14	水	火
	溟	바다	14	水	水
	暝	저녁	14	水	火
	瞑	눈감을	15	水	火

예	음	뜻	획수	발음 오행	자원 오행
	袂	소매	9	水	木

모	음	뜻	획수	발음 오행	자원 오행
	毛	털	4	水	火
	母	어미	5	水	土
	矛	창	5	水	金
	牟	보리	6	水	土
	牡	수컷	7	水	土
	冒	무릅쓸	9	水	水
	某	아무	9	水	木
	耗	감할	10	水	木
	芼	나물	10	水	木

眸	눈동자	11	水	木
帽	모자	12	水	木
募	모을	13	水	土
貌	모양	14	水	水
瑁	서옥	14	水	金
模	법	15	水	木
摹	베낄	15	水	木
摸	본뜰	15	水	木
慕	사모할	15	水	火
暮	저물	15	水	火
謀	꾀할	16	水	金
謨	꾀	18	水	金

목	음	뜻	획수	발음 오행	자원 오행
	木	나무	4	水	木
	目	눈	5	水	木
	牧	기를	8	水	土
	沐	목욕할	8	水	水
	睦	화목할	13	水	木
	穆	화목할	16	水	木

몽	음	뜻	획수	발음 오행	자원 오행
	夢	꿈	14	水	木
	蒙	어릴	16	水	木
	朦	풍부할	18	水	水

묘	음	뜻	획수	발음 오행	자원 오행
	卯	무성할	5	水	木
		토끼			

음	뜻	획수	발음 오행	자원 오행
妙	묘할	7	水	土
杳	어두울	8	水	木
玅	땅이름	9	水	金
昴	별자리이름	9	水	火
苗	싹	11	水	木
猫	고양이	12	水	土
描	그릴	13	水	木
渺	아득할	13	水	水
廟	사당	15	水	木
錨	닻	17	水	金

음	뜻	획수	발음 오행	자원 오행
무				
毋	말	4	水	土
戊	다섯째천간	5	水	土
武	건강할	8	水	土
拇	엄지손가락	9	水	木
畝	밭이랑	10	水	土
茂	무성할	11	水	木
務	힘쓸	11	水	土
貿	바꿀	12	水	金
無	없을	12	水	火
珷	옥돌	12	水	金
楙	모과나무	13	水	木
誣	무고할	14	水	金
舞	춤출	14	水	木
憮	예쁠	15	水	火
撫	어루만질	16	水	木
懋	힘쓸	17	水	火
蕪	거칠어질	18	水	木

음	뜻	획수	발음 오행	자원 오행
鵡	앵무새	18	水	火
霧	안개	19	水	水

음	뜻	획수	발음 오행	자원 오행
묵				
墨	먹	15	水	土
默	말없을	16	水	水

음	뜻	획수	발음 오행	자원 오행
문				
文	글월	4	水	木
門	문	8	水	木
汶	물이름	8	水	水
紋	무늬	10	水	木
們	무리	10	水	火
紊	얽힐	10	水	木
問	물을	11	水	水
聞	들을	14	水	火

음	뜻	획수	발음 오행	자원 오행
물				
勿	말	4	水	金
	없을			
物	만물	8	水	土
沕	아득할	8	水	水

음	뜻	획수	발음 오행	자원 오행
미				
未	아닐	5	水	木
米	쌀	6	水	木
尾	꼬리	7	水	水
味	맛	8	水	水
眉	눈썹	9	水	木

美	아름다울	9	水	土
梶	나무끝	11	水	木
嵋	산이름	12	水	土
媚	아첨할	12	水	土
楣	문미	13	水	木
湄	물가	13	水	水
渼	물결무늬	13	水	水
迷	미혹할	13	水	土
微	작을	13	水	火
彌	널리 두루	17	水	金
謎	수수께끼	17	水	金
靡	얽힐	19	水	水
薇	장미	19	水	木

음	뜻	획수	발음 오행	자원 오행
민				
民	백성	5	水	火
岷	산이름	8	水	土
旼	온화할	8	水	火
旻	하늘	8	水	火
玟	옥돌	9	水	金
珉	옥돌	10	水	金
敏	민첩할	11	水	金
閔	위문할	12	水	木
緡	낚싯줄	15	水	木
憫	총명할	15	水	火

음	뜻	획수	발음 오행	자원 오행
밀				
密	빽빽할	11	水	木
蜜	꿀	14	水	水
謐	고요할	17	水	金

음	뜻	획수	발음 오행	자원 오행
박				
朴	순박할	6	水	木
泊	묵을 배댈	9	水	水
拍	손뼉칠	9	水	木
剝	벗길	10	水	金
珀	호박	10	水	金
粕	지게미	11	水	木
舶	큰배	11	水	木
迫	궁할	12	水	土
博	넓을	12	水	水
雹	우박	13	水	水
箔	발	14	水	木
駁	얼룩말	14	水	火
撲	두드릴	16	水	木
縛	묶을	16	水	木
樸	통나무	16	水	木
璞	옥돌	17	水	金
薄	엷을	19	水	木

음	뜻	획수	발음 오행	자원 오행
반				
反	돌이킬	4	水	水
半	절반	5	水	土
伴	벗	7	水	火
盼	눈예쁠	9	水	木
畔	두둑	10	水	土

	음	뜻	획수	발음 오행	자원 오행
	般	옮길	10	水	木
	班	나눌	11	水	金
	返	돌아올	11	水	土
	斑	얼룩	12	水	木
	飯	먹을	13	水	水
	頒	반포할	13	水	火
	搬	옮길	14	水	木
	槃	쟁반	14	水	木
	磐	너럭바위	15	水	金
	盤	소반	15	水	金
	潘	강이름	16	水	水
	磻	강이름	17	水	金

	음	뜻	획수	발음 오행	자원 오행
발	勃	갑자기	9	水	土
	跋	밟을	12	水	土
	發	필	12	水	火
	渤	바다이름	13	水	水
	鉢	바리때	13	水	金
	髮	머리카락	15	水	火
	撥	다스릴	16	水	木
	潑	활발할	16	水	水

	음	뜻	획수	발음 오행	자원 오행
방	方	모	4	水	土
	彷	거닐	7	水	火
	坊	막을	7	水	土
	妨	방해할	7	水	土
	放	놓을	8	水	金
	昉	때마침	8	水	火
	房	방	8	水	木
	紡	길쌈	10	水	木
	芳	꽃다울	10	水	木
	旁	두루	10	水	土
	倣	본받을	10	水	火
	舫	사공	10	水	木
	邦	나라	11	水	土
	訪	찾을	11	水	金
	傍	곁	12	水	火
	幇	도울	12	水	木
	防	막을	12	水	土
	蒡	인동덩굴	16	水	木
	謗	나무랄	17	水	金
	龐	클	19	水	土

	음	뜻	획수	발음 오행	자원 오행
배	杯	잔	8	水	木
	拜	절할	9	水	木
	倍	갑절	10	水	火
	配	도울	10	水	金
		짝			
	徘	노닐	11	水	火
	背	등	11	水	水
	培	북돋울	11	水	土
	排	물리칠	12	水	木
	湃	물결칠	13	水	水
	裵	성	14	水	木
	輩	견줄	15	水	火

	음	뜻	획수	발음 오행	자원 오행
		무리			
	賠	배상할	15	水	金
	陪	도울	16	水	土

	음	뜻	획수	발음 오행	자원 오행
백	白	흰	5	水	金
	百	일백	6	水	水
	伯	맏	7	水	火
	佰	백사람	8	水	火
	帛	비단	8	水	木
	栢	나무이름	10	水	木

	음	뜻	획수	발음 오행	자원 오행
번	番	갈마들	12	水	土
	幡	기	15	水	木
	樊	울타리	15	水	木
	燔	구울	16	水	火
	繁	많을	17	水	木
	蕃	우거질	18	水	木
	藩	울타리	19	水	木
	飜	날	21	水	火
		엎어질			

	음	뜻	획수	발음 오행	자원 오행
벌	伐	칠	6	水	火
	閥	공훈	14	水	木

	음	뜻	획수	발음 오행	자원 오행
범	凡	무릇	3	水	水
	氾	넘칠	6	水	水
	帆	돛	6	水	木
	汎	뜰	7	水	水
	泛	뜰	9	水	水
	梵	불경	11	水	木
	范	풀이름	11	水	木
	範	법	15	水	木

	음	뜻	획수	발음 오행	자원 오행
법	法	법	9	水	水
	琺	법당	12	水	金

	음	뜻	획수	발음 오행	자원 오행
벽	碧	푸를	14	水	金
	劈	쪼갤	15	水	金
	壁	바람벽	16	水	土
	擘	엄지손가락	17	水	木
	璧	둥근옥	18	水	金
	闢	열	21	水	木

	음	뜻	획수	발음 오행	자원 오행
변	卞	법	4	水	土
	弁	고깔	5	水	木
	辨	분별할	16	水	金
	辯	말잘할	21	水	金
	邊	가장자리	22	水	土
	變	변할	23	水	金

음		뜻	획수	발음 오행	자원 오행
별	別	다를	7	水	金
	瞥	언뜻볼	17	水	木

음		뜻	획수	발음 오행	자원 오행
병	丙	남쪽	5	水	火
	兵	군사	7	水	金
	幷	어우를	8	水	火
	秉	잡을	8	水	木
	炳	밝을	9	水	火
	昞	밝을	9	水	火
	柄	자루	9	水	木
	竝	아우를	10	水	金
	倂	아우를	10	水	火
	棅	권세	12	水	木

음		뜻	획수	발음 오행	자원 오행
보	步	걸을	7	水	土
	甫	클	7	水	水
	保	보호할	9	水	火
	洑	스며흐를	10	水	水
	珤	보배	11	水	金
	報	갚을	12	水	土
	普	두루	12	水	火
	堡	작은성	12	水	土
	補	기울	13	水	木
		도울			
	湺	보	13	水	火
	輔	도울	14	水	火

음		뜻	획수	발음 오행	자원 오행
	菩	보살	14	水	木
	溥	물넓을	16	水	水
	寶	보배	20	水	金
	譜	족보	20	水	金

음		뜻	획수	발음 오행	자원 오행
복	卜	점	2	水	火
	伏	엎드릴	6	水	火
	服	옷	8	水	火
	復	회복할	12	水	火
	福	복	14	水	木
	複	거듭	15	水	木
	腹	두터울	15	水	木
		배			
	葍	치자꽃	17	水	木
	馥	향기	18	水	木

음		뜻	획수	발음 오행	자원 오행
본	本	근본	5	水	木

음		뜻	획수	발음 오행	자원 오행
봉	奉	받들	8	水	木
	封	봉할	9	水	土
	俸	녹봉	10	水	火
	峯	봉우리	10	水	土
	烽	봉화	11	水	火
	捧	받들	12	水	木
	蜂	벌	13	水	水
	琫	칼집장식	13	水	金

한자	뜻	획수	발음 오행	자원 오행
逢	만날	14	水	土
鳳	봉황새	14	水	火
熢	연기자욱할	15	水	火
鋒	칼끝	15	水	金
縫	꿰맬	17	水	木
蓬	쑥	17	水	木

부

음	뜻	획수	발음 오행	자원 오행
父	아버지	4	水	木
不	아니	4	水	水
夫	지아비	4	水	木
付	줄	5	水	火
缶	장군	6	水	土
孚	미쁠	7	水	水
扶	도울	8	水	木
府	마을	8	水	土
咐	분부할	8	水	水
阜	언덕	8	水	土
赴	다달을	9	水	火
負	질	9	水	金
釜	가마	10	水	金
俯	구부릴	10	水	火
芙	연꽃	10	水	木
剖	쪼갤	10	水	金
浮	뜰	11	水	水
副	버금	11	水	金
符	부신	11	水	木
婦	지어미	11	水	土
趺	앉을	11	水	土
富	넉넉할	12	水	木
復	다시	12	水	火
傅	스승	12	水	火
附	기댈	13	水	土
溥	펼	14	水	水
賦	거둘	15	水	金
部	나눌	15	水	土
敷	베풀	15	水	金
膚	피부	17	水	水
簿	문서	19	水	木

북

음	뜻	획수	발음 오행	자원 오행
北	북녘	5	水	水

분

음	뜻	획수	발음 오행	자원 오행
分	나눌	4	水	金
吩	분부할	7	水	水
扮	잡을	7	水	木
汾	물이름	8	水	水
盆	동이	9	水	金
粉	가루	10	水	木
紛	어지러울	10	水	木
芬	향기	10	水	木
焚	불사를	12	水	火
雰	안개	12	水	水
噴	뿜을	15	水	水
奮	떨칠	16	水	木

음	뜻	획수	발음 오행	자원 오행
불				
不	아니	4	水	水
弗	아닐	5	水	木
佛	부처	7	水	火
彿	흡사할	8	水	火
拂	떨어버릴	9	水	木

음	뜻	획수	발음 오행	자원 오행
붕				
朋	벗	8	水	水
繃	묶을	17	水	木
鵬	붕새	19	水	火

음	뜻	획수	발음 오행	자원 오행
비				
匕	비수	2	水	金
比	견줄	4	水	火
丕	클	5	水	水
妃	왕비	6	水	土
庇	덮을	7	水	木
批	깎을	8	水	木
卑	낮을	8	水	土
枇	비파나무	8	水	木
非	아닐	8	水	木
沸	끓을	9	水	水
飛	날	9	水	火
毗	도울	9	水	火
毘	도울	9	水	火
毖	삼갈	9	水	火
泌	졸졸흐를	9	水	水
肥	살찔	10	水	水

음	뜻	획수	발음 오행	자원 오행
匪	아닐	10	水	木
備	갖출	12	水	火
斐	문채날	12	水	木
費	없앨	12	水	金
裨	기울	13	水	木
碑	비석	13	水	金
琵	비파	13	水	金
痺	새이름	13	水	水
緋	붉은옥	14	水	木
榧	비자나무	14	水	木
翡	비취	14	水	火
譬	비유할	20	水	金

음	뜻	획수	발음 오행	자원 오행
빈				
牝	암컷	6	水	土
浜	물가	11	水	水
彬	빛날	11	水	火
斌	빛날	12	水	木
賓	손님	14	水	金
頻	자주	16	水	火
嬪	아내	17	水	土
濱	물가	18	水	水
瀕	물가	20	水	水

음	뜻	획수	발음 오행	자원 오행
빙				
氷	얼음	5	水	水
聘	부를	13	水	火
憑	의지할	16	水	火
騁	달릴	17	水	火

음		뜻	획수	발음 오행	자원 오행
사	士	선비	3	金	木
	四	넉	5	金	水
	司	맡을	5	金	水
	仕	벼슬	5	金	火
	史	역사	5	金	水
	乍	잠깐	5	金	金
	寺	절	6	金	木
	似	같을	7	金	火
	私	사사	7	金	木
	伺	살필	7	金	火
	些	적을	7	金	木
	沙	모래	8	金	水
	使	엿볼	8	金	火
	事	일	8	金	木
	祀	제사	8	金	木
	舍	집	8	金	火
	社	토지의신	8	金	木
		단체			
	俟	기다릴	9	金	火
	砂	모래	9	金	金
	泗	물이름	9	金	水
	思	생각할	9	金	火
	査	조사할	9	金	木
	紗	깁	10	金	木
	唆	대답할	10	金	水
	祠	사당	10	金	木
	師	스승	10	金	木
	射	쏠	10	金	土

음		뜻	획수	발음 오행	자원 오행
	娑	춤추는모양	10	金	土
	梭	북	11	金	木
	斜	비낄	11	金	火
	徙	옮길	11	金	火
	赦	죄사할	11	金	火
	奢	넉넉할	12	金	木
	詞	말	12	金	金
	渣	물이름	12	金	水
	捨	버릴	12	金	木
	詐	속일	12	金	金
	絲	실	12	金	木
	斯	이	12	金	金
	飼	먹일	14	金	水
	獅	사자	14	金	土
	寫	베낄	15	金	木
	駟	사마	15	金	火
	賜	줄	15	金	金
	篩	체	16	金	木
	謝	사례할	17	金	金
	辭	말씀	19	金	金
	瀉	쏟을	19	金	水
	麝	사향노루	21	金	土

음		뜻	획수	발음 오행	자원 오행
삭	削	깎을	9	金	金
	索	동아줄	10	金	木
	朔	초하루	10	金	水
	數	자주	15	金	金

음		뜻	획수	발음 오행	자원 오행
산	山	뫼	3	金	土
	刪	깎을	7	金	金
	汕	통발	7	金	水
	珊	산호	10	金	金
	産	낳을	11	金	木
	傘	우산	12	金	火
	散	흩어질	12	金	金
	算	셈할	14	金	木
	酸	신맛	14	金	金
	蒜	달래	16	金	木
	霰	싸라기눈	20	金	水

음		뜻	획수	발음 오행	자원 오행
살	撒	뿌릴	16	金	木
	薩	보살	20	金	木

음		뜻	획수	발음 오행	자원 오행
삼	三	석	3	金	火
	芟	벨	10	金	火
	參	석	11	金	火
	森	나무빽빽할	12	金	木
	滲	스밀	15	金	水
	杉	삼나무	17	金	木
	蔘	인삼	17	金	木

음		뜻	획수	발음 오행	자원 오행
삽	釰	창	12	金	金
	插	꽂을	13	金	木

음		뜻	획수	발음 오행	자원 오행
	颯	바람소리	14	金	木

음		뜻	획수	발음 오행	자원 오행
상	上	위	3	金	木
	尙	숭상할	8	金	金
	狀	형상	8	金	土
	相	서로	9	金	木
	庠	학교	9	金	木
	桑	뽕나무	10	金	木
	祥	상서로울	11	金	金
	爽	시원할	11	金	火
	商	장사	11	金	水
	常	항상	11	金	木
	象	코끼리 형상	12	金	水
	翔	빙빙돌아날	12	金	火
	廂	행랑	12	金	木
	湘	물이름	13	金	水
	想	생각할	13	金	火
	詳	자세할	13	金	金
	嘗	맛볼	14	金	水
	裳	치마	14	金	木
	像	형상	14	金	火
	箱	상자	15	金	木
	賞	상줄	15	金	金
	橡	상수리	16	金	木
	償	갚을	17	金	火
	霜	서리	17	金	水

음		뜻	획수	발음 오행	자원 오행
쌍	雙	쌍	18	金	火

음		뜻	획수	발음 오행	자원 오행
새	塞	변방	13	金	土
	璽	도장	19	金	金

음		뜻	획수	발음 오행	자원 오행
색	色	빛	6	金	土
	索	찾을	10	金	木
	塞	막힐	13	金	土
	穡	거둘	18	金	木

음		뜻	획수	발음 오행	자원 오행
생	生	날	5	金	木
	牲	희생	9	金	土
	省	덜	9	金	木
	甥	생질	12	金	木
	笙	생황	13	金	木

음		뜻	획수	발음 오행	자원 오행
서	西	서쪽	6	金	金
	序	차례	7	金	木
	抒	펼	8	金	木
	書	글	10	金	木
	恕	용서할	10	金	火
	徐	천천히할	10	金	火
	庶	뭇	11	金	木
	黍	기장	12	金	木
	棲	깃들일	12	金	木
	壻	사위	12	金	木
	捿	살	12	金	木
	舒	펼	12	金	火
	暑	더울	13	金	火
	筮	점대	13	金	木
	逝	갈	14	金	土
	誓	맹세할	14	金	金
	瑞	상서로울	14	金	金
	署	관청	15	金	木
	緖	실마리	15	金	木
	嶼	섬	17	金	土
	曙	새벽	18	金	火

음		뜻	획수	발음 오행	자원 오행
석	夕	저녁	3	金	水
	石	돌	5	金	金
	汐	썰물	7	金	水
	昔	옛	8	金	火
	析	쪼갤	8	金	木
	席	자리	10	金	木
	晳	밝을	12	金	金
	淅	쌀일	12	金	水
	惜	아낄	12	金	火
	碩	클	14	金	金
	奭	클	15	金	火
	蓆	자리	16	金	木
	錫	주석	16	金	金
	潟	개펄	16	金	水

음	뜻	획수	발음 오행	자원 오행
釋	풀	20	金	火

음	뜻	획수	발음 오행	자원 오행
선				
仙	신선	5	金	火
先	먼저	6	金	木
宣	베풀	9	金	火
扇	부채	10	金	木
旋	돌	11	金	木
船	배	11	金	木
琁	아름다운옥	12	金	金
善	착할	12	金	水
詵	많을	13	金	金
渲	바림	13	金	水
羨	부러워할	13	金	土
僊	신선	13	金	火
瑄	도리옥	14	金	金
銑	무쇠	14	金	金
嬋	고울	15	金	土
煽	부칠	15	金	火
線	줄	15	金	木
敾	다스릴	16	金	金
璇	아름다운옥	16	金	金
禪	고요할	17	金	木
繕	기울	18	金	木
選	가릴	19	金	土

음	뜻	획수	발음 오행	자원 오행
설				
舌	혀	6	金	火
泄	샐	9	金	水
屑	가루	10	金	水
洩	샐	10	金	水
雪	눈	11	金	水
設	베풀	11	金	金
卨	은나라	11	金	土
楔	문설주	13	金	木
渫	샐	13	金	水
說	말씀	14	金	金
薛	맑은대쑥	19	金	木

음	뜻	획수	발음 오행	자원 오행
섬				
剡	고을이름	10	金	金
閃	번쩍할	10	金	木
暹	해돋을	16	金	火
贍	도울	20	金	金
殲	다할	21	金	水
纖	가늘	23	金	木

음	뜻	획수	발음 오행	자원 오행
섭				
涉	건널	11	金	水
葉	땅이름	15	金	木
燮	불꽃	17	金	火
攝	당길	22	金	木

음	뜻	획수	발음 오행	자원 오행
성				
成	이룰	7	金	火
姓	성	8	金	土
省	살필	9	金	木
性	성품	9	金	火

한자	뜻	획수	발음 오행	자원 오행
星	별	9	金	火
城	성	10	金	土
晟	밝을	11	金	火
盛	성할	12	金	火
珹	옥이름	12	金	金
惺	깨달을	13	金	火
聖	성인	13	金	火
誠	정성	14	金	金
聲	소리	17	金	火

음		뜻	획수	발음 오행	자원 오행
세	世	세상 인간	5	金	火
	洗	씻을	10	金	水
	細	가늘	11	金	木
	笹	조릿대	11	金	木
	稅	구실	12	金	木
	貰	세낼	12	金	金
	勢	기세	13	金	金
	歲	해	13	金	土
	說	달랠	14	金	金

음		뜻	획수	발음 오행	자원 오행
소	小	작을	3	金	水
	少	적을	4	金	水
	召	부를	5	金	水
	所	바	8	金	木
	昭	밝을	9	金	火
	炤	밝을	9	金	火

한자	뜻	획수	발음 오행	자원 오행
沼	못	9	金	水
宵	밤	10	金	木
笑	웃을	10	金	木
素	흴	10	金	木
消	꺼릴 다할	11	金	水
紹	이을	11	金	木
巢	지을	11	金	水
疏	트일	11	金	土
邵	높을	12	金	土
疎	드물	12	金	土
甦	쉴	12	金	水
掃	쓸	12	金	木
訴	하소연	12	金	金
塑	인형	13	金	土
逍	거닐	14	金	土
溯	거슬러올라갈	14	金	水
韶	아름다울	14	金	金
銷	녹일	15	金	金
燒	불사를	16	金	火
篠	가는대	16	金	木
遡	거슬러올라갈	17	金	土
蔬	채소	17	金	木
蕭	맑은대쑥	18	金	木
簫	퉁소	18	金	木
瀟	강이름	21	金	水
蘇	차조기	22	金	木

음		뜻	획수	발음 오행	자원 오행
속	束	묶을	7	金	木
	俗	풍속	9	金	火
	涑	헹굴	11	金	水
	粟	조	12	金	木
	速	빠를	14	金	土
	謖	일어날	17	金	金
	續	이을	21	金	木
	屬	이을	21	金	木
	贖	살	22	金	金

음		뜻	획수	발음 오행	자원 오행
손	孫	손자	10	金	水
	飧	저녁밥	11	金	水
	巽	손괘 공손할	12	金	木
	損	덜	14	金	木
	蓀	난초	16	金	木
	遜	겸손할	17	金	土

음		뜻	획수	발음 오행	자원 오행
솔	率	거느릴	11	金	木

음		뜻	획수	발음 오행	자원 오행
송	宋	송나라	7	金	木
	松	소나무	8	金	木
	訟	송사할	11	金	金
	悚	두려울	11	金	火
	凇	강이름	12	金	水
	送	보낼	13	金	土
	頌	칭송할	13	金	火
	誦	욀	14	金	金

음		뜻	획수	발음 오행	자원 오행
쇠	釗	쇠	10	金	金

음		뜻	획수	발음 오행	자원 오행
쇄	刷	쓸	8	金	金
	殺	빠를	11	金	金
	碎	부술	13	金	金
	灑	뿌릴	23	金	金

음		뜻	획수	발음 오행	자원 오행
수	水	물	4	金	水
	手	손	4	金	木
	囚	가둘	5	金	水
	收	거둘	6	金	金
	戍	막을	6	金	木
	守	지킬	6	金	木
	秀	빼어날 이삭	7	金	木
	垂	드리울	8	金	土
	受	받을	8	金	水
	首	머리	9	金	水
	帥	장수	9	金	木
	修	닦을	10	金	火
	洙	물가	10	金	水
	須	모름지기	12	金	火

茱	수유	12	金	木
授	줄	12	金	金
琇	옥돌	12	金	金
酬	갚을	13	金	金
睡	잘	13	金	木
搜	찾을	13	金	木
需	머뭇거릴	14	金	水
壽	목숨	14	金	水
粹	순수할	14	金	木
銖	저울눈	14	金	金
誰	누구	15	金	金
數	수	15	金	金
	헤아릴			
樹	나무	16	金	木
遂	드디어	16	金	土
	이룰			
輸	떨어뜨릴	16	金	火
燧	봉화	17	金	火
雖	비록	17	金	火
隋	수나라	17	金	土
穗	이삭	17	金	木
邃	깊을	18	金	土
繡	수놓을	18	金	木
隨	따를	21	金	土
鬚	수염	22	金	火
髓	골수	23	金	金
	마음속			

음	뜻	획수	발음 오행	자원 오행
숙 夙	일찍	6	金	木
叔	아재비	8	金	水
宿	잘	11	金	木
淑	맑을	12	金	水
琡	옥이름	13	金	金
肅	공손할	14	金	火
	나아갈			
塾	사랑방	14	金	土
菽	콩	14	金	火
潚	빠를	16	金	水
璹	옥그릇	19	金	金

음	뜻	획수	발음 오행	자원 오행
순 旬	열흘	6	金	火
盾	방패	9	金	木
栒	나무	10	金	木
巡	돌	10	金	水
恂	믿을	10	金	水
純	순수할	10	金	木
洵	참으로	10	金	水
珣	옥그릇	11	金	金
循	돌	12	金	火
淳	순박할	12	金	水
舜	순임금	12	金	木
順	순할	12	金	火
筍	죽순	12	金	木
荀	풀이름	12	金	木
楯	난간	13	金	木

음	뜻	획수	발음 오행	자원 오행
詢	물을	13	金	金
脣	입술	13	金	水
馴	착할	13	金	火
醇	두터울	15	金	金
諄	타이를	15	金	金
橓	무궁화나무	16	金	木
蕣	무궁화	16	金	木
錞	악기이름	16	金	金
瞬	눈깜짝일	17	金	木

음	뜻	획수	발음 오행	자원 오행
술 術	재주	11	金	火
述	지을	12	金	土
鉥	돗바늘	13	金	金

음	뜻	획수	발음 오행	자원 오행
숭 崇	높을	11	金	土
崧	솟을	11	金	土
嵩	높을	13	金	土

음	뜻	획수	발음 오행	자원 오행
슬 瑟	큰거문고	14	金	金
蝨	이슬	15	金	水
膝	무릎	17	金	水

음	뜻	획수	발음 오행	자원 오행
습 拾	주울	10	金	木
習	익힐	11	金	火
濕	젖을	18	金	水

음	뜻	획수	발음 오행	자원 오행
승 升	되	4	金	木
丞	도울	6	金	木
昇	오를	8	金	火
承	이을	8	金	木
乘	탈	10	金	火
勝	이길	12	金	土
陞	오를	15	金	土

음	뜻	획수	발음 오행	자원 오행
시 示	보일	5	金	木
市	저자	5	金	木
矢	화살	5	金	金
侍	모실	8	金	火
始	비로소	8	金	土
施	베풀	9	金	土
柴	불땔나무	9	金	木
是	옳을	9	金	火
時	때	10	金	火
翅	날개	10	金	水
匙	숟가락	11	金	金
視	볼	12	金	火
媤	시집	12	金	土
詩	시	13	金	金
試	시험할	13	金	金
蒔	모종낼	16	金	木

음	뜻	획수	발음 오행	자원 오행
식 式	법	6	金	金

한자	뜻	획수	발음 오행	자원 오행
拭	닦을	9	金	木
食	밥	9	金	水
息	숨쉴 휴식	10	金	火
殖	번성할	12	金	水
植	심을	12	金	木
寔	이 참으로	12	金	木
湜	물맑을	13	金	水
軾	수레앞턱가로나무	13	金	火
飾	꾸밀	14	金	水
熄	불끌	14	金	火
識	알	19	金	金

음		뜻	획수	발음 오행	자원 오행
신	申	납	5	金	金
	臣	신하	6	金	火
	辰	날	7	金	土
	辛	매울	7	金	金
	身	몸	7	金	火
	伸	펼	7	金	火
	侁	떼지어갈	8	金	火
	呻	읊을	8	金	水
	信	믿을	9	金	火
	神	귀신	10	金	金
	訊	다스릴	10	金	金
	宸	대궐	10	金	木
	迅	빠를	10	金	土
	紳	벼슬아치	11	金	木
	晨	새벽	11	金	火
	新	새	13	金	金
	愼	삼갈	14	金	火
	燼	나머지	18	金	火
	薪	섶나무	19	金	木

음		뜻	획수	발음 오행	자원 오행
실	失	그릇될 잃을	5	金	木
	室	집	9	金	木
	悉	다할	11	金	火
	實	열매	14	金	木

음		뜻	획수	발음 오행	자원 오행
심	心	마음	4	金	火
	沈	가라앉을	8	金	水
	沁	스며들	8	金	水
	甚	몹시	9	金	土
	芯	동심초	10	金	木
	深	깊을	12	金	水
	尋	찾을	12	金	金
	審	살필	15	金	木
	諶	참으로	16	金	金

음		뜻	획수	발음 오행	자원 오행
십	十	열	2	金	水
	什	열사람	4	金	火
	拾	열	10	金	木

아

음	뜻	획수	발음 오행	자원 오행
牙	어금니	4	土	金
我	나	7	土	金
亞	버금	8	土	火
兒	아이	8	土	水
俄	갑자기	9	土	火
峨	산높을	10	土	土
芽	싹	10	土	木
娥	어여쁠	10	土	土
訝	맞을	11	土	金
雅	바를	12	土	火
莪	다북쑥	13	土	木
衙	마을	13	土	火
阿	언덕	13	土	土

악

음	뜻	획수	발음 오행	자원 오행
岳	큰산	8	土	土
堊	흰흙	11	土	土
幄	장막	12	土	木
愕	놀랄	13	土	火
渥	두터울	13	土	水
樂	풍류	15	土	木
鍔	칼날	17	土	金
嶽	큰산	17	土	土

안

음	뜻	획수	발음 오행	자원 오행
安	편안할	6	土	木
岸	언덕	8	土	土
按	누를	10	土	木
晏	늦을 편안할	10	土	火
案	생각할	10	土	木
眼	눈	11	土	木
雁	기러기	15	土	火
鞍	안장	15	土	金
顔	얼굴	18	土	火

알

음	뜻	획수	발음 오행	자원 오행
斡	관리할	14	土	火
閼	가로막을	16	土	木
謁	뵈올	16	土	金

암

음	뜻	획수	발음 오행	자원 오행
庵	암자	11	土	木
暗	어두울	13	土	火
菴	암자	14	土	木
巖	바위	23	土	土

압

음	뜻	획수	발음 오행	자원 오행
押	찍을	9	土	木
狎	진압할	9	土	木
壓	누를	17	土	土

애

음	뜻	획수	발음 오행	자원 오행
厓	언덕	8	土	木
涯	물가	12	土	水
愛	사랑	13	土	火

	음	뜻	획수	발음 오행	자원 오행
액	扼	누를	8	土	木
	液	진액	12	土	水
	額	이마	18	土	火

	음	뜻	획수	발음 오행	자원 오행
앵	鶯	꾀꼬리	21	土	火
	櫻	앵두나무	21	土	木
	鸚	앵무새	28	土	火

	음	뜻	획수	발음 오행	자원 오행
야	也	이끼	3	土	水
	冶	쇠불릴	7	土	水
	夜	밤	8	土	水
	野	들	11	土	土
	倻	땅이름	11	土	土
	若	반야	11	土	木
	爺	아비	13	土	木
	惹	이끌	15	土	火

	음	뜻	획수	발음 오행	자원 오행
약	約	묶을	9	土	木
	若	같을	11	土	木
	躍	뛸	21	土	土
	藥	약	21	土	木

	음	뜻	획수	발음 오행	자원 오행
양	羊	양	6	土	土
	洋	큰바다	10	土	水
	揚	날릴	13	土	木
	敭	밝을	13	土	金
	楊	버들	13	土	木
	暘	해돋을	13	土	火
	煬	화할	13	土	火
	樣	모양	15	土	木
	養	기를	15	土	水
	陽	볕	17	土	土
	壤	흙	20	土	土
	禳	기도할	22	土	木
	穰	볏줄기	22	土	木
	讓	사양할	24	土	金

	음	뜻	획수	발음 오행	자원 오행
어	於	어조사	8	土	土
	魚	물고기	11	土	水
	御	어거할	11	土	火
	馭	말부릴	12	土	火
	語	말씀	14	土	金
	漁	고기잡을	15	土	水
	禦	그칠	16	土	木

	음	뜻	획수	발음 오행	자원 오행
억	抑	누를	8	土	木
	億	억	15	土	火
	憶	생각할	17	土	火
	檍	참죽나무	17	土	木
	臆	가슴	19	土	水

음		뜻	획수	발음 오행	자원 오행
언	言	말씀	7	土	金
	彦	선비	9	土	火
	焉	어찌	11	土	火
	諺	속담	16	土	金

음		뜻	획수	발음 오행	자원 오행
얼	蘖	그루터기	23	土	木

음		뜻	획수	발음 오행	자원 오행
엄	奄	가릴	8	土	水
	俺	나	10	土	火
	掩	가릴	12	土	木
	淹	담글	12	土	水
	嚴	엄할	20	土	水
	儼	의젓할	22	土	火

음		뜻	획수	발음 오행	자원 오행
업	業	업	13	土	木
	嶪	산이높을	16	土	土

음		뜻	획수	발음 오행	자원 오행
여	予	나	4	土	金
	如	같을	6	土	土
	余	나	7	土	火
	汝	너	7	土	水
	茹	먹을	12	土	木
	艅	나룻배	13	土	木
	與	줄	14	土	土
	餘	남을	16	土	水
	輿	수레바퀴	17	土	火
	礖	돌이름	19	土	金
	璵	보배옥	19	土	金
	轝	수레	21	土	火

음		뜻	획수	발음 오행	자원 오행
역	亦	또	6	土	水
	役	부릴	7	土	火
	易	바꿀	8	土	火
	域	지경	11	土	土
	逆	거스릴	13	土	土
	繹	다스릴	19	土	木
	譯	통변할	20	土	金
	驛	역참	23	土	火

음		뜻	획수	발음 오행	자원 오행
연	延	끌	7	土	土
	沇	물흐를	8	土	水
	妍	고울	9	土	土
	衍	넘칠	9	土	水
	沿	따를	9	土	水
	研	연마할	9	土	金
	娟	어여쁠	10	土	土
	宴	잔치	10	土	木
	軟	부드러울	11	土	火
	涓	시내	11	土	水
	然	그럴	12	土	火
	硯	벼루	12	土	金

	뜻	획수	발음 오행	자원 오행
堧	빈터	12	土	土
淵	못	13	土	水
鳶	솔개	14	土	火
演	넓힐	15	土	水
緣	인연	15	土	木
燃	불사를	16	土	火
燕	제비	16	土	火
縯	길	17	土	木
嚥	삼킬	19	土	水

열

음	뜻	획수	발음 오행	자원 오행
悅	기쁠	11	土	火
說	기쁠	14	土	金
閱	검열할	15	土	金
熱	더울	15	土	火

염

음	뜻	획수	발음 오행	자원 오행
炎	불꽃	8	土	火
染	물들일	9	土	木
焰	불꽃	12	土	火
琰	옥갈	13	土	金
閻	이문	16	土	木
艶	고울	19	土	土
鹽	소금	24	土	水

엽

음	뜻	획수	발음 오행	자원 오행
葉	잎	15	土	木
燁	빛날	16	土	火
曄	빛날	16	土	火

영

음	뜻	획수	발음 오행	자원 오행
永	길	5	土	水
映	비칠	9	土	火
盈	찰	9	土	水
泳	헤엄칠	9	土	水
英	꽃부리	11	土	木
迎	맞이할	11	土	土
詠	읊을	12	土	金
楹	기둥	13	土	木
渶	물이름	13	土	水
暎	빛날	13	土	火
煐	사람이름	13	土	火
榮	영화	14	土	木
瑛	옥빛	14	土	金
潁	강이름	15	土	水
影	그림자	15	土	火
瑩	밝을	15	土	金
穎	이삭	16	土	木
營	경영할	17	土	火
霙	눈꽃	17	土	水
鍈	방울소리	17	土	金
濚	물돌아갈	18	土	水
瀛	큰바다	20	土	水
瀯	물소리	21	土	水
瓔	옥돌	21	土	金

예

음	뜻	획수	발음 오행	자원 오행
乂	어질	2	土	金
曳	끌	6	土	火

	음	뜻	획수	발음 오행	자원 오행
	汭	물굽이	8	土	水
	倪	어린이	10	土	火
	芮	풀뾰족뾰족날	10	土	木
	詣	이름	13	土	金
	銳	날카로울	15	土	金
	豫	기쁠	16	土	水
	霓	무지개	16	土	水
	叡	밝을	16	土	火
	濊	깊을	17	土	水
	蘂	꽃술	20	土	木
	譽	기릴	21	土	金
	藝	재주	21	土	木

	음	뜻	획수	발음 오행	자원 오행
오	午	낮	4	土	火
	五	다섯	4	土	土
	伍	대오	6	土	火
	吾	나	7	土	水
	吳	오나라	7	土	水
	旿	밝을	8	土	火
	娛	즐거울	10	土	土
	悟	깨달을	11	土	火
	梧	오동나무	11	土	木
	晤	밝을	11	土	火
	奧	깊을	13	土	木
	塢	마을	13	土	土
	墺	물가	16	土	土
	澳	깊을	17	土	水
	懊	환할	17	土	火

	음	뜻	획수	발음 오행	자원 오행
옥	玉	구슬	5	土	金
	沃	기름질	8	土	水
	屋	집	9	土	木
	鈺	보배	13	土	金

	음	뜻	획수	발음 오행	자원 오행
온	溫	따뜻할	14	土	水
	瑥	사람이름	15	土	金
	縕	성할	16	土	木
	穩	평온할	19	土	木
	蘊	쌓을	20	土	木

	음	뜻	획수	발음 오행	자원 오행
옹	邕	화할	10	土	土
	雍	누그러질	13	土	火
	甕	막을	16	土	土
	擁	안을	17	土	木

	음	뜻	획수	발음 오행	자원 오행
와	瓦	기와	5	土	土
	臥	누울	8	土	土
	渦	소용돌이	13	土	水

	음	뜻	획수	발음 오행	자원 오행
완	完	완전할	7	土	木
	宛	굽을	8	土	土
	玩	놀	9	土	金
	梡	나무	11	土	木

	음	뜻	획수	발음 오행	자원 오행
	婉	순할	11	土	土
	琓	서옥	12	土	金
	碗	그릇	13	土	金
	莞	빙그레웃을	13	土	木
	琬	아름다운옥	13	土	金
	緩	느릴	15	土	木

	음	뜻	획수	발음 오행	자원 오행
왈	曰	가로	4	土	火

	음	뜻	획수	발음 오행	자원 오행
왕	王	임금	5	土	金
	往	갈	8	土	火
	枉	굽을	8	土	木
	汪	깊고넓을	8	土	水
	旺	성할	8	土	火

	음	뜻	획수	발음 오행	자원 오행
왜	娃	아름다운	9	土	水

	음	뜻	획수	발음 오행	자원 오행
외	外	바깥	5	土	火
	嵬	높을	13	土	土
	巍	높을	21	土	土

	음	뜻	획수	발음 오행	자원 오행
요	夭	어릴	4	土	水
	凹	오목할	5	土	火
	妖	고울	7	土	土
	要	구할	9	土	金
	姚	예쁠	9	土	土
	窈	고요할	10	土	水
	堯	요임금	12	土	土
	僥	요행	14	土	火
	搖	흔들	14	土	木
	瑤	아름다운옥	15	土	金
	樂	즐거울	15	土	木
	嶢	산높을	15	土	土
	橈	굽을	16	土	木
	謠	노래	17	土	金
	遙	멀	17	土	土
	繇	순종할	17	土	木
	曜	빛날	18	土	火
	遼	멀	19	土	土
	耀	빛날	20	土	火
	饒	넉넉할	21	土	水

	음	뜻	획수	발음 오행	자원 오행
욕	浴	목욕	11	土	水
	欲	하고자할	11	土	金
	慾	욕심	15	土	火

	음	뜻	획수	발음 오행	자원 오행
용	用	쓸	5	土	水
	甬	길	7	土	水
	勇	날랠	9	土	土
	埇	길돋울	10	土	土
	容	얼굴	10	土	木

庸	떳떳할	11	土	木		迂	멀	10	土	土
涌	샘솟을	11	土	水		釪	악기이름	11	土	金
茸	무성할	12	土	木		偶	짝	11	土	火
湧	샘솟을	13	土	水		寓	머무를	12	土	木
熔	녹일	14	土	水		愚	어리석을	13	土	火
踊	뛸	14	土	土		虞	염려할	13	土	木
溶	물질편할	14	土	水		禑	복	14	土	木
榕	보리수나무	14	土	木		瑀	옥돌	14	土	金
慂	권할	15	土	火		郵	역참	15	土	土
瑢	패옥소리	15	土	金		遇	만날	16	土	土
聳	솟을	17	土	火		優	넉넉할	17	土	火
鎔	녹을	18	土	金		隅	모퉁이	17	土	土
鏞	큰쇠북	19	土	金		藕	연뿌리	21	土	木

음		뜻	획수	발음 오행	자원 오행		음		뜻	획수	발음 오행	자원 오행
우	又	또	2	土	水		**욱**	旭	빛날	6	土	火
	于	갈	3	土	水			昱	햇빛밝을	9	土	火
	尤	더욱	4	土	土			彧	문채빛날	10	土	火
	友	벗	4	土	水			栯	산앵두	10	土	木
	右	오른쪽	5	土	水			勖	힘쓸	11	土	土
	羽	깃	6	土	火			郁	문채날	13	土	土
	宇	집	6	土	木			頊	별이름	13	土	金
	佑	도울	7	土	火			煜	빛날	14	土	火
	旴	해돋을	7	土	火			稶	우거질	15	土	木
	雨	비	8	土	水							
	玗	옥돌	8	土	金		음		뜻	획수	발음 오행	자원 오행
	禹	하우씨	9	土	土		**운**	云	이를	4	土	水
	紆	얽힐	9	土	金			耘	김맬	10	土	金
	祐	도울	10	土	金			雲	구름	12	土	水

	뜻	획수	발음 오행	자원 오행
暈	무리	13	土	火
運	움직일	16	土	土
澐	큰물결	16	土	水
隕	떨어질	18	土	土
韻	화할	19	土	金

	뜻	획수	발음 오행	자원 오행
院	집	15	土	土
鴛	원앙	16	土	火
遠	멀	17	土	土
轅	수레	17	土	火
願	원할	19	土	火

울

음	뜻	획수	발음 오행	자원 오행
蔚	우거질	17	土	木

월

음	뜻	획수	발음 오행	자원 오행
月	달	4	土	水
越	넘을	12	土	火

웅

음	뜻	획수	발음 오행	자원 오행
雄	수컷	12	土	火
熊	곰	14	土	火

위

음	뜻	획수	발음 오행	자원 오행
位	자리	7	土	火
委	맡길	8	土	土
威	위엄	9	土	土
韋	화할	9	土	金
偉	넉넉할	11	土	火
尉	벼슬이름	11	土	土
圍	둘레	12	土	水
爲	위할	12	土	金
渭	물이름	13	土	水
暐	햇빛	13	土	火
緯	씨줄	15	土	木
慰	위로할	15	土	火
謂	고할	16	土	金
違	어길	16	土	土
衛	지킬	16	土	火
魏	높을 위	18	土	火

원

음	뜻	획수	발음 오행	자원 오행
元	으뜸	4	土	木
沅	물이름	8	土	水
垣	낮은담	9	土	土
員	관원	10	土	水
原	근본	10	土	土
苑	동산	11	土	木
媛	예쁠	12	土	土
援	도울	13	土	木
園	동산	13	土	水
圓	둥글	13	土	水
湲	물흐를	13	土	水
嫄	사람이름	13	土	土
源	근원	14	土	水
瑗	도리옥	14	土	金
愿	정성	14	土	火

음		뜻	획수	발음 오행	자원 오행
유	由	말미암을	5	土	木
	幼	어릴	5	土	火
	有	있을	6	土	水
	攸	바	7	土	金
	侑	도울	8	土	火
	兪	그럴	9	土	木
	油	기름	9	土	水
	宥	너그러울	9	土	木
	柔	부드러울	9	土	木
	幽	숨을	9	土	火
	柚	유자	9	土	木
	臾	잠깐	9	土	土
	洧	물이름	10	土	水
	悠	멀	11	土	火
	唯	오직	11	土	水
	釉	광택	12	土	金
	喩	깨우칠	12	土	水
	惟	생각할	12	土	火
	愉	기쁠	13	土	火
	猷	꾀	13	土	土
	愈	나을	13	土	火
	裕	넉넉할	13	土	木
	楡	느릅나무	13	土	木
	猶	오히려	13	土	土
	游	헤엄칠	13	土	水
	誘	꾈	14	土	金
	維	묶을	14	土	木
	瑜	아름다운옥	14	土	金

음		뜻	획수	발음 오행	자원 오행
	萸	수유	15	土	木
	諭	깨우칠	16	土	金
	踰	넘을	16	土	土
	遊	놀	16	土	土
	儒	선비	16	土	火
	鍮	놋쇠	17	土	金
	濡	적실	18	土	水
	遺	끼칠	19	土	土

음		뜻	획수	발음 오행	자원 오행
육	育	기를	10	土	水
	堉	기름진땅	11	土	土
	毓	기를	14	土	土

음		뜻	획수	발음 오행	자원 오행
윤	尹	다스릴	4	土	水
	允	진실로	4	土	土
	玧	구슬	9	土	金
	胤	맏아들	11	土	水
	閏	윤달	12	土	火
	奫	물깊고넓을	15	土	水
	潤	윤택할	16	土	水

음		뜻	획수	발음 오행	자원 오행
융	戎	군사	6	土	水
	融	화할	16	土	水
	瀜	물깊고넓을	20	土	水

음		뜻	획수	발음 오행	자원 오행
은	垠	끝	9	土	土
	殷	성할	10	土	金
	恩	은혜	10	土	火
	銀	은	14	土	金
	誾	화평할	15	土	金
	隱	숨을	22	土	土

음		뜻	획수	발음 오행	자원 오행
을	乙	새	2	土	木

음		뜻	획수	발음 오행	자원 오행
음	吟	읊을	7	土	水
	音	소리	9	土	金
	飮	마실	13	土	水
	陰	응달	16	土	土
	蔭	그늘	17	土	木

음		뜻	획수	발음 오행	자원 오행
읍	邑	고을	7	土	土
	泣	울	9	土	水
	揖	읍	12	土	木

음		뜻	획수	발음 오행	자원 오행
응	凝	엉길	16	土	水
	應	응할	17	土	火
	膺	가슴	19	土	水
	鷹	매	24	土	火

음		뜻	획수	발음 오행	자원 오행
의	衣	옷	6	土	木
	宜	마땅할	8	土	木
	依	의지할	8	土	火
	倚	의지할	10	土	火
	椅	가래나무	12	土	木
	意	뜻	13	土	火
	義	옳을	13	土	土
	儀	거동	15	土	火
	毅	굳셀	15	土	金
	誼	옳을	15	土	金
	擬	비교할	18	土	木
		헤아릴			
	醫	의원	18	土	金
	艤	배댈	19	土	木
	議	의논할	19	土	金
	懿	아름다울	22	土	火

음		뜻	획수	발음 오행	자원 오행
이	二	두	2	土	木
	已	이미	3	土	火
	以	써	5	土	火
	耳	귀	6	土	火
	弛	늦출	6	土	金
	而	말이을	6	土	水
	伊	저	6	土	火
	夷	평평할	6	土	木
	易	쉬울	8	土	火
	怡	기쁠	9	土	火

異	다를	11	土		土
移	모낼	11	土		木
痍	다칠	11	土		水
貽	끼칠	12	土		金
貳	두	12	土		金
黃	벨	12	土		木
肄	익힐	13	土		火
爾	너	14	土		火
彝	떳떳할	16	土		火
邇	가까울	21	土		土

음	뜻	획수	발음 오행	자원 오행
익 益	더할	10	土	水
翌	다음날	11	土	火
翊	도울	11	土	火
翼	날개	17	土	火
謚	웃는모양	17	土	金
瀷	강이름	21	土	水

음	뜻	획수	발음 오행	자원 오행
인 人	사람	2	土	火
刃	칼날	3	土	金
仁	어질	4	土	火
引	이끌	4	土	火
印	도장	6	土	木
因	인할	6	土	水
忍	참을	7	土	火
姻	혼인할	9	土	土
寅	범	11	土	木

絪	기운	12	土		木
靭	질길	12	土		金
靷	가슴걸이	13	土		金
湮	잠길	13	土		水
認	인정할	14	土		金

음	뜻	획수	발음 오행	자원 오행
일 一	한	1	土	木
日	날	4	土	火
佾	춤	8	土	火
溢	넘칠	14	土	水
馹	역말	14	土	火
壹	한	14	土	木
逸	달아날 뛰어날	15	土	土
鎰	중량	18	土	金

음	뜻	획수	발음 오행	자원 오행
임 壬	아홉째천간	4	土	水
任	맡길	6	土	火
恁	생각할	10	土	火
稔	곡식여물	13	土	木

음	뜻	획수	발음 오행	자원 오행
입 入	들	2	土	木
廿	스물	4	土	木

음	뜻	획수	발음 오행	자원 오행
잉 仍	인할	4	土	火

한자	뜻	획수	발음 오행	자원 오행
芿	새풀싹	10	土	木
剩	남을	12	土	金

음	한자	뜻	획수	발음 오행	자원 오행
자	子	아들	3	金	水
	仔	자세할	5	金	火
	字	글자	6	金	水
	自	스스로	6	金	木
	孜	힘쓸	7	金	水
	姉	손위누이	8	金	土
	炙	친근할	8	金	火
	姿	맵시	9	金	土
	者	놈	10	金	土
	玆	이에	10	金	火
	瓷	사기그릇	11	金	土
	紫	자줏빛	11	金	木
	雌	암컷	13	金	火
	資	재물	13	金	金
	滋	불을	14	金	水
	慈	사랑	14	金	火
	磁	자석	15	金	金
	諮	물을	16	金	金
	藉	깔	20	金	木

음	한자	뜻	획수	발음 오행	자원 오행
작	勺	구기	3	金	金
	灼	사를	7	金	火
	作	지을	7	金	火
	昨	어제	9	金	火

음	한자	뜻	획수	발음 오행	자원 오행
	斫	찍을	9	金	金
	炸	터질	9	金	火
	芍	함박꽃	9	金	木
	酌	따를	10	金	金
	雀	참새	11	金	火
	綽	너그러울	14	金	木
	爵	벼슬	18	金	金
	鵲	까치	19	金	火

음	한자	뜻	획수	발음 오행	자원 오행
잔	潺	물흐르는소리	16	金	水

음	한자	뜻	획수	발음 오행	자원 오행
잠	岑	봉우리	7	金	土
	箴	바늘	15	金	木
	暫	잠깐	15	金	火
	潛	잠길	16	金	水
	蠶	누에	24	金	水

음	한자	뜻	획수	발음 오행	자원 오행
잡	雜	섞일	18	金	火

음	한자	뜻	획수	발음 오행	자원 오행
장	丈	어른	3	金	木
	庄	농막	6	金	木
	匠	장인	6	金	土
	壯	장할	7	金	木
	杖	짚을	7	金	木
	長	길	8	金	木

한자	뜻	획수	발음 오행	자원 오행
狀	형상	8	金	土
章	글	11	金	金
張	베풀	11	金	金
將	장수	11	金	土
帳	휘장	11	金	木
粧	단장할	12	金	木
場	마당	12	金	土
掌	손바닥	12	金	木
裝	꾸밀	13	金	木
莊	엄숙할	13	金	木
奬	권면할	14	金	木
臧	착할	14	金	火
樟	녹나무	15	金	木
暲	밝을	15	金	火
漿	초	15	金	水
蔣	풀이름	15	金	木
璋	구기	16	金	金
墻	담	16	金	土
檣	돛대	17	金	木
障	막을	19	金	土
薔	장미	19	金	木
藏	감출	20	金	木
臟	장물	21	金	金
欌	의장	22	金	木

음	한자	뜻	획수	발음 오행	자원 오행
재	才	재주	4	金	木
	再	두	6	金	木
	在	있을	6	金	土
	材	재목	7	金	木
	哉	비로소	9	金	水
	栽	심을	10	金	木
	財	재물	10	金	金
	宰	재상	10	金	木
	梓	가래나무	11	金	木
	裁	옷마를	12	金	木
	渽	맑을	13	金	水
	載	실을	13	金	火
	縡	일	16	金	木
	齋	재계할	17	金	土
	齎	가질	21	金	土

음	한자	뜻	획수	발음 오행	자원 오행
쟁	箏	쟁	14	金	金
	諍	간할	15	金	金
	錚	쇳소리	16	金	金

음	한자	뜻	획수	발음 오행	자원 오행
저	低	낮을	7	金	火
	佇	우두커니	7	金	火
	底	밑	8	金	木
	咀	씹을	8	金	水
	抵	거스를	9	金	木
	狙	건져낼	9	金	土
	沮	축축할	9	金	水
	貯	쌓을	12	金	金
	這	이	14	金	土
	樗	가죽나무	15	金	木

한자	뜻	획수	발음 오행	자원 오행
箸	젓가락	15	金	木
著	지을	15	金	木
儲	저축할	18	金	火
躇	머뭇거릴	20	金	土

음	한자	뜻	획수	발음 오행	자원 오행
적	吊	조상	6	金	水
	赤	붉을	7	金	火
	的	과녁	8	金	火
	寂	고요할	11	金	木
	笛	피리	11	金	木
	迪	나아갈	12	金	土
	勣	공적	13	金	土
	跡	발자취	13	金	土
	迹	자취	13	金	木
	嫡	정신	14	金	土
	敵	대적할	15	金	金
	摘	들추어낼	15	金	木
	滴	물방울	15	金	水
	績	길쌈	17	金	木
	適	(사리에)맞을	18	金	土
	蹟	자취	18	金	土
	鏑	살촉	19	金	土
	籍	호적	20	金	木

음	한자	뜻	획수	발음 오행	자원 오행
전	田	밭	5	金	木
	全	온전할	6	金	土
	甸	경기	7	金	火
	佃	밭	7	金	火
	典	법	8	金	金
	佺	신선이름	8	金	火
	前	앞	9	金	金
	畑	화전	9	金	土
	栓	나무못	10	金	木
	展	펼	10	金	水
	悛	고칠	11	金	火
	專	오로지	11	金	土
	奠	정할	12	金	木
	詮	갖출	13	金	金
	殿	대궐	13	金	金
	塡	메울	13	金	土
	琠	옥이름	13	金	金
	電	전기	13	金	水
	傳	전할	13	金	火
	銓	저울질할	14	金	金
	錢	돈	16	金	金
	餞	보낼	17	金	水
	轉	구를	18	金	火
	纏	묶을	21	金	木

음	한자	뜻	획수	발음 오행	자원 오행
절	切	끊을	4	金	金
	浙	강이름	11	金	水
	絶	끊을	12	金	木
	截	끊을	14	金	金

점

음	뜻	획수	발음 오행	자원 오행
占	점칠	5	金	火
店	가게	8	金	木
岾	고개	8	金	土
粘	끈끈할	11	金	木
漸	점점	15	金	水
霑	젖을	16	金	水
點	점	17	金	水

접

음	뜻	획수	발음 오행	자원 오행
接	사귈	12	金	木
蝶	나비	15	金	水
摺	접을	15	金	木

정

음	뜻	획수	발음 오행	자원 오행
丁	고무래	2	金	火
井	우물	4	金	水
正	바를	5	金	土
汀	물가	6	金	水
町	밭두덕	7	金	土
呈	보일	7	金	水
玎	옥소리	7	金	金
廷	조정	7	金	木
姃	단정할	8	金	土
政	정사	8	金	金
定	정할	8	金	木
征	칠	8	金	火
貞	곧을	9	金	金
柾	나무바를	9	金	木
訂	바로잡을	9	金	金
炡	빛날	9	金	火
亭	정자	9	金	火
庭	뜰	10	金	木
釘	못	10	金	金
程	단위	11	金	木
停	머무를	11	金	火
偵	엿볼	11	金	火
頂	이마	11	金	火
淨	깨끗할	12	金	水
情	뜻	12	金	火
程	법	12	金	木
晶	수정	12	金	火
淀	얕은물	12	金	水
珽	옥홀	12	金	金
晸	해뜨는모양	12	金	火
湞	강이름	13	金	水
楨	광나무	13	金	木
綎	띠술	13	金	木
渟	물고일	13	金	水
鼎	솥	13	金	火
鉦	징	13	金	金
靖	편안할	13	金	木
禎	상서	14	金	木
精	진실	14	金	木
霆	천둥	15	金	水
整	가지런할	16	金	金
靜	고요할	16	金	木
諪	고를	16	金	金

檉	능수버들	17	金	木
鄭	나라이름	19	金	土

음		뜻	획수	발음 오행	자원 오행
제	弟	아우	7	金	水
	制	억제할	8	金	金
	帝	임금	9	金	木
	悌	공경할	11	金	火
	梯	사다리	11	金	木
	祭	제사	11	金	土
	第	차례	11	金	木
	堤	방죽	12	金	土
	提	들	13	金	木
	齊	가지런할	14	金	土
	製	지을	14	金	木
	除	덜	15	金	土
	蹄	굽	16	金	土
	諸	모든	16	金	金
	劑	약지을	16	金	金
	濟	건널	18	金	水
	題	제목	18	金	火
	際	사이	19	金	土
	霽	비개일	22	金	水

음		뜻	획수	발음 오행	자원 오행
조	早	새벽	6	金	火
	兆	조짐	6	金	火
	助	도울	7	金	土
	租	구실	10	金	木
	曺	무리	10	金	土
	祚	복	10	金	金
	晁	아침	10	金	火
	祖	조상	10	金	金
	條	가지	11	金	木
	組	끈	11	金	木
	曹	무리	11	金	土
	眺	볼	11	金	木
	鳥	새	11	金	火
	彫	새길	11	金	火
	窕	안존할	11	金	水
	組	짤	11	金	木
	詔	고할	12	金	金
	措	둘	12	金	木
	朝	아침	12	金	水
	稠	많을	13	金	木
	照	비출	13	金	火
	肇	시작할	14	金	火
	趙	조나라	14	金	火
	造	지을	14	金	土
	調	고를	15	金	金
	潮	밀물	16	金	水
	燥	말릴	17	金	火
	操	잡을	17	金	木
	遭	만날	18	金	土
	璪	면류관드림옥	18	金	金

음		뜻	획수	발음 오행	자원 오행
족	足	발	7	金	土

	한자	뜻	획수	발음 오행	자원 오행
	族	겨레	11	金	木
	簇	조릿대	17	金	木
	鏃	살촉	19	金	金

음	한자	뜻	획수	발음 오행	자원 오행
존	存	있을	6	金	水
	尊	높을	12	金	木

음	한자	뜻	획수	발음 오행	자원 오행
졸	卒	군사	8	金	金
	猝	창졸	12	金	土

음	한자	뜻	획수	발음 오행	자원 오행
종	宗	마루	8	金	木
	倧	상고신인	10	金	火
	從	따를	11	金	火
	終	마칠	11	金	木
	淙	물소리	12	金	水
	棕	종려나무	12	金	木
	悰	즐거울	12	金	火
	琮	옥	13	金	金
	綜	모을	14	金	木
	種	심을	14	金	木
	踪	자취	15	金	土
	縱	세로	17	金	木
	鐘	쇠북	20	金	金

음	한자	뜻	획수	발음 오행	자원 오행
좌	左	왼	5	金	火
	坐	앉을	7	金	土
	佐	도울	7	金	火
	座	지위	10	金	木

음	한자	뜻	획수	발음 오행	자원 오행
주	主	주인	5	金	木
	州	고을	6	金	水
	舟	배	6	金	木
	朱	붉을	6	金	木
	走	달릴	7	金	火
	住	살	7	金	火
	周	두루	8	金	水
	宙	집	8	金	木
	柱	기둥	9	金	木
	注	물댈	9	金	水
	炷	심지	9	金	火
	奏	아뢸	9	金	木
	株	뿌리	10	金	木
	洲	섬	10	金	水
	珠	구슬	11	金	金
	晝	낮	11	金	火
	紬	명주	11	金	木
	胄	자손	11	金	水
	做	지을	11	金	火
	註	주낼	12	金	金
	湊	물모일	13	金	水
	嗾	소리	14	金	水
	週	돌	15	金	土
	駐	머물	15	金	火

		뜻	획수	발음 오행	자원 오행
	輳	몰려들	16	金	火
	澍	물쏟을	16	金	水
	疇	밭두둑	19	金	土
	鑄	쇠불릴	22	金	金

	음	뜻	획수	발음 오행	자원 오행
죽	竹	대	6	金	木

	음	뜻	획수	발음 오행	자원 오행
준	俊	준걸	9	金	火
	峻	높을	10	金	土
	埈	높을	10	金	土
	准	승인할	10	金	水
	浚	깊을	11	金	水
	晙	밝을	11	金	火
	焌	태울	11	金	火
	畯	농부	12	金	土
	竣	마칠	12	金	土
	雋	뛰어날	13	金	火
	準	법도	14	金	水
	儁	준걸	15	金	火
	駿	준마	17	金	火
	濬	깊을	18	金	水
	遵	쫓을	19	金	土

	음	뜻	획수	발음 오행	자원 오행
줄	苗	풀쌕	11	金	木

	음	뜻	획수	발음 오행	자원 오행
중	中	가운데	4	金	土
	仲	버금	6	金	火
	重	무거울	9	金	土
	衆	무리	12	金	水

	음	뜻	획수	발음 오행	자원 오행
즉	卽	이제	9	金	水

	음	뜻	획수	발음 오행	자원 오행
즐	櫛	빗	19	金	木

	음	뜻	획수	발음 오행	자원 오행
즙	汁	진액	6	金	水
	楫	돛대	13	金	木
	茸	지붕이을	15	金	木

	음	뜻	획수	발음 오행	자원 오행
증	拯	건질	10	金	木
	烝	찔	10	金	火
	曾	일찍	12	金	火
	增	더할	15	金	土
	蒸	찔	16	金	木
	繒	비단	18	金	木
	贈	보낼	19	金	金
	證	증거	19	金	金

	음	뜻	획수	발음 오행	자원 오행
지	之	갈	4	金	土

	음	뜻	획수	발음 오행	자원 오행
	止	그칠	4	金	土
	支	지탱할	4	金	土
	只	다만	5	金	水
	地	땅	6	金	土
	旨	뜻	6	金	火
	至	이를	6	金	土
	志	뜻	7	金	火
	池	못	7	金	水
	址	터	7	金	土
	枝	가지	8	金	木
	沚	물가	8	金	水
	知	알	8	金	土
	祉	복	9	金	木
	咫	적을	9	金	水
	持	가질	10	金	木
	祗	공경할	10	金	金
	指	손가락	10	金	木
	砥	숫돌	10	金	木
	紙	종이	10	金	木
	芝	지초	10	金	木
	趾	발	11	金	土
	智	슬기	12	金	火
	誌	기록할	14	金	金
	摯	잡을	15	金	木
	識	기록할	19	金	金

	음	뜻	획수	발음 오행	자원 오행
직	直	곧을	8	金	木
	稙	올벼	13	金	木
	稷	기장	15	金	木
	職	맡을	18	金	火
	織	짤	18	金	木

	음	뜻	획수	발음 오행	자원 오행
진	辰	별	7	金	土
	津	나루	10	金	水
	珍	보배	10	金	金
	晉	진나라	10	金	火
	秦	진나라	10	金	木
	眞	참	10	金	木
	振	떨칠	11	金	木
	軫	수레	12	金	火
	搢	꽂을	14	金	木
	賑	넉넉할	14	金	金
	盡	다할	14	金	金
	溱	성할	14	金	木
	進	나아갈	15	金	土
	震	진동할	15	金	水
	陳	진칠	15	金	土
	瑨	옥돌	15	金	金
	縝	풍부할	15	金	木
	縉	맺을	16	金	木
	陳	베풀	16	金	土
	縉	분홍빛	16	金	木
	臻	이를	16	金	土
	蓁	사철쑥	17	金	木
	璡	옥돌	17	金	金
	鎭	진압할	18	金	金

	음	뜻	획수	발음 오행	자원 오행
질	秩	차례	10	金	木
	質	바탕	15	金	金
	瓆	사람이름	20	金	金

	음	뜻	획수	발음 오행	자원 오행
집	什	세간	4	金	火
	執	잡을	11	金	土
	集	모을	12	金	火
	緝	길쌈	15	金	木
	輯	모을	16	金	火
	潗	샘솟을	16	金	水
	鏶	쇳조각	20	金	金

	음	뜻	획수	발음 오행	자원 오행
징	徵	부를	15	金	火
	澄	맑을	16	金	水

	음	뜻	획수	발음 오행	자원 오행
차	且	또	5	金	木
	次	버금	6	金	木
	此	이	6	金	土
	車	수레	7	金	火
	借	빌릴	10	金	火
	茶	차	12	金	木
	嵯	산높을	13	金	土
	磋	갈	15	金	土
	遮	막을	18	金	土

	음	뜻	획수	발음 오행	자원 오행
착	捉	잡을	11	金	木
	着	붙을	12	金	土
	錯	섞일	16	金	金
	鑿	뚫을	28	金	金

	음	뜻	획수	발음 오행	자원 오행
찬	粲	선명할	13	金	木
	撰	글지을	16	金	木
	澯	맑을	17	金	水
	燦	빛날	17	金	火
	璨	옥빛	18	金	金
	贊	도울	19	金	金
	纂	모을	20	金	木
	纘	이을	21	金	木
	讚	기릴	26	金	金
	鑽	뚫을	27	金	金

	음	뜻	획수	발음 오행	자원 오행
찰	札	편지	5	金	木
	紮	감을	11	金	木
	察	살필	14	金	木
	擦	문지를	18	金	木

	음	뜻	획수	발음 오행	자원 오행
참	站	역마을	10	金	金
	參	간여할	11	金	火

	음	뜻	획수	발음 오행	자원 오행
창	昌	창성할	8	金	火
	昶	밝을	9	金	火
	倉	창고	10	金	火
	唱	노래	11	金	水
	窓	창	11	金	水
	敞	드러날	12	金	金
	創	비롯할	12	金	金
	漲	물넘칠	14	金	水
	彰	밝을	14	金	水
	滄	싸늘할	14	金	水
	槍	창	14	金	木
	菖	창포	14	金	木
	暢	통할	14	金	火
	暢	펼	14	金	火
	蒼	푸를	16	金	木
	艙	선창	16	金	木

	음	뜻	획수	발음 오행	자원 오행
채	采	캘	8	金	木
	寀	녹봉	11	金	木
	埰	영지	11	金	土
	彩	채색	11	金	火
	採	캘	12	金	木
	菜	나물	14	金	木
	綵	비단	14	金	木
	蔡	거북	17	金	木

	음	뜻	획수	발음 오행	자원 오행
책	册	책	5	金	木
	柵	울짱	9	金	木

	음	뜻	획수	발음 오행	자원 오행
처	妻	아내	8	金	土
	凄	찰	10	金	水
	處	살	11	金	土

	음	뜻	획수	발음 오행	자원 오행
척	尺	자	4	金	木
	斥	물리칠	5	金	金
	拓	주울	9	金	木
	戚	겨레	11	金	金
	陟	오를	15	金	土

	음	뜻	획수	발음 오행	자원 오행
천	川	내	3	金	水
	天	일천	3	金	水
	天	하늘	4	金	火
	仟	일천사람	5	金	火
	泉	샘	9	金	水
	阡	언덕	11	金	土
	淺	얕을	12	金	水
	踐	밟을	15	金	土
	遷	옮길	19	金	土
	薦	천거할	19	金	木

음		뜻	획수	발음 오행	자원 오행
철	哲	밝을	10	金	水
	喆	밝을	12	金	水
	綴	맺을	14	金	木
	輟	그칠	15	金	火
	徹	밝을	15	金	火
		통할			
	撤	거둘	16	金	木
	澈	물맑을	16	金	水
	轍	수레바퀴	19	金	火
	鐵	쇠	21	金	金

음		뜻	획수	발음 오행	자원 오행
첨	尖	날카로울	6	金	金
	沾	적실	8	金	水
	恬	달	11	金	土
	添	더할	12	金	水
	僉	여럿	13	金	火
	詹	이룰	13	金	金
	瞻	우러러볼	18	金	木
	籤	제비	23	金	木

음		뜻	획수	발음 오행	자원 오행
첩	帖	문서	8	金	木
	貼	붙일	12	金	金
	捷	이길	12	金	木
	牒	편지	13	金	木

음		뜻	획수	발음 오행	자원 오행
청	青	푸를	8	金	木
	晴	갤	12	金	火
	淸	맑을	12	金	水
	請	청할	15	金	金
	聽	들을	22	金	火
	廳	관청	25	金	木

음		뜻	획수	발음 오행	자원 오행
체	切	일체	4	金	金
	替	대신할	12	金	火
	滯	막힐	15	金	水
	締	맺을	15	金	木
	逮	미칠	15	金	土
	諦	살필	16	金	金
	遞	갈마들	17	金	土
	體	몸	23	金	金

음		뜻	획수	발음 오행	자원 오행
초	初	처음	7	金	金
	肖	닮을	9	金	水
	招	부를	9	金	木
	秒	초	9	金	木
	梢	나무끝	11	金	木
	苕	능소화	11	金	木
	超	뛰어넘을	12	金	火
	稍	점점	12	金	木
	草	풀	12	金	木
	楚	초나라	13	金	木

음	뜻	획수	발음 오행	자원 오행
樵	땔나무	16	金	木
礎	주춧돌	18	金	金
蕉	파초	18	金	木

음		뜻	획수	발음 오행	자원 오행
촉	燭	촛불	17	金	火
	觸	닿을	20	金	木
	囑	부탁할	24	金	水
	矗	우거질	24	金	木

음		뜻	획수	발음 오행	자원 오행
촌	寸	마디	3	金	土
	村	마을	7	金	木
	忖	헤아릴	7	金	火

음		뜻	획수	발음 오행	자원 오행
총	悤	바쁠	11	金	火
	摠	모두	15	金	木
	憁	바쁠	15	金	火
	總	거느릴	17	金	木
	聰	귀밝을	17	金	火
	叢	모을	18	金	水
	寵	사랑할	19	金	木

음		뜻	획수	발음 오행	자원 오행
최	崔	높을	11	金	土
	最	가장	12	金	水
	催	재촉할	13	金	火

음		뜻	획수	발음 오행	자원 오행
추	秋	가을	9	金	木
	抽	뽑을	9	金	木
	椎	참나무	12	金	木
	推	헤아릴	12	金	木
	楸	가래나무	13	金	木
	追	따를	13	金	土
	墜	떨어질	15	金	土
	諏	물을	15	金	金
	萩	사철쑥	15	金	木
	樞	지도리	15	金	木
	錐	송곳	16	金	金
	錘	저울추	16	金	金
	鎚	저울	18	金	金
	騶	마부	20	金	火

음		뜻	획수	발음 오행	자원 오행
축	丑	소	4	金	土
	竺	대나무	8	金	木
	畜	기를	10	金	土
	祝	축하할	10	金	金
	筑	풍류	12	金	木
	蓄	쌓을	16	金	木
	築	쌓을	16	金	木
	縮	다스릴	17	金	木

음		뜻	획수	발음 오행	자원 오행
춘	春	봄	9	金	火
	椿	참죽나무	13	金	木

음		뜻	획수	발음 오행	자원 오행
	瑃	옥이름	14	金	金

음		뜻	획수	발음 오행	자원 오행
출	出	날	5	金	土
	朮	차조	5	金	木

음		뜻	획수	발음 오행	자원 오행
충	充	가득할	5	金	木
	忠	충성	8	金	火
	衷	속마음	10	金	木
	衝	충돌할	15	金	火

음		뜻	획수	발음 오행	자원 오행
취	吹	숨쉴	7	金	水
	炊	불땔	8	金	火
	取	취할	8	金	水
	就	이룰	12	金	土
	聚	모을	14	金	火
	翠	푸를	14	金	火
	趣	뜻	15	金	火
	驟	달릴	24	金	火

음		뜻	획수	발음 오행	자원 오행
측	側	곁	11	金	火
	測	측량할	13	金	水

음		뜻	획수	발음 오행	자원 오행
층	層	층	15	金	木

음		뜻	획수	발음 오행	자원 오행
치	治	다스릴	9	金	水
	峙	우뚝할	9	金	土
	値	값	10	金	火
	致	이룰	10	金	土
	梔	치자나무	11	金	木
	淄	검은빛	12	金	水
	雉	꿩	13	金	火
	馳	달릴	13	金	火
	稚	어릴	13	金	火
	置	둘	14	金	木
	緇	검은비단	14	金	木
	幟	깃대	15	金	木
	熾	불이활활탈	16	金	火

음		뜻	획수	발음 오행	자원 오행
칙	則	법칙	9	金	金
	勅	조서	9	金	土
	飭	신칙할	13	金	水

음		뜻	획수	발음 오행	자원 오행
친	親	친할	16	金	火

음		뜻	획수	발음 오행	자원 오행
칠	七	일곱	2	金	金
	漆	옻칠할	15	金	水

음		뜻	획수	발음 오행	자원 오행
침	沈	잠길	8	金	水

	枕	베게	8	金	木
	浸	적실	11	金	水
	寢	잠잘	14	金	木

칭	음	뜻	획수	발음 오행	자원 오행
	秤	저울	10	金	木
	稱	부를	14	金	木

쾌	음	뜻	획수	발음 오행	자원 오행
	快	시원할	8	木	火

타	음	뜻	획수	발음 오행	자원 오행
	他	다를	5	火	火
	打	칠	6	火	木
	妥	편안할	7	火	土
	拖	끌	9	火	木
	楕	길쭉할	13	火	木
	駄	실을	13	火	火
	墮	떨어질	15	火	土

탁	음	뜻	획수	발음 오행	자원 오행
	托	받칠	7	火	木
	卓	높을	8	火	木
	坼	터질	8	火	土
	柝	열	9	火	木
	度	헤아릴	9	火	木
	託	부탁할	10	火	金
	倬	클	10	火	火
	啄	쫄	11	火	水
	晫	환할	12	火	火
	琸	사람이름	13	火	金
	琢	옥다듬을	13	火	金
	擢	뽑아낼	18	火	木
	濯	씻을	18	火	水
	鐸	방울	21	火	金

탄	음	뜻	획수	발음 오행	자원 오행
	呑	삼킬	7	火	水
	坦	평탄할	8	火	土
	炭	숯	9	火	火
	誕	태어날	14	火	金
	歎	읊을	15	火	金
	彈	탄알	15	火	金
	灘	여울	23	火	水

탐	음	뜻	획수	발음 오행	자원 오행
	眈	노려볼	9	火	木
	耽	즐길	10	火	火
	貪	탐할	11	火	金
	探	찾을	12	火	木

탑	음	뜻	획수	발음 오행	자원 오행
	塔	탑	13	火	土
	榻	걸상	14	火	木

태	음	뜻	획수	발음 오행	자원 오행
	太	클	4	火	木
	台	별이름	5	火	水

	음	뜻	획수	발음 오행	자원 오행
	兌	바꿀	7	火	金
	泰	클	9	火	水
	苔	이끼	11	火	木
	邰	나라이름	12	火	土
	跆	밟을	12	火	木
	態	태도	14	火	火
	颱	태풍	14	火	木

	음	뜻	획수	발음 오행	자원 오행
택	宅	집	6	火	木
	擇	가릴	17	火	木
	澤	못	17	火	水

	음	뜻	획수	발음 오행	자원 오행
터	攄	펼	19	火	木

	음	뜻	획수	발음 오행	자원 오행
토	土	흙	3	火	土
	兎	토끼	8	火	木
	討	다스릴	10	火	金

	음	뜻	획수	발음 오행	자원 오행
통	洞	꿰뚫을	10	火	水
	桶	통	11	火	木
	統	거느릴	12	火	木
	筒	대통	12	火	木
	通	통할	14	火	土

	음	뜻	획수	발음 오행	자원 오행
퇴	堆	언덕	11	火	土
	退	물러날	13	火	土
	褪	바랠	16	火	木

	음	뜻	획수	발음 오행	자원 오행
투	投	던질	8	火	木
	套	덮개	10	火	木
	透	통할	14	火	土

	음	뜻	획수	발음 오행	자원 오행
특	特	특별할	10	火	土

	음	뜻	획수	발음 오행	자원 오행
틈	闖	엿볼	18	火	木

	음	뜻	획수	발음 오행	자원 오행
파	巴	땅이름	4	水	土
	坡	고개	8	水	土
	杷	비파나무	8	水	木
	把	잡을	8	水	木
	波	물결	9	水	水
	派	물갈래	10	水	水
	芭	파초	10	水	木
	琶	비파	13	水	金
	播	심을	16	水	木
	擺	열릴	19	水	木

음		뜻	획수	발음 오행	자원 오행
팔	八	여덟	2	水	金

음		뜻	획수	발음 오행	자원 오행
패	貝	조개	7	水	金
	佩	찰	8	水	火
	唄	찬불	10	水	水
	浿	강이름	11	水	水
	牌	호패	12	水	木
	覇	으뜸	19	水	金

음		뜻	획수	발음 오행	자원 오행
팽	彭	땅이름	12	水	火
	澎	물소리	16	水	水
	膨	부풀	18	水	水

음		뜻	획수	발음 오행	자원 오행
편	片	조각	4	水	木
	扁	액자	9	水	木
	便	편할	9	水	火
	偏	치우칠	11	水	火
	翩	빨리날	15	水	火
	編	엮을	15	水	木
	篇	책	15	水	木
	遍	두루	16	水	土

음		뜻	획수	발음 오행	자원 오행
평	平	평평할	5	水	木
	坪	벌판	8	水	土
	評	평론할	12	水	金

음		뜻	획수	발음 오행	자원 오행
폐	幣	비단	15	水	木
	陛	섬돌	15	水	土
	嬖	사랑할	16	水	土
	蔽	가릴	18	水	木

음		뜻	획수	발음 오행	자원 오행
포	包	감쌀	5	水	金
	布	베	5	水	木
	抱	안을	9	水	木
	砲	대포	10	水	金
	浦	물가	11	水	水
	捕	잡을	11	水	木
	飽	배부를	14	水	水
	葡	포도	15	水	木

음		뜻	획수	발음 오행	자원 오행
폭	幅	폭	12	水	木

음		뜻	획수	발음 오행	자원 오행
표	杓	자루	7	水	木
	表	겉	9	水	木
	豹	표범	10	水	水
	彪	범	11	水	火
	票	쪽지	11	水	火
	漂	뜰	15	水	水
	標	표시	15	水	木

	驃	날래고용감할	21	水	火

음		뜻	획수	발음 오행	자원 오행
품	品	물건	9	水	水
	稟	여쭐	13	水	木

음		뜻	획수	발음 오행	자원 오행
풍	風	바람	9	水	木
	楓	단풍나무	13	水	木
	豊	풍성할	13	水	木

음		뜻	획수	발음 오행	자원 오행
필	匹	짝	4	水	水
	必	반드시	5	水	火
	泌	물결부딪칠	9	水	水
	珌	칼장식옥	10	水	金
	畢	마칠	11	水	土
	苾	향기	11	水	木
	弼	도울	12	水	金
	筆	붓	12	水	木
	馝	향기로울	14	水	木

음		뜻	획수	발음 오행	자원 오행
하	下	아래	3	土	水
	河	강	9	土	水
	昰	여름	9	土	火
	夏	여름	10	土	火
	賀	하례할	12	土	金
	荷	연꽃	13	土	木

	廈	큰집	13	土	木
	霞	놀	17	土	水

음		뜻	획수	발음 오행	자원 오행
학	學	배울	16	土	水
	鶴	학	21	土	火

음		뜻	획수	발음 오행	자원 오행
한	旱	가물	7	土	水
	汗	땀	7	土	水
	閑	막을	12	土	水
	寒	찰	12	土	水
	閒	틈	12	土	土
	限	한계	14	土	土
	漢	한수	15	土	水
	翰	날개	16	土	火
	韓	나라이름	17	土	金
	澣	빨	17	土	水
	瀚	넓고클	20	土	水

음		뜻	획수	발음 오행	자원 오행
할	割	나눌	12	土	金
	轄	다스릴	17	土	火

음		뜻	획수	발음 오행	자원 오행
함	含	머금을	7	土	水
	函	함	8	土	木
	咸	다	9	土	水
	涵	젖을	12	土	水

음		뜻	획수	발음 오행	자원 오행
합	合	합할	6	土	水

음		뜻	획수	발음 오행	자원 오행
항	亢	목	4	土	水
	抗	막을	8	土	木
	沆	물넓을	8	土	水
	巷	거리	9	土	土
	姮	항아	9	土	土
	恒	항상	10	土	火
	項	목덜미	12	土	火
	港	항구	13	土	水

음		뜻	획수	발음 오행	자원 오행
해	亥	돼지	6	土	水
	奚	어찌	10	土	水
	海	바다	11	土	水
	偕	함께	11	土	火
	該	그	13	土	金
	楷	본보기	13	土	木
	解	풀	13	土	木
	諧	화할	16	土	金

음		뜻	획수	발음 오행	자원 오행
핵	核	씨	10	土	木

음		뜻	획수	발음 오행	자원 오행
행	行	다닐	6	土	火
	杏	살구나무	7	土	木
	幸	다행	8	土	木

음		뜻	획수	발음 오행	자원 오행
향	向	향할	6	土	水
	享	누릴	8	土	土
	香	향기	9	土	木
	珦	옥이름	11	土	金
	鄕	시골	17	土	土
	響	울릴	22	土	金

음		뜻	획수	발음 오행	자원 오행
허	許	허락할	11	土	金
	墟	언덕	15	土	土

음		뜻	획수	발음 오행	자원 오행
헌	軒	집	10	土	火
	憲	법	16	土	火
	獻	바칠	20	土	土

음		뜻	획수	발음 오행	자원 오행
험	險	험할	21	土	土
	驗	증험할	23	土	火

음		뜻	획수	발음 오행	자원 오행
혁	革	가죽	9	土	金
	赫	붉을	14	土	火
	爀	빛날	18	土	火

현

음	뜻	획수	발음 오행	자원 오행
玄	검을	5	土	火
見	나타날	7	土	火
弦	활시위	8	土	木
泫	물깊을	9	土	水
炫	빛날	9	土	火
峴	고개	10	土	土
玹	옥돌	10	土	金
絃	악기줄	11	土	木
晛	햇살	11	土	火
現	나타날	12	土	金
鉉	솥귀	13	土	金
賢	어질	15	土	金
縣	매달	16	土	火
懸	매달	20	土	火
顯	나타날	23	土	火

협

음	뜻	획수	발음 오행	자원 오행
協	맞을	8	土	水
俠	호협할	9	土	火
峽	골짜기	10	土	土
挾	낄	11	土	木
浹	젖을	11	土	水

형

음	뜻	획수	발음 오행	자원 오행
兄	맏	5	土	木
形	형상	7	土	火
亨	형통할	7	土	土
型	본보기	9	土	土
洞	찰	9	土	水
炯	빛날	9	土	火
邢	나라이름	11	土	土
珩	노리개	11	土	金
瑩	등불	15	土	金
衡	저울	16	土	火
馨	향기로울	20	土	木

혜

음	뜻	획수	발음 오행	자원 오행
彗	별이름	11	土	火
惠	은혜	12	土	火
慧	슬기	15	土	火
蕙	향초	18	土	木

호

음	뜻	획수	발음 오행	자원 오행
互	서로	4	土	水
戶	지게	4	土	木
好	좋을	6	土	土
呼	부를	8	土	水
虎	범	8	土	木
昊	하늘	8	土	火
弧	활	8	土	木
祜	복	10	土	金
毫	가는털	11	土	火
浩	넓을	11	土	水
扈	뒤따를	11	土	木
晧	밝을	11	土	火
瓠	표주박	11	土	木
淏	맑을	12	土	水

음		뜻	획수	발음 오행	자원 오행
	皓	흴	12	土	金
	壺	병	12	土	木
	號	부르짖을	13	土	木
	湖	호수	13	土	水
	瑚	산호	14	土	金
	豪	호걸	14	土	水
	蝴	나비	15	土	水
	滸	물가	15	土	水
	澔	넓을	16	土	水
	縞	명주	16	土	木
	蒿	쑥	16	土	木
	壕	해자	17	土	土
	濠	해자	18	土	水
	鎬	호경	18	土	金
	澔	퍼질	19	土	水
	護	보호할	21	土	金
	顥	클	21	土	火
	頀	구할	23	土	金
	灝	넓을	25	土	水

음		뜻	획수	발음 오행	자원 오행
혼	婚	혼인할	11	土	土
	琿	아름다운옥	14	土	金

음		뜻	획수	발음 오행	자원 오행
홀	笏	홀	10	土	木
	惚	황홀	12	土	火

음		뜻	획수	발음 오행	자원 오행
홍	弘	넓을	5	土	火
	虹	무지개	9	土	水
	泓	물깊을	9	土	水
	紅	붉을	9	土	木
	洪	큰물	10	土	水
	烘	횃불	10	土	火
	鴻	큰기러기	17	土	火

음		뜻	획수	발음 오행	자원 오행
화	火	불	4	土	火
	化	화할	4	土	火
	禾	벼	5	土	木
	和	고를	8	土	水
	花	꽃	10	土	木
	貨	재물	11	土	金
	畵	그림	12	土	土
	話	말할	13	土	金
	靴	신	13	土	金
	華	빛날	14	土	木
	嬅	고울	15	土	土
	樺	자작나무	16	土	木

음		뜻	획수	발음 오행	자원 오행
확	廓	둘레	14	土	木
	確	확실할	15	土	金
	穫	곡식거둘	19	土	木
	擴	넓힐	19	土	木

음		뜻	획수	발음 오행	자원 오행
환	丸	둥글	3	土	土
	幻	변할	4	土	火
	宦	벼슬	9	土	木
	奐	빛날	9	土	木
	桓	굳셀	10	土	木
	晥	환할	11	土	火
	換	바꿀	13	土	木
	煥	빛날	13	土	火
	渙	흩어질	13	土	水
	環	고리	18	土	金
	還	돌아올	20	土	土
	歡	기뻐할	22	土	金
	驩	기뻐할	28	土	火

음		뜻	획수	발음 오행	자원 오행
활	活	살릴	10	土	水
	闊	넓을	17	土	木

음		뜻	획수	발음 오행	자원 오행
황	皇	임금	9	土	金
	況	하물며	9	土	水
	晃	밝을	10	土	火
	晄	밝을	10	土	火
	恍	빛날	10	土	火
	凰	봉황새	11	土	木
	荒	거칠	12	土	木
	黃	누를	12	土	土
	煌	빛날	13	土	火

음		뜻	획수	발음 오행	자원 오행
	滉	물깊을	14	土	水
	榥	책상	14	土	木
	篁	대숲	15	土	木
	潢	웅덩이	16	土	水
	璜	패옥	17	土	金
	隍	해자	17	土	土

음		뜻	획수	발음 오행	자원 오행
회	回	돌아올	6	土	水
	廻	돌이킬	9	土	水
	恢	클	10	土	火
	悔	뉘우칠	11	土	火
	晦	늦을	11	土	火
	淮	강이름	12	土	水
	茴	회향풀	12	土	木
	會	모일	13	土	木
	誨	가르칠	14	土	金
	檜	노송나무	17	土	木
	澮	봇도랑	17	土	水
	繪	그림	19	土	木
	懷	품을	20	土	火

음		뜻	획수	발음 오행	자원 오행
획	劃	새길	14	土	金
	獲	얻을	18	土	土

음		뜻	획수	발음 오행	자원 오행
횡	宖	집울릴	8	土	木
	橫	가로	16	土	木

	鏣	종	20	土	金

	음	뜻	획수	발음 오행	자원 오행
효	爻	변할	4	土	火
	孝	효도	7	土	水
	效	본받을	10	土	金
	涍	강이름	11	土	水
	曉	새벽	16	土	火
	斅	가르칠	20	土	金
	驍	날랠	22	土	火

	음	뜻	획수	발음 오행	자원 오행
후	后	임금	6	土	水
	厚	두터울	9	土	土
	後	뒤	9	土	火
	候	기후	10	土	火
	侯	제후	10	土	火
	珝	옥이름	11	土	金
	帿	과녁	12	土	木
	煦	따뜻하게할	13	土	火
	逅	만날	13	土	土
	嗅	맡을	13	土	水

	음	뜻	획수	발음 오행	자원 오행
훈	訓	가르칠	10	土	金
	君	향기	11	土	火
	勛	공	12	土	火
	暈	무리	13	土	火
	熏	연기낄	14	土	火

	勳	공	16	土	火
	壎	나팔	17	土	土
	燻	연기낄	18	土	火
	薰	향기	20	土	木

	음	뜻	획수	발음 오행	자원 오행
훤	暄	따뜻할	13	土	火
	煊	따뜻할	13	土	火
	萱	원추리	15	土	木

	음	뜻	획수	발음 오행	자원 오행
훼	卉	풀	5	土	木
	喙	부리	12	土	水

	음	뜻	획수	발음 오행	자원 오행
휘	彙	무리	13	土	火
	煇	빛날	13	土	火
	暉	햇빛	13	土	火
	揮	휘두를	13	土	木
	麾	대장기	15	土	木
	輝	빛날	15	土	火
	徽	아름다울	17	土	火

	음	뜻	획수	발음 오행	자원 오행
휴	休	쉴	6	土	火
	烋	경사로울	10	土	火
	畦	밭두둑	11	土	土
	携	가질	14	土	木
	虧	이지러질	17	土	木

음		뜻	획수	발음 오행	자원 오행
흑	黑	검을	12	土	水

음		뜻	획수	발음 오행	자원 오행
흔	欣	기쁠	8	土	火
	炘	이글이글할	8	土	火
	昕	해돋을	8	土	火
	痕	흔적	11	土	水

음		뜻	획수	발음 오행	자원 오행
흡	吸	숨들이실	7	土	水
	洽	윤택하게할	10	土	水
	恰	흡사할	10	土	火
	翕	합할	12	土	火

음		뜻	획수	발음 오행	자원 오행
흥	興	일어날	15	土	土

음		뜻	획수	발음 오행	자원 오행
희	希	바랄	7	土	木
	姬	계집	9	土	土
	晞	마를	11	土	火
	喜	기쁠	12	土	水
	稀	드물	12	土	木
	熙	빛날	13	土	火
	僖	기쁠	14	土	火
	嬉	즐길	15	土	土
	熙	화할	15	土	水
	戲	놀	16	土	金
	憙	기뻐할	16	土	火
	憘	기뻐할	16	土	火
	嘻	성할	16	土	火
	熹	성할	16	土	火
	羲	숨	16	土	土
	禧	복	17	土	木
	曦	햇빛	20	土	火

부록 3 — 성씨별 길한 수리 조견표

2획성	성(성씨)	이름자(1)	이름자(2)	4격수리 원	형	이	정
내乃	2	1	4	5	3	6	7
복卜	2	1	5	6	3	7	8
정丁	2	1	14	15	3	16	17
우又	2	1	15	16	3	17	18
	2	1	22	23	3	24	25
	2	3	3	6	5	5	8
	2	3	13	16	5	15	18
	2	4	1	5	6	3	7
	2	4	9	13	6	11	15
	2	4	11	15	6	13	17
	2	4	19	23	6	21	25
	2	5	1	6	7	3	8
	2	5	6	11	7	8	13
	2	5	11	16	7	13	18
	2	5	16	21	7	18	23
	2	6	5	11	8	7	13
	2	6	9	15	8	11	17
	2	6	15	21	8	17	23
	2	6	23	29	8	25	31

성(성씨)	이름자(1)	이름자(2)	4격수리 원	형	이	정
2	9	4	13	11	6	15
2	9	6	15	11	8	17
2	9	14	23	11	16	25
2	9	22	31	11	24	33
2	11	4	15	13	6	17
2	11	5	16	13	7	18
2	11	22	33	13	24	35
2	13	3	16	15	5	18
2	13	16	29	15	18	31
2	13	22	35	15	24	37
2	14	1	15	16	3	17
2	14	9	23	16	11	25
2	14	15	29	16	17	31
2	14	19	33	16	21	35
2	14	21	35	16	23	37
2	15	1	16	17	3	18
2	15	6	21	17	8	23
2	15	14	29	17	16	31
2	15	16	31	17	18	33
2	16	5	21	18	7	23
2	16	13	29	18	15	31
2	16	15	31	18	17	33
2	16	19	35	18	21	37
2	19	4	23	21	6	25
2	19	14	33	21	16	35
2	19	16	35	21	18	37
2	21	14	35	23	16	37

성 (성씨)	이름자 (1)	이름자 (2)	4격수리 원	형	이	정
2	22	1	23	24	3	25
2	22	9	31	24	11	33
2	22	11	33	24	13	35
2	22	13	35	24	15	37
2	23	6	29	25	8	31

3획성

간干 궁弓 대大 범凡 산山 우于 천千

성 (성씨)	이름자 (1)	이름자 (2)	4격수리 원	형	이	정
3	2	3	5	5	6	8
3	2	13	15	5	16	18
3	3	2	5	6	5	8
3	3	10	13	6	13	16
3	3	12	15	6	15	18
3	3	15	18	6	18	21
3	3	18	21	6	21	24
3	4	4	8	7	7	11
3	4	14	18	7	17	21
3	5	8	13	8	11	16
3	5	10	15	8	13	18
3	5	13	18	8	16	21
3	8	5	13	11	8	16
3	8	10	18	11	13	21
3	8	13	21	11	16	24
3	8	21	29	11	24	32
3	10	3	13	13	6	16
3	10	5	15	13	8	18
3	10	8	18	13	11	21
3	10	22	32	13	25	35
3	12	3	15	15	6	18
3	12	20	32	15	23	35
3	13	2	15	16	5	18
3	13	5	18	16	8	21
3	13	8	21	16	11	24
3	13	22	35	16	25	38
3	14	4	18	17	7	21
3	14	15	29	17	18	32
3	14	18	32	17	21	35
3	14	21	35	17	24	38
3	15	3	18	18	6	21
3	15	14	29	18	17	32
3	15	20	35	18	23	38
3	18	3	21	21	6	24
3	18	14	32	21	17	35
3	18	20	38	21	23	41
3	20	12	32	23	15	35
3	20	15	35	23	18	38
3	20	18	38	23	21	41
3	21	8	29	24	11	32
3	21	14	35	24	17	38
3	22	13	35	25	16	38

성씨별 길한 수리 조견표

4획성	성(성씨)	이름자(1)	이름자(2)	원	형	이	정
개 介	4	1	2	3	5	6	7
공 孔	4	1	12	13	5	16	17
공 公	4	2	1	3	6	5	7
모 毛	4	2	9	11	6	13	15
목 木	4	2	11	13	6	15	17
문 文	4	3	4	7	7	8	11
방 方	4	3	14	17	7	18	21
변 卞	4	4	3	7	8	7	11
부 夫	4	4	7	11	8	11	15
왕 王	4	4	9	13	8	13	17
원 元	4	4	13	17	8	17	21
윤 尹	4	4	17	21	8	21	25
인 仁	4	4	21	25	8	25	29
천 天	4	7	4	11	11	8	15
태 太	4	7	14	21	11	18	25
편 片	4	9	2	11	13	6	15
	4	9	4	13	13	8	17
	4	9	12	21	13	16	25
	4	9	20	29	13	24	33
	4	9	22	31	13	26	35
	4	11	2	13	15	6	17
	4	11	14	25	15	18	29
	4	11	20	31	15	24	35
	4	11	22	33	15	26	37
	4	12	1	13	16	5	17
	4	12	9	21	16	13	25
	4	12	13	25	16	17	29
	4	12	17	29	16	21	33
	4	12	19	31	16	23	35
	4	12	21	33	16	25	37
	4	13	4	17	17	8	21
	4	13	12	25	17	16	29
	4	13	20	33	17	24	37
	4	14	3	17	18	7	21
	4	14	7	21	18	11	25
	4	14	11	25	18	15	29
	4	14	17	31	18	21	35
	4	14	19	33	18	23	37
	4	14	21	35	18	25	39
	4	17	4	21	21	8	25
	4	17	12	29	21	16	33
	4	17	14	31	21	18	35
	4	17	20	37	21	24	41
	4	19	2	21	23	6	25
	4	19	12	31	23	16	35
	4	19	14	33	23	18	37
	4	20	1	21	24	5	25
	4	20	9	29	24	13	33
	4	20	11	31	24	15	35
	4	20	13	33	24	17	37
	4	20	17	37	24	21	41
	4	20	21	41	24	25	45
	4	21	4	25	25	8	29
	4	21	12	33	25	16	37

성 (성씨)	이름자 (1)	이름자 (2)	4격수리			
			원	형	이	정
4	21	14	35	25	18	39
4	22	9	31	26	13	35

5획성

성 (성씨)	이름자 (1)	이름자 (2)	4격수리			
			원	형	이	정
감 甘	5	1	2	3	6	7	8
공 功	5	1	10	11	6	15	16
구 丘	5	1	12	13	6	17	18
백 白	5	2	6	8	7	11	13
사 史	5	2	11	13	7	16	18
석 石	5	2	16	18	7	21	23
소 召	5	3	3	6	8	8	11
신 申	5	3	8	11	8	13	16
옥 玉	5	3	10	13	8	15	18
을지 乙支	5	3	13	16	8	18	21
전 田	5	6	2	8	11	7	13
점 占	5	6	10	16	11	15	21
좌 左	5	6	12	18	11	17	23
평 平	5	6	18	24	11	23	29
피 皮	5	8	3	11	13	8	16
현 玄	5	8	8	16	13	13	21
	5	8	10	18	13	15	23
	5	8	16	24	13	21	29
	5	8	24	32	13	29	37
	5	10	1	11	15	6	16
	5	10	3	13	15	8	18
	5	10	6	16	15	11	21

성 (성씨)	이름자 (1)	이름자 (2)	4격수리			
			원	형	이	정
5	10	8	18	15	13	23
5	10	11	21	15	16	26
5	11	2	13	16	7	18
5	11	10	21	16	15	26
5	11	13	24	16	18	29
5	12	1	13	17	6	18
5	12	6	18	17	11	23
5	12	12	24	17	17	29
5	12	20	32	17	25	37
5	13	3	16	18	8	21
5	13	11	24	18	16	29
5	13	19	32	18	24	37
5	13	20	33	18	25	38
5	16	2	18	21	7	23
5	16	8	24	21	13	29
5	16	16	32	21	21	37
5	18	6	24	23	11	29
5	19	13	32	24	18	37
5	20	6	26	25	11	31
5	20	12	32	25	17	37
5	20	13	33	25	18	38
5	24	8	32	29	13	37

6획성	성(성씨)	이름자(1)	이름자(2)	4격수리					성(성씨)	이름자(1)	이름자(2)	4격수리			
				원	형	이	정					원	형	이	정
길吉	6	1	7	8	7	13	14		6	10	25	35	16	31	41
노老	6	1	10	11	7	16	17		6	11	7	18	17	13	24
모牟	6	1	17	18	7	23	24		6	11	12	23	17	18	29
미米	6	2	5	7	8	11	13		6	11	15	26	17	21	32
박朴	6	2	9	11	8	15	17		6	11	18	29	17	24	35
백百	6	2	15	17	8	21	23		6	12	5	17	18	11	23
서西	6	2	23	25	8	29	31		6	12	11	23	18	17	29
안安	6	5	2	7	11	8	13		6	12	17	29	18	23	35
이伊	6	5	10	15	11	16	21		6	12	19	31	18	25	37
인印	6	5	12	17	11	18	23		6	12	23	35	18	29	41
임任	6	5	18	23	11	24	29		6	15	2	17	21	8	23
전全	6	5	26	31	11	32	37		6	15	10	25	21	16	31
주朱	6	7	1	8	13	7	14		6	15	17	32	21	23	38
	6	7	10	17	13	16	23		6	15	18	33	21	24	39
	6	7	11	18	13	17	24		6	17	12	29	23	18	35
	6	7	18	25	13	24	31		6	17	15	32	23	21	38
	6	7	25	32	13	31	38		6	17	18	35	23	24	41
	6	9	2	11	15	8	17		6	18	5	23	24	11	29
	6	9	9	18	15	15	24		6	18	7	25	24	13	31
	6	9	23	32	15	29	38		6	18	11	29	24	17	35
	6	9	26	35	15	32	41		6	18	15	33	24	21	39
	6	10	1	11	16	7	17		6	18	17	35	24	23	41
	6	10	5	15	16	11	21		6	19	10	29	25	16	35
	6	10	7	17	16	13	23		6	19	12	31	25	18	37
	6	10	15	25	16	21	31		6	23	2	25	29	8	31
	6	10	19	29	16	25	35		6	23	9	32	29	15	38
	6	10	23	33	16	29	39		6	23	10	33	29	16	39

성 (성씨)	이름자 (1)	이름자 (2)	4격수리			
			원	형	이	정
6	23	12	35	29	18	41
6	25	7	32	31	13	38
6	25	10	35	31	16	41
6	26	5	31	32	11	37
6	26	9	35	32	15	41

7획성

성 (성씨)	이름자 (1)	이름자 (2)	4격수리			
			원	형	이	정
강江 7	1	10	11	8	17	18
두杜 7	1	16	17	8	23	24
성成 7	1	24	25	8	31	32
송宋 7	4	4	8	11	11	15
신辛 7	4	14	18	11	21	25
여余 7	6	10	16	13	17	23
여呂 7	6	11	17	13	18	24
여汝 7	6	18	24	13	25	31
연延 7	8	8	16	15	15	23
오吳 7	8	9	17	15	16	24
이李 7	8	10	18	15	17	25
정廷 7	8	16	24	15	23	31
지池 7	8	17	25	15	24	32
차車 7	8	24	32	15	31	39
하何 7	9	8	17	16	15	24
7	9	9	18	16	16	25
7	9	16	25	16	23	32
7	9	22	31	16	29	38
7	10	1	11	17	8	18

성 (성씨)	이름자 (1)	이름자 (2)	4격수리			
			원	형	이	정
7	10	6	16	17	13	23
7	10	8	18	17	15	25
7	10	14	24	17	21	31
7	10	22	32	17	29	39
7	11	6	17	18	13	24
7	11	14	25	18	21	32
7	14	4	18	21	11	25
7	14	10	24	21	17	31
7	14	11	25	21	18	32
7	14	17	31	21	24	38
7	14	18	32	21	25	39
7	16	1	17	23	8	24
7	16	8	24	23	15	31
7	16	9	25	23	16	32
7	16	16	32	23	23	39
7	16	22	38	23	29	45
7	17	8	25	24	15	32
7	17	14	31	24	21	38
7	17	24	41	24	31	48
7	18	6	24	25	13	31
7	18	14	32	25	21	39
7	22	9	31	29	16	38
7	22	10	32	29	17	39
7	22	16	38	29	23	45
7	24	1	25	31	8	32
7	24	7	31	31	14	38
7	24	17	41	31	24	48

성씨별 길한 수리 조견표

8획성	성(성씨)	이름자(1)	이름자(2)	4격수리 원	형	이	정
경京	8	3	5	8	11	13	16
경庚	8	3	10	13	11	18	21
계季	8	3	13	16	11	21	24
공空	8	3	21	24	11	29	32
구具	8	5	3	8	13	11	16
기奇	8	5	8	13	13	16	21
김金	8	5	10	15	13	18	23
맹孟	8	5	16	21	13	24	29
명明	8	5	24	29	13	32	37
방房	8	7	8	15	15	16	23
봉奉	8	7	9	16	15	17	24
사舍	8	7	10	17	15	18	25
상尙	8	7	16	23	15	24	31
석昔	8	7	17	24	15	25	32
송松	8	7	24	31	15	32	39
승承	8	8	5	13	16	13	21
심沈	8	8	7	15	16	15	23
악岳	8	8	9	17	16	17	25
임林	8	8	10	18	16	18	26
종宗	8	8	13	21	16	21	29
주周	8	8	15	23	16	23	31
창昌	8	8	16	24	16	24	32
채采	8	8	17	25	16	25	33
탁卓	8	8	21	29	16	29	37
화和	8	9	7	16	17	15	24
	8	9	8	17	17	16	25
	8	9	9	18	17	17	26
	8	9	15	24	17	23	32
	8	9	16	25	17	24	33
	8	10	3	13	18	11	21
	8	10	5	15	18	13	23
	8	10	7	17	18	15	25
	8	10	8	18	18	16	26
	8	10	13	23	18	21	31
	8	10	15	25	18	23	33
	8	10	21	31	18	29	39
	8	10	23	33	18	31	41
	8	13	3	16	21	11	24
	8	13	8	21	21	16	29
	8	13	10	23	21	18	31
	8	13	16	29	21	24	37
	8	15	8	23	23	16	31
	8	15	9	24	23	17	32
	8	15	10	25	23	18	33
	8	15	16	31	23	24	39
	8	16	5	21	24	13	29
	8	16	7	23	24	15	31
	8	16	8	24	24	16	32
	8	16	9	25	24	17	33
	8	16	13	29	24	21	37
	8	16	15	31	24	23	39
	8	16	17	33	24	25	41
	8	16	21	37	24	29	45
	8	17	7	24	25	15	32

성(성씨)	이름자(1)	이름자(2)	4격수리 원	형	이	정
8	17	8	25	25	16	33
8	17	16	33	25	24	41
8	21	3	24	29	11	32
8	21	8	29	29	16	37
8	21	10	31	29	18	39
8	21	16	37	29	24	45
8	23	10	33	31	18	41
8	24	5	29	32	13	37
8	24	7	31	32	15	39
8	27	10	37	35	18	45

9 획성

성씨	성(성씨)	이름자(1)	이름자(2)	4격수리 원	형	이	정
강 姜	9	2	4	6	11	13	15
남 南	9	2	6	8	11	15	17
단 段	9	2	14	16	11	23	25
류 柳	9	4	2	6	13	11	15
선 宣	9	4	4	8	13	13	17
성 星	9	4	12	16	13	21	25
언 彦	9	4	20	24	13	29	33
우 禹	9	6	2	8	15	11	17
위 韋	9	6	9	15	15	18	24
유 俞	9	6	23	29	15	32	38
추 秋	9	7	8	15	16	17	24
표 表	9	7	9	16	16	18	25
하 河	9	7	16	23	16	25	32
함 咸	9	7	22	29	16	31	38

성(성씨)	이름자(1)	이름자(2)	4격수리 원	형	이	정
9	8	7	15	17	16	24
9	8	8	16	17	17	25
9	8	15	23	17	24	32
9	8	16	24	17	25	33
9	9	6	15	18	15	24
9	9	7	16	18	16	25
9	9	8	17	18	17	26
9	9	14	23	18	23	32
9	9	15	24	18	24	33
9	9	20	29	18	29	38
9	9	23	32	18	32	41
9	12	4	16	21	13	25
9	12	12	24	21	21	33
9	12	20	32	21	29	41
9	14	2	16	23	11	25
9	14	9	23	23	18	32
9	14	15	29	23	24	38
9	15	8	23	24	17	32
9	15	9	24	24	18	33
9	15	14	29	24	23	38
9	15	23	38	24	32	47
9	15	24	39	24	33	48
9	16	7	23	25	16	32
9	16	8	24	25	17	33
9	16	16	32	25	25	41
9	16	22	38	25	31	47
9	20	4	24	29	13	33

성 (성씨)	이름자 (1)	이름자 (2)	4격수리			
			원	형	이	정
9	20	9	29	29	18	38
9	20	12	32	29	21	41
9	22	2	24	31	11	33
9	22	7	29	31	16	38
9	22	16	38	31	25	47
9	23	6	29	32	15	38
9	23	9	32	32	18	41
9	23	15	38	32	24	47
9	24	15	39	32	24	48

10획성

성 (성씨)	이름자 (1)	이름자 (2)	4격수리			
			원	형	이	정
계桂	10	1	5	6	11	15	16
고高	10	1	6	7	11	16	17
골骨	10	1	7	8	11	17	18
구俱	10	1	14	15	11	24	25
궁宮	10	1	22	23	11	32	33
당唐	10	3	3	6	13	13	16
마馬	10	3	5	8	13	15	18
방芳	10	3	8	11	13	18	21
서徐	10	3	22	25	13	32	35
손孫	10	5	1	6	15	11	16
예芮	10	5	3	8	15	13	18
원袁	10	5	6	11	15	16	21
은殷	10	5	8	13	15	18	23
조曺	10	6	1	7	16	11	17
진晋	10	6	5	11	16	15	21
진秦	10	6	7	13	16	17	23
창倉	10	6	15	21	16	25	31
하夏	10	6	19	25	16	29	35
홍洪	10	6	23	29	16	33	39
	10	7	1	8	17	11	18
	10	7	6	13	17	16	23
	10	7	8	15	17	18	25
	10	7	14	21	17	24	31
	10	7	22	29	17	32	39
	10	8	3	11	18	13	21
	10	8	5	13	18	15	23
	10	8	7	15	18	17	25
	10	8	13	21	18	23	31
	10	8	15	23	18	25	33
	10	8	21	29	18	31	39
	10	8	23	31	18	33	41
	10	11	14	25	21	24	35
	10	13	8	21	23	18	31
	10	13	22	35	23	32	45
	10	14	1	15	24	11	25
	10	14	7	21	24	17	31
	10	14	11	25	24	21	35
	10	14	15	29	24	25	39
	10	14	21	35	24	31	45
	10	15	6	21	25	16	31
	10	15	8	23	25	18	33
	10	15	14	29	25	24	39

성(성씨)	이름자(1)	이름자(2)	4격수리			
			원	형	이	정
10	15	22	37	25	32	47
10	15	23	38	25	33	48
10	19	6	25	29	16	35
10	19	19	38	29	29	48
10	21	8	29	31	18	39
10	21	14	35	31	24	45
10	22	1	23	32	11	33
10	22	3	25	32	13	35
10	22	7	29	32	17	39
10	22	13	35	32	23	45
10	22	15	37	32	25	47
10	23	6	29	33	16	39
10	23	8	31	33	18	41
10	23	15	38	33	25	48

11획성

	성(성씨)	이름자(1)	이름자(2)	4격수리			
				원	형	이	정
강康	11	2	4	6	13	15	17
강强	11	2	5	7	13	16	18
마麻	11	2	13	15	13	24	26
매梅	11	2	22	24	13	33	35
반班	11	4	2	6	15	13	17
방邦	11	4	14	18	15	25	29
범范	11	4	20	24	15	31	35
상常	11	5	2	7	16	13	18
설卨	11	5	10	15	16	21	26
설偰	11	5	13	18	16	24	29
양梁	11	6	7	13	17	18	24
어魚	11	6	12	18	17	23	29
위尉	11	6	18	24	17	29	35
이異	11	7	6	13	18	17	24
장將	11	7	14	21	18	25	32
장張	11	10	5	15	21	16	26
장章	11	10	14	24	21	25	35
조曹	11	12	6	18	23	17	29
최崔	11	12	12	24	23	23	35
허許	11	13	2	15	24	13	26
호扈	11	13	5	18	24	16	29
호胡	11	13	24	37	24	35	48
	11	14	4	18	25	15	29
	11	14	7	21	25	18	32
	11	14					35
	11	18	6	24	29	17	35
	11	20	4	24	31	15	35
	11	20	21	41	31	32	52
	11	21	20	41	32	31	52
	11	22	2	24	33	13	35
	11	24	13	37	35	24	48

12획성	성(성씨)	이름자(1)	이름자(2)	4격수리 원	4격수리 형	4격수리 이	4격수리 정
경景	12	1	4	5	13	16	17
구邱	12	1	5	6	13	17	18
동童	12	1	12	13	13	24	25
동방東方	12	1	20	21	13	32	33
민閔	12	3	3	6	15	15	18
삼森	12	3	20	23	15	32	35
소邵	12	4	1	5	16	13	17
순淳	12	4	9	13	16	21	25
순筍	12	4	13	17	16	25	29
순舜	12	4	17	21	16	29	33
승勝	12	4	19	23	16	31	35
요堯	12	4	21	25	16	33	37
유庾	12	5	1	6	17	13	18
정程	12	5	6	11	17	18	23
증曾	12	5	12	17	17	24	29
팽彭	12	5	20	25	17	32	37
풍馮	12	6	5	11	18	17	23
하賀	12	6	11	17	18	23	29
황黃	12	6	17	23	18	29	35
	12	6	19	25	18	31	37
	12	6	23	29	8	35	41
	12	9	4	13	21	16	25
	12	9	12	21	21	24	33
	12	9	20	29	21	32	41
	12	9	26	35	21	38	47
	12	11	6	17	23	18	29
	12	11	12	23	23	24	35
	12	12	1	13	24	13	25
	12	12	5	17	24	17	29
	12	12	9	21	24	21	33
	12	12	11	23	24	23	35
	12	12	13	25	24	25	37
	12	12	17	29	24	29	41
	12	12	21	33	24	33	45
	12	12	23	35	24	35	47
	12	13	4	17	25	16	29
	12	13	12	25	25	24	37
	12	13	20	33	25	32	45
	12	17	4	21	29	16	33
	12	17	6	23	29	18	35
	12	17	12	29	29	24	41
	12	19	4	23	31	16	35
	12	19	6	25	31	18	37
	12	20	1	21	32	13	33
	12	20	3	23	32	15	35
	12	20	5	25	32	17	37
	12	20	9	29	32	21	41
	12	20	13	33	32	25	45
	12	21	4	25	33	16	37
	12	21	12	33	33	24	45
	12	23	6	29	35	18	41
	12	23	12	35	35	24	47
	12	26	9	35	38	21	47

13획성	성(성씨)	이름자(1)	이름자(2)	4격수리 원	형	이	정
가賈	13	2	3	5	15	16	18
금琴	13	2	16	18	15	29	31
노路	13	2	22	24	15	35	37
목睦	13	3	2	5	16	15	18
사공司空	13	3	8	11	16	21	24
신新	13	3	22	25	16	35	38
양楊	13	4	4	8	17	17	21
염廉	13	4	12	16	17	25	29
옹雍	13	4	20	24	17	33	37
장莊	13	8	3	11	21	16	24
초楚	13	8	8	16	21	21	29
	13	8	10	18	21	23	31
	13	8	16	24	21	29	37
	13	10	8	18	23	21	31
	13	10	22	32	23	35	45
	13	12	4	16	25	17	29
	13	12	12	24	25	25	37
	13	12	20	32	25	33	45
	13	16	8	24	29	21	37
	13	16	16	32	29	29	45
	13	16	19	35	29	32	48
	13	19	16	35	32	29	48
	13	19	20	39	32	33	52
	13	20	4	24	33	17	37
	13	20	5	25	33	18	38
	13	20	12	32	33	25	45
	13	22	2	24	35	15	37
	13	22	3	25	35	16	38
	13	22	10	32	35	23	45
	13	22	26	48	35	39	61
	13	26	22	48	39	35	61

14획성	성(성씨)	이름자(1)	이름자(2)	4격수리 원	형	이	정
견甄	14	1	2	3	15	16	17
공손公孫	14	1	10	11	15	24	25
국菊	14	1	17	18	15	31	32
기箕	14	1	23	24	15	37	38
단端	14	2	1	3	16	15	17
배裵	14	2	9	11	16	23	25
봉鳳	14	2	15	17	16	29	31
빈賓	14	2	19	21	16	33	35
서문西門	14	2	21	23	16	35	37
신愼	14	2	23	25	16	37	39
온溫	14	3	4	7	17	18	21
제齊	14	3	15	18	17	29	32
조趙	14	3	18	21	17	32	35
채菜	14	3	21	24	17	35	38
화華	14	4	3	7	18	17	21
	14	4	7	11	18	21	25
	14	4	11	15	18	25	29
	14	4	17	21	18	31	35
	14	4	19	23	18	33	37
	14	4	21	25	18	35	39

성(성씨)	이름자(1)	이름자(2)	4격수리			
			원	형	이	정
14	7	4	11	21	18	25
14	7	10	17	21	24	31
14	7	11	18	21	25	32
14	7	17	24	21	31	38
14	7	18	25	21	32	39
14	7	24	31	21	38	45
14	9	2	11	23	16	25
14	9	9	18	23	23	32
14	9	15	24	23	29	38
14	9	24	33	23	38	47
14	10	1	11	24	15	25
14	10	7	17	24	21	31
14	10	11	21	24	25	35
14	10	15	25	24	29	39
14	10	21	31	24	35	45
14	10	23	33	24	37	47
14	11	4	15	25	18	29
14	11	7	18	25	21	32
14	11	10	21	25	24	35
14	15	2	17	29	16	31
14	15	3	18	29	17	32
14	15	9	24	29	23	38
14	15	10	25	29	24	39
14	15	18	33	29	32	47
14	17	1	18	31	15	32
14	17	4	21	31	18	35
14	17	7	24	31	21	38

성(성씨)	이름자(1)	이름자(2)	4격수리			
			원	형	이	정
14	18	3	21	32	17	35
14	18	7	25	32	21	39
14	18	15	33	32	29	47
14	19	2	21	33	16	35
14	19	4	23	33	18	37
14	21	2	23	35	16	37
14	21	3	24	35	17	38
14	21	4	25	35	18	39
14	21	10	31	35	24	45
14	21	17	38	35	31	52
14	23	1	24	37	15	38
14	23	2	25	37	16	39
14	23	10	33	37	24	47
14	24	7	31	38	21	45
14	24	9	33	38	23	47

15 획성

	성(성씨)	이름자(1)	이름자(2)	4격수리			
				원	형	이	정
가價	15	1	2	3	16	17	18
갈葛	15	1	16	17	16	31	32
경慶	15	1	17	18	16	32	33
곽郭	15	1	22	23	16	37	38
구歐	15	2	1	3	17	16	18
노魯	15	2	6	8	17	21	23
동董	15	2	14	16	17	29	31
묵墨	15	2	16	18	17	31	33
사마司馬	15	2	22	24	17	37	39

성(성씨)	이름자(1)	이름자(2)	4격수리			
			원	형	이	정
15	3	3	6	18	18	21
15	3	14	17	18	29	32
15	3	20	23	18	35	38
15	6	2	8	21	17	23
15	6	10	16	21	25	31
15	6	17	23	21	32	38
15	6	18	24	21	33	39
15	8	8	16	23	23	31
15	8	9	17	23	24	32
15	8	10	18	23	25	33
15	8	16	24	23	31	39
15	8	24	32	23	39	47
15	9	8	17	24	23	32
15	9	9	18	24	24	33
15	9	14	23	24	29	38
15	9	23	32	24	38	47
15	10	6	16	25	21	31
15	10	8	18	25	23	33
15	10	14	24	25	29	39
15	10	22	32	25	37	47
15	10	23	33	25	38	48
15	14	2	16	29	17	31
15	14	3	17	29	18	32
15	14	9	23	29	24	38
15	14	10	24	29	25	39
15	14	18	32	29	33	47
15	14	23	37	29	38	52
15	16	1	17	31	16	32
15	16	2	18	31	17	33
15	16	8	24	31	23	39
15	16	16	32	31	31	47
15	16	17	33	31	32	48
15	17	6	23	32	21	38
15	17	16	33	32	31	48
15	17	20	37	32	35	52
15	18	6	24	33	21	39
15	18	14	32	33	29	47
15	20	3	23	35	18	38
15	20	17	37	35	32	52
15	22	1	23	37	16	38
15	22	2	24	37	17	39
15	22	10	32	37	25	47
15	23	9	32	38	24	47
15	23	10	33	38	25	48
15	23	14	37	38	29	52
15	24	8	32	39	23	47

유劉
한漢

16획성	성(성씨)	이름자(1)	이름자(2)	4격수리 원	형	이	정
노盧	16	1	7	8	17	23	24
도道	16	1	15	16	17	31	32
도都	16	1	16	17	17	32	33
도陶	16	1	22	23	17	38	39
반潘	16	2	5	7	18	21	23
연燕	16	2	13	15	18	29	31
용龍	16	2	15	17	18	31	33
육陸	16	2	19	21	18	35	37
음陰	16	2	21	23	18	37	39
전錢	16	2	23	25	18	39	41
제諸	16	5	2	7	21	18	23
진陳	16	5	8	13	21	24	29
황보皇甫	16	5	16	21	21	32	37
	16	7	1	8	23	17	24
	16	7	8	15	23	24	31
	16	7	9	16	23	25	32
	16	7	10	17	23	26	33
	16	7	16	23	23	32	39
	16	7	22	29	23	38	45
	16	8	5	13	24	21	29
	16	8	7	15	24	23	31
	16	8	9	17	24	25	33
	16	8	13	21	24	29	37
	16	8	15	23	24	31	39
	16	8	17	25	24	33	41
	16	8	21	29	24	37	45
	16	8	23	31	24	39	47
	16	9	7	16	25	23	32
	16	9	8	17	25	24	33
	16	9	16	25	25	32	41
	16	9	22	31	25	38	47
	16	9	23	32	25	39	48
	16	13	2	15	29	18	31
	16	13	8	21	29	24	37
	16	13	16	29	29	32	45
	16	13	19	32	29	35	48
	16	15	1	16	31	17	32
	16	15	2	17	31	18	33
	16	15	8	23	31	24	39
	16	15	10	25	31	26	41
	16	15	16	31	31	32	47
	16	15	17	32	31	33	48
	16	16	1	17	32	17	33
	16	16	5	21	32	21	37
	16	16	7	23	32	23	39
	16	16	9	25	32	25	41
	16	16	13	29	32	29	45
	16	16	15	31	32	31	47
	16	17	8	25	33	24	41
	16	17	15	32	33	31	48
	16	19	2	21	35	18	37
	16	19	13	32	35	29	48
	16	19	22	41	35	38	57
	16	21	2	23	37	18	39

성 (성씨)	이름자 (1)	이름자 (2)	4격수리			
			원	형	이	정
16	21	8	29	37	24	45
16	22	1	23	38	17	39
16	22	7	29	38	23	45
16	22	9	31	38	25	47
16	22	19	41	38	35	57
16	23	2	25	39	18	41
16	23	9	32	39	25	38

17 획성

성씨	성 (성씨)	이름자 (1)	이름자 (2)	4격수리			
				원	형	이	정
국鞠	17	1	4	5	18	21	22
사謝	17	1	6	7	18	23	24
상尙	17	1	14	15	18	31	32
선鮮	17	1	15	16	18	32	33
손遜	17	1	16	17	18	33	34
양襄	17	1	20	21	18	37	38
양陽	17	4	1	5	21	18	22
연蓮	17	4	4	8	21	21	25
장蔣	17	4	12	16	21	29	33
종鍾	17	4	14	18	21	31	35
채蔡	17	4	20	24	21	37	41
추鄒	17	6	1	7	23	18	24
한韓	17	6	12	18	23	29	35
	17	6	15	21	23	32	38
	17	6	18	24	23	35	41
	17	7	8	15	24	25	32
	17	7	14	21	24	31	38

성 (성씨)	이름자 (1)	이름자 (2)	4격수리			
			원	형	이	정
17	7	24	31	24	41	48
17	8	7	15	25	24	32
17	8	8	16	25	25	33
17	8	16	24	25	33	41
17	9	9	18	26	26	35
17	12	4	16	29	21	33
17	12	6	18	29	23	35
17	12	12	24	29	29	41
17	14	1	15	31	18	32
17	14	4	18	31	21	35
17	14	7	21	31	24	38
17	14	21	35	31	38	52
17	15	1	16	32	18	33
17	15	6	21	32	23	38
17	15	16	31	32	33	48
17	15	20	35	32	37	52
17	16	1	17	33	18	34
17	16	8	24	33	25	41
17	16	15	31	33	32	48
17	18	6	24	35	23	41
17	20	1	21	37	18	38
17	20	4	24	37	21	41
17	20	15	35	37	32	52
17	21	14	35	38	31	52
17	24	7	31	41	24	48

18획성	성(성씨)	이름자(1)	이름자(2)	4격수리 원	형	이	정
간簡	18	3	3	6	21	21	24
안顏	18	3	14	17	21	32	35
위魏	18	3	20	23	21	38	41
	18	5	6	11	23	24	29
	18	6	5	11	24	23	29
	18	6	7	13	24	25	31
	18	6	11	17	24	29	35
	18	6	15	21	24	33	39
	18	6	17	23	24	35	41
	18	7	6	13	25	24	31
	18	7	14	21	25	32	39
	18	11	6	17	29	24	35
	18	14	3	17	32	21	35
	18	14	7	21	32	25	39
	18	14	15	29	32	33	47
	18	15	6	21	33	24	39
	18	15	14	29	33	32	47
	18	17	6	23	35	24	41
	18	20	3	23	38	21	41

19획성	성(성씨)	이름자(1)	이름자(2)	4격수리 원	형	이	정
관關	19	2	4	6	21	23	25
남궁南宮	19	2	14	16	21	33	35
방龐	19	2	16	18	21	35	37
설薛	19	4	2	6	23	21	25
정鄭	19	4	12	16	23	31	35

	성(성씨)	이름자(1)	이름자(2)	4격수리 원	형	이	정
	19	4	14	18	23	33	37
	19	5	13	18	24	32	37
	19	6	10	16	25	29	35
	19	6	12	18	25	31	37
	19	10	6	16	29	25	35
	19	10	19	29	29	38	48
	19	12	4	16	31	23	35
	19	12	6	18	31	25	37
	19	13	5	18	32	24	37
	19	13	13	26	32	32	45
	19	13	16	29	32	35	48
	19	13	20	33	32	39	52
	19	14	2	16	33	21	35
	19	14	4	18	33	23	37
	19	14	19	33	33	38	52
	19	16	2	18	35	21	37
	19	16	13	29	35	32	48
	19	16	22	38	35	41	57
	19	18	20	38	37	39	57
	19	19	10	29	38	29	48
	19	19	14	33	38	33	52
	19	20	13	33	39	32	52
	19	20	18	38	39	37	57
	19	22	16	38	41	35	57

20획성	성(성씨)	이름자(1)	이름자(2)	4격수리 원	형	이	정
나 羅	20	1	4	5	21	24	25
석 釋	20	1	12	13	21	32	33
선우 鮮于	20	1	17	18	21	37	38
엄 嚴	20	3	12	15	23	32	35
	20	3	15	18	23	35	38
	20	3	18	21	23	38	41
	20	4	1	5	24	21	25
	20	4	9	13	24	29	33
	20	4	11	15	24	31	35
	20	4	13	17	24	33	37
	20	4	17	21	24	37	41
	20	4	21	25	24	41	45
	20	5	12	17	25	32	37
	20	5	13	18	25	33	38
	20	9	4	13	29	24	33
	20	9	9	18	29	29	38
	20	9	12	21	29	32	41
	20	11	4	15	31	24	35
	20	11	21	32	31	41	52
	20	12	1	13	32	21	33
	20	12	3	15	32	23	35
	20	12	5	17	32	25	37
	20	12	9	21	32	29	41
	20	12	13	25	32	33	45
	20	13	4	17	33	24	37
	20	13	5	18	33	25	38
	20	13	12	25	33	32	45

성(성씨)	이름자(1)	이름자(2)	4격수리 원	형	이	정
20	13	19	32	33	39	52
20	15	3	18	35	23	38
20	15	17	32	35	37	52
20	17	1	18	37	21	38
20	17	4	21	37	24	41
20	17	15	32	37	32	52
20	18	3	21	38	23	41
20	19	13	32	39	33	52
20	21	4	25	41	24	45
20	21	11	32	41	31	52

21획성	성(성씨)	이름자(1)	이름자(2)	4격수리 원	형	이	정
고 顧	21	2	14	16	23	35	37
등 藤	21	2	16	18	23	37	39
학 鶴	21	3	8	11	24	29	32
	21	3	14	17	24	35	38
	21	4	4	8	25	25	29
	21	4	12	16	25	33	37
	21	4	14	18	25	35	39
	21	4	20	24	25	41	45
	21	8	3	11	29	24	32
	21	8	8	16	29	29	37
	21	8	10	18	29	31	39
	21	8	16	24	29	37	45
	21	10	8	18	31	29	39
	21	10	14	24	31	35	45

성 (성씨)	이름자 (1)	이름자 (2)	4격수리			
			원	형	이	정
21	11	20	31	32	41	52
21	12	4	16	33	25	37
21	12	12	24	33	33	45
21	14	2	16	35	23	37
21	14	3	17	35	24	38
21	14	4	18	35	25	39
21	14	10	24	35	31	45
21	14	17	31	35	38	52
21	16	2	18	37	23	39
21	16	8	24	37	29	45
21	17	14	31	38	35	52
21	20	4	24	41	25	45
21	20	11	31	41	32	52

22 획성

권權 변邊 소蘇 은隱

성 (성씨)	이름자 (1)	이름자 (2)	4격수리			
			원	형	이	정
22	1	2	3	23	24	25
22	1	10	11	23	32	33
22	1	15	16	23	37	38
22	1	16	17	23	38	39
22	2	1	3	24	23	25
22	2	9	11	24	31	33
22	2	11	13	24	33	35
22	2	13	15	24	35	37
22	2	15	17	24	37	39
22	3	10	13	25	32	35
22	3	13	16	25	35	38
22	7	9	16	29	31	38
22	7	10	17	29	32	39
22	7	16	23	29	38	45
22	9	2	11	31	24	33
22	9	7	16	31	29	38
22	9	16	25	31	38	47
22	10	1	11	32	23	33
22	10	3	13	32	25	35
22	10	7	17	32	29	39
22	10	13	23	32	35	45
22	10	15	25	32	37	47
22	11	2	13	33	24	35
22	13	2	15	35	24	37
22	13	3	16	35	25	38
22	13	10	23	35	32	45
22	15	1	16	37	23	38

성 (성씨)	이름자 (1)	이름자 (2)	4격수리			
			원	형	이	정
22	15	2	17	37	24	39
22	15	10	25	37	32	47
22	16	1	17	38	23	39
22	16	7	23	38	29	45
22	16	9	25	38	31	47
22	16	19	35	38	41	57
22	19	16	35	41	38	57

25획성 독고獨孤

성 (성씨)	이름자 (1)	이름자 (2)	4격수리			
			원	형	이	정
25	4	4	8	29	29	33
25	4	12	16	29	37	41
25	6	7	13	31	32	38
25	6	10	16	31	35	41
25	7	6	13	32	31	38
25	7	16	23	32	41	48
25	10	6	16	35	31	41
25	10	22	32	35	47	57
25	12	4	16	37	29	41
25	12	20	32	37	45	57
25	16	7	23	41	32	48
25	16	16	32	41	41	57
25	20	12	32	45	37	57
25	22	10	32	47	35	57

31획성 제갈諸葛

성 (성씨)	이름자 (1)	이름자 (2)	4격수리			
			원	형	이	정
31	1	6	7	32	37	38
31	1	16	17	32	47	48
31	2	4	6	33	35	37
31	2	6	8	33	37	39
31	2	14	16	33	45	47
31	4	2	6	35	33	37
31	4	4	8	35	35	39
31	4	17	21	35	48	52
31	6	1	7	37	32	38
31	6	2	8	37	33	39
31	6	10	16	37	41	47
31	7	10	17	38	41	48
31	7	14	21	38	45	52
31	8	8	16	39	39	47
31	10	6	16	41	37	47
31	10	7	17	41	38	48
31	14	2	16	45	33	47
31	14	7	21	45	38	52
31	16	1	17	47	32	48
31	16	16	32	47	47	63
31	16	21	37	47	52	68
31	17	4	21	48	35	52
31	21	16	37	58	47	68

2012년 개정판 추가 한자

	음	뜻	획수	발음 오행	자원 오행
가	哿	옳을	10	木	水
	訶	꾸짖을	12	木	金
	跒	책상다리할	12	木	土

	음	뜻	획수	발음 오행	자원 오행
간	桿	난간	11	木	木

	음	뜻	획수	발음 오행	자원 오행
강	襁	포대기	18	木	木

	음	뜻	획수	발음 오행	자원 오행
개	盖	덮을	11	木	金
	箇	낱	14	木	木

	음	뜻	획수	발음 오행	자원 오행
건	漧	하늘	15	木	水

	음	뜻	획수	발음 오행	자원 오행
검	劒	칼	16	木	金

	음	뜻	획수	발음 오행	자원 오행
다	荅	마름	12	火	木

	음	뜻	획수	발음 오행	자원 오행
마	媽	어머니	13	水	土
	碼	마노	15	水	金

	음	뜻	획수	발음 오행	자원 오행
빈	玭	구슬 이름	9	水	金
	邠	나라 이름	11	水	土
	儐	인도할	16	水	火
	豳	나라 이름	17	水	木
	檳	빈랑나무	18	水	木
	璸	구슬 이름	19	水	金
	贇	예쁠	19	水	木
	霦	옥광채	19	水	火
	馪	향기	19	水	木
	鑌	강철	22	水	金

음		뜻	획수	발음 오행	자원 오행
엽	爗	이글거릴	14	土	火

음		뜻	획수	발음 오행	자원 오행
올	兀	우뚝할	3	土	火

음		뜻	획수	발음 오행	자원 오행
욕	縟	화문놓을	16	土	木
	褥	요	16	土	木

음		뜻	획수	발음 오행	자원 오행
은	听	웃을	7	土	水
	垠	물가	10	土	水
	珢	옥돌	11	土	金
	漗	물소리	14	土	水
	蒽	풀 이름	16	土	木
	蒑	풀빛 푸른	16	土	木
	檃	도지개	17	土	木
	濦	강 이름	18	土	水
	檼	마룻대	18	土	木
	蘟	은총	23	土	木

음		뜻	획수	발음 오행	자원 오행
을	圪	흙더미 우뚝할	6	土	土

음		뜻	획수	발음 오행	자원 오행
헌	櫶	나무 이름	20	土	木

음		뜻	획수	발음 오행	자원 오행
혁	侐	고요할	8	土	火
	奕	클	9	土	木
	焃	빛날	11	土	火
	焱	불꽃	12	土	火

음		뜻	획수	발음 오행	자원 오행
혜	暳	별 반짝일	15	土	火
	憓	사랑할	16	土	火
	譓	슬기로울	22	土	金

전문가와 함께 짓는
우리 아기 좋은 이름
b·a·b·y·n·a·m·i·n·g

글쓴이 | 김동완
펴낸이 | 유재영
펴낸곳 | 동학사
기　획 | 이화진
편　집 | 나진이
디자인 | 김보영

1판 1쇄 | 2008년 2월 13일
1판 13쇄 | 2025년 2월 24일
출판등록 | 1987년 11월 27일 제10-149

주소 | 04083 서울 마포구 토정로 53(합정동)
전화 | 324-6130, 324-6131 · 팩스 | 324-6135
E-메일 | dhsbook@hanmail.net
홈페이지 | www.donghaksa.co.kr
www.green-home.co.kr

ⓒ 김동완, 2008

ISBN 978-89-7190-238-7 03150

• 잘못된 책은 구매처에서 교환하시고,
출판사 교환이 필요할 경우에는
사유를 적어 도서와 함께 위의 주소로 보내주세요.
• 저자와의 협의에 의해 인지를 생략합니다.